A V I S.

LE premier Volume, concernant les Impoſitions hors France, eſt ſous Preſſe.

Il paroîtra dans le courant de l'année, un Supplément à l'Ouvrage, qui fera le cinquieme Volume.

MÉMOIRES

CONCERNANT

LES IMPOSITIONS ET DROITS,

Par M^r. *Moreau de Beaumont*, *Conseiller d'État*,

NOUVELLE ÉDITION,

CONFORME A CELLE DE L'IMPRIMERIE ROYALE,

Avec des Supplémens

ET DES TABLES ALPHABÉTIQUES ET CHRONOLOGIQUES,

Par M^e. *Poullin de Viéville*, *Avocat au Parlement*, *Censeur Royal*.

SECONDE PARTIE.

IMPOSITIONS ET DROITS EN FRANCE.

TOME SECOND,

Faisant le Tome premier des Impositions en France.

A PARIS,

Chez J. Ch. DESAINT, Imprimeur du Châtelet, rue Saint-Jacques.

M. DCC. LXXXVII.

AVEC APPROBATION, ET PRIVILEGE DU ROI.

SECONDE PARTIE.

IMPOSITIONS ET DROITS
QUI ONT LIEU DANS LE ROYAUME.

PLAN DE L'OUVRAGE.

L'ORIGINE & la progreſſion des Impoſitions & Droits, qui ont lieu dans le Royaume, ſont liées à l'Hiſtoire de la Monarchie, & aux diffé-rens événemens dont elle a été agitée depuis près de quatorze cents ans qu'elle ſubſiſte : la premiere & la ſeconde race de nos Rois nous four-niſſent, ſur cet objet, des faits plus curieux qu'intéreſſans, relativement à l'état actuel des choſes. Les monumens qui nous ſont parvenus de ces temps reculés, diverſement interpretés, ont fait éclore des ſyſtêmes entierement oppoſés. Les uns ont prétendu que *Clovis* & ſes ſucceſſeurs maintinrent les mêmes droits & impoſitions qui étoient établis du temps de la domination des Romains dans les Gaules : que les fonds qui apparte-noient au fiſc de l'Empire Romain, & qui provenoient, ſoit des terres appropriées à l'Etat lors des différentes conquêtes, ſoit de celles qui avoient été réunies au Domaine, ou par déshérence, ou par confiſcation, ou faute de paiement des redevances dont elles étoient chargées, ou enfin pour d'autres cas emportant réunion, formerent le Domaine de la Couronne : que les Rois Mérovingiens conſerverent les uſages de l'Empire Romain pour la levée du ſubſide annuel & ordinaire, qui s'appelloit *le tribut public ;* ſoit parce qu'il étoit ſpécialement affecté pour payer les troupes & pour acquitter les autres charges de l'Etat, au lieu que le Domaine étoit deſtiné à l'entretien du Prince & de ſa Maiſon ; ſoit parce qu'en général perſonne n'en étoit exempt : qu'il conſiſtoit en deux ſortes d'impoſitions, dont l'une étoit la cotiſation de l'arpent, & dont l'autre étoit une taxe perſonnelle ou capitation, défignée fouvent par le nom de *quote-part d'une taxe de citoyen.* M. l'Abbé Dubos va jufqu'à prétendre que les Francs n'en furent pas plus exempts que les Romains mêmes, & que, s'ils jouiffoient de quelque exemption à cet égard, elle émanoit d'un privilége particulier, & fpécialement accordé à quelques perfonnes. M. l'Abbé Garnier, qui a prefque entiérement adopté le fyftême de M. l'Abbé Dubos, avance que Clovis diftribua aux Francs les terres données par les Romains aux foldats vétérans, & celles accordées à titre de *bénéfices militaires*, qui fe trouverent vacantes par le décès ou l'abandon des Poffeffeurs, aux foldats des frontieres, pour leur tenir lieu de paye: qu'elles continuerent d'être exemptes de tous impôts, & qu'elles prirent le nom de *terres faliques*, de la tribu des *Saliens*, à laquelle Clovis commandoit : que par ce moyen les Francs fe trouverent poffeffeurs, & cependant libres d'impofitions. Les mêmes Auteurs expofent que les droits de douane & de péage que levoient les Romains, ont fubfifté fous les premiere & feconde races de nos Rois, & que leur produit faifoit une des branches des revenus des Princes : enfin, qu'ils recevoient de leurs fujets, ainfi que les Empereurs Romains, dans certaines occafions, des dons volontaires, ou réputés tels.

Le fyftême, que l'on vient d'expofer, a été vivement combattu par d'autres Auteurs. Ils foutiennent que les droits & les impofitions de tout genre, établis par les Romains, cefferent avec leur domination dans les Gaules : que le Prince eut pour fa dépenfe fes domaines, qui confiftoient dans de grandes terres cultivées & régies de la maniere la plus économique & la plus profitable ; & les dons, libres dans l'origine, que les grands du Royaume lui faifoient chaque année aux affemblées du champ, d'abord de Mars, & enfuite de Mai, & qui confiftoient en argent, en meubles ou en chevaux : que les droits de douane ne furent point connus de nos premiers François : que les péages n'étoient point une impofition publique & fifcale, mais des droits établis par les feigneurs dans l'étendue de leurs terres, fous prétexte des défenfes néceffaires pour entretenir les chemins, & réparer les ponts & chauffées : que les Rois avoient à la vérité quelques-uns de ces péages dans leurs domaines, mais au même titre que ceux des feigneurs : que le gîte leur étoit dû lorfqu'ils paffoient par les Archevéchés, Evéchés & Abbayes : que cette preftation fut convertie depuis en argent, & appellée *droit de gîte* ; qu'il en fut de même des chevaux & voitures que les habitans des campagnes devoient leur fournir, & qui fut appellé *droit de chevauchée.*

M. l'Abbé de Mably prétend que la branche la plus confidérable des revenus du Souverain confiftoit dans ce qu'on appelloit *fredus* ou *fredum*. Ce frede, ajoute-t-il, étoit une efpece de taxe, que tout homme condamné à payer une compofition, donnoit au Juge; cette taxe étoit la troifieme partie de la compofition même: par exemple, un François qui payoit une compofition de trente fous à une perfonne qu'il avoit offenfée, devoit un frede de dix fous au Juge, qui de fon côté en rendoit la troifieme partie au Roi.

On n'entrera point ici dans le détail des monumens & autorités fur lefquels nos écrivains ont refpectivement appuyé les différens fyftêmes que l'on vient d'expofer; on croit devoir, fur ces époques reculées, fe borner à préfenter les objets, & ne point s'engager dans des differtations qui feroient d'ailleurs de peu d'utilité, relativement aux motifs qui ont engagé à entreprendre & à mettre, fous les yeux de la Commiffion, le travail dont il s'agit.

Pour bien connoître les époques & les circonftances dans lefquelles les impofitions & droits, qui ont lieu, ont été fucceffivement établis, il eft néceffaire de retracer les événemens, dont la Monarchie Françoife fut agitée, fous le déclin de la feconde race de nos Rois, & pendant les premiers temps de la race régnante.

Le partage du vafte empire de Charlemagne entre fes defcendans, leurs divifions, les incurfions & ravages des peuples du Nord, l'indulgence & la bonté de nos Rois expoferent l'Etat aux révolutions les plus fâcheufes. La facilité qu'ils eurent de permettre à un pere de difpofer de fes charges & de fes honneurs en faveur de fes enfans, la promeffe que fit Charles-le-Chauve, en partant pour fon voyage de Rome, de conférer aux enfans les dignités de leur pere; enfin, l'ufurpation & la violence des Seigneurs vers le déclin de la feconde race, rendirent héréditaires les offices des Ducs & des Comtes: ceux qui leur étoient fubordonnés fuivirent leur exemple, & le fyftême de la féodalité devint le droit public de la France. Le royaume fe trouva la proie d'une multitude de Seigneurs, qui tous regardoient, comme faifant partie de leurs Seigneuries, des droits & des redevances, qui autrefois avoient appartenu à l'Etat; la Seigneurie devint une efpece de defpotifme qui rendoit le propriétaire maître abfolu de toute l'étendue de fon territoire. Delà la fervitude devint prefque générale; delà les droits de main-morte qui en furent une fuite, & un efclavage modifié; delà une foule de redevances & d'autres droits inconnus fous la feconde race.

Hugues Capet, parvenu à la couronne, fut obligé de tolérer les abus qu'il ne pouvoit empêcher; tout l'objet de fes fuccefleurs fut de reprendre fucceffivement ce que la foiblefle de leurs prédécefleurs & les circonftances dans lefquelles Hugues Capet lui-même s'étoit trouvé, avoient fait perdre à l'autorité royale.

A mefure que nos Rois réunirent à la couronne les grands fiefs, qui en avoient été aliénés, ils fe mirent auffi en poffeffion des Domaines, qui avoient appartenu à leurs vaflaux, & leur revenu augmenta : ainfi il étoit compofé,

1°. Des grandes terres & vaftes forêts dont ils étoient propriétaires.

2°. Des profits cafuels de leurs Seigneuries, du nombre defquels étoient les confifcations:

3°. Des droits particuliers qu'ils avoient établis comme Seigneurs dans leurs propres domaines, & auxquels les fujets avoient été obligés de fe foumettre. Tel étoit le revenu ordinaire de nos Rois.

La guerre n'exigeoit point alors du Souverain des dépenfes auffi confidérables qu'aujourd'hui; les armées étoient compofées d'un petit nombre de troupes levées dans les domaines du Roi, & conduites par les Prévôts, & des troupes que les vaflaux étoient obligés de mener & de ftipendier à leurs frais.

Il falloit cependant alors des fecours extraordinaires, & l'une des premieres reffources de nos Rois fut la Taille, efpece d'impôt que les Seigneurs s'étoient mis en poffeffion de lever dans leurs terres, & que nos Rois levoient auffi dans leurs domaines & dans leurs fiefs; mais les uns & les autres n'y avoient recours qu'en certains cas.

Il paffa en ufage que pendant les guerres que le Roi avoit à foutenir, les Seigneurs obligés de le fecourir, levoient la taille fur leurs fujets & au profit du Souverain : cet impôt ne devint ordinaire que fous Charles VII.

On y joignit fouvent des droits fur les denrées, qui peu à-peu devinrent un fubfide ordinaire; quelquefois des impofitions fur tous les fonds & revenus de tous les fujets du Roi. La perception de ces impôts étoit confiée aux Baillis & à des Officiers qui, fous eux, étoient chargés du recouvrement.

On ne parlera point des reffources momentanées que produifirent quelques exactions paffageres, telles que les taxes fur les Juifs : lorfque le fifc fe trouvoit épuifé, on les menaçoit de les chaffer & ils apportoient pour s'en garantir des fommes confidérables ; c'étoit ce qu'on appelloit *le bénéfice de la reftitution*.

Le produit des monnoies devint bientôt, & étoit déja avant Philippe-le-Bel, une branche confidérable des revenus de l'Etat, reffource dangereufe, dont les premiers fucceffeurs de S. Louis firent l'ufage le plus pernicieux à l'Etat, qui porta le plus grand préjudice au commerce & aux fortunes des fujets, excita les plus vives réclamations, fouleva les efprits des peuples, qui préférerent toute autre impofition pour remplacer les fecours, que le Souverain fe procuroit par cette voie.

Lorfque nos Rois, pour accroître leur autorité, eurent formé les corporations des bonnes villes, ils tirerent encore quelques reffources des affranchiffemens & des *dons gratuits* que leur faifoient les communautés. Les événemens malheureux des regnes de Philippe-de-Valois & du Roi Jean, les pertes des batailles de Crecy & de Poitiers, la détention du Roi Jean, excitoient l'intérêt national ; la même époque vit naître les impofitions & les affemblées des Etats formés des trois Ordres, du Clergé, de la Nobleffe & du Tiers-Etat. Dans les temps antérieurs, les peuples réduits à l'état de fervitude n'étoient ni appellés ni confultés dans les délibérations publiques ; mais lorfqu'ils furent élevés à l'état de citoyen, ils durent néceffairement être appellés aux affemblées convoquées pour la défenfe de cette même patrie, qui leur devenoit commune avec les deux premiers Ordres de la nation. Ce fut alors que furent établies les Aides & Gabelles : ces dernieres ne furent d'abord qu'un droit fur le fel, qui fut long-temps marchand ; mais ce droit s'étant prodigieufement accru, eu égard à la valeur intrinfeque de la marchandife fur laquelle il étoit levé, il fut néceffaire, pour empêcher les fraudes, de mettre entre les mains des Officiers du Roi la vente exclufive de cette denrée dans l'intérieur du royaume.

La France refpiroit à peine des longues guerres qu'elle avoit eu à foutenir contre les Anglois, que des droits, dont l'exercice coûta cher à la nation, & dont l'événement fut très-funefte, engagerent fucceffivement Charles VIII, Louis XII & François I à porter les armes en Italie. François I, pour fubvenir aux dépenfes, dans lefquelles il fut entraîné par ces expéditions malheureufes, fut contraint de faire des augmentations confidérables fur les tailles & fur les gabelles ; mais ces fecours n'étant pas proportionnés aux befoins, on eut recours à deux nouveaux expédients de Finance également onéreux à l'Etat & aux Peuples. L'un fut l'introduction de la vénalité & la multiplicité des offices, l'autre les conftitutions de rentes fur les revenus de la couronne. Les befoins toujours renaiffants dans une grande monarchie n'ont porté que trop les fucceffeurs de François I à faire ufage de ces deux expédients. Le paiement des gages des Officiers, & l'acquittement annuel des rentes ont abforbé une portion confidérable des revenus de l'Etat, & l'on a été contraint de les remplacer par de nouvelles impofitions.

Le produit des Domaines du Roi diminua fenfiblement par les aliénations, ou déterminées par la néceffité des conjectures, ou furprifes à la libéralité des Souverains : il fallut dans la même proportion augmenter les autres reffources ; on commença par fubftituer aux revenus des Domaines réels qui s'éclipfoient peu-à-peu, un autre produit que l'on appella *droits domaniaux*, mais qui dans la réalité n'étoit formé que d'impofitions, ou fur le commerce, ou fur les actes de la vie.

Le féjour, que la Cour de Rome fit à Avignon, introduifit dans les Tribunaux François des formes & même des fubtilités jufqu'alors inconnues ; au bout de quelques temps on rendit ces formes mêmes la fource d'un produit, qui eft devenu une branche confidérable des revenus.

DIVISION GENERALE

Des revenus de l'Etat en deux claffes.

Sans fe livrer ici aux détails des différentes origines qu'ont tous les revenus actuels, deftinés aujourd'hui aux dépenfes de l'Etat, détail dans lequel l'on fe propofe d'entrer, lorfqu'on expofera fucceffivement les différentes branches de ces revenus, on peut dire en général que, dans la fituation préfente des Finances, ils doivent fe placer fous deux claffes.

L'une eft le produit du Domaine, l'autre celui des impofitions.

Les revenus domaniaux font de deux fortes :

1°. Les fruits naturels & civils des terres & des feigneuries appartenantes au Roi ; on doit y comprendre les cafuels des fiefs, & les droits d'amortiffement & d'indemnité.

2°. Le produit de certains droits, qui dans le vrai ne font que des impofitions,

impofitions, mais qui font appellés *domaniaux*, parce qu'il a plu au Roi de les déclarer unis à fon Domaine, foit parce que quelques-uns de ces droits font plus anciens que les impofitions ordinaires, comme le droit de péage, foit parce qu'ils ont été établis à raifon de la police générale fur tout le royaume, qui n'appartient qu'au Roi, comme les droits d'infinuation, de contrôle & de centieme denier, auxquels on a donné pour motifs des raifons de fûreté & d'utilité publique, & non les befoins de l'Etat.

A l'égard des impofitions, elles affectent ou les perfonnes ou les biens, ou tout-à-la-fois l'un & l'autre.

Nous ne connoiffons que la Capitation qui foit de fa nature un impôt purement perfonnel, & c'eft un vice de ce genre d'impofition, qu'on a foin de corriger dans la répartition. Toutes les fois que l'on ne peut y parvenir, fa diftribution eft injufte, ainfi qu'on fera à portée de le faire connoître, dans la fuite de ce travail.

Il eft vrai que, dans les pays d'Election, la Taille eft confidérée comme un impôt perfonnel, mais elle s'impofe & fe départit fur le pied & à proportion des biens, facultés & induftrie, ce qui la rend mixte, c'eft-à-dire, partie réelle, & partie perfonnelle.

Les biens fur lefquels les impôts peuvent être affis, font :

1°. Les fonds de terre :

2°. Les rentes :

3°. Les fruits & confommations :

4°. Le commerce & l'induftrie.

Telle eft la divifion générale, fuivant laquelle on peut parcourir les différentes branches des revenus de l'Etat ; nous nous attacherons principalement aux impofitions, comme fourniffant aujourd'hui la reffource la plus abondante & la plus étendue, & comme formant d'ailleurs le principal objet du travail, dont nous fommes occupés. Voici l'ordre dans lequel nous nous propofons de retracer la nature & l'adminiftration des différentes fortes d'impôts.

1°. La Taille, Taillon & impofitions acceffoires.

2°. La Capitation.

3°. Les Dixieme & Vingtiemes.

Nous pafferons aux impofitions fur les denrées & fur les confommations, & nous traiterons fucceffivement,

4°. Des Gabelles, ou de l'impôt fur le fel :

Tome II.   B

5°. Des Aides & des droits qui font joints à cette Régie :

6°. Des Traites, Douanes, droits d'entrée & de fortie :

7°. Des Domaines & droits domaniaux :

8°. Nous terminerons ce travail par le compte que nous nous propo-fons de rendre d'une branche des revenus de l'Etat, qui, quoique la plus récente, eft néanmoins devenu une des plus importantes par fon produit, & dont on ne peut trop defirer & procurer le fuccès, comme étant la moins onéreufe au peuple : cette circonftance annonce affez qu'il s'agit de la vente exclufive du tabac.

Chacun des objets que l'on vient de rappeller formera un mémoire par-ticulier.

PREMIER MÉMOIRE.

DES TAILLES, TAILLON

ET IMPOSITIONS ACCESSOIRES.

Dénomination & origine de la TAILLE & des Impositions accessoires.

LA Taille eſt un tribut ordinaire que le Roi leve tous les ans ſur ſes ſujets.　　　　TAILLE.

Pluſieurs prétendent que le mot *taille* vient du verbe *talerari*, qui ſignifie partager, diviſer ; d'autres l'attribuent aux tailles ou morceaux de bois dont les Collecteurs ſe ſervoient pour marquer les ſommes qu'ils avoient reçues.

Pour ſe former des notions exactes de cette dénomination priſe en général, il eſt néceſſaire de remonter au temps du deſpotiſme féodal des Seigneurs, qui avoient réduit preſque tous les habitans des terres dans un état de ſervitude ; tout Serf étoit taillable & corvéable à la volonté du Seigneur ; il en étoit cependant qui, en conſéquence de conventions & compoſitions faites avec le Seigneur, payoient une taille abonnée.

Il étoit auſſi des cas où tous les hommes du Seigneur, même ceux qui étoient francs, lui devoient une aide ou taille ; ce ſecours étoit de deux eſpeces.

Le Légitime, qui étoit preſcrit par la loi ou la coutume.

Le Gracieux, qui étoit accordé librement & par pure grace.

Le premier étoit de toute rigueur dans les circonſtances où il s'agiſſoit de la rançon du Seigneur, du mariage de ſa Fille aînée, de la promotion de ſon Fils aîné à l'ordre de Chevalerie, & du voyage en la terre Sainte.

Tome I.　　　　　　　　　　　　　　　　A

L'Aide-gracieux étoit demandé comme un don lorſque le Seigneur acquéroit une nouvelle terre, lorſque ſon frere étoit fait Chevalier, lorſqu'il marioit ſa ſœur ou ſes enfans puînés, lorſqu'il faiſoit élever quelques forereſſes ou rétablir les anciennes ; enfin lorſqu'il étoit obligé d'entreprendre ou de ſoutenir une guerre pour la défenſe de ſes poſſeſ-ſions.

Bientôt l'uſage s'introduiſit d'aſſeoir une taille générale ſur tous les fiefs du royaume, & dans toutes les terres des Seigneurs lorſque le Roi avoit des guerres à ſoutenir ; cette taille fut l'origine de la taille Royale, mais elle fut d'abord impoſée par les Seigneurs eux-mêmes, quoique deſtinée aux beſoins de l'Etat ; chaque Seigneur, dans ſon territoire, étoit chargé de l'impoſition & de la répartition, ce qui devenoit une ſurcharge pour les peuples ; il faiſoit preſque toujours un abonnement avec les Receveurs commis par le Roi, & profitoit de l'excédent, parce qu'il ne manquoit pas d'exiger plus qu'il ne falloit pour remplir la condition preſcrite.

Une tranſaction paſſée en 1185, entre l'évêque de Laon & ſes hommes, fait connoître que les Prélats levoient la taille ſur leurs ſujets en trois cas, l'un l'*Oſt* ou la *Chevauchée du Roi*, le ſecond étoit les *beſoins du Pape*, le troiſieme étoit la *Guerre particuliere* que les Prélats avoient à ſoutenir.

Ordonnance de 1190. On voit dans l'ordonnance de 1190, par laquelle Philippe-Auguſte, en forme de teſtament, avant de partir pour la terre Sainte, régla l'ad-miniſtration du Royaume ; que la taille devoit être levée par les Prélats & par les Vaſſaux du Roi, ſur tous leurs hommes, tant que ce Prince ſeroit hors du royaume pour la guerre Sainte ; qu'il défend aux uns & aux autres de remettre la taille tant qu'il ſera *in ſervitio Dei*, & qu'il veut même qu'elle dure dans le cas où il viendroit à mourir hors du royaume, juſqu'à ce que ſon fils fût en état de gouverner par lui-même.

Ainſi le Roi, comme Souverain, recevoit la contribution que tous ſes Vaſſaux lui fourniſſoient en temps de guerre, du produit de la taille qu'ils impoſoient eux-mêmes ſur leurs ſujets.

Pour la percevoir, les Officiers du Seigneur faiſoient un rôle, & dé-nonçoient enſuite à chaque habitant la ſomme pour laquelle il étoit im-poſé ſur ce rôle. *Tunc autem talliam eſſe impoſitam intelligimus*, dit

l'ordonnance de Philippe - Augufte , de 1214 : *quando denuntiatum eft*
alicui vel domui fuæ quantum debeat folvere ; de ce moment elle étoit due.

Suivant cette ordonnance, les Croifés ne pouvoient être impofés per-fonnellement à la taille pendant l'année qu'ils avoient pris la Croix , mais ils n'en étoient pas exempts pour les fonds taillables qu'ils pouvoient pofféder.

Les Clercs , poffeffeurs de fonds taillables , étoient exempts de cet impôt quoiqu'ils duffent tous les autres fervices dont les terres étoient chargées ; mais ce privilége étant d'un genre à produire une diminu-tion confidérable dans la perception des tailles , il fut convenu entre Philippe-Augufte, les Barons & les Clercs de fon Royaume, qu'aucun Particulier ne laifferoit à fon fils , Eccléfiaftique , jufqu'à concurrence de la moitié de fon héritage ou au-deffus ; il fut réglé en même-temps que l'on mettroit à la taille ceux des Clercs qui feroient le com-merce.

On voit par la décifion de Saint-Louis , que la taille n'étoit point re-gardée, quant aux Seigneurs, comme un revenu ordinaire de leurs terres ; la queftion s'éleva de favoir fi le Seigneur qui jouiffoit de la terre pen-dant l'année du relief, étoit en droit d'impofer la taille ou les aides fur les hommes de fon nouveau Vaffal ; Saint-Louis prononça pour la négative par l'article IV de fon ordonnance de 1235.

Les érections en communes , & les affranchiffemens des villes & bourgs, ne changerent rien à l'impofition des tailles ; on voit feulement que ces communautés commencerent à les répartir elles-mêmes , & qu'il leur fut libre de porter ce genre d'impofition affez haut pour ac-quitter leurs dettes en principaux & intérêts , *& quælibet communia tantam talliam quolibet anno faciat , quam quando computatum venient coram noftris gentibus ad terminum fupra dictum ab omnibus ufuris & de-bitis penitus fit immunis ,* ce font les termes de l'ordonnance de Saint-Louis de 1256.

Saint-Louis voulant que les tailles que l'on impofoit pour les be-foins de l'Etat, fuffent réparties avec juftice & égalité dans les villes de fon domaine, fit le réglement fuivant : il eft intitulé , *comment on doit affeoir la Taille és villes notre Sire le Roi.*

Il porte qu'il fera élu *trente ou quarante hommes, ou plus ou moins , bons & loyaux, par le Confeil des Prêtres, des autres hommes de reli-*

*gion , enfemble des Bourgeois & autres prud'hommes , felon la quantité &
la grandeur des villes ; que ceux qui feront ainfi élus feront ferment de
choifir , ou parmi eux , ou dans le refle de la communauté , les douze plus
capables d'affeoir ladite taille ; que ces douze feront pareillement ferment
que bien & léaument ils affeoiront ladite taille , & n'épargneront nul , ni ne
gréveront nul par haine ou par amour , ou par priere , ou par crainte , ou
en quelqu'autre maniere que ce foit , ils affeoiront la taille à leur volonté la
livre égaument , & la valeur des chofes meubles en l'affife devant ladite
taille.*

Outre ces douze perfonnes , il en étoit choifi quatre autres dont les
noms devoient être tenus fecrets , jufqu'à ce que les douze euffent fait
l'affiete , & avant qu'elle fut publiée ; ces quatre , après avoir fait ferment ,
devoient cotifer les douze.

On voit par cette ordonnance , & il eft également prouvé par les
Etabliffement de établiffemens de Saint-Louis , de 1270, que la taille étoit alors une im-
Saint - Louis , de pofition perfonnelle , mais qui participoit de la réalité en ce qu'elle étoit
1270. due à raifon des biens , & impofée proportionnellement aux poffeffions
des taillables ; ainfi un Gentilhomme qui avoit une maifon taillable ,
s'il l'habitoit lui-même , la maifon n'étoit pas fujette à cet impôt , mais
s'il l'avoit louée ou accenfée à homme coutumier , il ne pouvoit la garantir de la taille ; fi ce même gentilhomme faifoit le commerce on le
mettoit à la taille , mais feulement pour fon commerce , & lorfqu'il le
ceffoit il rentroit en poffeffion de fon privilége.

Les Eccléfiaftiques étoient pareillement exempts des tailles perfonnelles , mais ils payoient celles qui étoient dues par les fonds qu'ils pof-
Ordonnance de fédoient. *Clerici* , dit l'ordonnance de 1274 , *fi conjugati non funt in*
1274. *Francia , non contribuunt talliis cum Laïcis , fed onera rerum duntaxat*
agnofcunt ; unde Confules Tolofani fatis poffunt abflinere à contributione
quam petunt à Clericis in talliis , nifi tales exiflant talliæ quæ poffeffiones
onoraverunt ab antiquo.

La taille fe paya peu de temps après Saint-Louis , au Roi même ,
hors de fes domaines & par les habitans des fiefs appartenans au Sei-
Lettres du 12 gneur ; c'eft ce qui réfulte des lettres adreffées le 12 avril 1325 , par
avril 1325. Charles-le-Bel , à fes Commiffaires députés dans les bailliages de Caën
& de Cottentin , & aux Baillis de ces bailliages ; les Barons & autres
Seigneurs jufticiers du duché de Normandie , porterent leurs plaintes ,

à ce Prince , de ce que ces Commiſſaires contraignoient leurs ſujets des villes à payer la taille, en ſus de l'impoſition , ſur les denrées, qui y avoit été aſſiſe & accordée ; ſur quoi le Roi fit défenſes de cumuler l'une & l'autre impoſition , & ordonna qu'au moyen des droits exigés dans les villes, les habitans ſeroient exempts de taille.

Les Barons ſe plaignoient auſſi de ce que lorſque les Commiſſaires du Roi s'étoient tranſportés dans leurs terres pour remplir le fait de leur commiſſion , ils n'avoient appellé, ni eux, ni leurs gens pour les aider & conſeiller à induire leurs ſujets à leur obéir & faire ce dont il les avoit enquis de par le Roi ; ſur quoi le Roi leur ordonne de les appeller dans les lieux où il ont encore à ſe rendre pour l'exécution de ſes ordres.

Indépendamment de la taille impoſée pour les beſoins de l'Etat , ou des droits qui en étoient le remplacement, les villes étoient encore aſſujéties à des impoſitions particulieres pour l'acquittement des dépenſes qui étoient à leur charge ; c'eſt ce qui eſt établi par l'article VIII de l'ordonnance donnée en 1331 , par Philippe de Valois pour la ville de Laon : on y voit que de trois en trois ans , le Prévôt devoit aſſembler la communauté pour faire choix de ſix perſonnes , dont trois devoient être les Procureurs de la ville , & les trois autres étoient en quelque maniere les Aſſeſſeurs du Prévôt ; ceux-ci devoient avec lui viſiter deux ou trois fois l'année les murs , les portes, les forterreſſes , les puits , les courtines , les chauſſées & les pavés , & eſtimer les dépenſes néceſſaires aux réparations de tous ces objets.

Ordonnance de 1331.

Lorſqu'on jugeoit que pour y ſatisfaire & pour acquitter les dettes de la communauté, il étoit néceſſaire d'impoſer une taille , le Prévôt faiſoit de nouveau aſſembler les habitans, auxquels il expoſoit les motifs de cette impoſition ; il prenoit enſuite deux ou trois perſonnes dans chaque paroiſſe, auxquelles il faiſoit faire ſerment de faire bien & fidelement l'aſſiete & répartition ſur tous les habitans taillables ; le rôle ſur lequel elle étoit faite, devoit être gardé par le Prévôt, & la perception ſe faiſoit par les trois Elus qui étoient chargés d'employer le recouvrement conformément à ſa deſtination. Le Bailli de Vermandois venoit au bout de trois ans en recevoir le compte en préſence du Prévôt, & il étoit obligé de l'envoyer à la Chambre des Comptes.

Les tailles auxquelles le Roi avoit ſouvent recours dans les beſoins de l'Etat , n'étoient point alors une impofition ordinaire.

Dans les lettre que Louis X , furnommé *Hutin* , accorda le 22 juillet 1315 aux habitans de la Normandie , connue fous la dénomination de *Charte normande* , il eft dit , article II , que le Roi ne levera en Normandie que fes revenus ordinaires , & n'exigera que les fervices qui lui font dus ; qu'il ne pourra lever taille , fubvention , impofition ou exaction quelconque , fi un grande néceffité ne le requiert. Lorfque Charles , Dauphin & Régent du royaume , obtint les aides auxquelles donna lieu la prifon du Roi Jean fon pere , il promit que moyennant ce fubfide il ne feroit impofé aucune taille.

Charte normande du 22 juillet 1315.

On voit que dans le quatorzieme fiecle , plufieurs villes furent affranchies des tailles; elles furent commuées , à l'égard de plufieurs autres , en redevances annuelles : on voit des Chartes accordées à des villes , par lefquelles le Roi s'engage à ne lever fur elles aucune taille que lorfqu'il la levera générale fur tous fes fujets. Il réfulte évidemment de tous ces faits , qu'il n'y avoit encore alors aucun droit uniforme fur les tailles , & que la taille générale , fur tous les fujets du Roi , ne fe levoit que dans le cas des befoins extraordinaires.

1444.

Ce fut Charles VII qui , en 1444 , rendit cette impofition , qui n'a pas ceffé d'avoir lieu depuis , ordinaire & annuelle.

Ce Prince avoit fenti les inconvéniens de ces Milices féodales & de ces Troupes levées à la hâte , mal difciplinées , dont les brigandages & les excès portoient la défolation dans toutes les provinces du royaume ; il fit un choix dans cette multitude de gens de guerre , & retint à fon fervice ceux qui furent reconnus les plus capables de le bien remplir ; il les diftribua en quinze compagnies d'ordonnance de cent lances chacune.

Chaque lance ou homme d'armes , devoit avoir fous lui trois Archers , un Coutelier , un Ecuyer & un Page , tous montés à cheval ; ce qui formoit un corps de neuf mille hommes.

Il choifit , pour commander les compagnies , des Capitaines *vaillans , fages & experts en fait de guerre.*

Il régla la folde de ce corps , il établit des Infpecteurs & Commiffaires pour en faire les revues & y maintenir la police.

Tel fut le premier établiffement de ces compagnies *d'ordonnance* qui compoferent la Gendarmerie françoife , fi célebre par fa valeur & par les faits militaires fous les regnes fuivans :

Charles VII forma dans le même temps un corps d'Archers, de quatre mille hommes, dont il fe propofoit d'augmenter le nombre lorfque le renouvellement de la guerre l'exigeroit.

Trois ans après il créa un nouvel ordre de Soldats deftinés à ne fervir qu'en temps de guerre; il ordonna par fon édit de 1448, daté de Tours, qu'en chaque paroiffe du royaume on éliroit un *habitant le plus avifé pour l'exercice de l'arc* : chacun de ces Archers recevoit en temps de guerre une paye qui ceffoit avec la campagne ; mais ils jouiffoient d'une exemption générale de toute impofition ou redevance, & étoient par cette raifon appellés *francs Archers* : cet établiffement n'eut pas un fi heureux fuccés que celui de la Gendarmerie ; ifolés dans leurs villages ils manquoient de cette émulation & de cet efprit de corps que la réunion infpire dans nos troupes réglées, ils dédaignoient d'être cultivateurs, & ne devinrent point de bons guerriers ; ils formerent le premier corps difcipliné de l'Infanterie françoife : on n'avoit avant leur établiffement que les *Communes*.

Les peuples qui en facrifiant une portion médiocre de leurs revenus, s'affuroient la poffeffion paifible du refte de leurs biens, virent fans regret s'établir une contribution dont la deftination les mettoit à l'abri des vexations & des pillages auxquels, avant l'inftitution de cette police, ils étoient expofés.

Le montant de la taille n'excéda jamais pendant le regne de Charles VII, les fommes néceffaires au payement des quinze compagnies d'ordonnance & des francs Archers ; il ne paffa pas deux millions : Louis XI l'augmenta ; les guerres d'Italie empêcherent Charles VIII de faire aucune diminution ; Louis XII procura quelque foulagement à cet égard, que François I ne laiffa point fubfifter ; il y joignit même une autre impofition qu'il établit & que l'on nomma la *grande Crue* pour la folde de cinquante mille hommes qu'il leva & qui furent appellés *Légionnaires,* à l'imitation des Légions romaines.

Il ordonna en 1533, qu'on formât fept Légions, chacune de fix mille hommes, & défigna les provinces où elles feroient levées, favoir, une en Normandie, une en Bretagne, une en Picardie, une en Bourgogne, une en Champagne, une en Nivernois, la fixieme en Dauphiné, en Provence, dans le Lyonnois & en Auvergne, & la feptieme en Languedoc ; elles étoient deftinées pour fervir principalement en campagne.

Ces Légions furent divisées en six compagnies de mille hommes, qui chacune avoit un Capitaine pour les commander, & sous lui deux Lieutenans & deux Enseignes ; telle fut l'origine de ce que nous appellons aujourd'hui les *vieux corps*.

Ce qui s'impose aujourd'hui sous le nom de *principale de la taille & crues* y jointes , monte à la somme de 31 millions 178 mille 259 livres.

Dans la vue de soulager le peuple qui étoit foulé par les vivres qu'exigeoient les Troupes dans leurs logemens, Henri II établit une imposition que l'on nomma *Taillon* , au moyen de laquelle il fixa, par une ordonnance du 12 Novembre 1549, une augmentation de solde à la Gendarmerie , Gens des ordonnances , Chevaux-légers & Gens de pied ; il leur fit en même-temps les défenses les plus expresses , sous les peines les plus séveres, d'exiger aucuns vivres pous eux ou leurs chevaux, à moins que ce ne fût en payant, du consentement, commun accord & bonne volonté de leurs hôtes.

Ordonnance du 12 novembre 1549.

TAILLON.

Le Taillon fut dès l'origine imposé conjointement avec la Taille & par le même rôle, cependant avec distinction , c'est-à-dire que le même Taillable étoit imposé à tant pour la Taille & à telle somme pour le Taillon ; cette distinction a cessé successivement d'avoir lieu dans les rôles, mais elle s'est toujours faite dans le brevet & dans les commissions des tailles, & la partie du taillon a toujours eu sa destination fixe, qui est d'être affectée au payement de la Gendarmerie & Ordinaire des guerres ; elle monte aujourd'hui à 1 million 186 mille 756 livres.

1705. Etablissement des deux sous pour livre en sus du gros de la Taille.

Lorsqu'en 1705 , les dépenses que la guerre pour la succession de la Couronne d'Espagne occasionna, obligerent le feu Roi à établir les deux sous pour livre en sus des droits de ses fermes, ils le furent pareillement en sus du gros de la taille ; cette augmentation monte , dans l'état actuel des choses, à 3 millions 646 mille 112 livres 14 sous 1 denier.

On comprend aussi dans le brevet de la taille.

FONDS des Maréchaussées. 1720.

1°. La solde des Officiers & Archers de la Maréchaussée , & les gages des Trésoriers, sur le pied que cette partie a été réglée en 1720 ; elle monte à 1 million 749 mille 445 livres.

FONDS des Etapes.

On y a toujours compris une somme pour la dépense des Etapes , quoique pendant un temps le Roi ait cessé de la faire fournir aux Troupes

qui

qui marchoient dans le royaume, au moyen d'une augmentation de folde que Sa Majefté avoit accordée en 1718, à celles qui étoient en route ; mais les étapes ont été rétablies en 1727.

On en faifoit ci-devant, tous les ans, des adjudications par provinces ; le fervice fe fait aujourd'hui par une compagnie qui fe renouvelle tous les deux ou trois ans ; le Roi en fait payer la dépenfe par le Tréforier de l'extraordinaire des guerres ; la fomme qui s'impofe fous ce titre , avoit toujours été comprife dans le brevet, pour un million 220 mille livres, qui étoient fort au-deffous de la dépenfe effective.

On reconnut en 1773 , qu'à ne compter que de 1756, jufques & compris les fix premiers mois 1763 , la dépenfe avoit furpaffé l'impofition de 14 millions 306 mille livres ; cette impofition eft aujourd'hui comprife au brevet, pour une fomme de 2 millions 346 mille 667 livres.

On ajoutoit encore dans le brevet , la dépenfe des réparations des turcies & levées de la riviere de Loire, depuis la riviere d'Allier près Moulins, jufqu'à Nantes.

La dépenfe des réparations des ponts & chauffées, & celle des appointemens des Infpecteurs , Ingénieurs , Tréforiers & autres qui font prépofés à la manutention de cette partie.

Fonds des Ponts & Chauffées.

La dépenfe des turcies & levées eft de deux fortes, le *Fonds ordinaire* qui eft toujours de 200 mille livres , & les *Fonds extraordinaires* qui fe reglent fuivant les ouvrages.

Ce dernier objet eft , depuis quelques années , plus confidérable que les fonds ordinaires , puifqu'il eft aujourd'hui porté à 300 mille livres.

Les fonds des ponts & chauffées eft pareillement de deux fortes , le *Fonds ordinaire* qui eft de 348 mille livres, & le *Fonds extraordinaire* qui monte à 2 millions 638 mille 292 livres : c'eft fur ce dernier fonds que fe prennent les gages des Infpecteurs , Ingénieurs & des Tréforiers.

C'eft de toutes ces différentes impofitions qu'étoit formé le brevet de la taille.

On y ajoutoit encore d'autres parties dont l'impofition eft ordonnée par des arrêts du Confeil , pour être continuée pour une ou plufieurs années , notamment d'une fomme de 800 mille livres, fous le titre de *dépenfes à faire aux différens ports maritimes du royaume.*

Tome I. B

Il réfulte des détails dans lefquels on vient d'entrer , que le montant de la taille ne varioit pas quant au principal & crues y jointes , le taillon & la folde des Maréchauffées , & au fonds ordinaire des turcies & levées , mais il fe rencontroit des variations dans les fommes que des dépenfes générales ou particulieres à certaines provinces , exigeoient que l'on impofât pendant une ou plufieurs années , en vertu d'arrêts particuliers ; dès que l'objet de ces dépenfes eft rempli , l'impofition ceffe : on a penfé que par la néceffité réciproque , il falloit que chacune des provinces , notamment de celles qui en retirent de l'utilité , en fupportât fa portion ; & dans la vue d'éviter la multiplicité de ces opérations & les frais du recouvrement , on avoit pris le parti de les comprendre dans le brevet de la taille , afin que tout fe fit par une feule & même impofition , & en un feul recouvrement.

Le brevet & les commiffions qui ont été expédiés pour l'année 1764 , montent à 46 millions 439 mille 572 livres.

Sur quoi il a été accordé une diminution de 3 millions 940 mille livres , ce qui a réduit l'impofition effective de la taille , pour les vingt généralités de pays d'Elections , à 42 millions 499 mille 572 livres.

Il vient d'être formé un plan d'opérations , dont l'objet eft de remédier à l'arbitraire dans la répartition des impofitions des pays où la taille eft perfonnelle.

On a envifagé la variation qui fe rencontroit chaque année dans le montant du brevet de la taille , & qui donnoit néceffairement lieu à des changemens annuels dans la répartition comme une des fources de cet arbitraire , & dans la vue d'établir une bafe fixe & certaine , & de faire ceffer des variations qui n'étoient occafionnées que par l'ufage d'inférer dans le brevet les crues & dépenfes particulieres , le Roi s'eft déminé à fixer le montant du brevet de la taille pour 1768 & pour l'avenir , en n'y faifant comprendre que la Taille & les crues qui y ont été jointes de toute ancienneté , le Taillon , le fonds des Maréchauffées , celui des Etapes & les deux fous pour livre de ces différentes fommes.

D'après cet arrangement , il a été réglé que le brevet de la Taille demeureroit fixé pour toujours , à . . . . 31,178,259[1]

Le Taillon , à . . . . 1,186,756.

Le fonds des Maréchauffées , à . . . . 1,749,445. I. II.

Le fonds des Etapes , à . . . . 2,346,667.

Ainfi le principal du brevet de la Taille eft invariablement fixé à . . . . 36,461,127^l 1^f 11^d

Les deux fous pour livre de ces différentes impofitions, fuivant les déclarations & arrêts du Confeil des 3 & 24 mars, & 26 décembre 1705, 29 mai, 15 juin & 18 octobre 1706, font de . . . . 3,64,6112. 14. 1.

Ainfi le montant total du brevet de la Taille, eft irrévocablement réglé à . . . . 40,107,239^l 16^f.

Ce montant doit être réparti annuellement fur les vingt généralités de pays d'Elections, paroiffes & fujets du Roi contribuables aux tailles.

Les crues & les dépenfes particulieres, ainfi que l'impofition militaire, doivent être comprifes dans un fecond brevet arrêté au Confeil, dont le montant fera réparti, foit entre les généralités, les élections & les paroiffes, foit fur les contribuables au marc la livre du brevet de la taille.

DE L'ADMINISTRATION DES TAILLES,
de la maniere dont elles s'impofent & fe perçoivent.

ON peut divifer, quant aux impofitions, les différentes provinces du royaume, en trois claffes :

Pays d'Elections.

Pays d'Etats.

Pays Conquis.

Dans les vingt généralités de pays d'Elections, il y en a trois dans lefquelles la taille eft réelle, qui font celles de Grenoble, Montauban & Auch, & deux élections de la généralité de Bordeaux, qui font Agen & Condom ; elle eft perfonnelle dans les autres, ou plutôt mixte, puifqu'elle s'impofe fur les perfonnes, fur le pied & à proportion de leurs biens & facultés, & de leur induftrie.

Dans les provinces où la taille eft réelle, elle s'impofe fur les fonds dont la roture ou la nobilité décide de l'affujétiffement ou de l'exemption.

Commençons par les provinces qui ont été partagées en Elections.

Pays d'Élections.

ON a vu dans l'ordonnance en forme de réglement, de Saint-Louis, que l'on a rappellée, que dans les temps où les tailles n'étoient point un tribut annuel, la répartition, lorfqu'on les impofoit, en étoit faite par des Prud'hommes qui étoient élus dans une affemblée de la Communauté; on appelloit donc Elus ceux qui procédoient, fur la foi de leur ferment, à l'affiete de ce genre d'impofition.

Ce fut dans l'affemblée des Etats tenus à Paris par le Roi Jean, en 1355, & dont nous aurons occafion de parler plus en détail lorfque nous en ferons à la partie des Aides, que les Généraux des aides prirent naiffance; l'article II de l'ordonnance par laquelle ce Prince, acceptant les offres qui lui avoient été faites, établit les aides dont il s'agiffoit, porte que les Etats choifiront neuf perfonnes, favoir, trois de chaque état qui feront Généraux & Super-intendans fur tous ceux qui en feront chargés, & des Commiffaires ou Députés dans les différentes provinces, lefquels auront l'infpection fur la levée de l'aide dans leurs départemens, & contraindront par toutes les voies & manieres que bon leur femblera ceux qui refuferoient d'y fatisfaire; que s'ils ne pouvoient les faire obéir ils les ajourneroient pardevant les Généraux Super-intendans, & que ce qui feroit fait & ordonné par lefdits Généraux vaudroit & tiendroit comme arrêt du Parlement, fans qu'on en pût appeller.

Ces Généraux réuniffoient en leurs perfonnes, & l'adminiftration quant à l'emploi des deniers qui étoient affectés fpécialement & exclufivement au fait de la guerre, & la jurifdiction fur les contribuables.

Le Roi fe réferva bientôt la nomination des Généraux; Charles VI, par fes Lettres du dernier février 1388, en établit fix, dont trois feuls, qu'il indiquoit par fes Lettres, feroient ordonnateurs des deniers, & Généraux fur le fait des finances, avec défenfe aux trois autres de s'entremettre d'autre fait que de celui de la juftice, ce qui fit appeller les uns Généraux des finances fur le fait des Aides, & les autres Généraux de la juftice fur le fait des Aides.

Les premiers eurent, par leurs Lettres de commiffion, le pouvoir de nommer & de deftituer les Elus dans les différentes provinces du royaume , qui étoit alors divisé par diocèses , quant aux impositions.

Lorſque Charles VII rendit la taille une impoſition ordinaire & annuelle , il établit & inſtitua en titre d'office ces Elus , *& demeúra* , dit Coquille dans ſon hiſtoire de Nevers : le nom d'Elus *jaçoit qu'ils ne fuſſent plus élus & choiſis par le peuple.*

Par les ordonnances des 19 juin 1445 & 26 août 1452 , il fixa les ſieges des Elus dans tous les pays d'Election ; l'arrondiſſement de cha-cun de ces ſieges fut borné à cinq ou ſix lieues , il fut réglé que ces juriſdictions connoîtroient de toutes cauſes & cas civils & criminels qui ſurviendroient ſur les Aides , Gabelles & Tailles , & autres ſubventions miſes & à mettre pour le fait des guerres , tuition & défenſe du royaume & des ſujets , & qu'en cas d'appel la connoiſſance en appartiendroit aux Généraux-conſeillers ſur le fait de la juſtice des Aides.

Ordonnance des 19 juin 1445 & 16 août 1452.

L'article XVI de l'ordonnance du 26 août 1452 fait connoître que ces Elus étoient chargés de régler l'aſſiete & la répartition des tailles entre les différens lieux de leur Election , qu'ils devoient s'aſſembler pour cette opération , & examiner les facultés des différentes paroiſſes ; cet examen ſe faiſoit d'après les viſites auxquelles ils étoient obligés , & qui , ſous le nom de *Chevauchées* , leur ſont recommandées & preſcrites par toutes les ordonnances.

Ordonnance du 26 août 1452 , article XVI.

L'article V de l'ordonnance du premier avril 1459 leur enjoint d'adreſſer , chaque année , dans les mois d'avril ou de mai au plus tard , des copies des aſſietes particulieres , ou celles que les Collecteurs doivent , aux termes de l'article II , leur remettre , *aux Généraux des finances , chacun en ſa charge , afin que leſdits Généraux puiſſent par ce moyen connoître le nombre des feux & la faculté & puiſſance de chaque Election , & en avertir le Roi & ceux de ſon Conſeil , pour enſuite diſtribuer & départir juſtement & également ſur chaque Pays & Election la portion qu'il devra porter de la taille , & faire que l'un ne ſoit pas plus grevé que l'autre.*

Ordonnance du 1 avril 1459 , article V.

Par ſon ordonnance de 1508 , Louis XII enjoint aux Elus , à peine de privation de leurs offices , de les exercer en perſonne , & de faire une réſidence continuelle aux lieux où ils ſont établis ; leur défend , ainſi qu'aux Aſſéeurs , ſous peine de confiſcation de corps & de biens , d'aſſeoir , ni ſouffrir qu'il ſoit impoſé aucune ſomme de deniers , quelle

Ordonnance de 1508.

qu’elle foit, autre que celles qui feront portées par les mandemens &
commiffions, avec ce qui eft preferit par les ordonnances pour la collecte & façon des rôles, & pour les menus frais ; ordonne aux Collecteurs, lorfque l’affiete fera achevée, & avant de faire aucune levée, d’apporter dans la quinzaine les rôles aux Elus pour qu’ils les vérifient
& fignent.

Ordonnance de 1517. Par l’ordonnance de François I de 1517, fur ce qu’il eft inftruit
que quoique les Elus foient tenus de chevaucher leurs Elections pour
connoître les facultés des habitans, ils ne s’en acquittent point & reçoivent néanmoins les taxations qui leur font attribuées, d’où il arrive
journellement qu’en formant l’affiete & le département des tailles, ils
n’y gardent aucune égalité, il leur enjoint très-expreffément de faire
chaque année leurs vifites, de s’enquérir diligemment des facultés, pertes
& inconvéniens des paroiffes, & de rapporter au Receveur, avant de
toucher leurs taxations, des certificats defdites vifites fignés du Greffier,
avec injonction au Procureur du Roi & au Receveur des Elections
d’avertir les Généraux, tant fur le fait & gouvernement des finances,
que de la juftice des aides, qui en feront la punition fuivant l’exigence
des cas.

Il eft enjoint aux Elus, que dans la huitaine qu’ils auront reçu le
mandement & commiffion pour impofer les tailles, ils procedent à en
faire l’affiete & le département fur les paroiffes particulieres des Elections, le fort portant le foible, conformément aux anciennes ordonnances,
& que le département fait, ils faffent délivrer ces commiffions aux Receveurs des tailles pour les envoyer aux Paroiffes le plus diligemment
que faire fe pourra, à peine d’être refponfables du retardement & d’amende
arbitraire.

Les affietes & départemens feront faits par les Elus ou Greffiers, &
fignés d’eux ; les Procureurs du Roi aux Elections & les Receveurs affifteront & auront voix aux départemens.

Quoique les tailles doivent être affifes, portées & payées par toutes
manieres de gens contribuables, le fort portant le foible, néanmoins les
plus riches font ceux qui payent le moins & qui cherchent à s’exempter,
les uns fous prétexte qu’ils font nobles, quoiqu’ils n’en juftifient point,
les autres en qualité de fermiers & métayers de gens d’églife, nobles ou
autrement, ce qui eft toujours à la foule du pauvre peuple, fur quoi

le Roi enjoint aux Elus, qu'en faifant leurs vifites ils s'informent fi tous les habitans font affis & impofés aux tailles, & qu'ils faffent porter à un taux raifonnable ceux qui ne le feroient pas fuivant leurs facultés, & fi les habitans & Afféeurs ne le font pas, les Elus, appellés avec eux trois ou quatre des plus gens de bien de la communauté, les impoferont & les feront contraindre au payement comme pour les propres deniers du Roi, nonobftant toute oppofition ou appellation quelconque.

Il eft défendu aux Elus, fous peine de fufpenfion de leurs offices & d'amende arbitraire, de commettre des Collecteurs pour la levée des tailles ; ils doivent être élus par les habitans à leurs rifques & périls, & avoir douze deniers pour livre pour frais de collecte, & au-deffous s'il en eft qui veulent mettre au rabais ; ces taxations doivent être impofées avec la taille.

C'eft ici le lieu d'obferver qu'on ne regardoit anciennement comme revenu ordinaire que le produit du domaine, c'étoit le véritable patrimoine de la Couronne, les aides, tailles & autres fubfides n'étoient envifagés que comme des revenus extraordinaires.

Le domaine étoit adminiftré par des Tréforiers, dont le nombre avoit été porté jufqu'à fix, mais qui le plus fouvent & fous Louis XII, fe trouverent fixés au nombre de quatre.

Les aides & autres fubfides étoient gouvernés fous ce regne, par quatre Généraux des finances.

François I changea cet ordre ; il créa en 1543, au lieu du Changeur, du Tréfor & du Receveur général des Aides, feize Recettes générales pour recevoir indiftinctement les deniers provenans du Domaine, des Tailles, Aides & autres fubfides. *1543.*

Par un édit de 1551, Henri II établit dix-fept Recettes générales, & plaça dans chacune de ces recettes, un Tréforier & un général des finances ; du nom de ce dernier Officier on appella *Généralité* chaque partie de territoire dans laquelle le Tréforier & le Général des finances devoient exercer leurs fonctions. *Edit de 1551.*

Enfin par édit du mois de juillet 1577, Henri III unit les charges de Tréforiers & de Généraux des finances, fous le titre de *Tréforiers généraux de France*, & forma les Bureaux des Finances du nombre d'Officiers rappellés dans cet édit. *Edit de juillet 1577.*

C'eft cette réunion de fonctions qui eft le principe & l'origine de celles qui ont été confiées depuis aux Tréforiers de France, dans le département des impofitions.

Dès que la ceffation des troubles & le traité conclu à Vervins, eurent rétabli entiérement le calme dans le Royaume, Henri IV s'occupa principalement de remédier aux abus qui s'étoient introduits daus l'impofition & dans la levée des tailles, *plus defireux*, dit ce Prince dans le préambule de l'édit du mois de mars 1600, *d'acquérir le nom de pere du peuple, lui faifant du bien, que de laiffer quelque fouvenance à la poftérité d'autres titres plus fpécieux & élevés, que nos périls & nos labeurs nous auroient pu faire mériter.*

Edit de mars 1600.

Cet édit contient un réglement général fur le fait des Tailles ; le Légiflateur fe propofe, par ce réglement, de faire garder l'égalité par les Elus dans les départemens des paroiffes, & par les Afféeurs dans la répartition fur les Contribuables, de faire ceffer les furcharges qui réfultoient de la multiplicité des exemptions, de remédier aux longueurs & aux frais des conteftations, ainfi qu'à ceux des pourfuites & contraintes contre les Redevables.

Pour remplir ces différens objets, il eft ordonné aux Elus de procéder dans la quinzaine, après les commiffions reçues, aux départemens des paroiffes de leur élection, avec égalité & juftice.

Pour qu'ils foient mieux inftruits de ce que chaque paroiffe devra porter, & qu'ils foient fans excufe s'il y a quelque inégalité dans les départemens, il leur eft enjoint de faire leur tournée chaque année en faifon convenable, & fans pouvoir aller deux années confécutives dans les mêmes paroiffes ; ils doivent s'informer des moyens & facultés des habitans, de l'abondance ou ftérilité de l'année, du nombre des charrues, du commerce qui fe fait dans lefdites paroiffes, enfin de toutes les autres commodités ou incommodités qui les peuvent rendre aifés ou pauvres.

Ils s'informeront auffi des noms des exempts & de la caufe de leurs exemptions, pour connoître fi aucun d'eux ne s'attribue indûment cette qualité ; ils vérifieront auffi s'il y a inégalité dans les taxes, foit en excès ou diminution ; ils prendront l'avis de trois ou quatre de la paroiffe & des paroiffes circonvoifines, des plus gens de bien & le mieux inftruits de leurs facultés & moyens ; enfuite en l'affemblée des Officiers à l'élection, & après avoir examiné le procès-verbal de l'Elu qui aura été

fur

ſur les lieux , les départemens des paroiſſes ſeront faits avec droiture &
ſincérité ; on taxera ceux qui s'exemptoient indûment , on modérera ou
on augmentera les cottes des autres , ainſi que les Elus jugeront en leur
conſcience & ſur le rapport deſdits Prud'hommes devoir être faits ; ces
taxes ſeront portées ſur les commiſſions que les Elus enverront aux paroiſſes de leur reſſort.

Les Aſſéeurs ſeront Collecteurs la même année de leur charge , comme
un moyen propre à les empêcher de cotiſer les médiocres & pauvres
habitans au-deſſus de ce qu'ils doivent porter par la crainte d'avancer leurs
taxes.

Les Aſſéeurs feront l'aſſiete en lieu où ils ſoient libres , & perſonne
n'y aſſiſtera que ceux qui en auront la charge ; défenſe aux Seigneurs
d'y faire procéder dans leurs maiſons ou d'y être préſens lorſqu'elle ſe
fera ailleurs , de contraindre ni forcer la volonté deſdits Aſſéeurs , ſous
peine de perdre leurs fiefs & droits de haute juſtice.

Les Aſſéeurs comprendront entre les Contribuables, les Fermiers des
Eccléſiaſtiques , Gentilshommes & autres privilégiés , tant à raiſon de
leurs biens que des profits qu'ils font ſur leſdites fermes.

Défenſes aux Privilégiés de ſouſtraire leurs Fermiers au payement des
tailles par des baux ſecrets & ſous prétexte qu'ils ſont leurs Secrétaires
& Domeſtiques , à peine de déchéance du droit & privilége de pouvoir retenir leurs terres par leurs mains & de payer pareilles ſommes
que leurs Fermiers euſſent fait , leurs terres étant données à ferme , à
quoi les revenus deſdites terres demeureront ſpécialement affectés.

Tous les Contribuables généralement ſeront cotiſés à raiſon de leurs
facultés , quelque part qu'elles ſoient , meubles ou immeubles , héritages
nobles ou roturiers , trafic & induſtrie ; & ſi les Aſſéeurs en exemptent
aucuns , ils en ſeront reſponſables & payeront en leur propre & privé
nom , à la décharge des autres habitans de la paroiſſe , les ſommes auxquelles les prétendus exempts auroient dû être cotiſés , avec injonction
aux Elus de les condamner en outre à l'amende & de les punir exemplairement s'il y échoit.

Les Contribuables domiciliés dans les pays où les tailles ſont réelles ,
& poſſédant des biens dans ceux où elles ſont perſonnelles , ſeront cotiſés dans les lieux où les biens ſont ſitués pour raiſon deſdits biens , & les
fruits qui en proviendront demeureront affectés au payement de leurs taxes.

Tome I.   C

Des Contribuables, pour s'exempter du payement des tailles, faifoient publier au prône, avant la Saint-Remi, leur tranflation de domicile dans une autre paroiffe, & retournoient après l'affiete de la taille dans celle qu'ils avoient annoncé vouloir quitter, d'où il arrivoit, ou qu'ils n'étoient impofés ni dans l'une ni dans l'autre, ou qu'ils l'étoient à une taxe inférieure à celles qu'ils auroient dû fupporter, leurs facultés n'étant pas connues dans la nouvelle paroiffe où leurs biens n'étoient pas fitués : d'autres placés fur les confins de diverfes élections ou généralités, bâtiffoient & réfidoient hors de leur demeure ordinaire, & s'accordoient à y être cotifés à quelque fomme légere, quoiqu'allant & venant au lieu de leur vrai domicile, y ayant partie de leur famille, leurs beftiaux, labourage & toutes les aifances defquelles on peut tirer profit.

Pour obvier à ces fraudes, il eft ordonné aux Afféeurs de cotifer les premiers au lieu de leur ancienne demeure pendant l'an & jour de leur fortie, & de continuer à impofer les autres au lieu de leur premier & plus vrai domicile, quoiqu'ils foient cotifés dans celui où ils fe font retirés, à moins qu'ils n'aient donné leurs héritages du premier domicile à des Fermiers qui foient taxés à raifon de leurs profits.

Enfin pour que l'infpection du rôle puiffe faire mieux connoître fi la taille a été répartie avec égalité, il eft ordonné aux Afféeurs d'ajouter aux noms des taillables, leurs qualité & profeffion ; & s'ils font laboureurs, le nombre de charrues, & fi c'eft pour eux ou pour autrui ; ils doivent auffi porter au pied du rôle les noms des exempts & les caufes d'exemptions.

Ces exemptions s'étoient extrêmement multipliées par les circonftances des troubles, il fuffifoit, pour être réputé Noble & jouir de toutes les prérogatives de la Nobleffe, qu'un homme né dans le tiers-état fit uniquement profeffion des armes fans exercer aucun autre emploi.

L'article CL de l'ordonnance de Blois, avoit déja fupprimé la Nobleffe acquife par la poffeffion des fiefs : Henri IV fupprima celle que s'arrogeoient tous ceux qui avoient porté les armes pendant les troubles ; il fit défenfes à toutes perfonnes, de prendre le titre d'Ecuyer & de s'inférer au corps de la Nobleffe, s'ils n'étoient iffus d'un aïeul & pere qui euffent fait la profeffion des armes, eût fervi en quelque charge honorable du nombre de celles qui, par les loix & mœurs du royaume, peuvent donner commencement de Nobleffe à la poftérité, fans avoir fait aucun acte de dérogeance, & si se rendant imitateurs de leurs vertus, ils ne les suivoient en cette façon louable de vivre.

Il régla que ceux qui auroient servi l'espace de vingt ans dans les Compagnies d'ordonnance, parmi les gens de pied, avec commission de Capitaine en chef, Lieutenant ou Enseigne, & sans aucune dérogeance, jouiroient de l'exemption, tant qu'ils en continueroient le service seulement, à moins qu'après vingt-cinq années de service, ils n'eussent obtenu des Lettres vérifiées dans les Cours des Aides pour en être dispensés & jouir de ladite exemption leur vie durant, en signe & reconnoissance de leur vertu & mérite.

Il enjoignit aux Capitaines des Compagnies des Gens d'armes, de les remplir de Gentilshommes ou de personnes qui eussent servi au moins dix ans parmi les gens de pied dans les grades de Capitaine en chef, Lieutenant ou Enseigne ; & ordonna que les autres de qualité roturiere qui y seroient placés, ne pourroient jouir de l'exemption qu'après dix années de service dans lesdites compagnies, & tant qu'ils le continueroient sans faire aucun acte de dérogeance.

Que les Mestres-de-camp, Capitaines en chef, Lieutenans & Enseignes des compagnies des régimens entretenus, seroient pris ou du corps de la Noblesse ou parmi les Soldats vieux & expérimentés, ayant suivi les armées pendant dix années au moins & donné quelque preuve signalée de leur valeur, & que ces derniers jouiroient de l'exemption tant qu'ils seroient au service.

Nous ne pouvons nous dispenser de rappeller ici, quant à la Noblesse militaire, les dispositions de l'édit du mois de septembre 1750, qui forment le dernier état des choses à cet égard.

Le Roi veut par cet édit, qu'aucun de ses sujets, servant dans ses Troupes en qualité d'Officier, ne puisse être imposé à la taille pendant qu'il conservera cette qualité ; que tous Officiers généraux non Nobles, actuellement à son service, soient & demeurent anoblis avec toute leur postérité née & à naître en légitime mariage ; que le grade d'Officier. général confere à l'avenir la Noblesse de droit à ceux qui y parviendront & à toute leur postérité, & qu'ils jouissent de tous les droits de la Noblesse, à compter du jour & date de leurs lettres & brevets ; que tout Officier non Noble, d'un grade inférieur à celui de Maréchal-de-camp, créé Chevalier de Saint-Louis & se retirant après trente années de fervice fans interruption, dont il en aura paffé vingt avec la commiffion de Capitaine, jouiffe fa vie durant de l'exemption de la taille ; que fon fils, pour jouir de la même exemption en quittant le fervice, rempliffe les mêmes conditions.

Les vingt années de commiffion de Capitaine font réduites à dix-huit ans pour ceux qui auront eu la commiffion de Lieutenant-colonel, à feize pour ceux qui auront eu celle de Colonel, & à quatorze pour ceux qui auront eu le grade de Brigadier.

Les Officiers devenus Capitaines & Chevaliers de Saint-Louis, que leurs bleffures mettront hors d'état de continuer leurs fervices, demeureront difpenfés du temps qui reftera lors à courir.

Ceux qui mourront au fervice après être parvenus au grade de Capitaine, fans avoir rempli les conditions ci-deffus, feront cenfés les avoir remplies.

Tout Officier dont le pere & l'aïeul auront acquis l'exemption de la taille en rempliffant lefdites conditions, fera Noble de droit, après néanmoins qu'il y aura pareillement fatisfait.

Cette Nobleffe paffera aux enfans.

Le Roi crut devoir expliquer fes intentions fur les difpofitions de cet édit par une déclaration du 22 janvier 1752 ; elle porte entr'autres difpofitions, que ceux qui font actuellement au fervice, & qui n'auront point encore rempli les conditions prefcrites par l'édit pour acquérir l'exemption de taille, n'auront pas le droit qu'ont les Nobles, ni même les privilégiés, de faire valoir aucune charrue ; que ceux qui les auront remplies, foit qu'ils foient encore au fervice, foit qu'ils s'en foient retirés, pourront faire valoir deux charrues feulement.

Revenons à l'édit du mois de mars 1600 ; il veut que les Bâtards de peres Nobles ne puiffent prétendre la Nobleffe qu'en obtenant des lettres d'anobliffement ; il fupprime ou reftreint une infinité d'exemptions.

Il prefcrit les formes de procéder les plus fommaires & les moins difpendieufes, les cas où les Receveurs pourront décerner folidairement leurs contraintes contre une communauté.

En 1634, Louis XIII envoya dans les provinces des Commiffaires chargés d'avifer aux moyens de rendre la diftribution des tailles plus jufte & plus égale.

Il intervint au mois de janvier 1634, un édit fur le fait des Tailles.

L'article XL de cet édit porte que les Tréforiers de France feront le département de la taille fur les élections dépendantes de leur généralité, huit jours après avoir reçu le brevet qui leur eft envoyé chaque année, de ce qui fe doit impofer l'année fuivante; qu'ils enverront, dans le mois d'août au plus tard au Confeil, ce département, auquel il leur eft enjoint de vaquer avec juftice & égalité, d'après ce qu'ils auront reconnu que chaque élection doit porter, fur le rapport de celui d'entr'eux qui aura fait les chevauchées, & fans y apporter aucune faveur ni paffion.

Comme le plus fouvent les Tréforiers de France favorifent l'élection de leur demeure au préjudice des autres élections moindres en paroiffes & en facultés, les Elus des élections qui fe prétendront furtaxés, font autorifés à faire leur procès-verbal fommaire des repréfentations, & à l'adreffer au Confeil pour y être pourvu.

C'eft fur la répartition adreffée au Confeil par les Tréforiers de France, que doivent s'expédier les commiffions pour la levée de la taille de chaque élection; & fuivant l'article XLI, elles doivent être adreffées aux Tréforiers de France dans le mois de Novembre, & ceux-ci doivent, huit jours après, adreffer aux Elus celle qui les concerne.

Suivant l'article XLII, les Elus doivent s'affembler huit jours après avoir reçu leurs commiffions; & comme leurs chevauchées, dans tous les lieux taillables de chaque élection, doivent avoir été faites dans le mois d'octobre précédent, ils font tenus de procéder fans le moindre retardement, à la répartition entre les différentes paroiffes qui compofent chaque élection.

Si, en faifant leurs chevauchées, les Tréforiers de France reconnoiffent que les Elus favorifent la ville dans laquelle ils demeurent, ils font autorifés à la taxer, affemblés en leur bureau en nombre fuffifant, à la décharge & foulagement des autres paroiffes de l'élection.

Les circonftances de la guerre avoient forcé de multiplier les lettres de Nobleffe moyennant finance; les exemptions qui en étoient la fuite & l'objet, diminuant le nombre des contribuables, devenoient une furcharge pour ceux qui fupportoient tout le poids des impofitions, & l'impuiffance dans laquelle plufieurs fe trouvoient de les acquitter, occafionnoient dans le recouvrement des non-valeurs contraires aux arrangemens que le fervice exigeoit: ces motifs déterminerent la déclaration du mois de novembre 1640, par laquelle tous les anobliſſemens accordés depuis trente ans, furent éteints & ſupprimés, ainſi que toutes exemptions portées par édit, déclaration ou autrement, à l'exception des Officiers des Cours ſupérieures, de ceux des Chancelleries & des anoblis, ou de leurs deſcendans ſervant en perſonne dans les armées ; les abonnemens obtenus par les villes, bourgs & villages, pour quelque cauſe & occaſion que ce pût être, furent révoqués, & il fut ordonné qu'elles ſeroient impoſées ſelon leur pouvoir & puiſſance, ainſi que les autres villes & bourgs taillables, à la ſeule exception de Paris, Rouen, le Havre, Dieppe, Quillebœuf & les villes franches qui payoient la ſubvention ; la déclaration ſuſpend uniquement pendant la guerre les priviléges & exemptions des Officiers commenſaux des maiſons du Roi, de la Reine, de M. le Dauphin & de M. le duc d'Anjou, de M. le duc d'Orléans & de M. le prince de Condé.

Les Commiſſaires députés à cet effet dans les différentes généralités, ſont chargés, par cette déclaration, de former dans chaque élection un état de tous les Exempts, Privilégiés, Nobles par lettres depuis trente ans, ſur lequel, après s'être dûment informés de leurs biens & facultés, ils les taxeront dans la proportion de ce qu'ils doivent ſupporter, & ordonneront que les taxes auxquelles ils les auront impoſés, ſeront payables entre les mains des Receveurs des tailles, de quartier en quartier ; & faute par leſdits privilégiés exempts, de ſatisfaire dans leſdits termes, ils ſeront contraints au payement du quadruple, & de tous les frais faits en exécution des rôles & des ordonnances deſdits Commiſſaires.

Louis XIII avoit, au mois d'avril 1643, donné une nouvelle déclaration contenant réglement ſur le fait des tailles ; cette déclaration ne fut adreſſée aux Cours des Aides qu'après le décès de ce Prince & par le feu Roi.

Le préambule rappelle qu'il avoit été député des Commiſſaires dans les provinces & généralités, pour faire obſerver l'égalité aux département & aſſiete des impoſitions, comprendre & taxer les Nobles depuis trente ans, & les Officiers dont les exemptions avoient été révoquées par la déclaration de 1640, enſemble les riches & puiſſans à proportion de leurs facultés, commerce & trafic, qui étoit le ſeul moyen de faire ſubſiſter les foibles & maintenir l'Etat ; que la plus grande partie des riches & puissans qui devoient d'eux-mêmes, par la propre considération de leur conservation, contribuer volontairement aux grandes charges de l'Etat, étoient ceux qui y résistoient & s'en exemptoient par différens moyens & prétextes ; que plusieurs Officiers, Receveurs & Commis, & autres préposés pour l'imposition, levée & recette desdits deniers, toléroient & même contribuoient aux surcharges des uns, à la décharge des autres, ce qui occasionnoit les non-valeurs, & les grandes violences & exactions de frais qui se faisoient sur les Communautés & les Particuliers contribuables : l'objet de la déclaration de 1643, est de faire observer plus exactement les réglemens précédens, en ce qui concerne l'assiete, levée & recouvrement desdites impositions.

Aux termes de l'article III de cette déclaration, les commissions des tailles doivent être portées aux Bureaux des finances, où l'Intendant se trouvera, présidéra, & y aura la premiere séance, pour, en sa présence faire expédier sur lesdites commissions, les attaches & ordonnances nécessaires desdits Bureaux, & les remettre incontinent, avec lesdites attaches, entre les mains de l'Intendant, qui se transporte ensuite dans toutes les Elections de son département avec l'un des Trésoriers de France commis par le bureau, & là avec trois au plus des Présidens & Elus des élections qu'il a choisis, ainsi que le Procureur du Roi & le Greffier de l'élection, & le Receveur des tailles, il doit procéder à l'assiete & département des impositions sur les villes, bourgs & paroisses taillables avec l'égalité requise.

Par l'article IV, pour qu'il ne soit apporté aucun retardement aux impositions, il est ordonné aux Présidens & Trésorier de France de chaque bureau, de s'assembler avec l'Intendant, aussi-tôt les commissions reçues, & de nommer & déléguer sans aucune remise un d'entr'eux pour chaque élection, pour, au jour qui sera pris & convenu avec ledit Intendant, se trouver dans le lieu où l'élection est établie, & y procéder avec les Officiers dudit siége que l'Intendant aura nommés & choisis, à l'assiete & département des impositions avec égalité & en conscience.

Les attaches & ordonnances des bureaux sur les commissions, doivent à cet effet être délivrées à l'Intendant qui ordonne & assigne avec les Trésoriers de France, le temps & jour qu'il pourra se trouver au lieu de l'Election, afin que celui des Trésoriers de France qui aura été délégué, s'y rende au jour fixé pour procéder, conjointement avec l'Intendant , auxdites impofitions ; les Officiers de l'Election qui auront été nommés , appellés.

Les Tréforiers de France peuvent , fi bon leur femble , déléguer un de leurs confreres pour une feule ou plufieurs élections.

Suivant l'article V , fi les Tréforiers de France font difficulté de fouffrir la préfidence & féance libre dans leurs bureaux aux Intendans , d'expédier leurs attaches fur les commiffions & de déléguer leurs confreres dans les élections ; au premier refus ou délai , les Intendans expédieront feuls leurs ordonnances fur les commiffions , les feront figner par leurs Greffiers , les adrefferont enfuite aux Elus & leur indiqueront le jour auquel ils procéderont avec eux , fans les Tréforiers de France , aux affietes & départemens.

Aux termes de l'article VI , les affietes & départemens faits font remis au Greffier de l'élection , qui fait expédier les commiffions ou mandemens qui doivent être envoyés dans chaque paroiffe ; elles font intitulées du nom de l'Intendant , du Tréforier de France & des Elus qui ont affifté aux affietes.

C'eft , par l'article VIII , aux Intendans , conjointement avec les autres Officiers du département , à taxer d'office les privilégiés dont les exemptions ont été révoquées par la déclaration de novembre 1640 , les habitans puiffans , ainfi que les Fermiers qui fe maintiennent par autorité & par la crainte qu'ils infpirent , dans des exemptions & taux modiques.

M. Colbert , ayant été chargé de l'adminiftration des finances , s'occupa des moyens de procurer l'exécution des réglemens déja intervenus fur le fait des impofitions ; le feu Roi nomma des Commiffaires pour examiner ces réglemens , ainfi que différens mémoires qui avoient été donnés fur leur inexécution & fur les difpofitions néceffaires pour éviter à l'avenir les abus qui fubfiftoient encore ; il annonça que fon intention étoit que les diminutions qu'il fe propofoit d'accorder , fuffent appliquées à ceux qui avoient été furtaxés ; que ceux qui fe feroient fait indûment foulager fuffent impofés fuivant leurs biens & facultés , & fur-tout de faire ceffer les procès & différens qui fe renouvelloient fans ceffe pour les nominations on décharges des Collecteurs. Ce fut pour y parvenir que fut

Déclaration du 12 février 1663. donnée la déclaration de 12 février 1663. Les modifications que la Cour des Aides de Paris appofa à l'enregiftrement de cette déclaration , déterminerent

minerent les Lettres de juffion des 11 juillet & 29 décembre fuivant, qui ne laifferent fubfifter que quelques-unes de ces modifications.

Cette déclaration fixe le temps où les Collecteurs doivent être nommés, & celui dans lequel les rôles doivent être faits.

Avant le premier feptembre de l'année qui précede l'impofition, les Intendans ou les Officiers de l'élection doivent délivrer aux Receveurs des tailles leurs jugemens, portant injonction aux communautés de s'affembler pour nommer des Collecteurs ; cette affemblée doit fe tenir à l'iffue des vêpres du premier Dimanche ou de la premiere Fête du mois d'Octobre ; l'acte de leur nomination doit être porté auffi-tôt après au Greffier de l'élection, & les Collecteurs choifis par la paroiffe, doivent s'affembler pour procéder à la confection des rôles, huit jours après la réception du mandement pour l'impofition : les demandes en décharge de la collecte, doivent être formées & jugées aux Elections le 15 décembre, & en cas d'appel aux Cours des Aides le 15 Janvier.

Les Intendans doivent faire avec les Elus les départemens des tailles, les nominations d'office des Collecteurs, les cotes d'office, & leur voix doit prévaloir.

La plupart des taillables des généralités d'Orléans, Bourges, Moulins & autres, par leur connivence avec ceux qui leur donnoient des beftiaux à cheptel, éludoient le payement de leurs taux en fe fervant de baux frauduleux, & faifant, en cas de faifie, réclamer les beftiaux par ceux qui leur avoient donné à cheptel ; la déclaration de 1663 autorife la faifie & la vente du cinquieme feulement defdits beftiaux pour le payement du taux des Chepteliers, fauf le recours des Maîtres pour ce qui aura été pris fur ce qui leur appartient.

L'article XXXIII du réglement des tailles de 1634, permettoit aux Eccléfiaftiques, Nobles, Officiers, Privilégiés, aux habitans de la ville de Paris & aux Chevaliers de Malte, de faire valoir par leurs mains une de leurs terres & maifons, & celles qui y étoient adjacentes & contiguës en dépendantes.

L'article XXI du réglement de 1643, portoit qu'ils pourroient faire valoir une ferme ou métairie par leurs mains ; ils joignoient, fous prétexte de ces difpofitions, toutes les fermes qu'ils avoient dans une même paroiffe à leur principal manoir, faifant cultiver les héritages par des gens qui paroiffoient être leurs valets, & qui dans la réalité & par des

---

Marginal notes:

Lettres de juffion des 11 juillet & 29 décembre 1663.

Réglement de 1634.

Réglement du 16 avril 1643.

baux fecrets, étoient leurs Fermiers ; ce qui occafiônnoit des non-valeurs confidérables dans les impofitions qùi ne pouvoient plus être régalées que fur de petits marchands & des manouvriers : pour faire ceffer ces abus, en même-temps que la déclaration de 1663 autorife, conformément au réglement de 1643 , les Eccléfiaftiques , Gentilshommes & Bourgeois de Paris, à faire valoir une de leurs fermes ou métairies par leurs mains , fans que pour raifon de ce, ni pour les enclos de leurs maifons, ils puiffent être taxés aux tailles ; elle ordonne que pour éviter aux fraudes, ils ne pourroient fe fervir de gens qui *aient été compris aux rôles des tailles*, & les lettres de juffion du 11 juillet 1663 , ajoutent, *ni qui poffedent aucuns héritages en propre.*

Mais comme les privilégiés abufant encore de la difpofition des réglemens que l'on vient de rappeller, joignoient plufieurs fermes en une ; en forte que plufieurs faifoient exploiter le labour de huit & dix charrues : l'édit de 1667 ordonna qu'ils ne pourroient tenir qu'une ferme par leurs mains dans une même paroiffe & fans fraude, favoir, les Eccléfiaftiques, Gentilshommes & Chevaliers de Malte , le labour de quatre charrues, les Officiers privilégiés & Bourgeois de Paris , deux charrues chacun, fans qu'ils puiffent jouir de ce privilége que dans une feule paroiffe ; & s'ils ont des héritages ailleurs, ils feront tenus de les donner à ferme à gens taillables, autrement ils feront eux-mêmes cotifés, comme feroit un Fermier qui exploiteroit lefdits héritages, par les Intendans & Officiers des élections.

Edit de mars 1667.

Le réglement du 20 mars 1673 , réduifit à une feule charrue , & dans l'étendue de l'élection de Paris feulement , le privilége des bourgeois de Paris, & ordonna qu'on ne réputeroit tels que ceux qui y feroient une réfidence actuelle au moins fept mois de chaque année, tenant maifon & payant les taxes des pauvres, boues & lanternes.

Réglement du 20 mars 1673.

Ce réglement défend aux Officiers des élections, de retenir les rôles faits par les Collecteurs plus de deux ou trois jours pour les calculer & vérifier , à peine de payer leur féjour & d'être refponfables du retardement, fans que lefdits Officiers puiffent faire aucun changement auxdits rôles, fauf à faire droit fur les oppofitions en furtaux , ainfi qu'il eft accoutumé, fans néanmoins que le payement qui fera fait par provifion, puiffe être retardé ; ils font tenus de remettre au greffe de l'élection les doubles des rôles dans les trois jours au plus tard de la vérification qu'ils en auront faite, à peine d'interdiction & de réduction de leurs gages.

La déclaration du 16 août 1683, régla ce qui concernoit les tranſlations de domicile.

Déclaration du 16 août 1683.

Les habitans qui veulent déloger de leurs paroiſſes pour aller demeurer dans une autre, ſont tenus de faire publier au Prône de la Meſſe paroiſſiale leur délogement, & de faire ſignifier aux habitans & au Syndic de la paroiſſe qu'ils veulent quitter, avant le premier octobre de l'année qui précédera leur délogement; ils doivent, dans le même terme, déclarer au greffe de l'élection de laquelle dépend la paroiſſe où ils voudront demeurer, la paroiſſe d'où ils ſortent, la ſomme à laquelle ils y étoient impoſés, s'ils étoient laboureurs ou de quelqu'autre profeſſion, combien de charrues & à qui elles appartiennent, la paroiſſe dans laquelle ils vont demeurer, la vacation qu'ils prétendent profeſſer, combien de charrues ils feront valoir & de qui ils les tiendront. Il eſt défendu aux Elus d'accorder aucune décharge qu'en rapportant l'extrait qui ſera délivré par le Greffier, de la déclaration portée par le préſent article, à peine d'en répondre en leur propre & privé nom.

Les tranſlations de domicile doivent être exécutées & jugées avec les habitans de la paroiſſe que les contribuables prétendent quitter, avant le premier janvier, à peine de nullité & d'être impoſés dans les deux paroiſſes.

Les actes de tranſlation de domicile, feront enregiſtrés dans le premier octobre, en un regiſte qui fera coté & paraphé par le Préſident & un Elu de l'élection, & remis au Greffier, après avoir été par eux clos ledit jour premier octobre, pour en être délivré des extraits à ceux qui les demanderont.

Ceux qui auront ſatisfait aux formes ci-deſſus preſcrites, feront taxés pendant deux années dans la paroiſſe qu'ils auront quittée, après leſquelles ils feront impoſés dans celles où ils auront transféré leur domicile, à la même ſomme qu'ils payoient dans la paroiſſe d'où ils feront ſortis.

S'ils continuent de faire valoir leurs héritages ou des fermes dans les paroiſſes d'où ils feront délogés, & qu'ils exploitent en même-temps une ou pluſieurs fermes dans la nouvelle paroiſſe, ils feront taxés dans l'une & dans l'autre à proportion de la valeur de leur exploitation pen-

dant tout le temps qu'ils les continueront , quoique les paroiffes foient
fituées dans une même élection , ce qui aura lieu lorfqu'elles feront de
différentes élections.

Ceux qui transféreront leur domicile dans une paroiffe pour y faire
valoir quelque ferme , & qui cefferont de travailler à la culture des héritages de la paroiffe d'où ils feront fortis , feront impofés une année
feulement dans la même paroiffe , après laquelle ils feront taxés dans celle
de leur nouvel établiffement.

Les paroiffes qu'ils auront quittées feront déchargées de leurs taux , &
celles où ils auront établi leur demeure chargées d'autant.

Aux termes de l'article XXVIII de l'édit du mois d'août 1715 , les
anoblis , leurs enfans & defcendans , enfemble les Officiers fupprimés
& autres , dont les priviléges & exemptions font révoquées par cet
édit , qui transféreront leur domicile dans les villes franches abonnées
ou tarifées , doivent être compris pendant dix années confécutives dans
les rôles des tailles des lieux où ils étoient domiciliés lors de la publication
de l'édit.

Déclaration du 24 janvier 1687. La déclaration du 24 janvier 1687 , donne aux veuves des habitans
taillables la liberté de fe choifir tel domicile que bon leur femblera ,
même dans Paris & les autres villes franches du royaume , en le décla-
rant par écrit dans les quarante jours du décès de leur mari , aux Syndics ou Marguilliers des paroiffes où ils font décédés; en faifant auffi publier cette déclaration aux Prônes de la Meffe paroiffiale , & la faifant
fignifier aux Collecteurs élus pour faire l'impofition de l'année fuivante
du décès de leur mari avant la confection des rôles.

Celles qui poffedent des maifons ou autres héritages dans l'étendue des
paroiffes où leur mari étoit taillable , font tenues de les donner à loyer
dans l'année du jour du décès de leur mari , finon elles feront comprifes aux rôles des tailles, eu égard au profit qu'elles tireront defdits héritages.

Édit d'octobre 1713. L'édit du mois d'octobre 1713 , enjoint aux Officiers des élections ,
d'inftruire & juger les furtaux fommairement , & à moins de frais qu'il
fera poffible ; veut que les oppofans ne puiffent être écoutés après l'expiration des trois mois du jour de la vérification des rôles ; que les
Cours des Aides ne reçoivent pas l'appel lorfqu'il s'agira d'une cote de
50 livres & au-deffous, ou qu'excédant cette fomme l'oppofant aura dé-

claré par acte devant les Élus , qui reftreint fon furtaux à 50 livres , fauf dans tous les cas , l'exécution provifoire du rôle pour toute la fomme qui y eft portée.

Par l'édit du mois d'août 1715 , le feu Roi révoqua tous les ano-*Edit du mois d'août 1715.* bliffemens accordés depuis le premier janvier 1639, par lettres moyennant finance , en conféquence des édits de 1696 , 1702 & 1711 ou autrement , ainfi que tous les priviléges & exemptions de taille , uftenfile , collecte , folidité & autres charges publiques , enfemble celui de fixation de cote accordé moyennant finance , ou attribué à tous les Offices tant militaires que de judicature , police & finance , créés depuis le premier janvier 1689 , dont la premiere finance ne fe trouveroit pas être de la fomme de 10 mille livres.

L'objet principal des difpofitions que l'on vient de rappeller , étant de procurer aux taillables un foulagement effectif & confidérable qui pût les mettre en état de fatisfaire au payement des impofitions , l'édit ordonne que tous les rôles des tailles feront diftingués en deux chapitres.

Le premier comprendra tous ceux dont les offices , priviléges & exemptions font fupprimés ; ils feront taxés d'office par les Intendans , chacun dans les villes & paroiffes où ils font leur réfidence , & ce à proportion de leurs biens , tenures & facultés.

Les Receveurs des tailles doivent fe faire remettre dans le mois de l'enregiftrement de l'édit , par les Syndics & Collecteurs des paroiffes , des états très-exacts des noms , furnoms & demeures defdits privilégiés , & fommairement le montant par eftimation du revenu des biens qu'ils y poffédent ; les Receveurs des tailles doivent fur ces états , certifiés par les Syndics & Collecteurs , former celui de chaque élection , & après l'avoir fait certifier par le Préfident & le Procureur du Roi , le remettre à l'Intendant qui en dreffera , pour la généralité , un état général qu'il adreffera au Contrôleur général des finances.

Dans le fecond chapitre des rôles , feront employés tous les autres Contribuables domiciliés dans les paroiffes , & enfuite par un article féparé , le Curé , les Eccléfiaftiques , Gentilshommes & autres exempts & Officiers qui ne font pas dans le cas des fuppreffions & reftrictions portées par l'édit.

Dans la vue de prévenir les brigues & les cabales que les Exempts &

Privilégiés compris dans l'édit, pourroient faire pour fe fouftraire à l'impofition qu'ils doivent fupporter, les Intendans font autorifés à faire
procéder, conformément à l'arrêt du 5 juillet 1707, foit en leur préfence, ou devant les Officiers des élections ou autres Particuliers qu'ils
commettront à cet effet, à la confection des rôles des tailles des villes,
bourgs & paroiffes taillables, dans lefquels ils le jugeront néceffaire.

Sur les ordonnances qu'ils rendront, les Syndics des Paroiffes, les
Collecteurs & les principaux habitans, feront tenus de fe préfenter
pour faire l'affiete devant eux & les Commiffaires qu'ils auront commis pour la confection du rôle.

Les ordonnances qu'ils rendront feront exécutées provifoirement, fauf
l'oppofition qui fera portée devant eux, & l'appel au Confeil, avec défenfes
aux Elections & aux Cours des Aides d'en connoître.

Il étoit d'ufage, depuis l'édit que l'on vient de rappeller, d'expédier
annuellement un Arrêt du Confeil qui prorogeoit le pouvoir que cet édit
Déclaration du accordoit aux Intendans; mais la déclaration du Roi du 13 avril 1761,
13 avril 1761. en leur confirmant cette faculté, a ordonné que les oppofitions qui pourroient furvenir aux cotes inférées dans les rôles, faits ainfi d'office, feroient portées en premiere inftance aux Elections par fimple mémoire &
fans miniftere de Procureur, fi bon ne fembloit à l'oppofant, que ce
mémoire feroit remis au Procureur du Roi auxdits fiéges, à l'effet d'y
défendre pour les habitans, après qu'il auroit communiqué le mémoire
au Commiffaire qui auroit fait le rôle pour donner fon avis, ou déclarer
qu'il n'entend pas le donner, ce qu'il feroit tenu de faire, & de remettre
ce mémoire dans la huitaine du jour de la communication, duquel jour
mention feroit faite fur le regiftre du greffe de l'Election.

Que l'avis du Commiffaire étant remis, ou fa déclaration qu'il n'entend point en donner, il doit être ftatué fans frais fur le mémoire de
l'oppofant par les Officiers de l'élection, & l'appel de leurs fentences doit
être inftruit & jugé par les Cours des Aides en la forme prefcrite par
Déclaration du la Déclaration du 20 mai 1759, concernant l'appel des cotes d'office.
20 mai 1759. On ne peut fe pourvoir contre les Commiffaires en préfence defquels
les rôles ont été faits, & dont il eft dit qu'ils ne pourront être refponfables perfonnellement.

On excepte des difpofitions précédentes, les demandes en décharge ou
modération de cotes fondées fur des pertes ou événemens furvenus de-

puis la confection du rôle, fur lefquels on ne pourra fe pourvoir que devant les Intendans ; ces décharges & modérations ne pourront être réimpofées, fur le général des habitans, que du confentement de la communauté.

Les déclarations des premier août 1716, 24 mai 1717 & 9 août 1723, réglérent ce qui concernoit le choix & la nomination des Collecteurs ; fuivant ces déclarations, il doit être dreffé dans chaque paroiffe un tableau ou état des habitans, fuivant lequel ils viendront chacun à leur tour, d'année en année, à la collecte.

Déclaration des 1 août 1716, 24 mai 1717 & 9 août 1723.

Ce tableau fera divifé en plufieurs colonnes, l'une defquelles contiendra tous les habitans exempts de la collecte, & ceux qui en doivent être exclus par leur âge, pauvreté ou autre caufe légitime.

Les habitans capables d'être Collecteurs, feront rangés en autant de colonnes qu'il y aura de Collecteurs à nommer chaque année dans les paroiffes où il eft d'ufage de n'en nommer qu'un, deux ou trois.

Il fera fait feulement deux colonnes dans les paroiffes où le nombre eft de quatre Collecteurs, & trois dans celles où il eft de fix ; ils feront pris en nombre égal dans chaque colonne.

Il ne pourra y avoir à l'avenir plus de fix Collecteurs dans une paroiffe.

Les habitans feront placés fur le tableau dans l'ordre du temps qu'ils auront été mis pour la premiere fois à la taille en quelque lieu que ce foit ; ceux qui fupporteront les taux les plus forts, feront dans la premiere colonne ; ceux au-deffous dans la feconde, & ceux dont les taux feront les plus foibles dans la troifieme.

Dès qu'un habitant qui a changé de demeure fera taillable dans la paroiffe où il a transféré fon domicile, il fera ajouté au tableau pour être Collecteur la même année qu'il auroit été chargé de la collecte dans la paroiffe qu'il a quittée.

Les tableaux feront faits dans chaque paroiffe à la diligence du Syndic & des Collecteurs en charge dans l'affemblée des habitans, fur le double du tableau qui demeurera dans la paroiffe entre les mains du Syndic ; il fera fait tous les ans un récolement pour ôter du tableau ceux qui feront décédés ou qui feront hors d'état d'être Collecteurs, & pour y ajouter les habitans qui feront devenus fujets à la collecte : les Officiers des élections feront tous les ans entr'eux une diftribution des paroiffes de leur élection, à l'effet de travailler fans frais, conjointement avec les Syndics & Collecteurs en charge, à ces récolemens.

Les tableaux & les récolemens feront remis dans le 15 juillet de chaque année aux greffes des élections, à peine de cinquante livres d'amende folidairement contre les Syndics & les Collecteurs, laquelle ne pourra être remife ni modérée, & dont le payement fera pourfuivi à la requête du Procureur du Roi en l'élection.

Les Officiers des élections feront tenus de faire mention de ce travail dans leurs procès-verbaux de chevauchée, & d'en remettre l'état figné d'eux aux Intendans, auxquels il eft enjoint de ne point vifer ces procès-verbaux, qu'après que lefdits états leur auront été remis.

Les conteftations qui pourront naître à l'occafion des tableaux & récollemens, faits ou à faire, feront portées aux Elections, & par appel aux Cours des Aides, dans les temps prefcrits par les anciens réglemens.

Les Taillables qui faifoient valoir des biens dans différentes paroiffes, fe faifoient impofer au lieu de leur domicile, tant pour les biens perfonnels qu'ils y poffédoient, que pour ceux qu'ils exploitoient dans différentes paroiffes d'une même élection, & parvenoient à fe procurer des taux modiques & fort inférieurs à ceux qu'ils auroient dû fupporter dans les différentes paroiffes dans lefquelles leurs exploitations étoient *Déclaration du* fituées; ce fut pour remédier à cet abus que la déclaration du 17 fé-*17 février 1728.* vrier 1728, prefcrivit les conditions auxquelles les Contribuables feroient tenus de fe conformer, lorfque ne changeant point de domicile, ils voudroient être impofés dans le lieu de leur réfidence, tant pour ce qu'ils y poffédoient en qualité de propriétaires, ou ce qu'ils y tenoient à ferme, que pour les biens qu'ils exploitoient, foit en propre, foit à titre de ferme, baux à loyer, recette, marchés de récolte, de fruits & de grains, de bois, commerce ou régie dans une ou plufieurs paroiffes de la même élection.

Ils doivent, aux termes de ce réglement, en faire leur déclaration avant le premier Septembre de chaque année, au Greffe de l'Election dans laquelle ils font domiciliés.

Cette déclaration doit contenir le nom de la paroiffe de leur domicile, la quantité de biens qu'ils y poffedent à titre de propriété ou de ferme, le nom de la paroiffe où ils exploitent d'autres biens, l'efpece & la quantité des terres qu'ils y occupent en propre ou à loyer, avec le prix des baux qui en ont été faits; après la huitaine ils doivent

faire

faire fignifier leur déclaration un jour de Dimanche ou de Fête, à l'iffue de la Meffe paroiffiale ou des Vêpres, tant aux habitans des paroiffes où ils feront des exploitations, qu'à ceux de leur demeure, en parlant au *Syndic* ou *Collecteurs*, ou en leur abfence aux *Marguilliers*, en préfence de deux habitans au moins, afin que les communautés foient en état de fournir aux Greffiers des élections leurs contredits fur le contenu dans la déclaration.

Ceux qui cefferont de faire valoir les biens qu'ils exploitent dans d'autres paroiffes que celle de leur domicile, en feront, dans les mêmes délais, leur déclaration au greffe de l'élection, & la feront fignifier dans la même forme aux habitans de leur domicile & à ceux des paroiffes où les biens font fitués.

Les Collecteurs diftingueront dans les cotes des Contribuables, celles d'exploitation d'avec celles qui feront perfonnelles pour les biens & facultés.

Les Greffiers des élections tiendront un regiftre exact des déclarations & des contredits, lequel fera coté & paraphé par le Préfident de l'élection ou un Elu, afin que l'Intendant en puiffe avoir connoiffance, & régler par ce moyen avec équité la répartition de la taille fur chaque paroiffe, en faifant porter en augmentation à la paroiffe du domicile, la fomme pour laquelle le Particulier qui aura fait fa déclaration auroit dû être impofé dans les paroiffes où il exploite une ou plufieurs fermes, & ces dernieres en feront d'autant déchargées.

Ceux qui n'auront pas, avant le premier Septembre de chaque année, fourni leur déclaration dans la forme qui vient d'être rappellée, feront impofés dans toutes les paroiffes où ils exploiteront des héritages à quelque titre que ce foit, fans qu'ils puiffent, fous quelque prétexte que ce foit, fe pourvoir en radiation de cotes : à l'exception néanmoins des oppofitions en furtaux, fur lefquelles il fera fait droit aux redevables fuivant l'exigence des cas.

Les habitans des villes fixées, tariffées ou abonnées, feront cotifés, tant au lieu de leur domicile, que dans les paroiffes où ils exploiteront des biens, foit de leur propre ou qu'ils tiendront d'autrui.

On appelle *villes tariffées* celles qui ont demandé & obtenu la commutation de la taille en différens droits fixés par un tarif fur les denrées & marchandifes qui s'y confomment.

Tome I. E

Il n'eft pas douteux que l'impofition & le recouvrement de la taille entraînent dans les villes des inconvéniens infiniment plus confidérables que dans les campagnes ; elle ne peut être établie dans les villes fur aucune bafe certaine, parce qu'elle porte entiérement fur les facultés ; elle arrête ou anéantit même les progrès du commerce ou de l'induftrie ; la collecte entretient les divifions dans les familles ou détruit les fortunes dans leur principe ; les droits fur les confommations s'acquittent au contraire infenfiblement & prefque toujours dans la proportion des facultés ; l'habitant, à l'abri de toute inquiétude, fe livre au travail avec l'affurance d'en recueillir les fruits ; les deniers du Roi font affurés & rentrent fans peine & fans frais au moyen du produit des droits, dans lequel il doit même fe trouver un excédant que l'on peut employer aux deftinations les plus utiles de la ville, fouvent à des conftructions de cafernes & aux fournitures qui y font néceffaires lorfque le pays eft propre pour la Cavalerie par l'abondance des fourrages ; ces établiffemens ont été faits, avec les plus grands fuccès, dans plufieurs villes du Poitou.

Edit d'août 1705.   L'édit du mois d'août 1705, en fupprimant différens priviléges & exemptions accordés depuis 1689, avoit excepté de la révocation les Officiers domeftiques & commenfaux de la maifon du Roi & des maifons Royales, à la charge qu'ils ne feroient aucun acte dérogeant ; qu'ils feroient compris dans les états qui feroient envoyés tous les ans en la Cour des Aides ; qu'ils recevroient réellement au moins 60 livres de gages par année, & qu'ils feroient le fervice actuel, dont il ne pourroit leur être accordé aucune difpenfe fous quelque prétexte que ce fût, fi ce n'étoit pour caufe de maladie duement certifiée & contradictoirement avec les habitans.

Qu'ils feroient pareillement tenus de déclarer, toutes les années par acte authentique, un jour de Dimanche ou de Fête, à l'iffue de la Grand'Meffe, au corps des habitans de leur paroiffe, l'année, le quartier ou le femeftre pendant lequel ils doivent fervir, le jour de leur départ, & fix femaines après l'expiration de l'année, de rapporter & dénoncer comme deffus au corps des habitans, un certificat du fervice qu'ils auront fait, & fix mois après une ampliation fignée du Tréforier ou autre Payeur, de la quittance qu'ils auroient donnée des gages de 60 livres & au-deffus, avec un extrait de l'état envoyé en la Cour des Aides, fauf la preuve contraire tant par titres que par témoins, à laquelle les habitans seroient admis.

Et en cas de fraude de la part desdits Officiers domestiques & commensaux, l'édit ordonne qu'ils seront imposés à la taille & taxés d'office par les Intendans, sans pouvoir jouir à l'avenir d'aucune exemption de taille.

Les états des Commensaux seront envoyés tous les ans à la Cour des Aides avant le premier avril ; ils contiendront les noms & surnoms des Officiers, la qualité de leurs offices, leurs gages & le lieu de leur demeure.

Mais le grand nombre de ceux qui prétendoient jouir à ce titre de l'exemption des tailles, faisant retomber tout le poids des impositions sur les habitans le moins en état de les supporter ; ce qui rendoit les recouvremens presque impossibles, & d'ailleurs les contestations presque continuelles, que faisoient naître les dispositions des réglemens qui n'avoient remédié qu'imparfaitement à cet inconvénient, déterminerent le feu Roi à établir sur cet objet des regles fixes & certaines par la Déclaration du 19 janvier 1712.

Déclaration du 19 janvier 1712.

Elle ordonne que de ceux compris dans les états qu'on envoie à la Cour, il n'y en ait dans les paroisses taxées à 900 livres de principal de taille & au-dessus, que huit revêtus de leurs offices ou ayant obtenu des Lettres de vétérance dûment enregistrées, qui jouissent de l'exemption ; & quatre dans celles taxées au-dessous, & ce par ordre d'ancienneté des provisions, du serment & du domicile ; les Veuves ne font point comprises dans cette restriction, dans la concurrence l'Officier vétéran sera préféré à celui actuellement revêtu.

On excepte les villes dans lesquelles font établies les Compagnies supérieures, Bureaux des finances, Elections & Greniers à sel dont les Officiers ne font point comptés entre les privilégiés, dont le nombre est limité pour la jouissance des priviléges dans les paroisses taillables de leur résidence.

Les conjectures dans lesquelles fe trouvoit l'Etat, engagerent à suspendre, en 1759, pendant la durée de la guerre & deux années après le rétablissement de la paix, toutes les exemptions de tailles & autres impositions accessoires attribuées aux Officiers de la maison du Roi & des maisons Royales, à tous Officiers jouissans des droits des Commen-

Déclaration du 17 avril 1759.

faux, & généralement à tous les Officiers de quelque nature qu'ils fuſſent ; à la ſeule exception des Officiers des Cours & Compagnies ſupérieures, des Bureaux des finances, des Officiers & Secrétaires de la Grande Chancellerie & de celles près des Cours, ainſi que des exemptions accordées aux Officiers militaires par l'édit du mois de ſeptembre 1750 & par la déclaration du 22 janvier 1752, & de celles dont ont droit de jouir les perſonnes ſervant dans les troupes de la maiſon du Roi.

Edit de ſeptem-
bre 1750.
Déclaration du
22 janvier 1752.

La déclaration du 17 avril 1759, ſuſpend pendant le même temps le privilége accordé aux Bourgeois des villes de Paris, Lyon & autres, de faire valoir par leurs mains, en exemption de taille, le labourage d'une charrue, laiſſant néanmoins ſubſiſter cette exemption pour leurs maiſons de campagne & clos y joints.

Les repréſentations multipliées des Officiers commenſaux & autres, ſur l'aſſujétiſſement à la taille perſonnelle, & la conſidération que le privilége le plus onéreux aux taillables, eſt moins celui de l'exemption de la taille perſonnelle, que la faculté de faire valoir & exploiter des terres, des fermes & autres natures de biens, déterminerent la déclaration du 28 ſeptembre 1760, par laquelle le Roi rétablit dans l'exemption de la taille perſonnelle ſeulement tous les Officiers, compris dans la déclaration du 17 avril 1759, & ordonna qu'au moyen du rétabliſſement dudit privilége aucun deſdits Officiers ne pourroit exploiter & faire valoir en exception ſes biens propres, de quelque nature qu'ils fuſſent, tels que terres labourables, prés, bois, vignes, chénevieres, enclos *portant revenus*, moulins à blé ou à foulon, forges, uſines & autres genres de biens, pour leſquels en cas d'exploitation ils ſeroient impoſés comme les autres taillables pendant la ſuſpenſion ordonnée par la déclaration du 17 avril 1759.

Déclaration du
28 ſeptembre 1760.

Déclaration du
13 juillet 1764.

Une déclaration du 13 juillet 1764, avoit encore ſuſpendu pour trois années, à commencer du premier octobre ſuivant, les mêmes priviléges & exemptions quant à l'exploitation.

Elle veut que les Officiers de judicature & de finance, dont les priviléges ne ſont point ſuſpendus, ne jouiſſent d'aucune exemption, ſoit de taille perſonnelle, ſoit de celle d'exploitation, s'ils ne font point, dans le lieu même de leur établiſſement, une réſidence habituelle, qui doit être au moins de ſept mois pour ceux qui n'exercent point de fonctions par ſemeſtre, & de quatre mois pour ceux qui les rempliſſent par ſemeſtre.

Mais en même temps cette déclaration, dans la vue de faire jouir les Officiers des bailliages & siéges préfidiaux, reffortiffant nuement aux Cours, d'une diftinction capable de retenir les enfans dans l'état de leur pere, & de les engager à fuivre les exemples de probité & de défintéreffement qu'ils en ont reçus ; accorde, tant aux titulaires qu'aux honoraires, l'exemption de la taille perfonnelle & autres impofitions acceffoires dans le lieu où le fiége de la jurifdiction eft établi, fous la condition de la réfidence ci-deffus prefcrite ; au moyen de laquelle ils ne pourront être impofés à la taille perfonnelle dans les autres lieux qu'ils habiteront le refte de l'année ; les Officiers compris dans cette exemption, font les Lieutenans généraux, civils & criminels, Lieutenans de Police, Lieutenans particuliers, Préfidens, Confeillers, Affeffeurs, les Avocats & Procureurs du Roi auxdits fiéges.

Comme ceux dont les priviléges étoient fufpendus, quant à la taille & autres impofitions, par la déclaration du 27 avril 1759, devoient être taxés d'office par les Intendans ; le Roi, par une autre déclaration du 20 mai fuivant, prefcrivit & fimplifia la procédure à obferver en cas d'appel ou d'oppofition aux cotes d'office.

L'impofition doit être formée devant l'Intendant, fans appeller le Syndic de la Communauté.

L'oppofant doit joindre à fa requête l'état de fes biens & la quittance du Receveur des Tailles, pour les deux premiers quartiers de l'impofition.

L'appel de l'ordonnance que l'Intendant aura rendue, doit être interjetté par une requête, à laquelle on doit joindre l'oppofition formée devant l'Intendant, l'état des biens & l'ordonnance dont eft appel.

Il fera fur cette requête nommé un Rapporteur en la maniere ordinaire ; elle fera communiquée aux Procureurs généraux, qui donneront leurs conclufions en forme de vu d'arrêt, ou par une requête, ainfi qu'ils aviferont bon être.

S'ils donnent leurs conclufions par requête, ils la feront fignifier au domicile du Procureur de l'appellant, pour y répondre dans les délais ordinaires.

Il fera ftatué, ainfi qu'il appartiendra, par les Cours fur lefdites requêtes & conclufions, & les frais feront liquidés par l'arrêt.

Défenfes aux Procureurs de faire aucunes autres procédures, fans en avoir obtenu la permiffion defdites Cours , fous telle amende qu'il leur plaira de prononcer , même d'interdiction , s'il y échoit.

Suppreffion de tous les droits fur les arrêts qui interviendront fur lefdits appels , à l'exception de ceux attribués aux offices de Greffiers.

La réimpofition des fommes ordonnées par les arrêts , fera faite au prochain département ; à l'effet de quoi les parties qui les auront obtenus , feront tenues de les repréfenter à l'Intendant avant le 15 feptembre ; faute de quoi la réimpofition fera remife à l'année fuivante.

Déclaration du 13 avril 1761.

La déclaration du 13 avril 1761 , pour affurer à ceux qui les obtiennent la rentrée exacte des décharges ou modérations qui leur auront été accordées par des fentences des Elections , ou des arrêts des Cours des Aides , ainfi que des frais qu'ils auront faits pour y parvenir , & cependant obvier à ce que les Communautés foient furchargées , comme il arriveroit , fi les rejets de fommes confidérables fe faifoient en une feule année , ordonne qu'il ne pourra être réimpofé à la fois dans une année fur une même paroiffe que le cinquieme du principal de la taille ; que dans la fomme qui fera annuellement réimpofée , les frais feront joints au principal ; de forte que l'un & l'autre foient annuellement réimpofés conjointement & en proportion , & que dans le cas de plufieurs réimpofitions à faire fur une même paroiffe , elles fuivent entr'elles l'ordre des fignifications des jugemens qui les auront ordonnées.

Edit de juillet 1766.

Enfin par un édit du mois de juillet 1766 , le Roi a cru devoir s'expliquer de nouveau fur les priviléges d'exemption de taille ; le Roi rappelle dans le préambule de cet édit les repréfentations fréquentes qu'a occafionnées fur le préjudice qui en réfultoit pour les contribuables , la multiplicité des offices auxquels le privilége d'exemption de taille a été fucceffivement attribué ; que Sa Majefté avoit profité des premiers inftans de la paix pour preferire les moyens de parvenir un jour à rétablir l'égalité dans la répartition des impôts , & qu'Elle n'avoit pas laiffé ignorer par fa déclaration du 13 juillet 1764 , que fes vues , à cet égard , ne pourroient être remplies que lorfqu'Elle auroit fait ceffer toute efpece d'arbitraire , & mis par ce moyen fes fujets en état de fe livrer entiérement à la culture des terres & à leur induftrie ; que pour fuivre un objet fi important , Elle s'étoit fait repréfenter les titres des offices , auxquels l'exemption de taille étoit attachée ; Elle n'avoit pu voir qu'avec peine la difficulté de procéder dans le moment actuel à la fuppreffion de la plupart de ces charges ; qu'attendre l'exécution de fes vues, ce feroit retarder trop long-temps les fecours qu'elle défiroit de procurer à fes fujets taillables ; que l'objet d'accélerer leur foulagement l'a déterminée à fupprimer pour toujours le privilége d'exemption de taille d'exploitation, à l'exception de celui dont jouiffoient les Nobles, les Eccléfiaftiques, les Officiers des Cours fupérieures & Bureaux des finances, ceux des grande & petites Chancelleries, & à ne conferver aux Officiers commenfaux, Officiers des élections, & à ceux des Officiers de judicature & de finance qui étoient exempts de taille, que le privilége d'exemption de taille perfonnelle ; qui, en effet étoit le feul qui devoit les diftinguer des autres contribuables, & dont par ce motif Elle avoit récompenfé, en 1764, le zele & l'affiduité des Officiers des bailliages & préfidiaux, reffortiffans nuement aux Cours de Parlement ; que voulant en même temps rendre à ceux defdits Officiers dont le privilége d'exemption de taille d'exploitation fe trouvera fupprimé, & qui fe croiront fondés à prétendre quelque indemnité, toute la juftice qui peut leur être due ; Elle leur réferve d'adreffer leurs mémoires, dont elle fe fera rendre un compte exact, à l'effet d'y pourvoir fuivant les regles de l'équité : Sa Majefté fe propofe en même temps de rendre le privilége d'exemption de taille perfonnelle aux Prévôts, Lieutenans & Exempts des compagnies de Maréchauffées, qui en avoient été privés par l'Edits de mars 1760 ; afin d'exciter de plus en plus leur zele pour un fervice auffi effentiel à la fûreté & au bon ordre des provinces.

Sa Majefté s'eft fait repréfenter auffi les titres, en vertu defquels les habitans des villes franches jouiffent de l'exemption de la taille, & quoique plufieurs de ces exemptions n'aient été accordées que par des confidérations qui en auroient permis la révocation ; Sa Majefté, par une nouvelle marque de fa protection, veut bien les laiffer jouir d'une grace perfonnelle, qui ne fera point onéreufe aux Taillables, lorfque l'exercice du privilége fera renfermé, comme il doit l'être par fa nature, dans l'enceinte des villes, & qu'il ne fera point permis à ceux qui les habitent de partager les travaux, ni l'induftrie des gens de la campagne, fans contribuer avec eux au payement de leurs impofitions, en établiffant néanmoins une diftinction en faveur des Bourgeois de la ville de Paris, qui étant la Capitale du Royaume, a été de tout temps décorée de plufieurs priviléges, par les Rois, prédéceffeurs de Sa Majefté, & par Elle.

C'eſt d'après ces différens motifs que l'édit contient les diſpoſitions ſuivantes :

1º. Le Clergé, la Nobleſſe, les Officiers des Cours ſupérieures, ceux des Bureaux des finances, les Secretaires du Roi & Officiers des grande & petites Chancelleries, pourvus des charges qui donnent la Nobleſſe, jouiront ſeuls à l'avenir des priviléges d'exemption de taille d'exploitation, conformément aux réglemens qui ont fixé l'étendue de ce privilége, & en ſe conformant, par les Officiers des Cours & ceux des Bureaux des finances, à la déclaration du 13 juillet 1764, concernant la réſidence : ceux néanmoins des Officiers des Cours qui auront obtenu des lettres d'honoraire, enregiſtrées dans leſdites Cours, ne ſeront point tenus, pour jouir du privilége d'exemption de taille, à la réſidence preſcrite par ladite déclaration, ni obligés de faire aucun ſervice.

Ceux qui auroient vingt années de ſervice, ſont pareillement diſpenſés de l'obligation de juſtifier chaque année qu'ils ſe ſont conformés à ce qui eſt ordonné par ladite déclaration.

2º. Afin de reſtreindre de plus en plus l'uſage des priviléges, il ne ſera accordé des lettres de Nobleſſe que pour des conſidérations importantes ; ces lettres n'auront aucun effet, & ne pourront être préſentées dans les autres Cours par ceux qui les auront obtenues qu'après qu'elles auront été préſentées & enregiſtrées au Parlement de Paris.

3º. Les Officiers commenſaux, ceux des Elections & ceux qui, parmi les Officiers de judicature & de finance, étoient exempts de taille, ſont maintenus & gardés dans le privilége d'exemption de taille perſonnelle, en ſe conformant à la déclaration du 13 juillet 1664, par rapport à la réſidence, & à condition qu'ils ne prendront aucuns biens à ferme, & ne feront aucun trafic ou autre acte dérogeant à leur privilége.

4º. Les Prévôts, Lieutenans & Exempts des compagnies de Maréchauſſées, jouiront à l'avenir de l'exemption de taille perſonnelle dans le lieu où leur ſervice exige réſidence de leur part, tant qu'ils y réſideront aſſidûment, & qu'ils ne feront pareillement aucun acte de dérogeance.

5º. Ceux qui pour raiſon de la ſuppreſſion de l'exemption de taille d'exploitation, ſe croiront fondés à demander quelque indemnité, ſeront tenus d'adreſſer leurs mémoires & piéces dans le délai de ſix mois, à compter de la publication de l'édit, au Contrôleur général des finances, pour y être pourvu ſuivant l'exigence des cas.

6º. Les

6°. Les habitans des villes franches, qui jouiſſent de l'exemption de tailles, en vertu de lettres-patentes enregiſtrées aux Cours des Aides, continueront d'en jouir ; mais s'ils font quelqu'exploitation dans l'étendue des paroiſſes taillables pour une ou pluſieurs années, de quelque nature que puiſſent être ces exploitations, ou s'ils y prennent quelque bien, ſoit à ferme générale ou particuliere, ſoit à titre d'adjudication ou à quelqu'autre titre que ce puiſſe être, ils ſeront impoſés dans les paroiſſes où leſdits biens ſeront ſitués, & où ſe fera ladite exploitation, pour raiſon du bénéfice à faire, tant ſur ladite ferme générale ou particuliere, que ſur ladite adjudication ou autre convention particuliere.

7°. Leſdits habitans des villes franches, ainſi que les Officiers qui continueront de jouir de l'exemption de taille perſonnelle, qui exploiteront leurs biens propres, ſitués dans les paroiſſes ſujettes à la taille, ſoit par leurs mains, ſoit par celles des perſonnes taillables, de quelque nature que ſoient ces biens, tels que terres labourables, prairies naturelles ou artificielles, bois, vignes, chénevieres, enclos portant revenus quelconques, moulins à blé ou à foulon, forges, uſmes & autres non déſignés, ſeront impoſés dans le lieu de l'exploitation, comme tout autre exploitant ſujet à la taille.

Les Bourgeois de la ville de Paris ne pourront néanmoins y être impoſés, pour raiſon de leurs châteaux ou maiſons de campagne, & de l'exploitation qu'ils pourront faire des clos fermés de murs, foſſés ou haies, joignans immédiatement leſdits châteaux ou maiſons de campagne.

Cet édit a été enregiſtré au Parlement de Paris le 19 mai 1767, à la charge que conformément aux intentions du Roi, données à entendre par ſa réponſe du 3 dudit mois, les ventes ou adjudications de bois ne pourroient donner lieu en aucun cas à impoſer à la taille ceux qui les auroient achetés ou en auroient entrepris l'exploitation à autre titre que celui de bail à ferme.

L'exécution de l'édit que l'on vient de rappeller, ayant rencontré quelques difficultés, en ce qui concernoit les matieres qui ſont du reſſort de la Cour des Aides de Paris ; & d'ailleurs, attendu la néceſſité de procéder ſans délai à la confection des rôles des tailles pour l'année 1768, le Roi, par arrêt & lettres-patentes du 21 novembre 1767, enregiſtrées en cette Cour le 25 du même mois, avoit ordonné que la

fuſpenſion renouvellée par la déclaration du 13 juillet 1764, continueroit d'avoir lieu pour l'impoſition de la taille de l'année 1768. L'édit en
queſtion a été enregiſtré en la Cour des Aides de Paris le premier ſeptembre 1768 : on croit devoir renvoyer à cet égard à l'arrêt d'enre-
giſtrement.

On a jugé néceſſaire de mettre ſous les yeux de la commiſſion les
diſpoſitions que l'on vient de rappeller des principaux réglemens, par
leſquels on s'eſt efforcé, du moins de diminuer les abus & les inconvéniens dont le genre d'impoſition dont il s'agit, ne s'eſt trouvé que
trop ſuſceptible ; il faut maintenant retracer les opérations qui concernent l'adminiſtration de cette branche importante des revenus de
l'Etat.

DÉTAILS
des
OPÉRATIONS,
par leſquelles ſe
déterminent l'aſ-
ſiete, la réparti-
tion & la levée de
la Taille.

Il faut conſidérer dans l'impoſition de la Taille quatre ſortes de répartitions :

La premiere, entre les vingt généralités de pays d'élections :

La ſeconde, entre les différentes élections de chaque généralité :

La troiſieme, entre les paroiſſes dont chaque élection eſt compoſée :

La quatrieme, enfin, entre les Contribuables de chaque paroiſſe.

Les deux premieres s'arrêtent au Conſeil.

La troiſieme eſt ce qui conſtitue le principal objet des départemens.

Et la quatrieme, eſt opérée par la formation des rôles.

Entrons dans le détail de chacune de ces répartitions :

Le Roi & ſon Conſeil peuvent ſeuls, en comparant les beſoins de
l'Etat, & les facultés de la portion des peuples ſoumis à ce genre d'impoſition, en déterminer la nature & la quotité.

Auſſi dès le moment que les tailles furent rendues ordinaires & annuelles, le montant en fut toujours réglé au Conſeil, & c'eſt-là que ſe
fait la premiere répartition entre les différentes provinces.

Il s'arrête tous les ans au Conſeil, vers le mois de février, un état
qui s'appelle *Brevet*, des ſommes à impoſer pour l'année ſuivante.

Ce Brevet porte que le Roi traitant de la conduite & adminiſtration
de ſes finances pour l'année ſuivante, & s'étant fait repréſenter les pro-
jets des dépenſes à faire pendant ladite année pour l'entreténement des
Maiſons royales, des Gens de guerre, tant par mer que par terre, les

charges des recettes générales & particulieres & autres , & les états des
recettes générales & particulieres des finances des généralités des pays
d'élections du royaume ; enfemble ceux du taillon, ponts & chauffées ,
turcies & levées : Et Sa Majefté voulant pourvoir aux fonds néceffaires
pour fatisfaire auxdites dépenfes & charges ; elle a réfolu & ordonné
qu'il foit impofé fur les fujets contribuables defdites généralités pendant
l'année......... la fomme de.......... à l'effet de quoi veut Sa Majefté qu'il foit envoyé aux Préfidens , Tréforiers de France des vingt généralités des pays d'élection , des extraits fignés d'Elle , & contrefignés par
l'un de fes Secrétaires d'état, contenant les fommes que chaque généralité
en doit porter , pour donner leur avis de ce qui doit être impofé fur
chaque élection en dépendante ; à quoi ils vaqueront toutes affaires cef-
fantes , & ils enverront leurs avis au Confeil , pour fur iceux être les
commiffions de Sa Majefté expédiées pour l'impofition des fommes , ainfi
qu'Elle jugera à propos.

Le Brevet contient par généralité le détail des fommes que chacune
doit fupporter.

Il reprend enfuite , article par article , le total des fommes dont il
ordonne l'impofition.

Outre lefquelles fommes , eft-il dit, celles qui auront été ordonnées
par arrêts du Confeil , feront impofées , ainfi que le tout fera réglé par
les commiffions de Sa Majefté.

Le même Brevet ordonne l'impofition de plufieurs fommes à titre de
fubvention fur quelques villes & pays ; ces fubventions font des abonnemens , au moyen defquels ils payent toujours les mêmes fommes. En
voici le détail :

Sur le pays Boulonnois. 43,650l

Sur les villes franches & abonnées de la généralité de
Champagne. . . . . 80,000.

Sur les habitans de la ville d'Amboife. . . . . . . 1,000.

Sur les villes franches & abonnées de la généralité de Moulins. 9,300.

Sur les habitans de la ville de Clermont-Ferrand. . . . 7,300.

Sur ceux de la ville d'Angoulême. . . . . 1,700.

Sur les Contribuables de la ville de Lectoure. . . . . 4,500.

favoir, 4000 livres pour fubvention ; 500 livres pour les réparations des
chemins des environs de la ville.

Et les deux fous pour livre des fubventions des villes & lieux ci - deffus énoncés , en conféquence dss déclarations & arrêts du Confeil.

Sur les Contribuables aux tailles du comté de Bigorre. . . 12,000^l

Sur ceux du mont de Marfan , Turfan & Gabardan, . . 8,000.

Sur le comté de Neboufan. . . . . 4,500.

Sur les Contribuables des vallées d'Aure, Magnoac , Neftes & Barrouffe. . . . . 4,000.

Sur le comté de Foix & la ville de Pamiers . . . . . . 15,000.

Sur l'élection de Bourg & Bellay , les fommes que Sa Majefté ordonnera par les commiffions qu'elle fera expédier à cet effet.

Le brevet eft déterminé par le détail des fommes qui doivent être payées dans les pays d'Etats pour le taillon & folde ; favoir :

Les provinces de Bourgogne & Breffe. . . . . . . 91,500^l y compris 2000 livres fur la Breffe.

Les généralités de Touloufe & Montpellier. . . . . . 1,65,000.

La généralité de Provence. . . . . 70,000.

Et la province de Bretagne. . . . . 34,530.

On a dû remarquer dans l'énumération des objets inférés dans le brevet qu'on vient de mettre fous les yeux de la commiffion, que plufieurs de ces objets ne doivent plus être compris dans ce brevet, qui, ainfi qu'on l'a vu précédemment , à compter de celui qui vient d'être expédié pour l'année 1768 , ne contient plus que la taille & les crues qui y ont été jointes de toute ancienneté, le taillon, le fonds des Maréchauffées, le fonds des étapes & les deux fous pour livre de ces différentes impofitions.

Les vues que le Confeil fe propofe , font d'après le travail que doivent faire MM. les Intendans , relativement aux inftructions qui leur ont été envoyées & qu'ils doivent adreffer au Confeil lorfqu'il fera achevé , de parvenir à fixer définitivement la taille de chaque généralité , de chaque élection & même de chaque paroiffe.

La fixation de la taille pour les généralités fe fera par un brevet , qui alors fera arrêté au Confeil, *pour toujours* ; & en conféquence , il ne fera plus expédié annuellement que le fecond brevet pour les impofitions acceffoires particulieres , & pour les impofitions militaires , fur lequel il fera expédié un arrêt pour chaque généralité fuivant l'ufage ordinaire & ufité de tous les temps pour les impofitions militaires.

Le brevet de la taille est signé par le Roi, il s'en fait deux extraits pour chaque généralité qui sont expédiés par le Secrétaire d'Etat, & envoyés à la fin de juin ou au commencement de juillet, l'un à l'Intendant & l'autre aux Officiers du Bureau des finances, afin que l'Intendant & les Tréforiers de France donnent leur avis sur la répartition qui doit être faite de la somme totale impolée sur leur généralité entre chacune des élections dont elle est impolée.

Lorsqu'ils ont envoyé leur avis, on fait expédier des lettres-patentes en forme de commission pour imposer dans chaque élection les sommes portées par le brevet, & celles dont l'impolition a été ordonnée depuis l'arrêté du brevet par des arrêts particuliers ; on expédie à cet effet une commission pour chaque élection ; ces commissions sont adressées aux Intendans & aux Tréforiers de France pour la généralité, & aux Elus dans chaque élection.

Elles sont signées du Roi, contre-signées par le Secrétaire d'Etat qui a le département de la province, visées par les Conseillers au Conseil royal des finances, enregistrées au Contrôle général par le Contrôleur général des finances, & signées en queue par l'Intendant des finances, qui a le département de la taille.

Le Bureau des finances met sur toutes ces commissions de la généralité son attache, qui est un mandement que les Officiers du Bureau font à ceux de l'élection, de travailler en toute diligence à l'assiete, impolition & département de la somme générale, portée en ladite commission.

La commission rappelle les dispositions principales des réglemens, d'après lesquelles l'assiete & la répartition des sommes dont elle ordonne l'impolition, doivent être faites.

Les quatre termes dans lesquels l'impolition doit être payée, qui sont :

Le premier quartier au premier Décembre :

Le second au dernier Février :

Le troisieme au dernier Avril :

Et le quatrieme au premier Octobre.

On voit par cette distribution que l'année de la taille est fixée d'octobre en octobre, ce qui a été ainsi réglé, à causes des récoltes & des travaux de la campagne ; mais malgré la fixation de ces termes de payement , au moyen des traités que le Conſeil fait avec les Receveurs généraux , & ceux-ci avec les Receveurs des tailles , les peuples ont pour s'acquitter un temps bien plus conſidérable.

La commiſſion porte encore qu'il ſera impoſé ſur les Contribuables aux tailles de chaque paroiſſe ſix deniers pour livre de toutes les ſommes contenues dans le brevet , excepté celles pour leſquelles le droit de collecte a été fixé autrement par les arrêts du Conſeil ; leſquels ſix deniers pour livre , les Collecteurs retiendront par leurs mains , moyennant quoi ils ne pourront prétendre aucune diminution ſur leurs cotes ; ces ſix deniers pour livre ſont les taxations accordées aux Collecteurs ſur le montant de la taille pour frais de recouvrement ; ce ſont ces taxations qui les rendent reſponſables en leur propre & privé nom envers les Receveurs des Tailles des deniers de leur collecte.

Il y a des élections , où au lieu des ſix deniers pour livre , le droit des Collecteurs eſt fixé à une ſomme plus ou moins forte ; mais s'agiſſant d'uſages locaux , c'eſt un détail dans lequel il eſt inutile d'entrer.

La commiſſion ordonne auſſi qu'il ſera levé en chaque paroiſſe quarante ſous pour les droits de quittance , rétablis au profit des Receveurs des tailles , par édit d'octobre 1726.

Edit d'octobre 1726.
Déclaration du 13 avril 1761.

Enfin elle porte , que , conformément à la déclaration du 13 avril 1761 , les rôles des tailles , capitation & autres impoſitions acceſſoires , qui ſe répartiſſent au marc la livre de la taille , ſeront exempts du droit de contrôle , papier marqué & petit-ſcel.

Dans le préambule des commiſſions de la taille pour 1768 , on a annoncé le plan du nouveau travail que le Conſeil a déterminé , afin qu'il ſoit connu de tous les Contribuables , & qu'ils ſoient inſtruits que l'on s'occupe eſſentiellement de détruire l'arbitraire dans la répartition de l'impoſition de la taille.

On y a auſſi fait connoître qu'auſſi-tôt que toutes les paroiſſes d'une même élection auront fait leur déclaration , & que par les procès-verbaux , par le travail des départemens & par la confection des rôles , on ſera parvenu à la connoiſſance des biens , tenures , facultés & induſtrie des Contribuables de chaque paroiſſe , il ſera fait une fixation proviſionnelle de la taille de cette élection , qui ſubſiſtera juſqu'à ce que le même travail pour toutes les autres élections de la même généralité ait été déterminé.

On doit obferver qu'on fe propofe, lorfque par le cours & les progrès des opérations qui viennent d'être prefcrites, on fera arrivé à l'époque où l'on pourra faire des fixations définitives, de faire ainfi celle des élections par les commiffions qui comprendront en même-temps la fixation de la taille de chaque paroiffe, & alors la commiffion de chaque élection qui fera adreffée aux Intendans, Tréforiers de France & Officiers des élections, portera qu'il n'en fera plus expédié pour l'avenir.

Dès que le mois de juillet eft arrivé, les Tréforiers de France s'affemblent & tirent entr'eux les différentes élections de la généralité, à l'effet d'y aller faire leur chevauchée ; elle confifte à fe tranfporter dans chaque élection, y vifiter les différentes récoltes, pour connoître ce qu'elles peuvent produire par eftimation, c'eft-à-dire, pleine année, deux tiers d'année, demi-année & quart d'année.

Conftater les accidens de toute nature qui ont pu arriver dans l'élection, en dreffer procès-verbal qu'ils rapportent au Bureau des finances; lorfque tous ces procès-verbaux font réunis, on les adreffe à M. le Contrôleur-général.

MM. les Intendans, de leur côté, fe font remettre les apparences des récoltes de toutes les paroiffes de leur généralité, d'après lefquelles ils forment un état général de fituation, auquel ils joignent leur avis fur la diminution qu'ils jugent néceffaire de leur accorder.

Ce font ces procès-verbaux & états, dont M. le Contrôleur général fait le rapport au Confeil des finances, en conféquence defquels le Confeil ftatue fur le *moins impofé* à accorder à chaque généralité.

Lorfque le moins impofé eft arrêté au Confeil, on expédie un arrêt par chaque généralité, qui porte, que quoique le brevet de la taille monte à la fomme de.... néanmoins il ne fera impofé dans la généralité que la fomme de.....

Chacun de ces arrêts s'envoie à l'Intendant de la province, lequel fait la diftribution du moins impofé fur chaque élection de fa généralité, relativement à leur pofition.

On doit ici obferver, que d'après le plan de travail dont on a déja parlé, cette diftribution ne doit plus être faite par MM. les Intendans, qu'après la clôture du dernier département.

Au mois d'août de chaque année, les Officiers de chaque élection fe diftribuent entr'eux la totalité des paroiffes qui compofent l'élection ; ils doivent fe tranfporter dans chacune d'elles pour y vérifier l'état de chaque nature de récolte, les accidens qui peuvent y être arrivés, les maladies, les mortalités & celles des beftiaux, les inondations, les incendies, les changemens des fermiers, les cotes rentrées, les cotes perdues, les taillables furchargés, ceux qui ne font pas impofés à leurs taux, les particuliers qui s'exemptent de la taille, quoique fans privilége : ils doivent dreffer fur le tout leur procès-verbal pour en faire leur rapport lors du travail du département.

L'Intendant, de fon côté, prépare pour un travail de plufieurs mois les opérations de fon département ; il fe procure les connoiffances néceffaires dans les tournées, que les détails qui lui font confiés le mettent dans le cas de faire pendant le cours de l'année dans les différens lieux de fa généralité, il connoît, ou par lui-même, ou par les différentes perfonnes qui font fous fes ordres, la pofition à chaque inftant des communautés, les évenemens qu'elles éprouvent, les charges qu'elles fupportent pour les différens objets de fervice ; il raffemble à cet égard tous les renfeignemens qu'il a pris fur les états qu'il fait former par ordre & par élection, de chaque communauté.

Enfin le Receveur des tailles, qui a un intérêt effentiel à ce que la répartition foit faite avec équité, parce que de cette circonftance dépend entierement la facilité du recouvrement, prend de fon côté, au moyen des relations continuelles que fon recouvrement lui donne avec les paroiffes de fa recette, tous les éclairciffemens qui peuvent conduire à rendre la répartition auffi égale & auffi jufte qu'elle peut l'être.

Pour y parvenir, le moyen le plus convenable paroît être de former le tableau ou état, dont on va faire le détail.

Cet état doit être préparé pour chaque paroiffe, & a différentes colonnes :

La premiere doit contenir le nom de chaque paroiffe & du Seigneur, la diftance du lieu principal de l'élection, qui eft ordinairement la ville la plus proche où fe tient le marché, & où les habitans de la paroiffe en queftion font leur commerce ; ce qui eft important, attendu que le plus ou le moins d'éloignement d'une ville principale ou d'une riviere navigable, le bon ou le mauvais chemin pour y arriver, forment une confidération effentielle dans le traitement qui doit être fait à la paroiffe.

Cette

Cette colonne doit auffi contenir le nombre de feux taillables qui compofent la paroiffe.

La feconde colonne doit contenir le nombre des privilégiés, la qualité de leur privilége, leur nom & la quantité d'arpens qu'ils y font valoir ; comme auffi la quantité d'arpens, s'il y en a, que les paroiffes voifines font valoir fur celle dont il eft queftion ; enfin la quantité d'arpens qui font exploités par les taillables ; l'addition du tout forme la totalité du territoire.

On diftingue enfuite dans la partie que font valoir les taillables la quantité d'arpens exploités par les fermiers, d'avec la quantité qui refte pour les autres taillables de la paroiffe, qui ne font valoir chacun que de petites portions de terre.

Cette colonne doit encore contenir le prix du loyer de chaque nature de terre, comme labour, prés, vignes, jardins, qui forment le territoire de la paroiffe ; & enfin la quantité de différentes natures de terre qui compofent ce territoire, fubdivifées en bonnes, médiocres & mauvaifes.

Ces deux colonnes donnent une jufte idée de la force de la paroiffe.

La troifieme colonne eft fubdivifée en cinq autres :

Dans la premiere, eft le nom de chaque fermier & celui du propriétaire :

Dans la feconde, la quantité d'arpens que le fermier tient à ferme :

Dans la troifieme, le loyer qu'il en rend avec les charges portées par bail, que l'on calcule pour en joindre le montant à celui du prix du bail en argent :

Dans la quatrieme, la taille qu'il payoit l'année précédente :

Et enfin dans la cinquieme, le taux de la taille, c'eft-à-dire, combien pour livre du prix de fa location il paye la taille.

Cette opération étant faite pour chaque fermier, on fait l'addition de la feconde colonne, qui font tous les arpens, & qui doit fe trouver conforme au nombre tenu par les fermiers, mentionné dans l'opération précédente.

L'addition de la troifieme colonne, forme la totalité du prix du loyer que rendent les fermiers.

L'addition de la quatrieme, préfente le total de la taille que payent les fermiers.

Tome I. G

Et enfin la cinquieme, le taux commun de ce qu'ils fupportent, ce qui forme le taux commun de la paroiffe.

S'il y a quelque cote principale de commerce, comme de boucher, boulanger, épicier & autres, on en rappelle les noms & on en porte la taille pour l'additionner avec celle des fermiers; on voit par cette opération, ce qui refte de taille portée par les petits taillables de chaque paroiffe.

Au moyen des détails que l'on vient de rappeller, on voit d'un coup-d'œil, fi les fermiers font trop chargés, ou s'ils ne font pas fuffiſamment impofés, s'ils font en proportion les uns avec les autres, fi les journaliers & artifans portent ou ne portent pas affez de taille.

Et d'après ce tableau, on eft à portée de connoître les inconvéniens, s'il en exifte, de les approfondir & de prendre les tempéramens les plus propres à y remédier.

On porte dans les colonnes fuivantes la taille de chacune des dix années qui ont précédé celle du département, afin de voir la variation qu'il y a eu dans chaque paroiffe dans l'efpace de dix ans.

Comme dans l'ordre de travail qui vient d'être établi, la portion que différentes communautés peuvent être dans le cas d'avoir dans la remife ou diminution qui eft accordée, doit être confidérée & traitée comme un objet totalement étranger à celui de la répartition de la taille, c'eft fous ce dernier point de vue que doit être préparé pour chaque paroiffe le taux qu'elle peut payer; on doit fuppofer qu'elle n'éprouve aucun accident, & qu'il n'y a ni augmentation ni diminution à y faire, & fur le pied de ce taux il faut tirer la taille qu'elle devroit porter, cela s'appelle un *taux* & une *taille fixe*.

Le montant de chaque taille fixe pour chaque paroiffe d'une élection, doit former le total de celui de la commiffion de l'élection.

On porte dans une colonne fuivante l'état des changemens furvenus dans la paroiffe, foit en rentrée, foit en fortie de cotes, des mortalités d'hommes ou de beftiaux; & enfin les événemens de tout genre qui peuvent donner lieu de diminuer ou augmenter la paroiffe.

On doit obferver que les détails que doit préfenter cette colonne, ne font plus, fuivant ce qui vient d'être prefcrit, de nature à influer fur la répartition de la taille; on ne doit en faire ufage que pour la répartition des fommes contenues dans le fecond brevet, & pour la diftribution de la diminution accordée fur le montant du premier.

Enfin, on laiſſe une colonne en blanc, dans laquelle l'Intendant porte le taux de taille qui eſt fixé dans le département à chaque paroiſſe.

On calcule enſuite les ſommes pour leſquelles chaque paroiſſe a été employée, & ſi le total ſurpaſſe le montant de ce qui eſt porté par la commiſſion, on répartit cet excédant au marc la livre en diminution ſur chaque paroiſſe.

Si l'opération n'a pas produit une ſomme égale au montant de la commiſſion, on rejette le *deficit* en augmentation au marc la livre ſur toutes les paroiſſes.

Il ne ſeroit pas poſſible de retracer dans ce mémoire les différentes manieres d'opérer, qui avoient lieu avant les derniers arrangemens, dans les différens départemens, quoiqu'elles euſſent toutes le même objet, qui étoit de procurer une répartition auſſi juſte & auſſi exacte qu'elle peut l'être.

La forme de travail, dont on a fait le détail, paroît mettre à portée de rendre juſtice aux paroiſſes, ſuivant leur ſituation & les événemens qui y ſont arrivés.

Le nouveau plan d'opérations que le Conſeil vient de fixer, tend à procurer encore d'une maniere plus aſſurée l'exécution d'un objet auſſi intéreſſant.

MM. les Intendans ſont chargés par les inſtructions qui leur ont été adreſſées, de faire faire ſur les procès-verbaux, contenant l'état de chaque paroiſſe, & les déclarations des biens, facultés, tenures & induſtrie de chaque habitant, des dépouillemens & extraits, d'après leſquels ils feront former pour chaque élection de leur généralité, des tableaux exacts & détaillés de toutes les reconnoiſſances qui réſulteront de ces procès-verbaux, & qui feront relatives aux paroiſſes d'une même élection.

Ces tableaux formeront la baſe & le plumitif des départemens de chaque année pour chaque élection.

Le tableau pour chaque élection ſera lu en plein département, & après la répartition de la taille, il ſera ſigné par l'Intendant, les Tré-ſoriers de France, Commiſſaires pour la taille, les Officiers des élections, les Subdélégués, les Receveurs des tailles, & enfin par tous ceux qui aſſiſteront au département.

On obſerve que les impoſitions acceſſoires & particulieres ſe trou-vant, par le nouvel arrangement, rejetées dans le ſecond brevet, la taille effective à répartir en 1768, fera moins forte en 1767, & que cette diminution donnera à MM. les Intendans de grandes facilités dans les opérations de la répartition, attendu l'ufage qu'ils feront à portée d'en faire pour foulager les paroiffes qu'ils pourroient juger être furchargées; au moyen de quoi le montant du fecond brevet de 1768, pourra être dans le cas d'être réparti au marc la livre; mais que comme le travail des rôles, que MM. les Intendans feront faire en 1768, & les années fuivantes, fera, felon les apparences découvrir de nouvelles difproportions, elles feront alors rectifiées par des augmentations ou diminutions fur le fecond brevet.

A l'Agard des remifes que le Roi jugera à propos d'accorder fur la taille, à commencer pour 1768 & à l'avenir, MM. les Intendans n'en feront la répartition; favoir, par élection, qu'après la clôture du dernier département; & par paroiffe, qu'après la confection des rôles.

Cet arrangement a pour objet, de les mettre à portée de rendre une juftice plus exacte aux paroiffes, qui font fouvent dans le cas d'éprouver des accidens & des calamités après les départemens faits, & auxquelles fuivant la forme précédemment obfervée, il ne pouvoit être procuré de foulagement que l'année fuivante.

D'ailleurs les taillables, & fur-tout les Collecteurs, toujours preffés de connoître la remife qui doit être accordée, fe porteront avec plus de facilité aux déclarations demandées & à la confection des rôles.

La remife fur la taille ne pourra être appliquée au foulagement des contribuables, que relativement aux accidens & calamités qu'ils peuvent éprouver, & non pour raifon de la furcharge d'impofition d'une paroiffe par comparaifon à une autre.

Il fera pourvu à ce dernier objet fur les impofitions acceffoires, inférées dans le fecond brevet; la fomme en acceffoire qu'une paroiffe portera de moins fera reverfée comme acceffoire par un marc la livre fur les autres communautés de la même élection.

La répartition de la remife entre les différentes élections qui compofent la généralité, fera faite par une ordonnance de l'Intendant qu'il rendra conformément à ce qui a été dit ci-deffus après la clôture du dernier département.

Quant à la répartition fur les paroiffes de l'élection & fur les contribuables de ces paroiffes, de la fomme fixée à chaque élection, cette répartition fera pareillement faite à proportion des pertes & accidens qu'ils auront foufferts, par les ordonnances de l'Intendant, qui feront à cet effet délivrées auffi-tôt que les rôles de chaque paroiffe auront été faits & vérifiés.

Lorfque tous les habitans d'une paroiffe auront éprouvé les mêmes accidens, & que la diminution fera dans le cas de leur être répartie également, l'ordonnance de remife fera expédiée pour la paroiffe, & le montant en fera réparti au marc la livre de la taille & en diminution de toutes les cotes de la paroiffe.

S'il n'y a qu'un petit nombre d'habitans qui foient dans le cas d'obtenir la remife, l'ordonnance fera rendue en faveur & au nom de ces particuliers, & les Collecteurs feront tenus de la recevoir en déduction de la cote d'impofition de taille de ces particuliers.

Le montant des ordonnances de remifes, accordées au général de la paroiffe, fera réparti au marc la livre par le Subdélégué de l'Intendant, commis à cet effet.

L'émargement des ordonnances accordées, foit pour le général de la paroiffe, foit pour les particuliers, fera fait auffi en préfence du Subdélégué, lequel fera mention au pied de l'ordonnance de la répartition & de l'émargement qui en auront été faits.

Ces ordonnances feront prifes pour comptant par les Receveurs des tailles; ils en expédieront leurs quittances au profit des Collecteurs ou particuliers, qui feront mention au pied de ces ordonnances, de la remife à eux faite defdites quittances.

Les ordonnances de remife feront données par les Receveurs des tailles, en payement aux Receveurs généraux, qui les repréfenteront lors de leurs comptes par état au vrai au Confeil, où elles feront adhirées.

Le département de la taille eft figné par l'Intendant, les Tréforiers de France, Commiffaires de la taille & les Officiers de l'élection; les fommes auxquelles chaque paroiffe eft fixée doivent être remplies en toutes lettres.

L'arrêté de ce département porte, que la fomme totale fera impofée fur les paroiffes y dénommées, avec les fix deniers pour livre de taxation des Collecteurs, le droit de quittance; & payée par lefdites paroiffes, chacune pour la fomme qui la concerne, en la manière & dans les termes portés par le mandement qui leur fera adreffé.

Le mandement pour chaque paroiffe eft fur papier marqué, il eft tout imprimé; il eft intitulé des noms de l'Intendant, des Tréforiers de France, Commiffaires pour la taille, & des Officiers de l'élection; il eft adreffé aux Maire, Echevins, Syndics, Marguilliers & habitans de chaque paroiffe; on remplit fur ce mandement le nom de la paroiffe, on met en marge en tête le nom des Collecteurs, nommés pour l'année; celui des Commiffaires pour faire le rôle, s'il y en a, & au-deffous le nom & la demeure de l'élu qui doit vérifier le rôle; il contient la date des lettres-patentes adreffées à l'Intendant, aux Tréforiers de France & aux Officiers de l'élection; la date du fceau, la fignature du Secrétaire d'Etat qui les a contre-fignées, & la fomme totale qui y eft portée à répartir fur l'élection; ces lettres-patentes font la commiffion pour l'élection, dont il a été parlé ci-deffus.

Ce mandement contient de plus la fomme à laquelle a été taxée la paroiffe pour fa part dans la fomme totale, & en outre les fix deniers pour livre attribués aux Collecteurs.

Il renferme d'ailleurs plufieurs articles femblables à ceux de la commiffion, & rappelle différentes difpofitions des réglemens, ce font principalement celles dont on a déja rendu compte.

Les ufages font différens, quant à la fignature des mandemens; dans plufieurs généralités & élections ils font fignés par tous les Officiers qui font l'affiete de la taille, c'eft-à-dire, par les Intendans, par les Tréforiers de France qui ont affifté au département, & par les Officiers de l'élection; ils ne font fignés dans d'autres que par le Greffier de l'élection, d'après un des doubles du département, qui refte pour minute au Greffe, où eft auffi dépofée la commiffion originale en parchemin, qui a ordonné l'impofition.

Lorfque le Greffier de l'élection a remis au Receveur des tailles tous les mandemens de fon élection, ce dernier les fait paffer dans les paroiffes aux Collecteurs nommés pour l'année, qui lui en donnent leur reçu.

Il refte à rendre compte de deux opérations, qui font partie de celle du département.

L'une font les rejets ou réimpofitions : l'autre les taxes d'office.

Les mots *rejet* & *réimpofition*, font fynonymes & fignifient que lorfqu'une cote a été rayée ou modérée, pour en rembourfer celui qui a obtenu la décharge ou la modération, il faut que la même somme qui avoit été précédemment impofée, foit réimpofée, ainfi ce n'eft point une nouvelle impofition. Comme il ne doit jamais y avoir en fait de taille de non-valeur au préjudice du Roi, il eft néceffaire que les Collecteurs acquittent entre les mains du Receveur le montant du rôle, & la décharge ou modération n'eft accordée à celui qui s'eft pourvu pour l'obtenir, qu'à la charge de payer provifoirement, fauf fon rembourfe-ment par la voie de la réimpofition dans l'année qui fuit celle où il a payé.

Si néanmoins, & c'eft le feul cas d'exception, les Collecteurs ont fait l'impofition en contravention à des jugemens obtenus par celui qu'ils ont impofé, ils fe mettent alors dans le cas d'être condamnés perfon-nellement à faire l'avance de la cote, & comme elle a profité au gé-néral de la paroiffe, la réimpofition s'en fait à leur profit.

Il y a quatre objets ordinaires de réimpofition ou rejets :

Le premier eft celui qui eft fait pour une cote, dont le taillable a été entiérement déchargé :

Le fecond, pour une portion de cote, dont le taillable a été feulement modéré, en conféquence d'une demande en furtaux :

Le troifieme eft celui qui fe fait au profit des Collecteurs, pour des non-valeurs qui fe font trouvées dans leurs rôles, & dont ils ont été obligés de faire l'avance.

On appelle *non-valeurs*, des cotes que les Collecteurs n'ont pu recou-vrer, foit parce que les débiteurs font morts infolvables, foit parce qu'ils ont fait banqueroute, fans qu'il y ait de la faute ou négligence des Col-lecteurs ; autrement la perte feroit à leur charge, & la réimpofition ne leur feroit point accordée.

Le quatrieme, au profit des Receveurs pour folidité.

La folidité eft un droit que le Receveur des tailles exerce fur la pa-roiffe, lorfqu'un Collecteur a fait banqueroute ou diverti les deniers de fa recette ; le Receveur, en ce cas, a le droit de faire affigner la pa-roiffe en folidité, & lorfqu'elle eft jugée, de prendre dans le nombre des taillables cinq ou fix, à fon choix, & de les contraindre au paye-ment de ce qui a été diverti par les Collecteurs ; ce droit de folidité contre une paroiffe en général & contre un nombre d'habitans en par-ticulier, vient de la faculté qu'ont les habitans de nommer eux-mêmes les Collecteurs, dont ils font par cette circonstance civilement responsables ; & comme il coûteroit trop de frais, si tous étoient à la fois poursuivis, le Receveur des tailles a la liberté d'asseoir la solidité sur ceux qu'il veut ; cependant comme il ne seroit pas juste qu'un petit nombre payât seul pour toute une paroisse, on convertit la demande en solidité en une réimposition sur le général des habitans, & par ce moyen chacun en supporte sa portion.

Il y a encore des rejets pour des causes particulieres, mais elles sont rares & ne peuvent s'expliquer que suivant les occasions qui y donnent lieu.

Par la commission des tailles, il est défendu aux Elus de faire aucun rejet ; & pour être pourvu à ceux qui auront été ordonnés, les arrêts des Cours des Aides & les sentences qui adjugent les rejets pour décharge, ou pour modération de taux, ou pour solidités jugées & exécutées ou autres deniers, doivent être représentés à l'Intendant, procédant au département des tailles pour en faire l'imposition, jusqu'à concurrence seulement du cinquieme du principal de la taille que portera la paroisse, conformément à l'article II que l'on a déja rappellé, de la déclaration du 13 avril 1761.

Il doit être fait mention des rejets au pied du mandement qui est envoyé dans chaque paroisse pour l'imposition ordinaire.

Les taxes qui se font d'office dans le cours du département sont de différens genres :

La premiere espece est à l'égard de ceux auxquels ce privilége a été accordé par des créations d'offices qui n'exemptent point de taille, ou pour les Commis & Employés à la perception des droits du Roi qu'il convient de ne pas laisser à la discrétion des Collecteurs, de crainte qu'ils ne les surchargent, ce qui leur occasionneroit annuellement des procès pour faire réformer leurs cotes :

La seconde espece est pour ceux, qui, par crédit & autorité dans une paroisse, ont trouvé le moyen de s'exempter de la taille, ou de ne point payer une somme proportionnée à leurs facultés :

La troisieme espece est pour ceux, qui étant taillables se font retirés dans une ville franche, tariffée ou abonnée, où ils doivent demeurer taillables pendant dix ans par droit de suite :

La quatrieme est pour les incendiés ou autres taillables, qui ont
souffert

fouffert des pertes confidérables, lefquels font dans ce cas impofés d'office à une fomme modique & inférieure à celles qu'ils portoient les
années antérieures, ce qui forme une exception à l'article de la commiffion , qui défend de faire des cotes d'office en diminution de celles faites
par les rôles des trois années précédentes ; mais l'expreffion qui eft faite
du motif, met l'exception à l'abri de toute critique :

La cinquieme eft celle que l'on fait fur les habitans qui font valoir
dans une paroiffe , autre que celle de leur domicile.

Il y a encore d'autres efpeces de taxes d'office, qui fe font pour des
cas particuliers & toujours dans l'efprit des réglemens que l'on a précédemment rappellés.

Comme les cotes d'office font partie du rôle qui doit être fait pour
la paroiffe , il eft néceffaire que les Collecteurs en aient connoiffance, &
c'eft par cette raifon que la commiffion ordonne qu'il en fera fait mention fur les départemens de l'élection & fur le mandement de la paroiffe.

Comme la fixation des cotes d'office dans chaque élection tire fon
origine de plufieurs années , on forme pour le département, relativement
à cet objet, un état à colonnes.

On place dans la premiere, le nom de la paroiffe , la taille qu'elle
portoit l'année qui précéde le département & le taux de la taille :

Dans la feconde, le nom & la qualité des taxés d'office :

Dans les troifieme, quatrieme & cinquieme , les cotes qu'ils portoient les trois années précédent celle du département :

Dans la fixieme , le détail des biens, tenures, loyers & facultés des
taxés d'office :

Dans la feptieme , ce que chacun de ces objets doit porter de taille
par proportion aux taux de la paroiffe.

L'Intendant fixe dans la huitieme la cote d'office pour l'année du département.

Mais, comme il peut arriver que dans l'opération générale, la paroiffe du taxé d'office foit augmentée ou diminuée, & qu'il eft jufte
qu'il participe à l'augmentation ou à la diminution, on en fait un marc
la livre, qu'on porte en diminution ou en augmentation fur chaque cote
d'office, & on laiffe une neuvieme colonne pour y porter la cote de
chaque taxé d'office, telle qu'elle réfulte de la répartition de ce marc la

livre, ce qui forme la cote effective ; on laisse un blanc , sur lequel l'Intendant porte les nouvelles taxes d'office qu'il est dans le cas de faire suivant les circonstances.

Lorsque l'Intendant a fixé chaque cote d'office , & que ce marc la livre a été porté , & le net de chaque cote tiré , on en forme un rôle dont les sommes sont portées en toutes lettres , & qui est signé par l'Intendant , les Tréforiers de France , qui assistent au département , & les Officiers de l'élection ; il s'en fait trois expéditions , dont l'une reste au secrétariat de l'Intendance , une autre entre les mains du Greffier de l'élection , pour qu'il puisse délivrer des extraits de chaque cote d'office aux particuliers qui en demandent , & la troisieme est remise au Receveur des tailles , pour qu'il soit en état d'en faire le recouvrement ; sur quoi il est à propos d'observer que les Receveurs n'ont point affaire aux Contribuables pour le recouvrement de l'imposition faite sur la paroisse , mais seulement aux Collecteurs qui sont civilement responsables, & par corps , des cotes qu'ils font dans leurs rôles ; il n'est pas juste qu'ils le soient des taxes d'office , auxquelles ils n'ont aucune part ; comme le taxé d'office a eu d'ailleurs le crédit de s'exempter de la taille & de se faire imposer à une somme modique, il auroit celui de se souftraire au payement, s'il n'étoit pourfuivi que par les Collecteurs ; c'est pour prévenir cet inconvénient que la commission ordonne que les taxes d'office feront directement payées au Receveur des tailles qu'elle charge à cet égard de décerner les contraintes nécessaires contre les redevables ; enfin les six deniers pour livre de taxations sont retranchés aux Collecteurs, quant aux cotes d'office, & sont attribués aux Receveurs, qui, par cette circonstance , deviennent garans , au lieu des Collecteurs, de ce recouvrement ; aussi la commission porte-t-elle qu'ils en demeureront responsables fans répétition contre les paroisses.

Ceux qui ont été taxés d'office ne peuvent se pourvoir par opposition que devant l'Intendant ; il est défendu aux Officiers des élections d'en prendre connoissance , les appels font portés aux Cours des Aides, l'on a rappellé les dispositions de la déclaration du 20 mai 1759, qui prescrit les formes de procéder sur ces appels.

Déclaration du
20 mai 1759.

On a exposé que dans l'imposition de la taille, il y avoit quatre sortes de répartitions à confidérer ; on a mis fous les yeux de la commission les différens détails dont les trois premieres font susceptibles ; il reste à rendre compte de la quatrieme, c'eft la répartition qui fe fait entre chaque contribuable d'une même paroiffe, & c'eft celle où il fe rencontre le plus d'inconvéniens, & où il regne le plus d'abus.

On peut diftinguer trois manieres de procéder à la confeĉtions des rôles :

La premiere, par les Collecteurs feuls :

La feconde, par les Collecteurs en préfence d'un Commiffaire :

La troifieme, lorfque le Commiffaire nommé a une commiffion fpéciale pour faire le rôle en taille proportionnelle.

Les Collecteurs qui font feuls le rôle, n'ont le plus fouvent ni les lumieres, ni la volonté néceffaires pour bien opérer ; le taux auquel ils impofent les contribuables n'eft fondé fur aucun principe, ni fur aucune proportion ; leur opération ne renferme aucun détail ni motif ; les édits des mois de mars 1600 & janvier 1634, & la déclaration du 13 avril 1761, leur enjoignent, à la vérité, d'inférer dans leurs rôles à chaque cote, la condition du cotifé, fes biens & exploitations, tant en propre qu'à loyer, & autres facultés, par article féparé, afin qu'on puiffe reconnoître par la lecture du rôle, fi la cote aura été bien affife, & fi les cotes de chaque rôle font en proportion les unes avec les autres ; mais cette proportion ne peut être établie que par des évaluations exactes des objets fur lefquels porte le taux ; comment y parvenir fans des regles fixes ? comment éviter l'arbitraire dans la répartition, fi le travail n'eft point fondé fur une bafe certaine & invariable ?

Lorfqu'il y a un Commiffaire nommé fimplement pour faire le rôle, on fait mention dans le préambule de ce rôle, du nom du Commiffaire & de l'ordonnance qui l'a nommé.

Cette ordonnance porte qu'il fera procéder au rôle d'une telle paroiffe en fa préfence, & qu'il tiendra la main à ce que la taille foit répartie fur les contribuables, avec juftice & égalité ; il eft enjoint au Syndic de la paroiffe, aux Collecteurs & aux principaux habitans de fe préfenter devant lui pour faire l'affiete de la taille, à peine d'y être contraints en vertu des ordonnances dudit Commiffaire.

D'après cette ordonnance, le Commiffaire doit prendre tous les éclairciffemens poffibles fur les biens, tenures, facultés & commerce de chaque habitant d'une paroiffe, afin de faire une répartition proportionnelle à chacun : Mais, fi par cette voie on prévient des injuftices & des iniquités frappantes ; comme elle n'eft précédée d'aucun travail fur l'étendue , la nature , les productions , les reſſources du territoire , fur l'induſtrie , le commerce , les facultés des contribuables , d'aucune évaluation de ces différens objets , on ne peut acquérir aucun certitude fur la folidité & la juſtice des opérations de la répartition.

Lorſque le Commiſſaire eſt nommé à l'effet de procéder à la confection du rôle en taille proportionnelle , l'ordonnance de l'Intendant qui le commet pour cette opération , contient toutes les regles auxquelles il doit s'aſſujétir pour parvenir à former le rôle en taille proportionnelle.

Il faut qu'indépendamment des Collecteurs , le Commiſſaire faſſe nommer par-devant lui , par le général des habitans , des arbitres pour eſtimer les biens , tenures & facultés de chaque habitant.

Quand les arbitres ont fait cette eſtimation , elle donne la connoiſſance de tout ce qui compoſe la paroiſſe , d'après laquelle on forme un tarif pour chaque nature de biens ou de commerce , & ce tarif doit être porté aſſez haut pour que les totaux de chaque nature réunis enſemble , forment une ſomme au moins auſſi forte que le montant de la taille qui eſt à impoſer fur la paroiſſe.

Ce tarif une fois fait , on impoſe chaque taillable pour chaque nature de biens qu'il poſſéde , ſuivant ſa déclaration & le dire des arbitres & Collecteurs , & ſuivant le tarif ; au moyen de quoi , la ſomme que donne chaque nature de biens poſſédés par le taillable , d'après le tarif , forme ſa côte.

Lorſque ce travail eſt fait convenablement , tous les taillables d'une même paroiſſe ſont en proportion les uns avec les autres , & la répartition ſe trouve faite avec égalité & juſtice.

Le rôle fait en taille proportionnelle , doit contenir dans ſon préambule toutes les opérations qui ont été faites pour parvenir à trouver les proportions , & le tarif de chaque nature de biens ; le bien du taillable doit être détaillé à chaque cote , ainſi que le taux auquel il doit payer pour chaque objet & la taxe qui en réſulte , afin qu'en tout temps on ſoit en état de vérifier , s'il y a eu une proportion exacte entre chaque cote & chaque contribuable.

Déclarations des 30 décembre 1760 & 11 octobre 1761. Il paroît par les déclarations des 30 décembre 1760 & 11 octobre 1761 , que dès 1738 , on s'étoit occupé des opérations néceſſaires pour l'établiſſement de la taille tariffée dans les généralités de Limoges & de

Châlons : ces opérations d'après l'édit du mois d'août 1715 , & les arrêts du Conseil annuellement rendus depuis & en conformité de cet édit , se faisoient sous les ordres des Intendans , & l'appel des ordonnances qu'ils rendoient sur les contestations étoit porté au Conseil ; mais la déclaration du 13 avril 1761 , les ayant renvoyés en premiere instance aux élections , & par appel à la Cour des Aides , il a été nécessaire de donner à ces jurisdictions une connoissance juridique des opérations qui avoient été faites , & des principes par lesquels elles avoient été dirigées , pour qu'elles fussent en état d'y conformer leurs jugemens , & c'est ce qui a été exécuté par les deux déclarations que l'on vient de rappeller , dont les préambules retracent le travail qui avoit été fait.

On voit dans celle qui concerne la généralité de Limoges , qu'en conséquence des ordres du Conseil , adressés à l'Intendant , la valeur de tous les biens-fonds de cette généralité avoit été constatée , soit par un arpentement effectif de l'étendue du terrein , suivi d'une estimation par experts de sa qualité & de ses produits , conformément au plan général qui en avoit été dressé , soit dans une partie de la généralité où les circonstances n'avoient pas permis de suivre ce plan dans son intégrité , par les déclarations que les propriétaires avoient faites de la quantité & qualité des terreins qu'ils possédoient ; que ces déclarations avoient été , pour la plupart , débattues par les autres contribuables & vérifiées contradictoirement avec eux par des Commissaires nommés à cet effet :

Qu'après cette opération préalable , il avoit été établi des regles pour imposer l'industrie à un taux modéré & de la maniere la moins arbitraire qu'il avoit été possible.

Que d'après les procès-verbaux d'arpentement & les déclarations fournies dans chaque paroisse , il avoit été formé un relevé exact des héritages possédés par chaque particulier , dans lequel l'estimation de ces héritages avoit été marquée :

Que ces registres ou feuilles de relevé avoient servi de base au travail des Commissaires , pour asseoir la taille :

Que les Commissaires avoient été chargés chaque année de vérifier dans les paroisses les changemens arrivés dans les propriétés d'héritages , & de les porter sur les registres ou feuilles de relevé :

Que pour les diriger dans la répartition de l'imposition , il avoit été dressé une instruction qui régloit la proportion dans laquelle devoient être impoſées les différentes natures de biens & d'exploitations, & les différentes claſſes d'induſtrie :

Que la différence du plan qui avoit été ſuivi dans les paroiſſes, opérées d'après les déclarations des propriétaires, qu'on nommoit paroiſſes *ta-riffées*, & de celui qui avoit été ſuivi dans les paroiſſes arpentées & eſtimées par experts, qu'on appelloit paroiſſes *abonnées*, avoit obligé de faire deux inſtructions ou modeles, dont les diſpoſitions varioient relativement à ce qu'exigeoient les deux différentes formes qu'on ſuivoit dans l'un ou l'autre cas :

Que ces inſtructions ou modeles étoient inférés dans le préambule du rôle ; en ſorte que le Commiſſaire n'avoit qu'à en faire l'application aux cotes particulieres, en appuyant ſon travail ſur l'eſtimation portée dans les feuilles de relevé :

Il paroît par la déclaration rendue pour la généralité de Châlons, qu'il n'a point été opéré dans cette généralité d'après des arpentemens, mais ſur les déclarations des propriétaires, contredites par les autres contribuables, & vérifiées contradictoirement avec eux par la repréſentation, ſoit des contrats d'acquiſitions, ſoit des baux deſdits biens ; l'objet de ces deux déclarations étant que la proportion des tarifs ne fût point dérangée par les jugemens que rendroient les Officiers des élections, elles ordonnent que dans ces deux généralités, la taille & les autres impoſitions acceſſoires continueront d'être impoſées conformément aux regles des tarifs, ſuivant les inſtructions ou préambules de rôle, attachés ſous le contre-ſcel, & d'après les énonciations & eſtimations des héritages portées aux regiſtres ou feuilles de relevé, qui ſervent de baſe à la confection des rôles :

Que les Officiers des élections, en premiere inſtance, & la Cour des Aides, en cauſe d'appel, ſe conformeront auxdites regles & aux eſtimations dans les jugemens pendant trois années, temps jugé néceſſaire pour que le Roi ſoit en état d'expliquer ſes intentions ſur les changemens qui pourroient être à faire, ſoit aux regles du tarif en général, ſoit aux eſtimations des fonds de chaque paroiſſe en particulier.

Il doit être dépoſé aux greffes des élections, des modeles des inſtructions inférées au préambule des rôles, des doubles des regiſtres ou feuilles de relevé, conformément à l'état actuel des paroiſſes, & chaque année ceux qui ſont chargés de la confection des rôles doivent envoyer auxdits greffes un état des changemens, dont il fera fait mention fur les feuilles de relevé & fur les procès-verbaux d'évaluation qui auront été dépofés.

Les inftructions qui ont été adreffées à MM. les Intendans, le 4 août 1767, d'après le nouveau plan qui a été formé, contiennent les principes & les regles qui doivent être fuivis dans la confection des rôles, afin de parvenir à établir une répartition jufte entre les contribuables d'une même paroiffe.

MM. les Intendans doivent, conformément aux difpofitions des articles XX de l'édit du mois d'août 1715, & IV de la déclaration du 13 avril 1761, faire faire par-devant eux ou des Commiffaires qu'ils choifiront, les rôles des communautés ou paroiffes de leur généralité ; & quoiqu'il foit à défirer que tous les rôles puiffent être ainfi formés auffi promptement qu'il fera poffible, les progrès de cette opération doivent être néceffairement fubordonnés au nombre des Commiffaires capables de'xécuter convenablement ce travail.

Il eft recommandé à ces derniers de fe tranfporter fur les lieux & dans la paroiffe même, afin de ne point déplacer les habitans.

Il doit être tenu en préfence de l'Intendant & des Commiffaires qu'il aura nommés, une ou plufieurs affemblées générales des habitans, pour être fait procès - verbal extrajudiciaire de l'état actuel de la paroiffe.

Dans ce procès-verbal feront inférées les déclarations que les habitans doivent faire, & fans fraude, de leurs biens, tenures, facultés, & induftrie.

Si les habitans d'une paroiffe, ou ne font pas leurs déclarations ou les donnent fauffes, l'Intendant augmentera l'année fuivante les impofitions acceffoires de la paroiffe, à la charge de la paroiffe voifine, du double ou du triple fuivant les circonftances, jufqu'à ce qu'il ait été fourni des déclarations juftes & vraies.

Le Commiffaire doit prendre les connoiffances les plus étendues fur la confiftance du terrein de la paroiffe, fur les différentes cultures & productions, leur prix & leur valeur courante, fur le commerce & l'induftrie de chaque habitant, fur la facilité ou difficulté de l'exportation, avec diftinction de ce qui fe confomme fur le lieu, d'avec ce qui fe vend & ce qui s'exporte, afin de pouvoir établir exactement & avec connoiffance de caufe la quotité d'impofition de taille que chaque contribuable de la paroiffe en général peut porter : ces éclairciffemens feront inférés dans le procès-verbal.

Il doit auffi être fait mention des biens dépendans du territoire de la paroiffe, appartenans aux Nobles, Eccléfiaftiques & Privilégiés. Le procès-verbal doit être figné du Commiffaire & des Notables de la paroiffe, avec mention de ceux qui ne fauroient pas figner ou qui en auroient fait refus. Il ne doit rien changer aux villes où la taille eft tariffée jufqu'à ce que l'on ait acquis les connoiffances détaillées fur les paroiffes & communautés de la campagne, & les villes non tariffées ; on fera alors à portée de connoître fi les villes tariffées portent des impofitions trop fortes ou trop foibles, & fi l'on fera dans le cas de faire quelques changemens, foit relativement à la quotité de leurs impofitions, foit fur l'établiffement même du tarif.

Les Commiffaires, chargés de la confection des rôles, formeront, conformément à ce qui eft prefcrit par les réglemens, trois chapitres particuliers à la fin du rôle de chaque paroiffe :

Le premier comprendra les noms des Nobles d'extraction & des Eccléfiaftiques, le détail de tous leurs biens fitués fur le territoire de la paroiffe, avec la diftinction de ceux qu'ils tiennent en privilége & font valoir par leurs mains, de ceux qu'ils donnent à loyer ; & en fpécifiant ce qui eft en terres labourables, prés, vignes, bois & jardins :

Le fecond contiendra, avec les mêmes diftinctions, les biens tenus par privilégiés, en indiquera la taille au taux de la paroiffe que porteroient ces mêmes biens, s'ils étoient exploités par des taillables. On connoîtra par ce moyen l'objet de la diminution faite à la paroiffe relativement à ces biens, & l'augmentation qui devra lui être donnée fur les impofitions acceffoires lorfqu'ils deviendront fujets à l'impofition :

Le troifieme chapitre contiendra les biens tenus par les hors-tenans, ainfi que la taille qu'ils devroient payer, & qui aura été rejettée fur la paroiffe.

Les Commiffaires fe conformeront à la difpofition des réglemens, qui prefcrivent aux Collecteurs d'inférer dans leurs rôles, à chaque cote, la condition du cotifé, fes biens & exploitations tant en propre que loyer & autres facultés, par article féparé, afin que la lecture du rôle puiffe faire connoître fi la cote aura été bien affife, & fi les cotes de chaque rôle font en proportion les unes avec les autres,

JJ

Il fera en conféquence, après la clôture du procès-verbal contenant les déclarations des biens, tenures, facultés & induftrie des habitans de la paroiffe, formé quatre claffes :

La premiere des journaliers non poffédans fonds : leur cote fera établie fur le pied que fe paye la journée dans le pays, & à raifon feulement de deux cents journées de travail par année.

La feconde, des commerçans & artifans : la cote pour leur induftrie fera établie à la commune renommée de leurs concitoyens ou fur le bénéfice qu'ils feront cenfés avoir fait dans l'année fur leur commerce ou métier.

La troifieme, des fermiers : on diftinguera du prix de leurs fermes tout commerce en beftiaux, fourrages ou grains, *autres que celui provenant de leurs fermes.* Chaque laboureur fera taxé à la taille féparément pour le bénéfice qu'il pourra faire fur ce commerce particulier, & enfuite il aura une autre taxe pour raifon du prix de fon bail ; le total de ces deux taxes formera fa cote.

La quatrieme claffe fera des taillables propriétaires de fonds, faifant valoir, & s'ils font de femblables commerces, il en fera ufé à leur égard comme pour les laboureurs.

La quotité de taille des journaliers & des veuves, qui n'ont aucun bien perfonnel, des commerçans & artifans, uniquement relative à leur commerce ou à leur travail, des fermiers ou propriétaires de fonds, auffi pour leur commerce particulier, ainfi fixée ; ces différentes portions feront réunies & déduites de la maffe générale de la taille donnée à la paroiffe.

Le furplus fera fupporté par les fonds tenus en propre ou à loyer, & fera réparti dans la plus jufte égalité fur les différentes portions de fonds & relativement à leurs qualités & à la valeur de leurs productions ; & ce furplus ainfi réparti produira le taux des terres & celui des autres fonds de la paroiffe.

Les taux des paroiffes d'une même élection, feront comparés entr'eux & mis dans une jufte proportion, relativement à la valeur du produit intrinfeque du territoire de chacune.

Cette comparaifon fera connoître les paroiffes furchargées ; leur impofition fera fucceffivement réduite, & celle des paroiffes trop foulagées graduellement augmentée ; le tout avec les ménagemens & la circonfpection néceffaires, pour que les unes & les autres puiffent être amendées au taux qu'elles doivent fupporter, fans qu'il en réfulte dans le cours de cette opération une fenfation fufceptible d'inconvéniens.

Dans le procès-verbal qui doit conftater l'état de chaque paroiffe, il fera fait mention des biens appartenans aux Nobles & Privilégiés qui ont droit de jouir de l'exemption de la taille d'exploitation, & dont les priviléges ont été réfervés par l'édit du mois de juillet 1766.

Ceux de ces biens, qui, au premier octobre 1767, feront cultivés & exploités par des fermiers & gens taillables, feront compris dans la maffe des biens de la paroiffe qui doivent fupporter l'impofition, & feront impofés comme par le paffé.

Si après la fixation de la taille de la paroiffe, les Nobles & Privilégiés retirent les biens à eux appartenans, des mains de leurs fermiers ou locataires, & les font valoir en exemption, ces biens ne contribueront point à l'impofition de la taille ; mais celle de la paroiffe ne fera pas diminuée, & il lui fera fait raifon de la cote perdue, tant en principal de taille qu'en impofitions acceffoires, par forme de dégrevement fur les impofitions acceffoires du fecond brevet feulement ; cette diminution fera en même-temps rejettée & répartie fur l'impofition acceffoire du fecond brevet des autres paroiffes de l'élection, & au marc la livre de leur quote-part de cette impofition.

Si ces mê.nes biens ceffent d'être exploités en privilége, il fera reverfé fur la paroiffe une augmentation proportionnée fur les impofitions acceffoires feulement, & les autres paroiffes de l'élection feront diminuées d'autant.

Si par la fuite les privilégiés faifoient valoir dans une même élection une plus grande quantité de terres que celle qu'ils feront valoir au premier octobre 1767, la furcharge qui en réfultera pour l'élection, fera verfée au marc la livre fur la totalité des impofitions acceffoires des autres élections de la généralité.

MM. les Intendans enverront leur avis au Confeil fur les embarras & les inconvéniens auxquels donne lieu la permiffion accordée par les déclarations des 18 novembre 1723 & 17 février 1728, aux contribuables de fe faire impofer dans le lieu de leur domicile, pour les terres qu'ils tiennent fur d'autres paroiffes.

La portion du territoire d'une paroiffe tenue par les hors-tenans, fera

The _Capitation_ or Poll

The _Capitation_ or Poll Tax w[as]
Classes of the subjects of the King[s]
and Secular ~~are~~ clergy, the nobility
liable to it — The mendicant or[ders]
~~that amount assessed so m~~
Taille Mendicants in general a[nd]
pay as Taille more than 40 so[us]
from this impost. The Dauph[in]
it —

The sum to be paid as _Capitation_
was determined by the King in Coun[cil]
informed of the amount of the respective
~~the~~ and presided at their ~~District their~~
different districts of the province and be[...]

The capitation or Poll Tax

The capitation or Poll Tax was levied upon all the classes of the subjects of the Kings of France, The regular and secular ~~our~~ clergy, the nobility and the military were liable to it — The mendicant orders. ~~To the persons~~ ~~whose amount assessed for more the pastor for the~~ Taille mendicants in general and all persons who did not pay as Taille more than 40 sous were alone exempted from this impost. The Dauphin himself was to pay it —

The sum to be paid as Capitation ~~was determined~~ by each province was determined by the King in council — The intendants were informed of the amount of the respective quotas ~~who presided at~~ ~~the and presided at their distribution~~ allotment between the different districts of the province and between the individuals
of ~~the~~ each districts — In the Pays d'états the capitation was ~~partly imposed~~ comprised in the sum voted by the states for the supply for the year —

In the ~~the~~ pays d'élections and pays conquis the inhabitants who paid Taille were subject to the capitation in proportion of one sous for every livre paid by them to the former tax

The produce of the capitation was estimated by M. Necker in 1784 at 44,500,000 livres —

comprife dans la maffe des biens de la paroiffe , & la taille que la paroiffe doit fupporter fera fixée relativement à la totalité de fon territoire, tenue par des mains taillables.

La taille de la portion tenue par les hors-tenans , fera reverfée fur la totalité de la paroiffe par un marc la livre , comme une non-valeur fubfiftante fur la paroiffe.

Dans le cas où dans une paroiffe ou communauté , les hors - tenans tiendroient une quantité de terres confidérable, & que les habitans de cette communauté ou paroiffe n'en exploiteroient pas de leur part fur les paroiffes voifines une quantité qui puiffe faire compenfation, ce qui lui occafionneroit une furcharge, le Confeil prefcrira, fur le compte qui lui en fera rendu par l'Intendant , la maniere dont il devra être opéré, & s'il y aura lieu de faire le rejet de la cote des hors - tenans fur la paroiffe.

Si l'exploitation de ces portions de terres, tenues par les hors-tenans paffe par des mains nobles ou privilégiées qui les faffent valoir en exemption , la communauté en fera indemnifée fur le fecond brevet , & le montant réparti au marc la livre des impofitions acceffoires fur les autres paroiffes de l'élection.

MM. les Intendans font prévenus d'envoyer, chaque année, à M. le Contrôleur général, à commencer par l'année 1768 , dans le courant du mois de février, un double du tableau qui aura été arrêté au département pour chaque élection, la copie d'un certain nombre de procès-verbaux faits dans les paroiffes, ainfi que de plufieurs rôles, afin que le tout puiffe être mis fous les yeux du Confeil, & qu'il foit à portée de prefcrire & d'ordonner ce que l'état des chofes pourra exiger.

Ces inftructions n'étoient que provifoires, ainfi que l'annonce le préambule de la déclaration du 7 février 1768, les difpofitions que renferme cette déclaration, font connoître ce qui a été adopté des inftructions, & les changemens qui y ont été faits. On ne rappellera point ici les détails de l'arrêt d'enregiftrement de cette déclaration en la Cour des Aides de Paris, il fuffit, pour les connoître, de recourir à cet arrêt.

On finira par une obfervation importante, c'eft que le principal objet que l'on s'eft propofé dans ces inftructions, a été d'établir un travail uniforme dans toutes les généralités, élections & paroiffes, afin que les principes & les bafes foient les mêmes par-tout, & que les changemens qui furviennent dans l'adminiftration des provinces n'en puiffent apporter aucun dans l'exécution du plan qui a été formé.

De quelque maniere qu'il ait été procédé à la confeétion du rôle , il faut qu'il y en ait une minute & une expédition , le tout en papier timbré ; que toutes les fommes tant du préambule que de chaque cote , tant pour la taille que pour les impofitions acceffoires y foient écrites en toutes lettres ; qu'à la fin du rôle le montant total foit pareillement rappellé.

La clôture contient : *Fait & arrété* , avec le nom du lieu où le rôle a été fait , & la date du jour qu'il a été arrêté.

Lorfque les Colleéteurs favent figner , ils fignent au pied de cette clôture ; lorfqu'ils ne le favent pas , il en doit être fait mention dans la clôture.

Lorfque le rôle eft arrêté , les Colleéteurs portent la minute & l'expédition avec le mandement de la taille de la paroiffe chez *tel* , dont le nom eft indiqué en tête du mandement , lequel le vérifie & le rend exécutoire ; il remet enfuite l'expédition & le mandement aux Collecteurs , & il garde la minute pour la remettre au greffe de l'éleétion , le tout dans les termes & en conformité des réglemens qu'on a ci-deffus rappellés. L'élu fait mention fur le mandement de la taille , du jour qu'il a vérifié le rôle , afin que le Colleéteur ne puiffe pas en faire un fecond.

Lorfqu'il y a plufieurs Colleéteurs pour une même paroiffe , le rôle fe remet entre les mains de celui qui a la plus forte cote , comme étant cenfé le plus folvable , & il fe nomme *Colleéteur porte-rôle.*

Dans l'expédition du rôle , on a attention de laiffer entre chaque cote un blanc affez confidérable , pour que le Colleéteur porte-rôle puiffe infcrire les payemens à compte que lui fait chaque taillable.

Enfin le Colleéteur , après que fon rôle eft vérifié & figné , le fait fceller , & alors il eft en état de faire fon recouvrement.

C'eft ici le lieu de parler des impofitions , qui s'impofent au marc la livre de la taille & fur les mêmes rôles ; ces impofitions , font la capitation des taillables & l'impofition ou brevet militaire.

La capitation des taillables , avant 1761 , étoit répartie entre les contribuables par un rôle particulier, qui étoit vérifié & rendu exécutoire par les ſubdélégués; mais la déclaration du 13 avril 1761, a ordonné qu'à commencer en l'année 1762, la répartition en ſeroit faite ſur les mêmes rôles que la taille, conjointement avec les autres impoſitions acceſſoires; nous ne nous étendrons pas davantage, quant à préſent, ſur cette impoſition, qui, ainſi que nous l'avons annoncé, doit être traitée dans un mémoire particulier.

On va donc retracer ici ce qui concerne l'impoſition militaire, qui a lieu, tant en temps de paix qu'en temps de guerre.

Impoſition Militaire.

L'impoſition de l'uſtenſile, qui ne ſubſiſte que pendant la guerre, & celle des milices gardes-côtes, qui n'eſt pareillement levée que pendant la guerre.

L'impoſition militaire eſt deſtinée à payer les dépenſes des troupes, dont les principales ſont l'excédant ou ſupplément de prix des fourrages de la Gendarmerie, Cavalerie & Dragons, au-delà de cinq ſous que le Roi fait payer des fonds de l'extraordinaire des guerres, le petit uſtenſile des Officiers & ſoldats, & le logement des troupes; cette impoſition a commencé en 1718, elle eſt réglée par un brevet qu'on arrête au Conſeil, vers le mois de juin ou de juillet, & qui eſt ſigné par le Roi; il comprend toutes les généralités des pays d'élection, ainſi que les provinces conquiſes & pays d'Etats, & la ſomme que chacune doit ſupporter.

Lorſque le brevet pour cette dépenſe eſt arrêté, on expédie autant d'arrêts qu'il y a de généralités ou de provinces pour ordonner dans chacune l'impoſition de la ſomme portée par le brevet.

Ces arrêts ſont adreſſés & envoyés à chacun de MM. les Intendans, qui en font la répartition par élections, & cette répartition ſe fait enſuite par paroiſſe au marc la livre de la taille.

Les deniers qui en proviennent, paſſent par les mêmes mains, & ſont portés directement au tréſor royal, d'où le Roi les fait diſtribuer ſur des ordonnances ou états de diſtribution.

A commencer en 1727, on a compris dans ce même brevet militaire les fonds néceſſaires pour la ſolde & l'habillement des milices.

Toutes les provinces du royaume, ſoit pays d'élection, ſoit pays d'Etats ou conquis, contribuent à cette impoſition; dans les premiers, elle ſe leve & ſe répartit au marc la livre de la taille, & dans les autres en la maniere qui y eſt établie.

Les arrêts qui ont ordonné cette impofition, à commencer de 1765, ainfi que les commiffions expédiées fur ces arrêts, ont été adreffés tant aux Intendans qu'aux Officiers des bureaux des finances, & il a été réglé qu'après le département fait, ils refteroient dépofés au greffe des bureaux des finances, comme les commiffions des tailles reftent dépofées au greffe des élections, pour y avoir recours en cas de befoin.

Uftenfiles.   Les fonds provenans de l'impofition qui fe fait en temps de guerre fous le titre *d'uftenfile*, font deftinés à tenir lieu du quartier d'hiver aux troupes qui fervent hors du royaume & fur les frontieres.

Cette impofition n'a lieu que fur les vingt généralités de pays d'élection & fur les provinces de Metz, comté de Bourgogne, comtés de Foix & de Provence, & l'on n'en peut donner d'autre raifon, finon que lors du rétabliffement de cette impofition à l'occafion de la guerre de 1734, qui eft la premiere époque où elle a eu lieu fous le regne préfent, on s'eft exactement conformé, foit pour le montant de la fomme à impofer, foit par rapport aux pays qui devoient la fupporter, à ce qui s'étoit pratiqué en pareil cas fous le regne précédent ; enforte que les quatre provinces de Metz, comtés de Bourgogne, Foix & Provence y ayant alors contribué, y ont été de nouveau affujétis en 1734, ce qui a été continué depuis.

Quant à la forme de l'affiete de l'impofition, elle eft en tout la même que celle de l'impofition pour dépenfe des milices & l'excédant du prix des fourrages, c'eft-à-dire, qu'il s'arrête au Confeil un brevet, qui fixe la fomme, & ordonne que le montant fera payé, par tous les habitans taillables des villes du dedans du royaume, aux troupes d'infanterie qui auroient féjourné dans lefdites villes pendant le quartier d'hiver, & par les habitans du plat-pays aux troupes de cavalerie ; ce brevet contient par généralité, le détail de ce que chaque ville doit fupporter & les habitans du plat-pays.

L'on expédie des arrêts d'impofition fur chaque province en exécution de ce brevet, dont les Intendans font la répartition, & les fonds en provenant paffent par les mêmes mains pour être portés au tréfor royal.

Impofition des Milices Gardes-côtes.   Quant à l'impofition qui fe faifoit pareillement en temps de guerre pour les milices gardes-côtes, elle avoit pour objet les dépenfes de la folde, armemens & uftenfiles néceffaires aux foldats de ces milices, affemblées par les ordres du Roi pour la défenfe des côtes.

Il n'y a eu que les pays d'élections & les pays conquis qui y aient contribué.

Cette imposition se faisoit en vertu d'un arrêt du Conseil qui s'expédioit chaque année, & qui contenoit la répartition de la somme à fournir par chaque province.

L'assiete s'en faisoit au marc la livre de la capitation, attendu que tous les sujets du Roi, Nobles, exempts, privilégiés ou taillables, étant également intéressés à la défense & à la sûreté des côtes, il étoit juste que chacun contribuât à une dépense de cette nature.

Nous avons observé que dans les vingt généralités de pays d'élection, il y en avoit trois où les tailles étoient réelles, qui sont Grenoble, Montauban & Auch, & deux élections de la généralité de Bordeaux, qui sont Condom & Agen ; il faut rappeller les principes & les regles d'après lesquels les tailles sont assises & réparties dans ces provinces & élections ; nous commencerons par le Dauphiné.

Provinces & Pays où la Taille réelle est en usage.

DAUPHINÉ.

Les Dauphins de Viennois, autrefois vassaux des rois d'Arles & de Bourgogne, étoient devenus indépendans depuis l'extinction du royaume d'Arles ; Humbert, second du nom, fit, en 1343, une donation entre-vifs du Dauphiné à Philippe de France, second fils du Roi Philippe de Valois, ou à l'un des fils du Duc de Normandie, à condition que celui que le Roi choisiroit, se feroit appeller *Dauphin de Viennois*, & en porteroit les armes écartelées avec celles de France.

1343, Donation du Dauphiné.

Six ans après, le Roi jugeant qu'il étoit plus à propos que cette province fût incorporée & réunie à la Couronne, nomma, pour en prendre possession, Charles, depuis Charles V, fils aîné du Duc de Normandie, qui fut depuis le Roi Jean.

Humbert confirma en 1349, sa donation en faveur de Charles, à condition que tous les fils aînés de France seroient Dauphins au moment de leur naissance.

1349, Confirmation de la donation du Dauphiné.

Le premier septembre 1341, & par conséquent dans le temps même où se traitoit la cession qui fut effectuée en 1343, Humbert accorda un affranchissement à tous ses sujets du Dauphiné, & par l'acte de

1343 , il impofa au donataire la condition d'entretenir les priviléges &
exemptions qui fe trouveroient avoir été concédés par lui ou fes prédé-
cesfeurs.

*Août 1343, Let-
tres-patentes.*

Philippe VI, dit de Valois, par fes lettres-patentes dû mois d'août
1343 , promit d'obferver & de faire obferver les conditions du tranfport du Dauphiné par celui de fes enfans qui viendroit à la fuccesfion
dudit pays , & les libertés accordées par les Dauphins aux fujets du
Dauphiné , appellés *ftatuts Delphinaux.*

*1356 , 1381 ,
1384, 11 oftobre
1447 & 21 novem-
bre 1451 , confir-
mation des Lettres
du mois d'août
1343,
21 juillet 1457,
révocation de l'af-
franchisfement gé-
néral du Dauphi-
né.*

Ces lettres-patentes furent confirmées par Charles VI , Roi de France ,
en 1356, 1381 & 1384 , & par Louis XI , alors Dauphin , par fes
lettres des 11 oétobre 1447 & 21 novembre 1451.

Mais ces affranchisfemens furent révoqués par Charles VII , fuivant
les lettres du 21 juillet 1457 ; ainfi l'affranchisfement général n'a fubfifté
que depuis 1341 jufqu'en 1457 , c'eft - à - dire , pendant cent feize
années.

Ces lettres de révocation confervent la franchife aux Nobles , vivans
noblement ; aux Clercs , vivans cléricalement ; & aux Officiers delphinaux , n'*ayant* , difent ces lettres , *accoutumé de contribuer.*

Il réfulte de ces dernieres exprefsions , qu'avant l'affranchisfement général , accordé par le Dauphin Humbert , les Nobles , les Eccléfiaftiques
& les Officiers delphinaux qui font aujourd'hui repréfentés par les Cours
fupérieures de la province , telles que le Parlement & la Chambre des
Comptes , & auxquelles on a depuis asfimilé les Officiers du Bureau des
finances , n'étoient point asfujétis à contribuer , c'eft-à-dire , qu'ils étoient
exempts des impofitions delphinales ; car à l'égard des impofitions provinciales , c'eft-à-dire , pour réparations des chemins , reconftruétions de
ponts & chausfées , autrement appellés dans la province , *cas de droit* ,
il paroît conftant que les Nobles , Eccléfiaftiques & Officiers delphinaux
y ont toujours contribué.

De tout temps , l'impofition de cette province s'eft faite par feux.

On prétend que dans l'origine lorfqu'on impofoit quelque fomme en
faveur des premiers Dauphins , en vertu des délibérations des Etats , on
la régaloit fuivant les *feux* ou *cheminées* , dont chaque maifon étoit compofée.

Cet ufage n'étoit point particulier au Dauphiné , la maniere la plus
ordinaire de lever des fubfides dans la partie de la France , appellée alors

la

la *Languedoil*, étoit de les impofer fur chaque feu , c'eft-à-dire , fur chaque famille compofée du pere & de la mere, ou de celui qui avoit furvécu à l'autre , & de leurs enfans qui vivoient avec eux.

On prétend , à la vérité, qu'en Dauphiné le mot *feux* & *cheminées* étoit pris ftriétement dans la répartition des impofitions , & l'on obferve que ce réglement étoit injufte , parce que telle perfonne qui avoit de grands biens n'étoit pas plus cotifée qu'une autre qui en avoit peu , les maifons de l'une & de l'autre ayant également des feux & cheminées.

Mais la divifion des feux par famille eft plus vraifemblable & plus analogue à l'ufage qui avoit alors plus généralement lieu , c'eft ce qui réfulte des inftruétions & ordonnances données par Charles V , au mois d'avril 1374 , fur la manicre de lever les Aides & fubfides.

L'article IV porte que les fouages qui feront levés , feront de 6 livres par feux, dans les villes fermées , & 2 livres dans le plat-pays , le fort portant le foible.

On voit par une autre ordonnance du même Prince du 20 novembre 1377 , qu'il y avoit avec plufieurs des villes des compofitions ou abonnemens pour les fouages à certaines fommes.

Dans les cas de befoin , foit à l'égard de ces villes, foit par rapport à celles qui étoient impofées fans compofition fuivant le nombre des feux, on augmentoit d'un tiers l'impofition.

Le mot de *feux* avoit alors une fignification différente dans le Languedoc, on l'entendoit d'une certaine portion de territoire capable de fupporter la quantité d'impofition qui devoit être levée par chaque feu ; un pays, par exemple, payoit 100 mille livres d'impofitions , ce pays étoit divifé en deux cents feux, chaque feu payoit 500 livres, ainfi la dénomination de feux fignifioit l'eftimation d'une certaine quantité de biens à une fomme fixe ; en forte que chaque ville ou village étoient eftimés contenir un certain nombre de feux, quoique fouvent ils renfermaffent un bien plus grand nombre de ménages. On appelloit *feu* , non pas un ménage ou une habitation en général , mais la réunion d'un nombre plus ou moins grand de familles ou ménages & poffeffeurs jufqu'à concurrence du revenu néceffaire pour former un feu d'après l'évaluation & fixation qui avoit été faite de chaque feu ; en forte qu'on faifoit la répartition du fubfide au fou la livre , fuivant les facultés d'un chacun & le nombre de feux dont chaque communauté étoit compofée.

Avril 1374, Ordonnance de Charles V.

Dans les cas d'événemens , les habitans d'une fénéchauffée entiere ou ceux d'une ville en particulier , repréfentoient au Roi leur trifte fituation & les pertes qu'ils avoient fouffertes ; le Roi , touché de leurs malheurs, députoit des Commiffaires fur les lieux pour faire des informations fur les faits qui étoient allégués ; ces informations étoient envoyées à la Chambre des Comptes , & après qu'elles y avoient été examinées & vérifiées , on y expédioit des lettres qu'on nommoit ordinairement *réparation de feux* , & par lefquelles on faifoit une nouvelle répartition des territoires ; en forte que celui , qui , auparavant avoit été divifé en vingt portions de feux étoit divifé en quinze ou dix , fuivant l'exigence des cas.

Lettres-paten-
tentes, Avril 1359.

Ce fut ainfi que par des lettres du mois d'avril 1359 , Charles V , alors Régent du royaume , pendant la détention du Roi Jean en Angleterre , fur la fupplique des habitans de la fénéchauffée de Carcaffonne , ordonna l'exécution des lettres du Roi Jean , portant qu'il feroit fait une révifion de feux fur le pied de laquelle les fubfides feroient taxés & levés pendant dix années , à l'expiration defquelles il feroit fait , par les Commiffaires du Roi , une nouvelle révifion , à laquelle on fe conformeroit pendant dix autres années ; que ce temps expiré on en feroit encore une nouvelle , après laquelle il ne feroit fait dans la fuite aucun changement , à moins que par les événemens des guerres , mortalités & autres , le pays ne fût tellement dépeuplé qu'on fût dans la néceffité d'y pourvoir autrement ; le Régent accepta par ces mêmes lettres les offres que lui avoient faites les habitans de cette fénéchauffée de payer fur le champ un florin d'or pour chaque feu qui fe trouveroit de moins que le nombre ancien par la nouvelle révifion ; il ordonnoit que la nouvelle fixation de feux fut infcrite fur les regiftres de la recette de la fénéchauffée , & que l'ancienne fut fupprimée.

On voit par ces lettres , que ces révifions ou réparations de feux tournoient en rachat & extinction d'une partie de l'impofition , ce qui produifoit une reffource momentanée au préjudice des revenus fixes , puifque la maffe de l'impofition en étoit d'autant diminuée & n'étoit pas rejettée fur les autres territoires.

L'ufage de divifer ainfi , relativement aux impofitions , les territoires par feux , a été aboli depuis en Languedoc.

Ce fut fous la feconde race des Dauphins que l'on commença de cotifer par fonds, en Dauphiné, & non par cheminée, & la taille y devint par conséquent réelle.

Cependant, comme ce nom de *feux* se trouva familier & introduit dans les rôles, on le conserva ; mais on régla les feux sur les quantités de fonds, dont chaque communauté étoit composée, & cet ordre a toujours été suivi depuis ; de sorte que les communautés sont distinguées par le nombre de leurs feux, & plus il y en a, plus elles contribuent aux impositions.

L'état qui contenoit la distribution de ces feux s'appelloit *péréquaire* ou *cadastre*, ainsi c'est à ces temps reculés que remonte l'origine du cadastre.

Le long espace de temps qui s'étoit écoulé depuis l'affranchissement jusqu'à la révocation, avoit occasionné la perte des anciens cadastres, ou du moins les avoit rendu défectueux à un tel point de n'en pouvoir faire usage pour l'exécution des lettres de révocation de 1457, ce qui obligea d'ordonner une nouvelle révision générale de feux qui fut commencée en 1461.

Les différentes contestations entre les trois Ordres, qui survinrent à l'occasion de la formation des nouveaux cadastres, & la répartition des impositions, mirent dans le cas de tenir plusieurs Etats généraux & particuliers des villes & communautés, dans lesquels on passa plusieurs transactions.

Les premieres contestations durerent un siecle entier, sans que les trois Ordres pussent se concilier.

On croit ne pouvoir donner une idée plus exacte de ces contestations & de l'état de la question, qu'en rappellant ce qu'en dit M. de Thou.

« Il y avoit, dit-il, en Dauphiné, un grand procès, entre le Tiers-
» état, d'un côté, & le Clergé avec la Noblesse, de l'autre ; comme
» il étoit difficile de le suspendre ou de le juger sans exposer la tran-
» quillité de la province, il essuya de longues surséances accompagnées
» de grandes contestations ».

Enfin, il fut jugé le 15 avril 1602, au rapport d'André Huraut, sieur de Maisse.

Arrêt du Conseil 15 Avril 1602.

Le Tiers-état se plaignoit que les deux autres Ordres rejettoient sur lui toutes les charges de la province, quoiqu'il n'eût aucune part ni aux honneurs, ni aux dignités, ni aux émolumens publics, & qu'il ne fût nullement en état de supporter ce fardeau, ne faisant pas la sixième partie de la province:

Qu'anciennement, toute la province en général avoit été exempte, & que ce n'étoit qu'à cette condition que leurs Princes l'avoient donnée aux fils aînés de nos Rois ; que les temps ayant changé, s'il étoit nécessaire de lui imposer un fardeau, il étoit juste au moins de le partager également sur tous les habitans, & de n'en pas décharger ceux qui, par leurs dignités & leurs richesses se trouvoient le plus en état de le supporter:

Que les impositions n'étoient point personnelles en Dauphiné, comme elles le sont en plusieurs autres provinces du royaume, que chacun étoit taxé à proportion de ses biens, d'où ils concluoient que chacun devoit y contribuer à proportion des fonds qu'il possédoit.

Il y avoit cinquante ans que ces plaintes avoient été portées au point que peu s'en étoit alors fallu que la chose n'allât jusqu'à la sédition, le peuple commençoit déja à s'attrouper à Moiran & à Romans ; enfin, en 1554, le procès avoit été terminé par une transaction, confirmée enfuite par un arrêt du Conseil, rendu au rapport de Michel de l'Hôpital, depuis Chancelier.

Comme cet accommodement étoit entiérement à l'avantage du Clergé, de la Noblesse & de ceux qui jouissoient des mêmes priviléges que la Noblesse, le peuple en demandoit avec vivacité la cassation.

Le Clergé justifioit son droit par ses priviléges.

La Noblesse alléguoit que l'imposition annuelle ne se payoit point en Dauphiné à raison des biens qu'on possédoit, mais par tête & par feux.

Les autres privilégiés, comme les Magistrats, les Professeurs en Droit, les Trésoriers de France, réclamoient les mêmes exceptions que la Noblesse.

L'arrêt qui fut rendu, en 1602, ne disoit presque autre chose que ce qui avoit été réglé par celui de 1554 ; savoir, que la Noblesse, tant d'épée que de robe, le Clergé & tous ceux qui jouissoient des mêmes priviléges, seroient exempts de toutes charges sur leurs biens, tant nobles que roturiers, excepté de celles que la Noblesse avoit coutume de payer.

On excluoit de cette exemption leurs fermiers, qui, à raison de leurs biens-meubles, de leurs troupeaux & de leur négoce, devoient être obligés à porter leur part des charges de la province:

Que les Préſidens, Conſeillers, Avocats & Procureurs généraux *ac-tuellement en charge*, feroient auſſi exempts de toutes les impoſitions publiques, tant qu'ils feroient en exercice, & même lorſqu'ils n'y feroient plus, pourvu qu'ils euſſent exercé pendant vingt ans.

L'arrêt excluoit de cette grace les autres Officiers du Parlement, les Avocats, les Greffiers, les Juges Châtelains & les autres Conſeillers, Avocats & Procureurs des ſieges inférieurs, ſauf l'indemnité ancienne du Prévôt de Robe-courte de Gréſivaudan : Que les enfans des Préſidens, des Conſeillers, des Avocats & des Procureurs généraux, qui auroient les mêmes charges que leur pere, feroient également exempts, ſi leur pere avoit exercé pendant vingt ans, ou étoit mort revêtu de ſa charge ; & que, ſi dans la ſuite ces enfans ne faiſoient rien qui dérogeât à la Nobleſſe que ces charges leur avoient acquiſes, ils feroient dorénavant cenſés Nobles :

Que ceux au contraire qui poſſéderoient à l'avenir les mêmes charges, ſi leurs peres ou grands'peres n'en avoient pas été revêtus, ou s'ils n'avoient pas quelqu'autre titre qui annobiît ſelon les loix du royaume & les coutumes, feroient exclus de cette grace.

L'arrêt contenoit les mêmes diſpoſitions pour la Chambre des Comptes.

Quant aux Officiers de la maiſon du Roi, aux Archers du Prévôt de Gréſivaudan, aux Courriers du Cabinet, aux Officiers de la Monnoie ou de l'Artillerie, ils devoient jouir de leurs priviléges, conformément à l'édit de 1598, ſur l'exemption des tailles. *Edit de 1598.*

Il étoit ordonné qu'on feroit une recherche exaête de ceux qui jouiſſoient abuſivement de ce privilége depuis quarante ans.

On révoqua les graces de naiſſance qui avoient été accordées depuis vingt-trois ans à des roturiers ; le Roi s'en réſerva la connoiſſance pour juger dans ſon Conſeil du mérite particulier de chacun de ceux qui les avoient obtenues.

Les bâtards des Nobles & des Officiers privilégiés, furent exclus de l'immunité.

On la confirma aux profeſſeurs de droit de Valence.

Le Tiers-état étoit condamné à porter les charges de la province, & on laiſſoit aux deux autres Ordres le ſoin de la répartition, à condition qu'ils la feroient avec équité, & qu'ils ne rejetteroient point ſur le peuple les dépenſes qui regarderoient leurs affaires particulieres.

Enfin , il étoit dit , que les gentilshommes de Languedoc & de Provence , qui auroient acquis depuis vingt ans des biens roturiers dans la province de Dauphiné , ou qui pourroient en acquérir à l'avenir , feroient obligés de porter les charges publiques à proportion de ces biens , à moins qu'ils n'euffent leur domicile en Dauphiné.

On ne peut exprimer , dit M. de Thou , *le mécontentement que le peuple eut de ce réglement ; mais* , ajoute-t-il , *le Prince très-puiffant , & le royaume en paix , cela n'eut alors aucune fuite ;* il eft vrai que ce réglement demeura fans exécution , ainfi que ceux qui intervinrent en 1634 , 1636 & 1637.

Enfin , Louis XIII étant à Grenoble , fe fit informer par lui-même des divifions qui étoient entre les trois Ordres & de l'inexécution des arrêts précédemment rendus , fur quoi , il fut fupplié de pourvoir à la tranquillité de la province , en faifant une loi fur laquelle les trois Ordres puffent vivre en repos à l'avenir ; il ordonna que les députés des trois Ordres remettroient leurs plaintes , titres , papiers , avis & moyens pour régler les différens qui fubfiftoient , entre les mains des Commiffaires qu'il nommeroit , & qu'ils feroient ouïs devant ces mêmes Commiffaires , ce qui fut exécuté.

Réglement du
24 octobre 1639.

En conféquence , Louis XIII fit un nouveau réglement , le 24 octobre 1639 , qui fixa définitivement les trois Ordres de la province , relativement aux impofitions ; ce réglement s'eft toujours exécuté depuis & s'exécute encore. On va en rapporter les difpofitions qui donneront une jufte idée de la forme de l'impofition de la taille en Dauphiné.

Le Roi déclare les tailles de la province de Dauphiné , purement réelles & prédiales ; ordonne que tous les héritages roturiers qui y font fitués , demeureront dès-lors & à perpétuité , contribuables aux tailles , taillon , crues de garnifon , & autres fubfides & impofitions de deniers , tant ordinaires qu'extraordinaires.

On excepte de cet affujétiffement les héritages roturiers des Eccléfiaftiques , bénéficiers , chapitres , hôpitaux , colleges & communautés qui font de dotation & de fondation de l'églife , faites avant le premier mai 1635.

On déclare pareillement francs & exempts de toutes tailles , impofitions & levées de deniers à perpétuité , tous les héritages roturiers poffédés avant le premier mai 1635 , par les Nobles de l'une & de l'autre robe qui avoient acquis le titre de noblesse avant l'arrêt du 15 avril 1602 , ensemble par ceux dont la noblesse avoit été révoquée par cet arrêt , & qui ont obtenu depuis des lettres de déclaration.

Les héritages de ceux qui ont obtenu des lettres de rétablissement au cas de droit, soit avant, soit après l'année 1602 , & qui ont été dûment vérifiées , parties appellées , demeureront exempts de toute taille jusqu'au premier mai 1635.

Pour traiter favorablement les Officiers de la province , les héritages roturiers acquis & possédés avant le premier mai 1635 , par les Officiers des Cours , & l'ancien Tréforier de France , pourvus & reçus dans lesdits offices avant le 15 avril 1602 , ensemble les héritages des enfans desdits Officiers , ne feront point compris au cadastre & demeureront exempts de taille, s'ils n'ont fait acte dérogeant.

Les héritages roturiers que les Ecclésiastiques , Nobles rétablis & Officiers , ont acquis depuis le premier mai 1635 , ou qui leur font échus depuis cette époque , à quelque titre que ce soit, de ceux du Tiers - état ou autres déclarés taillables par le réglement du 15 avril 1602 , feront compris au cadastre des lieux où lesdits héritages font situés pour y être taxés & impofés , & demeurer taillables à perpétuité.

Il en fera de même des héritages roturiers , que ceux qui ont obtenu des lettres d'anoblissement depuis le 15 avril 1602 , ont acquis d'autres perfonnes que de celles qui font déclarées nobles & exemptes par cet arrêt , & des acquisitions qu'ils ont faites des Nobles & exempts depuis ladite époque feulement du 15 avril 1602.

Les héritages roturiers , acquis d'autres perfonnes que de celles qui font déclarées nobles & exemptes par l'arrêt du 15 avril 1602 , & ceux acquis depuis ladite époque , des Nobles & exempts, par les Officiers des Cours & l'ancien Tréforier de France , dont les peres ou aïeuls n'ont pas été pourvus de pareils offices avant l'année 1602 , feront compris au cadastre & taillables à perpétuité en quelques mains qu'ils passent à l'avenir.

Pour faciliter aux Officiers desdites Cours le payement des fommes auxquelles leurs héritages roturiers feront cotifés , Sa Majesté accorde aux premier & quatre anciens Préfidens du Parlement , à chacun d'eux, la fomme de 200 livres ; & aux vingt plus anciens Confeillers, y compris l'ancien des Avocats & Procureurs généraux , la fomme de 150 livres.

Aux premier & second Préſidens de la Chambre des Comptes, à chacun la ſomme de 200 livres, & aux ſix plus anciens Maîtres-auditeurs, & à l'Avocat & Procureur général, à chacun 150 livres.

A chacun des quatre Préſidens des Tréſoriers de France, la ſomme de 125 livres.

Au plus ancien des Tréſoriers de France, 100 livres.

A l'Avocat & Procureur du Roi du Bureau, 100 livres par chaque année ; le tout par forme de penſion, revenant à la ſomme de 6400 livres, de laquelle il ſera fait fonds tous les ans dans les états du Roi.

Ces penſions ſeront continuées aux Officiers, qui ſuccéderont dans leſdites charges, & s'il ſe trouve que les cotes des tailles deſdits Officiers ſoient au-deſſous du montant des penſions, l'excédant ſera diſtribué aux Officiers plus anciens deſdites compagnies poſſédans biens ruraux juſqu'à concurrence de leurs cotes ſeulement, ſuivant l'ordre de leur réception.

Ceux qui ont obtenu des lettres de nobleſſe, depuis l'année 1602, ſont autoriſés à jouir des priviléges des Nobles, ſans que ſous ce prétexte ils puiſſent prétendre l'exemption des héritages roturiers qu'ils poſſedent, autres que ceux ci-deſſus déclarés exempts.

Les facultés mobiliaires, induſtrie, obligations, rentes conſtituées & autres moyens ſecrets appartenans aux Eccléſiaſtiques & aux Nobles du pays, enſemble auxdits Officiers des Cours, ſeront francs & exempts de toutes tailles.

Les Officiers deſdites Cours, qui ont eu ou qui auront un pere ou un aïeul exerçant leſdits offices, ou qui auront vingt ans de ſervice, acquéreront titre de nobleſſe, à eux & à leurs enfans, ſans préjudice de la réalité des tailles, & ſans que ſous ce prétexte ils puiſſent prétendre l'exemption des héritages roturiers qui ſont contribuables aux tailles.

Les gens du Tiers-état ne ſeront point impoſés aux tailles pour leurs meubles meublans, mais ſeulement pour leurs obligations, rentes conſtituées, penſions & autres moyens ſecrets ; enſemble pour leurs beſtiaux, autres que ceux de labour ſervans à cultiver des héritages roturiers.

La cotiſation deſdites facultés mobiliaires, tariffée & cadaſtrée, n'excédera n'excédera pas, favoir, dans les villes le huitieme de la fomme qui s'impofera :

Dans les gros bourgs & villages, ayant foires & marchés, le dixieme :

Et dans les autres paroiffes & communautés, le douzieme :

Sauf aux gens du tiers-état, habitans auxdites villes, bourgs & communautés d'en ufer ainfi, & comme ils ont bien & dûment fait par le paffé, ou qu'ils verront devoir faire à l'avenir entr'eux pour faciliter la levée des tailles.

Les fermiers des Eccléfiaftiques, Nobles & Officiers des Cours, ne pourront être cotifés que pour les biens qui leur appartiennent en leur propre, fans que les fermes qu'ils tiennent, puiffent entrer en confidération de l'impofition de la taille, & qu'ils puiffent être impofés pour raifon defdites fermes.

Afin que les poffeffions des particuliers ne foient pas toujours incertaines, le Roi révoqua la faculté ci-devant accordée à ceux du tiers-état, de retirer des Nobles & Officiers les biens par eux aliénés.

Les Eccléfiaftiques, Nobles & Officiers, feront exempts du logement de gens de guerre dans leurs maifons, à la charge néanmoins de contribuer pour leurs héritages qu'ils poffedent, fujets aux tailles, aux frais des logemens, étapes & levées qui fe feront pour les gens de guerre.

Les Nobles hauts-jufticiers ayant fupplié le Roi de leur vouloir accorder de pouvoir poffédier franchement les héritages roturiers qui leur font cens, rentes ou tailles, en cas de déguerpiffement ; Sa Majefté voulant pourvoir aux abus qui fe pourroient commettre, déclare que lefdits héritages ne pourront être déguerpis pour quelque caufe que foit.

Lorfque les Nobles, hauts-jufticiers feulement, auront acquis des biens roturiers & fujets à la taille, & qu'ils voudront faire fur ces biens une bâtiffe ou baffe-cour, jardin, verper ou parc enfermé de murailles, la faculté de cet affranchiffement demeure fixée à cinq fétérées d'héritages roturiers feulement, ce qui *revient à fix arpens, mefure de Roi.*

Quant aux bâtards des Nobles & leurs defcendans, ceux qui font enfans légitimes & iffus de pere & aïeul nés pareillement en légitime mariage, & qui ont vécu noblement, jouiront de tous les priviléges accordés aux Nobles de la province, quoique leur bifaïeul fût bâtard.

Les defcendans des bâtards, nés vingt ans avant l'année 1601, joui-

<table><tr><td>*Tome I.*</td><td>L</td></tr></table>

ront de la qualité de noble, fans préjudice de la réalité des tailles.

Les particuliers qui pourroient avoir fait par le paffé, des ventes & donations fimulées de leurs héritages roturiers au profit des Nobles & Officiers, en fraude des tailles, feront tenus de les déclarer dans trois mois, pour être compris aux regiftres & cadaftres, & faute de ce faire dans ledit temps, les héritages demeureront acquis & confifqués au profit du Roi, & réunis à fon domaine.

Il ne fera à l'avenir donné aucunes lettres d'anobliffement ou déclaration de nobleffe, ni fait établiffement ou création d'Officiers nouveaux, finon aux charges & conditions que les héritages roturiers defdits Anoblis & Officiers, ne pourront être tirés des cadaftres des lieux où ils font fitués & déchargés du payement des tailles.

Et afin qu'à l'avenir les villes, paroiffes & communautés foient taxées à proportion des héritages roturiers déclarés contribuables par le préfent réglement ; il porte qu'il fera fait une révifion générale des feux par le Commiffaire, qui fera fur ce député par Sa Majefté, pour être tous lefdits héritages roturiers compris aux cadaftres & regiftres qui feront faits dans chacune des villes & communautés, aux lieux où lefdits héritages roturiers font fitués, defquels cadaftres & regiftres lefdits héritages déclarés taillables, ne pourront être tirés pour quelque caufe que ce foit, ni affranchis defdites tailles, fous prétexte de la qualité & condition des perfonnes qui les pofféderont, foit Eccléfiaftiques, Nobles & Officiers, en quelque lieu qu'ils foient demeurans, & ce nonobftant toutes tranfactions, arrêts, réglemens, lettres de déclaration, exemptions, priviléges & immunités données au contraire.

Enfin, le Roi voulant foulager les biens contribuables aux tailles, ordonne que la province de Dauphiné demeurera déchargée à l'avenir de la fomme de 50 mille livres par an, de laquelle le brevet de la taille fera d'autant diminué.

Telles font les difpofitions du réglement du mois d'octobre 1639, relatives à la maniere d'impofer dans la province de Dauphiné ; réglement qui forme fur cette matiere la feule loi qui foit fuivie dans la province.

Quoique ce réglement eut ordonné une révifion nouvelle & générale de feux dans la province, elle ne fut point alors exécutée, ce qui augmenta confidérablement la confufion qui étoit dans l'affiete des tailles.

Enfin, pour remplir cet objet, Louis XIV nomma des Commiſſaires, en 1697, dont les opérations ne furent terminées, qu'en 1706, qu'il intervint un édit au mois de juin, qui fixa les feux de la province à trois mille cinq cents à l'égard des impoſitions qui ſe feroient à l'avenir ſur les bâtimens, fonds & héritages taillables ; & le même édit fixe à quinze cents feux les héritages ou fonds nobles, exempts de tailles.

Edit de juin 1706.

Cet édit fut enregiſtré au Parlement de Grenoble le 23 juillet 1706 ; on trouve ſous le contre-ſcel le Péréquaire ou Cadaſtre des fonds nobles ou exempts pour ſervir à la répartition des cas de droit , & le péréquaire des fonds taillables pour ſervir à l'impoſition & aſſiete des tailles.

Les troubles que l'inexécution de l'arrêt du 15 avril 1602, & des réglemens ſubſéquens, entretenoit dans la province, donnerent lieu à la ſuſpenſion des Etats.

Louis XIII, par un édit de 1628, établit ſix élections ; ſavoir, Grenoble, Vienne, Valence, Montelimart, Gap & Romans, & depuis cette époque le département des tailles s'eſt fait par l'Intendant, dans les mêmes formes à-peu-près qu'il ſe fait dans les généralités : mais d'après la circonſtance que la taille eſt réelle & les réglemens qui ont été rappellés , ce département a des regles particulieres qui rendent la répartition de l'impôt juſte & facile.

Edit de 1628.

GÉNÉRALITÉ DE MONTAUBAN.

APRÈS avoir ainſi rappellé ce qui concerne la province de Dauphiné , il faut retracer pareillement la forme & les principes de l'impoſition & de la répartition de la taille dans la généralité de Montauban ; la taille étant réelle dans cette généralité, ſe regle par la poſition des fonds, ſans s'arrêter au domicile des poſſeſſeurs, c'eſt pareillement la nature des fonds, & non la qualité des perſonnes qui décide de l'aſſujétiſſement ou de la franchiſe ; on eſt ſujet, quoique noble , quand on poſſede des biens ruraux ; & on eſt exempt, quoique roturier, lorſqu'on poſſede des biens nobles.

Un arrêt du Conſeil du 13 février 1664, ordonna la réviſion des tarifs

Arrêt du Conſeil du 13 février 1664.

ou cadaftres des communautés qui formoient alors la généralité de Montauban, & qui étoient divifées en onze élections, dont plufieurs ont été démembrées, en 1716, de cette généralité pour former celle d'Auch.

Pour donner une intelligence claire & précife de l'économie de l'impofition & de la répartition, il eft néceffaire d'expliquer les termes de *tarif*, *feux*, *bellugues*, *cadaftres ou compoix*, *livres livrantes*.

Le tarif eft un état arrêté au Confeil, qui contient la divifion & la confiftance des élections, dont la généralité eft compofée; comme auffi la fubdivifion & la confiftance des communautés ou mandemens taillables qui compofent chaque élection, avec la fixation de ce que chacune d'elles doit fupporter pour fa portion des impofitions.

Il faut obferver que par la dénomination de communauté, on n'entend pas une paroiffe, mais une certaine étendue de terroir & jurifdiction.

Cette fixation fe fait, eu égard à l'étendue de la communauté, à l'évaluation de fes fonds, au nombre de fes foires & marchés, & à fa fituation pour le débouché de fes denrées & le commerce.

Pour établir & exprimer une fixation proportionnelle, & rendre fenfible cette proportion, on a imaginé & introduit les termes de *feu* & de *bellugues*.

On divife, par exemple, une généralité en fix mille parties, on donne à chaque partie le nom de *feu*; les feux fe fubdivifent en bellugues, qui en langage vulgaire du pays, fignifie *étincelle*. Chaque feu contient cent bellugues, & chaque bellugue fe divife encore en quatre parties.

Il s'agit d'abord de répartir dans une jufte proportion ces fix mille feux entre les différentes élections qui compofent la généralité, & en fous-ordre entre les communautés qui forment chaque élection.

L'étendue, la qualité du fol, le genre de productions, la fituation, le commerce, forment néceffairement des différences entre les élections, on les évalue chacune en particulier, on les compare enfuite enfemble, & s'il fe trouve que dans une juftice & une proportion exacte, une élection peut être portée à mille feux, pendant qu'une autre ne doit l'être qu'à fix cens, une troifieme à quatorze cens, on opere d'après ces principes, de maniere cependant que la totalité des élections rempliffe le montant des fix mille feux.

On vient enfuite à la répartition entre les communautés de chaque élection ; dans une élection, chargée, par exemple, de mille feux, une communauté peut en fupporter vingt, pendant qu'une autre eft affez chargée de quatre feux, cinquante bellugues.

C'eft l'état arrêté au Confeil, de ces évaluations des élections & communautés qui s'appelle *tarif*, & fur lequel fe répartit annuellement l'impofition des fommes portées par les commiffions, ce qui fe fait par une opération bien fimple, puifqu'elle eft purement arithmétique ; s'il s'agit de répartir trois millions, l'élection employée au tarif pour mille feux portera fans difficulté 500 mille livres, & en fous-ordre la communauté eftimée à vingt feux, fera chargée de 10 mille livres.

Le cadaftre ou *compoix terrien*, pour le diftinguer du cabalifte, eft à l'égard d'une communauté ce qu'eft le tarif pour la généralité entiere, c'eft-à-dire, une eftimation détaillée de tous les fonds qui la compofent, eu égard à leur valeur & fituation.

On a vu que le tarif fe divifoit en feux & bellugues, les eftimations portées au cadaftre de chaque fonds en particulier, font par livres appellées *livrantes* ou *livres*, *fous* & *deniers* d'allivrement.

La valeur des livres livrantes du cadaftre d'une communauté, eft plus ou moins forte, fuivant le plus ou le moins de divifion qu'a exigé dans les évaluations la différente valeur des fonds qui ont été évalués ; ainfi la livre livrante d'une communauté peu fubdivifée, portera, par exemple, 10 livres tournois ou monnoie courante d'impofition, pendant que celle d'une communauté qui, par une plus grande différence dans la valeur des fonds, a exigé beaucoup plus de détails, fera à 3 ou 4 livres ; & cependant les fonds de la premiere ne feront pas en proportion de leurs valeurs plus chargés que ceux de l'autre.

On a dit que le tarif fervoit de regle pour répartir fur chaque communauté la totalité des fommes dont le Roi a ordonné l'impofition fur la généralité ; le cadaftre ou le montant des livres livrantes fert pareillement de proportion fixe & certaine pour répartir fur les articles contribuables la totalité de la fomme qui doit être acquittée par chaque communauté, ainfi fi le cadaftre de celle, qui fur le pied de vingt feux, porte 10 mille livres, eft compofé de 1000 livres livrantes, chacune d'elles fera chargée de payer 10 livres, & le poffeffeur d'un fonds, maifon, prés, champs ou vignes dont les poffeffions font évaluées ou allivrées à 10 livres livrantes, fera compris au rôle de la taille pour 100 livres.

Cette forme de procéder à la répartition eft auffi fimple que celle du tarif, qui a été expliquée, le mandement une fois envoyé aux Confuls des communautés, il ne s'agit de leur part que d'une opération de calcul ; le total des articles d'un cadaftre auquel ce calcul eft appliqué, forme le rôle de la taille, qui fe porte à l'élection pour être rendu exécutoire, après avoir été vérifié, & la vérification confifte à conftater s'il eft conforme au nombre des livres livrantes dont la communauté eft compofée en général, & fi chaque article en particulier eft taxé dans cette proportion.

Il a paru néceffaire de donner ces notions générales avant de rendre compte de l'opération faite en 1664.

Les tarifs & cadaftres qui fubfiftoient alors, donnant journelement lieu à des plaintes fur l'inégalité prétendue des impofitions, occafionnée ; foit par l'injuftice des premieres évaluations, foit par les erreurs commifes lors de leurs fixations, foit par les changemens furvenus depuis dans les fonds ; il fut rendu au Confeil le 13 février 1664, un arrêt, qui commit M. Pellot, alors Intendant de la généralité de Montauban, pour procéder à la révifion des tarifs & cadaftres, & propofer les réformations qui feroient jugées néceffaires fuivant les nouveaux arpentemens & abonnemens ou évaluations.

Arrêt du Con-feil du 13 février 1664.

Il y procéda en conféquence avec différens Officiers de la Cour des Aides, du bureau des finances & des élections, accompagnés d Experts, Greffiers & Huiffiers, & fur leurs avis il intervint le 26 août 1666, un réglement du Confeil, compofé de trente-un articles : ce réglement & une déclaration du 9 octobre 1684, font la bafe de la jurifprudence de la taille réelle en Guyenne.

Réglement du Confeil du 26 août 1666.

Déclaration du 9 octobre 1684.

Le premier des articles de ce réglement, divife la généralité de Montauban, telle qu'elle exiftoit alors, en douze mille feux de cent bellugues chacun ; il fut en conféquence, & dans le même-temps, arrêté au Confeil un tarif général pour les élections & communautés, qui fert encore de regle pour les impofitions annuelles, tant de la généralité de Montauban, dans fon état actuel, que de la partie qui en a été démembrée en 1716, pour former celle d'Auch ; en forte que de douze mille feux ordonnés en 1666, il en refte aujourd'hui fept mille trois cents dix à Montauban, & les quatre mille six cents quatre-vingt-dix restans ont été unis & incorporés à Auch.

On conçoit que quelque exactitude & quelque justice que l'on apporte dans une opération de ce genre, elle n'est point à l'abri des changemens que produit inévitablement la succession des temps ; des fonds se détériorent, d'autres se bonifient, une ville étoit alors peuplée, ses marchés étoient fréquentés & abondamment pourvus, elle a perdu ces avantages ; d'autres villes ou villages qui languissoient alors par le manque de communication & de commerce, sont devenues riches & florissantes par des communications ouvertes, par des rivieres rendues navigables ; qu'on joigne à ces causes les injustices ou les erreurs, qui, à l'insu des Commissaires, ont pu se commettre par les experts dans les évaluations ou abonnemens, il en résulte que les tarifs & cadastres seroient sujets à de grandes inégalités, s'il n'y étoit remédié.

Le réglement de 1666 avoit cru y pourvoir suffisamment, en ce qui regarde les tarifs ou la proportion d'une communauté à une autre, en ordonnant par l'article I, que conformément aux arrêts qui seroient rendus en connoissance de cause en faveur des communautés, qui dans les suites se trouveroient surchargées par des accidens fortuits ou des pertes de fonds, elles seroient soulagées, & le rejet fait sur les autres de la même élection ; mais l'expérience a fait connoître que cet expédient étoit peu praticable, la multitude des variations survenues depuis 1666 auroit exigé une multiplicité d'arrêts, leur exécution auroit occasionné chaque année de nouveaux embarras, & jetté même dans la confusion lors des impositions.

On observoit, en 1727, que les tarifs étoient dès-lors plus défectueux que lors de la réformation de 1666, ce qui en rendoit la réformation plus nécessaire ; après les plus mûres réflexions, les considérations suivantes empêcherent de prendre ce parti :

1°. L'énormité des frais d'une réformation entiere & d'une évaluation nouvelle de toute une généralité, qui seroit, selon les apparences, obligée d'en payer le montant :

2°. Cette opération étant plutôt du fait des Experts que des Commissaires, toute l'attention de ces derniers ne pourroit empêcher les premiers de céder au crédit, aux présens, aux menaces des Seigneurs des terres, pour évaluer les leurs au-dessous de leur vraie valeur ; que leurs habitans fe réuniroient avec eux par le motif de l'intérêt commun ; intérêt encore plus fort & plus grand depuis l'accroiſſement des impoſitions qu'il ne l'étoit dans les temps reculés , & avant cet accroiſ-fement :

3°. Ces démarches & ces efforts ne pourroient être faits par les particuliers & les pauvres , ou n'entreroient pas du moins en comparaiſon avec çeux des riches & puiſſans ; ainſi les communautés dénuées de protecteurs , feroient opprimées en faveur de celles qui auroient le bonheur d'en avoir.

Ces réflexions porterent , en 1727 , à préférer un autre tempérament pour remédier aux injuſtices & inégalités des tarifs , ce fut d'impoſer chaque année ſur le total de la généralité , & au marc la livre ordinaire, une ſomme de 120 mille livres , qui dans le même temps eſt répartie en diminution par l'Intendant, ſur les communautés ſurchargées , & pour ſe ſervir des termes propres , trop allivrées: un exemple va rendre ſenſible la ſimplicité & l'utilité de cette opération :

Deux communautés employées au tarif pour le même nombre de feux & de bellugues , ſont néceſſairement impoſées à la même ſomme dans l'aſſiete & les mandemens des tailles ; on ſuppoſe que pour chacune cette ſomme ſoit de 1000 livres , l'une cependant, ſi les proportions dans les valeurs étoient obſervées , ne devroit payer que 900 livres , & l'autre devroit être portée à 1100 livres.

En impoſant les 120 mille livres en queſtion , ſuivant la loi des tarifs , chacune de ces deux communautés ſupportera une augmentation égale, qui ſera , par exemple , de 100 livres , au moyen de laquelle l'une & l'autre feront à 1100 livres ; mais ayant en même temps le pouvoir de diminuer la ſomme augmentée pour ſoulager les plus foibles , on ôte les 200 livres à celle ſeule qui eſt dans ce cas , elle eſt réduite par ce moyen à 900 livres , pendant que l'autre ſubſiſte à 1100 livres.

On objectera peut-être que c'eſt joindre l'arbitraire à des tarifs qui n'en paroiſſent pas ſuſceptibles ; mais cet arbitraire ne tombe que ſur la diminution , & non ſur l'impoſition qui ſe fait toujours ſuivant l'ancienne loi ; l'Adminiſtrateur , qui en eſt chargé , doit s'étudier à con·noître le fort & le foible des élections & communautés de ſon département , & comme il eſt le maître de changer chaque année ſon état de diminution , il eſt à portée de rectifier les articles ſur leſquels on auroit

cherché

cherché à le furprendre : on prétend que cet expédient a eu le fuccès le plus heureux , que nombre de communautés qui étoient prétes à périr , & qui touchoient au moment d'être abandonnées & défertes , fe font rétablies & repeuplées peu à peu , au moyen du foulagement qui leur a été procuré fur ce fonds de 120 mille livres.

Il eft vrai que comme ce foulagement eft réparti au marc la livre , dont il ne feroit pas prudent de laiffer aux Confuls la liberté de s'écarter , il ne remédie pas aux irrégularités des cadaftres ; mais les obftacles qui s'oppofent à une réformation générale des tarifs font plus faciles à fur- monter , quand il ne s'agit que de cadaftres , on en fait journellement de nouveaux , & voici la forme dans laquelle on y procéde :

La premiere démarche d'une communauté qui croit ne pouvoir fe paffer d'un nouveau cadaftre , eft d'en expofer les motifs dans une délibération , qui autorife les Confuls à fe pourvoir en la Cour des Aides , à cet effet.

Les Confuls , munis de cette délibération , préfentent une requête à la Cour des Aides , qui , par un premier arrêt , autorife la communauté à faire procéder à la confection d'un nouveau cadaftre , ordonne la no- mination d'arpenteurs & abonnateurs , & commet , pour la réception de leur ferment , un Confeiller , fi la communauté eft à proximité , ou un Juge royal , fi elle eft plus éloignée.

Les Confuls , ainfi autorifés , dreffent & font publier un devis des en- gagemens à prendre par les adjudicataires qui pourront fe préfenter , à l'effet de fe charger des arpentemens & abonnemens.

Ces arpenteurs & abonnateurs doivent , fuivant les réglemens , & pour éviter toute fufpicion , être habitans d'une autre communauté que celle dont il s'agit de faire le cadaftre.

La communauté s'affemble enfuite de nouveau , & par une délibération , approuve le devis , & nomme telle perfonne qu'elle juge à propos pour faire le projet de la table d'abonnement.

Cette délibération eft fuivie d'une autre , qui eft , à proprement parler , la bafe de toute l'opération , en ce qu'elle accepte les offres d'un en- trepreneur du cadaftre fuivant le devis , & fixe la table d'abonnement. Voici en quoi confifte cette table :

Si tous les fonds d'une communauté étoient de même nature , valeur & produit , l'abonnement ou évaluation en feroient inutiles , l'opération d'un cadaftre ne confifteroit que dans l'arpentement des poffeffions , l'in-

dication du local & le nom des poſſeſſeurs ; mais cette égalité parfaite
étant impoſſible, il eſt indiſpenſable de former divers degrés, ſuivant
la valeur de ces fonds, & de les multiplier à proportion de la variété
de leurs produits ; il en réſulte qu'en fait de maiſons, jardins, prés,
vignes ou champs, l'un ſera quelquefois eſtimé & évalué à une livre livrante d'allivrement, pendant qu'un autre de moindre valeur ne le ſera
qu'à 10 ſous ; un troiſieme, à 5 ſous, & ainſi des autres à proportion.

C'eſt la table de ces divers degrés qu'on appelle *table d'abonnement*,
où les termes de *livres*, *ſous* & *deniers*, ne s'entendent que de livres livrantes, & qui eſt fixée dans la délibération de la communauté ; il n'eſt
point permis aux entrepreneurs de s'en écarter, leur travail conſiſte à
arpenter en conſéquence tous les fonds de la communauté, & à ap-
pliquer chacun d'eux au degré de cette table, auquel ils jugent devoir
le comprendre & ſoumettre.

Les Conſuls, en vertu de la délibération, dont on a rendu compte,
paſſent un bail aux entrepreneurs ; la communauté, par une nouvelle &
derniere délibération, approuve ce bail & nomme des indicateurs, c'eſt-
à-dire, des particuliers qui indiquent aux entrepreneurs les noms des
poſſeſſeurs des fonds dans toute l'étendue de la communauté & les bornes
de ces poſſeſſions, pour, ſur ces indications, en faire par ces entrepreneurs les arpentemens & abonnemens.

Enfin, la Cour des Aides autoriſe, par un arrêt, le devis, le bail,
les différentes délibérations & nominations.

C'eſt en conſéquence des formalités que l'on vient de rappeller que
les entrepreneurs forment & compoſent le cadaſtre ou compoix terrien,
qui, le travail étant fini, doit être dépoſé au greffe de la communauté,
& y reſter au moins pendant un mois, pour que chacun ait le temps
de l'examiner & d'y découvrir les erreurs ou injuſtices qui pourroient
l'intéreſſer.

S'il réſulte de cet examen des oppoſitions, ſur le fondement qu'on eſt
ſurchargé ou mal allivré ſuivant la table d'abonnement, la diſcuſſion en
eſt directement portée à la Cour des Aides, les entrepreneurs étant
arpenteurs & abonnateurs, ſont regardés comme les premiers Juges.

Si au contraire le cadaſtre n'éprouve point de contradiction, ou ſi les
erreurs qui ont pu s'y gliſſer ſont réparées par les entrepreneurs de gré
à gré, à l'amiable, ils le délivrent pour être préſenté par les Conſuls à

la Cour des Aides, à l'effet d'y être autorisé, & servir de regle à l'avenir pour les impositions.

Cet ouvrage doit contenir une énumération détaillée, & un arpentement général de tous les fonds, situés dans l'étendue d'une communauté, à quelque personne qu'ils appartiennent, & de quelque nature qu'ils soient.

Les fonds d'une communauté, considérés par rapport aux impositions, sont de trois sortes, les roturiers ou ruraux, les nobles & les immunes.

Les fonds ruraux contribuent au payement des charges, les nobles, ainsi que les immunes, en sont exempts; de droit commun tous les fonds sont contribuables aux impositions, à moins de titres contraires qui les en dispensent; il suffit donc d'expliquer quels sont les biens nobles & les immunes pour en conclure que ceux qui ne sont dans l'une ni l'autre classe, seront ruraux ou roturiers.

Il faut d'abord rappeller la différence sensible qui se trouve entre les fonds nobles & les fonds immunes.

Les nobles sont pour toujours, & de leur nature, exempts.

Les immunes au contraire étant par eux-mêmes roturiers & ne jouissant de l'exemption que par leur destination actuelle, pourront retourner à leur origine d'assujétissement aux charges publiques; de ce dernier genre, sont les emplacemens des églises, maisons curiales, couvens & hôpitaux, avec les cours & jardins contigus, les places publiques, rues & chemins, hôtels-de-ville & biens communaux.

Delà vient que le cadastre, au chapitre des biens nobles, ne contient que l'énumération & arpentement, sans évaluation ni allivrement; au lieu que l'un & l'autre sont marqués aux articles du chapitre des biens immunes pour servir de regle & de loi; s'ils rentrent dans le commerce, ils deviennent par-là sujets à la taille.

Aux termes de la déclaration du 9 octobre 1684, tous biens possédés par les Seigneurs justiciers, dans l'étendue de leurs justices, sont présumés nobles & faire partie de la concession primordiale & originaire du fief, & c'est aux habitans qui prétendent que l'héritage est rural à le justifier; s'ils en rapportent la preuve, la présomption de nobilité cesse à son tour, & l'on ne juge plus que sur la vérité qui résulte des actes.

Déclaration du 9 octobre 1684.

Il en est de même des fonds dépendans des églises cathédrales, abbatiales, commanderies & autres, de fondation royale, en quelques lieux

qn'ils foient fitués, & des églifes paroiffiales pour les fonds qui leur appartiennent dans l'étendue de leurs paroiffes.

Tous autres biens ne peuvent être réputés nobles qu'en vertu de titres, tels que des actes d'inféodation, hommages, au moins centenaires
& fuivis de dénombrement ou autres titres fuffifans, fans aucun veftige
d'aviliffement, c'eft-à-dire, d'avoir été impofés à la taille ; en effet, nul
titre, nulle prefcription ne pourront couvrir ce défaut lorfque le poffeffeur, quelqu'anciennement que ce puiffe être, aura payé fans contrainte
ni minorité, cette taille pendant trente années, quoique par erreur &
par ignorance de la nature & qualité du fonds.

Souvent des fonds nobles s'aviliffent & deviennent ruraux, fi le Seigneur, qui en eft le poffeffeur, les donne à cens & rentes feigneuriales,
ils perdent en ce cas leur nature, & la communauté les fait auffi-tôt
allivrer fur la tête du nouveau poffeffeur ; le feul moyen de les rétablir
dans leur premier état, eft que le Seigneur y rentre & les réuniffe à fon
fief faute de payement de la rente & par un déguerpiffement de la part
du cenfitaire ou débiteur de la rente, en obfervant les formalités prefcrites par les articles XX, XXI, XXV, XXVI, XXVII, XXVIII, XXIX,
XXX & XXXI de la déclaration de 1684 ; les difpofitions de ces articles ont eu pour objet de rendre cette voie très-rare & très-difficile.

Hors ce cas, le Seigneur rentrant dans le fonds, donné par lui ou
fes auteurs, à cens ou rentes, & le réuniffant à fa glebe, lui rend à
la vérité la dignité de fief, mais non la nobilité pour la taille à laquelle
ce fonds refte toujours également fujet.

La même diftinction des fonds nobles & roturiers a lieu, quant aux rentes
affifes fur les mêmes fonds.

Si elles font feigneuriales, c'eft-à-dire, retenues & impofées par les
Seigneurs fur les fonds qu'ils poffédoient noblement & qu'ils ont donnés
fous cette charge, ces fonds deviennent roturiers & contribuables aux
tailles, mais les rentes retiennent la qualité de nobles ; fi au contraire
un poffeffeur de fonds roturiers les cede fous une rente en grains ou autrement, cette rente appellée *locaterie* ou *fonciere*, & de bail d'héritage,
devient & refte roturiere fuivant la nature du fonds fur lequel elle eft
affife, & elle eft en cette qualité comprife au cadaftre fur le pied du
tiers du produit, dont le cadaftre porte l'évaluation à une fixation cer-

taine fur un pied commun en livres livrantes, l'allivrement du fonds chargé de la rente en eſt diminué d'autant.

Le cadaſtre eſt terminé par le certificat des abonnateurs, une récapitulation générale du nombre de livres livrantes, dont il eſt compoſé, une copie de l'arrêt qui l'autoriſe, & une table alphabétique des noms des divers poſſeſſeurs qui y ſont employés.

Comme il eſt cependant néceſſaire de pourvoir aux variations que les ventes, ſucceſſions & autres évènemens & actes de la ſociété civile, produiſent journellement dans la poſſeſſion des fonds, chaque hôtel-de-ville ou maiſon commune, tient, ſéparément du cadaſtre, un regiſtre ou livre appellé de *charges, décharges & muances*, qui eſt coté, paraphé & rendu exécutoire par un Officier de l'élection, il doit être la copie du cadaſtre, de façon que chaque nom de poſſeſſeur de fonds y ſoit rapporté en tête d'un feuillet, avec l'énumération détaillée des poſſeſſions & leur allivrement conformément au cadaſtre; on y laiſſe pluſieurs feuillets en blanc pour pouvoir inſcrire & enregiſtrer les mutations qui operent la décharge de l'allivrement du vendeur & le chargement de l'acquéreur.

Ce livre, ainſi que le cadaſtre, eſt terminé par une table alphabétique.

Telles ſont dans les généralités de Montauban & Auch, les principales regles des tarifs & des cadaſtres.

On obſerve en faveur de cette forme de répartition, que le contribuable ne peut craindre aucun effet de haine ou de vengeance de la part d'un Collecteur ou autre ennemi puiſſant, n'étant pas permis de l'augmenter au-deſſus de ſon allivrement; que le Collecteur, ainſi que la communauté entiere, ſont dans la même ſécurité, les fonds répondent ſpécialement du payement de l'impoſition, ce qui met à l'abri de toutes non-valeurs & rejets.

Que par un double intérêt perſonnel, chacun eſt excité à conſerver, entretenir & améliorer la totalité de ſes poſſeſſions: 1°. Parce que la partie, dont on négligeroit la culture pour s'attacher uniquement à une autre portion, n'en ſeroit pas moins impoſée au rôle, & le contribuable également tenu d'en acquitter le montant, étant de principe, que ſi l'on veut abandonner & déguerpir un fonds, il faut en même temps abandonner & déguerpir tous ceux dont on jouit dans l'étendue de la même communauté:

2°. Parce qu'un fonds une fois allivré ne peut être augmenté tant que le cadaftre fubfifte, quoique le travail, l'induftrie ou les dépenfes du poffeffeur l'ait rendu d'un produit beaucoup fupérieur à celui dont il étoit précédemment ; enfin chaque acquéreur fait pofitivement l'objet de fon acquifition, les charges auxquelles elle eft affujétie, & y proportionne le prix qu'il veut y mettre ; on fait en effet qu'un fonds allivré paye à peu près dans les années ordinaires du quart au tiers de fon produit, déduction faite des frais de culture & entretien.

On obferve d'un autre côté que cette forme de répartition n'eft pas fans inconvénient ; on a déja rappellé ceux qui réfultent des erreurs & inégalités, & variations que la fucceffion des temps produit néceffairement dans les tarifs & cadaftres, il en exifteroit encore un bien effentiel, fi la totalité des charges publiques retomboit fur les fonds, quoiqu'allivrées dans l'équité la plus parfaite, puifqu'un particulier qui n'en pofféderoit aucun ne contribueroit en rien aux befoins de l'Etat, quoique jouiffant d'une fortune opulente par fon commerce, fon induftrie & le revenu de fes rentes conftituées à prix d'argent.

C'eft dans la vue de faire ceffer ces inconvéniens qu'on a établi ce qui s'appelle le *compoix cabalifte*.

Ce compoix eft l'évaluation de l'induftrie de chaque habitant, il doit être fait & changé chaque année pour être dans la proportion des variations de cette induftrie.

Arrêts de la Cour des Aides de Montpellier, de 1600.

Cet ufage eft fort ancien, on trouve des arrêts rendus dès 1600, par la Cour des Aides de Montpellier, pour réformer les abus qui s'étoient introduits à ce fujet dans fon reffort.

Sans rappeller tous les réglemens qui font en grand nombre fur cette matiere, on fe bornera à en retracer le précis fuivant :

Il eft permis aux Confuls des communautés, de diftraire du total des impofitions contenues dans le mandement des tailles, pour être réparti fur l'induftrie ; favoir, le dixieme dans les villes ; le douzieme dans les gros bourgs, où il y a foires & marchés ; & le quinzieme dans les autres communautés.

Immédiatement après la réception du mandement des tailles, les Confuls doivent affembler leur communauté pour fixer cette fomme qu'ils peuvent diminuer & non augmenter au-delà du taux preferit, & pour nommer des Affécurs ou Prud'hommes, à l'effet de dreffer le compoix ſur les induſtries, cabaux, meubles lucratifs, deniers à intérêts & rentes conſtituées à prix d'argent.

Ces Prud'hommes, après avoir prêté ſerment, doivent demander & recevoir les déclarations des contribuables ſur les divers produits de l'induſtrie.

En cas de ſuſpicion de la vérité des déclarations, ils peuvent & doivent ſe tranſporter chez les particuliers, qui ſont tenus de leur exhiber leurs marchandiſes & cabaux pour être proportionnément cotiſés.

En cas de refus de la part des contribuables, les Prud'hommes doivent appeller les voiſins, s'informer à eux des facultés des refuſans, & en conſéquence paſſer outre à la cotiſation.

Le procès-verbal de ces Prud'hommes fait le compoix, ſur lequel ſe forme le rôle.

Nul n'eſt exempt, quant aux cabaux, meubles lucratifs, deniers à intérêts & rentes, que les ſeuls Officiers de Cour ſupérieure, Tréſoriers de France, Eccléſiaſtiques & Gentishommes.

A l'égard de l'induſtrie manuelle, ou proprement dite, tous Officiers d'épée & de juſtice, Avocats, Médecins, Conſuls, Receveurs des deniers royaux, Laboureurs, Métayers, Valets & autres vivant du jour à la journée, en ſont pareillement diſpenſés, ainſi que le bétail de labourage, & deux cochons par charrue.

La connoiſſance des conteſtations pour prétendues ſurcharges, appartient en premiere & derniere inſtance à la Cour des Aides.

Les embarras & les logemens qu'éprouveroit néceſſairement la confection annuelle de ce compoix, font que comme il n'eſt point néceſſaire ou d'obligation, il eſt très-peu de villes & de communautés qui y aient recours, pluſieurs ſe bornent au cadaſtre pour la répartition des impoſitions annuelles, quelques-unes ſont convenues d'une taxe fixe & certaine par famille, feu allumant & tête de bétail, d'autres ne connoiſſent à cet égard que l'arbitraire, ſe contentant d'un rôle d'induſtrie dans lequel les Conſuls & Aſſéeurs comprennent annuellement & à vue de pays les contribuables pour des ſommes ſi légeres, qu'ils ſont aſſurés qu'il n'en réſultera aucune réclamation ni demande en décharge en la Cour des Aides.

Il eſt donc ſenſible que les réglemens de la taille réelle n'ont pas fuffifamment pourvu au grand inconvénient de faire fupporter la totalité des charges publiques par les feuls fonds, & le remede à cet égard feroit très-difficile, peut-être même impoffible, fi la capitation n'en fourniffoit pas un également fimple & facile, & en même-temps fuffifant ; cette impofition ne fuit point, dans la généralité de Montauban, le marc la livre de la taille, elle procure par cette circonftance le feul moyen, quoiqu'à la vérité arbitraire, d'affujétir l'induftrie aux charges publiques, & de rétablir, même par la répartition générale qui en eft faite, l'égalité dans les cadaftres.

On fent que les détails dans lefquels on vient d'entrer, concernant l'impofition & la répartition de la taille dans la généralite de Montauban, s'appliquent également aux cinq élections qui en ont été diftraites en 1716, pour former celle d'Auch.

Il fant actuellement rendre compte de qui concerne les deux élections d'Agen & de Condom, qui font les feules dans la généralité de Bordeaux, où la taille foit réelle.

ÉLECTIONS D'AGEN ET DE CONDOM.

LA répartition de l'impofition fe fait entre les différentes jurifdictions, au marc la livre une fomme qui fut fixée idéalement lors de la rénovation du cadaftre de ces provinces, & enfuite répartie entre les différentes jurifdictions, c'eft ce que l'explication que l'on va donner de la forme des cadaftres dans ces deux élections rendra fenfible.

Il s'étoit élevé quelque temps avant l'année 1572, dans l'Agénois, une conteftation entre les Nobles & Privilégiés d'une part, les Confuls & le Tiers-état de l'autre, fur la queftion de favoir, fi la taille étoit prédiale & réelle, ou fi elle étoit perfonnelle ; la Cour des Aides de Paris (celle de Bordeaux n'ayant été créée qu'en 1629), ordonna par arrêt du 15 août *Arrêt de la Cour des Aides de Pa-* 1597, qu'il en feroit informé ; elle commit à cet effet un de fes Con-*ris, du 15 août* feillers, qui fit fon procés-verbal d'enquête en 1598, auquel il joignit des *1597.* cadaftres & rôles des tailles des principales villes.

Sur le rapport de cette enquête, & après beaucoup de conteftations, *18 août 1601,* il intervint le 18 août 1601, un arrêt qui déclara les tailles réelles & *idem.*

prédiales

prédiales en la fénéchauffée & étendue dudit pays d'Agénois, *au paye-*
ment defquelles toutes perfonnes Eccléfiaftiques, Nobles & Privilégiés, feront
contraints pour raifon des héritages roturiers qu'ils ne montreront tenir no-
blement en l'étendue de ladite fénéchauffée & pays d'Agénois.

Cette difpofition donna lieu à de nouvelles conteftations entre le Tiers-
état & les Eccléfiaftiques.

Elles furent terminées par un arrêt rendu le 20 feptembre 1601 du
confentement des parties.

Arrêt de la Cour des Aides de Pa-ris, du 20 feptem-bre 1601.

Cet arrêt déclara les biens immeubles tenus & poffédés par les Eccléfiaftiques du pays d'Agénois, à caufe des églifes & bénéfices qui étoient
de *l'ancien patrimoine* defdites églifes & bénéfices *feulement*, non fujets
à la contribution des tailles ; l'arrêt du 18 août demeurant en fa force &
vertu *pour les autres biens, tenus & poffédés en roture par lefdits Eccléfiaftiques.*

Les Syndics de l'Agénois, ayant repréfenté à la Cour des Aides de
Paris, que pendant les guerres & les troubles qui avoient agité la province depuis cinquante ans, les titres & papiers, & particuliérement
les cadaftres contenant la defcription des héritages fujets au payement
des tailles, avoient été perdus, ce qui donnoit lieu à beaucoup d'erreurs dans le
département des tailles, à quoi il étoit néceffaire de remédier & de faire un
nouvel arpentement des héritages fujets à la contribution defdites tailles, en
exécution de l'arrêt du 18 août 1601, ils demanderent, pour y parvenir,
qu'il leur fût permis d'impofer fur lefdits pays, la fomme de quatre
mille écus en deux années.

La Cour des Aides ordonna fur cette requête, qu'en exécution des
arrêts des 18 août & 20 feptembre 1601, arpentement & defcription
feroient faits des héritages, *tenus & poffédés roturiérement* audit pays
d'Agénois par toutes perfonnes, de quelque qualité & condition qu'elles
fuffent, dans le reffort des villes, bourgs, bourgades, paroiffes & jurifdictions
d'icelles, les Syndics des Eccléfiaftiques & Nobles dudit pays, à ce
faire bien & dûment appellés ; l'arrêt commet un Confeiller pour fon
exécution, & quant à la permiffion d'impofer fur tout le pays d'Agénois
ladite fomme de quatre mille écus, il ordonna que les Syndics fe retireroient
par-devers le Roi, pour y être pourvu felon le bon plaifir de Sa Majefté.

Tous les confulats du Tiers-état s'affemblerent au mois d'octobre 1604,
& délibérent fur la forme dans laquelle il devoit être procédé au département général des impofitions en chaque jurifdiction.

Tome I.   N

Ordonnance de réglement du Commissaire de la Cour des Aides de Paris, du 17 novembre 1604.

En conféquence de cette délibération, le Commiffaire rendit le 17 novembre 1604, une ordonnance, contenant réglement pour que l'arpentage fût fait jurifdiction par jurifdiction, de toute la province, fauf enfuite à diftraire les lieux facrés & les lieux nobles.

Les Confuls de Monflanquin & ceux de plufieurs autres jurifdictions, formerent oppofition à cet arpentement général, ainfi qu'au département des tailles; on n'a point eu de renfeignement fur les motifs de cette oppofition, ni fur le véritable objet des grandes conteftations dont elle fut fuivie, & qui furent portées dans différens tribunaux, au Confeil, au Parlement, à la Cour des Aides & devant les Tréforiers de France.

Enfin, après feize années de procédures, les Confuls de toutes les communautés de l'Agénois s'affemblerent à Agen au mois de mai 1621, & nommerent de part & d'autre des députés, auxquels ils donnerent pouvoir de convenir d'arbitres pour terminer toutes leurs conteftations, ces députés nommerent pour arbitres quatre Confeillers au Parlement de Bordeaux, deux Tréforiers de France & deux Avocats, auxquels ils donnerent pouvoir de ftatuer définitivement fur toutes leurs conteftations, & généralement juger de tous différens concernant le réglement des tailles audit pays, *& ce dans quinzaine, à compter de ce jour*; à l'effet de quoi les parties feroient tenues de remettre leurs pieces dans le jour entre les mains de deux Avocats arbitres: ce délai de bien peu de durée pour terminer des conteftations auffi anciennes, auffi compliquées, ne fut cependant prorogé que jufqu'au 10 juin fuivant, ainfi la répartition des impofitions entre toutes les communautés de l'Agénois, au nombre de cent neuf, formant un bien plus grand nombre de paroiffes, & leurs conteftations particulieres furent fixées & jugées en trente-fix jours, & c'eft ce travail, qui jufqu'ici a conftamment fervi de bafe à la répartition des impofitions.

Les arbitres ordonnerent que les tailles feroient départies, affifes & égalifées fur un pied de 40 mille livres, dont chacune des villes, jurifdictions & communautés en payeroit & porteroit fes parts contingentes.

Ils firent enfuite la diftribution de cette fomme de 40 mille livres entre les cent neuf jurifdictions qui compofoient alors l'élection d'Agen, (il s'eft fait depuis quelques défunions des paroiffes qui compofoient ces jurifdictions, en forte qu'il en fubfifte aujourd'hui cent trente-neuf).

Enfin il fut ordonné qu'à l'avenir toutes fommes de quelque nature, qualité & quantité qu'elles fuffent, feroient impofées, affifes & égalifées à la même proportion en mefure du pied dudit département, fans que lefdites communautés puffent prétendre plus ample décharge contre les autres, foit pour raifon des lieux facrés, biens nobles, vagues & incultes, ni autres, en quelque façon que ce fût.

Ce jugement arbitral fut homologué par des lettres-patentes, enregiftrées en la Cour des Aides de Paris le 4 mai 1622.

La formation des cadaftres du Condomois eft poftérieure à celle de l'Agénois.

Par un réglement du 15 juillet 1668, rendu fur l'avis de M. Pellot, Intendant des généralités de Bordeaux & de Montauban, il avoit été ordonné que l'arpentement & abonnement général feroit fait des trois élections d'Agen, Condom & les Lannes, où la taille eft réelle dans le reffort de la Cour des Aides de Bordeaux, par les Commiffaires qui feroient à ce députés, pour être divifées & partagées en un certain nombre de feux, enfemble les communautés defdites élections, fur le pied defquels feux fe feroient les impofitions ; ce réglement prefcrivit la même forme pour la confection du cadaftre, la répartition & le recouvrement des impofitions que celle qui étoit fuivie dans la généralité de Montauban ; mais cela n'a point été exécuté.

Par un arrêt du Confeil du premier avril 1671, M. d'Aguelfeau, alors Intendant de la généralité de Bordeaux, fut commis pour procéder à l'arpentement & réglement des impofitions à faire fur les trois élections d'Agen, Condom & les Lannes ; cette derniere élection a été depuis réunie à la généralité de Pau.

La multiplicité de fes occupations ne lui permirent pas de vaquer feul à cette opération ; M. Baritault, Avocat-général à la Cour des Aides de Bordeaux, fut commis par un fecond arrêt du Confeil, pour procéder à l'exécution du premier, féparément ou conjointement avec M. d'Aguelfeau ; ces Commiffaires remplirent leur miffion dans le Condomois, ils en firent faire l'arpentement & l'eftimation des fonds, qui fuivant leur qualité, furent diftingués en différens degrés pour fupporter les impofitions dans la même proportion, & pour la facilité de la répartition.

Enregiftrement de Lettres-patentes d'homologation du 4 mai 1622.

Réglement du 15 juillet 1668.

Arrêt du Confeil 1 avril 1671.

Tous les degrés furent réduits au premier dans la récapitulation qui fut faite à la fin de chaque cadaftre ; en forte que deux arpens du fecond degré , trois arpens du troifieme degré , quatre arpens du quatrieme degré ne furent comptés que pour un arpent du premier degré ; les maifons & les moulins furent pareillement abonnés pour un certain nombre d'arpens du premier degré.

Il en réfulte que les cadaftres contiennent la continence réelle des terres, & une continence fictive en conféquence de l'évaluation , & c'eft cette derniere qui fert de regle pour la répartition des impofitions dans les cent quatre-vingts communautés ou jurifdictions qui forment l'élection de Condom.

Les Commiffaires firent enfuite, comme dant l'élection d'Agen , la répartition d'une fomme de 20 mille livres entre les cent quatre-vingts jurifdictions, & c'eft fur ce pied & au marc la livre de ce que chaque jurifdiction fupporte de cette fomme que s'eft faite depuis la répartition de la taille & des *impofitions acceffoires*. Il eft facile de juger par l'ancienneté de la confection ou de la réformation des cadaftres de l'Agénois & du Condomois, qui ont les uns cent cinquante & les autres près de cent ans, que les changemens qui font furvenus pendant ce long efpace de temps dans la nature & les productions des terres , dans la force des paroiffes & jurifdictions, occafionnent des injuftices & des inégalités inévitables; mais l'abus auquel il feroit le plus important de remédier, réfulte du défordre des cadaftres & des livres de charge & de décharge.

Un très-grand nombre de jurifdictions n'a plus de cadaftre, & la répartition de l'impofition ne fe fait que fur les rôles précédens, qui peuvent eux-mêmes être remplis d'erreurs ; les cadaftres qui reftent font tous déchirés & furchargés d'écritures, en forte qu'il eft très-difficile de s'y reconnoître.

Les livres de charge & décharge font tenus par les Secrétaires des communautés, qui doivent y inferire toutes les mutations , afin d'être toujours en état de reconnoître les propriétaires actuels ; ces livres font remplis d'erreurs par la négligence, & peut-être la mauvaife foi des Secrétaires, ce qui donne lieu fur les quantités d'arpens anciennement conftatées, à des *deficit* qui retombent à la charge de la paroiffe ; il eft vrai qu'en vérifiant les rôles , les Officiers des élections doivent veiller à ce que la même quantité de journaux ou d'arpens y foit toujours énoncée ; mais les erreurs fe font teîlement multipliées , qu'il y a telle jurifdiction où le quart des terres taillables a été tiré du cadaftre ; cet expofé fait fentir l'importance , dont il eft, de réformer chaque année un certain nombre de jurifdictions , ce qui mettra enfuite à portée de rétablir entre toutes les communautés d'une élection , & entre les élections elles-mêmes une proportion qui n'exifte plus , foit par le défordre qui s'eft introduit dans les cadaftres , foit par les changemens furvenus dans la valeur & le produit des terres par les nouvelles cultures , les branches de commerce ouvertes ou perdues , la facilité des débouchés , & enfin toutes les caufes phyfiques , qui dans l'efpace de plus d'un fiecle ont dû produire des effets fenfibles.

En traitant de la taille réelle dans les pays d'élection , où elle eft en ufage , on ne peut fe refufer de rendre compte d'un travail qui fut fait fous le miniftere de M. Colbert , & qui peut être mis au nombre des monumens du zele avec lequel ce Miniftre faififfoit & fuivoit tout ce qui pouvoit tendre à établir l'ordre le plus convenable dans les différentes branches de l'adminiftration qui lui étoit confiée.

Travail fait fous le miniftere de M. Colbert, relativement à la Taille réelle dans les pays où elle a lieu.

La paix rétablie dans l'Europe par le traité conclu à Nimegue , en 1678 , lui laiffant la liberté de porter fes vues fur les arrangemens que l'intérieur du royaume pouvoit exiger , il fit rendre , en 1679 , une décifion du Confeil pour faire former un projet d'ordonnance , qui contint un réglement uniforme pour la levée de la taille réelle dans les provinces où elle étoit établie.

Décifion du Confeil de 16...

M. d'Aguelfeau , alors Intendant de Languedoc , fut chargé de la direction de ce travail , & de le partager avec quelques Officiers des plus expérimentés de la Cour des Aides de Montpellier.

Quelque temps après , MM. les Intendans des provinces de Guyenne, Provence & Dauphiné , & quelques Officiers des Cours des Aides de ces provinces , reçurent des ordres du Roi de fe rendre à Montpellier pour tenir , avec M. d'Aguelfeau , & ceux de la Cour des Aides de Languedoc qui avoient été précédemment choifis , des conférences dans lefquelles l'ordonnance projettée feroit difcutée. Ce fut dans ces conférences , où , fuivant la relation qui nous eft reftée de l'un de ceux qui y affiftoient , *le profond favoir de M. d'Aguelfeau , fes lumieres vives & pénétrantes , l'étendue & l'exactitude de fon efprit , donnerent de l'admiration à tous les Officiers qui les compofoient , de même que la modeftie & la modération qui ont toujours accompagné fes actions.*

Il paroît que dans les différentes féances, il y eut de grandes conteftations, occafionnées par les différens ufages de ces provinces, notamment à l'égard de la Provence & du Dauphiné ; les Intendans & les
Officiers de ces provinces s'oppofoient à ce qu'il ne fût rien innové au
ftatut de Provence, dont on parlera dans la fuite, ni au réglement fait
par le Confeil pour le Dauphiné, en 1639, dont on a rendu compte.

M. l'Intendant de Guyenne & les Officiers de la Cour des Aides de
Bordeaux, s'oppoferent de leur côté à quelques articles qui n'étoient pas
en ufage dans les élections de cette généralité où la taille réelle eft
établie. On convint enfin de conferver à la Provence l'exécution de fon
ftatut, & au Dauphiné celle du réglement du 24 octobre 1639, & de
ne pas foumettre en certains cas, les trois élections de la généralité de
Bordeaux, à la jurifprudence de la Cour des Aides de Montpellier ; on
fe concilia fur tous les autres objets, & l'on forma un projet d'ordonnance, qui fut divifé en trente-un titres, qui embraffent toutes les matieres concernant les tailles réelles, depuis l'impofition jufques & compris la recette des deniers qui en proviennent.

Un des Officiers de la Cour des Aides de Montpellier, qui avoit été
le plus employé à la rédaction de ce réglement, fut chargé de l'apporter à M. Colbert, il eut avec ce Miniftre plufieurs conférences, où
tous les objets furent difcutés, les queftions les plus importantes, concernant le privilége du Collecteur fur les biens du cotifé, quelque part
qu'ils fuffent fitués, les faifies réelles & le rabattement des décrets,
l'adjudication du bail au rabais & fous cautionnement de la collecte des
tailles furent agitées. M. Puffort fut confulté fur plufieurs de ces queftions, & ce grand ouvrage étoit au moment d'être confommé, lorfque
M. Colbert mourut en 1683 ; ce Miniftre portoit fes vues plus loin, &
il s'expliqua plufieurs fois, avec ceux qui mirent fous fes yeux ce projet
d'ordonnance, fur le défir qu'il avoit de pouvoir étendre la taille réelle
à tout le royaume.

Peu de temps après le décès de ce Miniftre, les Etats de Languedoc
ayant eu une copie des titres XXVIII & XXIX de ce projet d'ordonnance, l'un concernant la nobilité des fonds, l'autre le déguerpiffement,
prirent une délibération le 22 novembre 1683, par laquelle ils fupplierent le Roi de vouloir bien approuver les articles qui avoient été
projettés fur cette matiere, ce qui leur fut accordé par la déclaration
du 9 octobre 1684.

Ils obtinrent auffi le 28 mars 1690, une autre déclaration concernant les biens abandonnés, mais dont les difpofitions furent rédigées tout autrement que celles du titre XXX du projet d'ordonnance, qui rouloit entiérement fur le même objet.

Il intervint encore depuis, fuivant les circonftances, différentes déclarations & arrêts du Confeil, tant fur ces objets que fur d'autres parties de ce projet d'ordonnance.

Des objets plus inftans remplirent tout le miniftere de M. de Pontchartrain; la néceffité de fournir fans ceffe de nouveaux fonds pour les dépenfes d'une longue guerre, qui ne fut terminée qu'en 1697, par la paix de Rifwick, ne laiffa point à ce Miniftre ni la liberté, ni les moyens de travailler utilement à l'exécution du projet formé par M. Colbert.

Au mois de juin de l'année 1700, le Confeiller de la Cour des Aides de Montpellier, qui avoit rendu compte à M. Colbert du projet d'ordonnance que l'on a rappellé, fe trouvant à Paris, remit ce projet, & ce qui s'étoit paffé à ce fujet, fous les yeux de M. de Chamillart, alors Contrôleur général des finances; ce Miniftre lui dit, que M. Bouchu, Intendant de Dauphiné, qui avoit travaillé à la recherche générale de cette province, & qui étoit alors à Paris, lui avoit remis de très-bons mémoires fur cette matiere, & qu'ayant intention d'établir la taille réelle dans tout le royaume, il étoit préalable, avant d'entrer dans la difcuffion du projet d'ordonnance qui avoit été anciennement formé, d'examiner s'il feroit poffible de parvenir à l'exécution de ce deffein; il chargea fous ce point de vue ce Confeiller de la Cour des Aides de Montpellier, de dreffer une inftruction fur ce qu'il y auroit à faire, de la communiquer à M. Bouchu, & enfuite de conférer fur le tout avec M. d'Armenonville, Intendant des finances.

On expofoit dans cette inftruction les avantages que la taille réelle avoit fur la taille perfonnelle:

1°. Les peuples feroient délivrés des inégalités, des furcharges & des injuftices inévitables dans la répartition de la taille perfonnelle, & auroient la fatisfaction de voir que la contribution de chaque redevable feroit réglée fans diftinction des qualités, & uniquement fur la jufte eftimation de fon bien:

2°. Le Roi feroit à portée, d'après les connoiffances qui réfulteroient du travail qui feroit fait, de fixer une jufte égalité de contribution à la taille au fou la livre, entre toutes les provinces, proportionneés à leurs forces :

3°. La feconde répartition de la cote-part de chaque généralité fur toutes les élections ou diocèfes en dépendans, feroit faite avec la même facilité :

4°. Les peuples feroient déchargés des frais confidérables auxquels ils font annuellement expofés, fous prétexte des affemblées & des voyages qui fe font dans les provinces pour procéder aux affietes & départemens, & tout ce grand nombre de Commiffaires, d'Officiers & de Députés pourroit être réduit :

5°. Ceux qui font prépofés pour faire dans les élections, le département des tailles, & ceux qui font la répartition dans les communautés, n'auroient pas la liberté de charger ou décharger les contribuables, fouvent fans connoiffance de caufe fuffifante, & il n'y auroit ni injuftice à craindre, ni faveur à efpérer, fous quelque prétexte que ce fût :

6°. Le dénombrement de tous les fujets du Roi, pourroit être fait fans aucuns frais, autres que ceux de la recherche générale :

7°. En procédant à cette recherche, on pourroit faire une nouvelle & jufte eftimation de tous les bénéfices, ce qui feroit ceffer l'inégalité qui fubfifte dans les départemens du Clergé.

On répondit enfuite, dans les inftructions, à deux objections qui avoient été faites :

La premiere étoit prife de ce que, fuivant les maximes de la taille réelle, les biens nobles étant exempts de la contribution aux impofitions, les peuples des provinces où elle eft perfonnelle ne recevroient point, par ce nouvel établiffement, le foulagement qu'on fe propofoit, & qui étoit le feul objet qui pouvoit déterminer à ce changement.

On répondoit à cette objection que la portion des tailles que les biens nobles ne fupporteroient pas, feroit largement compenfée par celle que porteroient les biens roturiers poffédés par les Nobles & Privilégiés, & que l'on expofoit être en très-grand nombre, ce qui procureroit un foulagement réel aux peuples de la campagne, par la décharge de ce grand nombre de Nobles & de Privilégiés :

Que par ce nouvel établiffement le peuple ne feroit plus le feul contribuable à la taille, que la qualité de la perfonne ou fon privilége ne feroient plus des moyens d'exemption ; que le pauvre ne feroit plus

expofé

expofé à la difcrétion des Collecteurs qui auroient une regle certaine pour faire la répartition , qu'ils ne pourroient enfreindre fans encourir de grandes peines.

Qu'il étoit conftant qu'il y avoit dans les provinces un plus grand nombre de Nobles & de Privilégiés poffédans des fonds roturiers , qui feroient cotifés à la taille , qu'il n'y auroit de biens nobles qui en feroient exempts, toutes les fois qu'on fe conformeroit aux regles prefcrites par les titres XXVIII & XXIX du projet de l'ordonnance, ou par la déclaration du 3 d'octobre 1684.

La feconde objection confiftoit , en ce que les fermiers des Nobles , des Privilégiés & des Eccléfiaftiques font taxés aux rôles des tailles perfonnellement, en confidération de leurs baux , & que cette contribution des fermiers eft plus forte que la taille que fupporteroient les fonds roturiers de ces Eccléfiaftiques , Nobles & Privilégiés ; que dans ces fonds affermés il s'en trouveroit beaucoup qui feroient nobles, en fuivant les regles de la taille réelle dont les fermiers payent actuellement la taille, & qui par la réalité en feroient exempts.

On répondoit, qu'en faifant obferver qu'il n'y eût que les biens de l'ancienne fondation, dotation des églifes cathédrales , abbatiales, commanderies & autres de fondation royale, appellées *églifes principales* qui fuffent nobles ; ces fonds ne pourroient pas être d'un grand objet, parce que le principal revenu de ces églifes confiftoit en dixmes & en droits feigneuriaux, que par conféquent cette objection ne pouvoit recevoir à leur égard une application importante :

Que c'étoit véritablement les églifes collégiales , les monafteres, les fondations d'obituaires, qui poffédoient une grande quantité de fonds qui feroient fujets à la taille réelle & en fupporteroient une fomme au moins auffi forte que celle qu'en payent actuellement les fermiers :

Que d'ailleurs ces corps eccléfiaftiques dans les pays de taille perfonnelle ayant l'avantage d'être exempts de taille pour les fonds qu'ils font valoir par leurs mains jufqu'à une certaine quantité de labourage , cette quantité feroit encore cotifée à la taille réelle & n'en feroit plus exempte :

Que les biens nobles des Seigneurs jufticiers, fitués dans leur territoire, étoient réduits & reftreints à la moindre quantité portée dans les dénombremens, fuivant les principes établis par les titres XXVIII & XXIX du projet d'ordonnance & par la déclaration du mois d'octobre 1684, & le furplus de leurs biens étant par conféquent roturiers, l'exemption des fonds nobles des Seigneurs ne feroit certainement pas auffi confidérable que leur contribution à la taille pour tous leurs autres fonds roturiers:

Que les communautés feroient bien indemnifées de l'exemption des biens nobles poffédés par l'églife, les Seigneurs ayant juftice & autres perfonnes, par la ceffation du privilége dont les Nobles & les Privilégiés qui n'ont point de fief, & qui font en très-grand nombre, font ufage, de faire valoir par leurs mains la quantité de fonds d'héritages qui leur eft permife par les ordonnances & réglemens.

On tiroit de ces différentes réflexions la conféquence que les tailles des biens roturiers de l'églife, des Nobles & des Privilégiés, compenferoient tout au moins celles que les fermiers de ces mêmes biens payent actuellement en confidération de leurs baux ; que d'ailleurs ces fermiers feroient eux-mêmes cotifés en leur particulier pour leurs biens roturiers & leurs cabaux.

Ces objections ainfi difcutées, on expofoit dans l'inftruction qu'il s'agiffoit de terminer & de prefcrire, la voie à laquelle on fe fixeroit pour établir une eftimation qui produisît un allivrement de toutes les poffeffions fujettes à la taille réelle, fi égal par tout le royaume, que la contribution fe trouvât par-tout dans un jufte rapport avec les rentes & les revenus :

Que pour y parvenir avec fuccès, il étoit indifpenfable de dreffer une table qui pût convenir à toutes les provinces, & y établir cette égalité de contribution que l'on fe propofoit.

On indiquoit enfuite trois moyens:

Le premier étoit de régler l'eftimation des fonds de chaque nature de poffeffion, fur le pied de trois degrés, bon, moyen & foible, ainfi qu'il étoit d'un ufage le plus ordinaire dans la table du compoix ou cadaftre dans les provinces où les tailles font réelles ; mais on repréfentoit que dans le cas dont il s'agiffoit, cette regle ne pouvoit être fuivie ; l'égalité ne pouvant fe trouver dans l'allivrement de tous les terreins différens, qu'il feroit néceffaire d'eftimer & d'apprécier, quand même on feroit des fubdivifions dans chaque degré ; cette regle de trois degrés ne pouvant avoir lieu que pour former le cadaftre d'un feul territoire qui n'a nulle relation avec un autre territoire :

Le fecond moyen indiqué, étoit de régler l'allivrement par l'eftimation du prix commun de chaque nature de fonds, eu égard à fa fituation & au temps préfent; mais on expofoit que ce moyen étoit contraire à la maxime inviolable de la réalité des tailles, qui eft d'allivrer les fonds fuivant leurs commodités, rentes & revenus, ou leurs incommodités & leur peu de fertilité; que le prix des terres & poffeffions n'étoit pas égal par-tout, qu'il ne fe régloit pas toujours fur ce qu'elles produifoient; que le concours de ceux qui fe préfentoient pour les acquérir influoit fouvent fur ce prix, qu'il y en avoit même d'un prix confidérable & d'un produit médiocre, & qui feroient trop allivrés & chargés de tailles en fuivant la regle de leur valeur :

Enfin, le troifieme moyen, & qu'on préfentoit comme le plus fûr, fe réduifoit à faire l'eftimation en argent des rentes, des maifons, moulins & autres bâtimens, & des fruits & revenus de chaque fonds, fuivant le prix commun des denrées, au lieu de leur fituation, lors de laquelle eftimation les experts feroient la diftraction des frais de culture, femences, cenfives, réparations ordinaires & néceffaires.

Suivant cette regle les héritages produifant mille liv. de rente, par exemple, feront allivrés fur le pied d'une livre cadaftrale, & fur ce pied chaque poffeffion le feroit plus ou moins fuivant l'eftimation de fon produit.

Comme le produit des fonds de mille livres de revenu eft d'un cours & valeur égale par-tout, en réglant l'allivrement de chaque poffeffion fur ce pied, la répartition des tailles feroit faite également fur toutes les provinces, généralités, élections, fur toutes les communautés, & fur chaque contribuable.

Cette même eftimation ferviroit pour les tarifs particuliers des généralités, provinces, élections & diocèfes, & il feroit facile, fur ces tarifs particuliers, d'en former un général pour tout le royaume proportionné à l'étendue & aux commodités de chaque province fur lequel toutes contribueroient avec égalité à l'impofition de la taille.

On obfervoit que pour ne point s'écarter de cette jufte proportion qui étoit l'objet de la réalité de la taille, il feroit néceffaire que toutes les poffeffions fuffent mefurées à une feule & même perche, & tous les bâtimens à une feule & même toife égales par-tout.

Dans l'examen de ce travail, qui fut fait au mois d'août 1700, par

M. de Chamillart & M. d'Armenonville, on adopta le troisieme & dernier moyen d'allivrer les fonds, par eftimation en argent de leur produit ; mais comme on défiroit cet établiffement, on appréhendoit les longueurs qui proviendroient principalement du temps qu'il feroit néceffaire d'employer à faire arpenter les terroirs de toutes les communautés des provinces de la taille perfonnelle ; on reconnut cependant que l'égalité de la taille réelle confiftant dans l'eftimation exacte des biens & poffeffions, il n'étoit pas poffible d'opérer avec juftice, fans un arpentement préalable, qui réglât la véritable continence de chaque poffeffion ; mais on propofa, pour accélérer la confection des cadaftres, de faire adreffer des ordres aux Maires & Echevins & Syndics des villes, bourgs & villages de chaque élection, de faire procéder, dans le délai qui feroit fixé, à l'arpentement général de leur terroir, & au toifé de toutes les maifons & autres bâtimens, afin que les experts eftimateurs trouvaffent tout préparé à leur arrivée fur les lieux.

Le décès qui furvint du Roi d'Efpagne, & la longue guerre dont cet événement fut fuivi, fixerent entiérement l'attention & les foins du Gouvernement, & firent bientôt perdre de vue le travail & le projet dont on vient de faire le détail.

Les mêmes motifs qui avoient engagé à l'entreprendre, & qui en faifoient défirer l'accompliffement & l'exécution, ont porté le Roi à s'en occuper dès les premiers inftants de la derniere paix, Sa Majefté s'en eft expliquée dans l'article II de fa déclaration du 21 novembre 1763.

Défirant de préparer dès-à-préfent un moyen général d'exclure tout arbitraire & toute inégalité dans la répartition des impofitions, elle veut qu'auffi-tôt après la vérification qui fera faite en fes Cours, en la forme ordinaire, des réglemens qu'elle leur adreffera, il foit procédé à la confection d'un cadaftre général de tous les biens-fonds fitués dans le royaume, même de ceux dépendans du domaine de la Couronne, de ceux appartenans aux Princes du Sang, Eccléfiaftiques, Nobles & Privilégiés, de quelque nature & qualité que foient lefdits biens, fans qu'aucun puiffe en être excepté, fous quelque prétexte que ce foit, & ce dans la forme la plus utile au foulagement des peuples, & qui fera ordonnée par ledit réglement.

Nous avons rappellé les ordonnances & réglemens des pays d'élections où la taille eft perfonnelle, ou plutôt mixte, & ceux des pays pareillement d'élection où elle eſt réelle ; il s'agit maintenant de retracer ce qui concerne le recouvrement dans les pays de taille perſonnelle.

Nous avons en France , dans chaque généralité , deux Receveurs généraux qui exercent par année ; ce ſont eux qui remettent au Tréſor royal le produit des tailles. On voit dans l'hiſtoire romaine , des Queſteurs provinciaux qui étoient envoyés avec le Préteur dans chaque province ; ces Officiers étoient chargés de recevoir les tributs & levées , tant ordinaires qu'extraordinaires , les amendes , les préſens que les villes faiſoient à la république , & depuis aux Empereurs , ils vendoient le butin que l'on faiſoit ſur les ennemis , ils fourniſſoient à la dépenſe du Préteur ou Proconſul , & lui payoient ce que l'on appelloit *Attributa pecunia* , c'eſt-à-dire , les ſommes que l'Etat lui accordoit pour ſes appointemens. Enfin c'étoit eux qui remettoient les deniers au Tréſor public , & quand ils ſortoient de leurs provinces , après le temps de leur adminiſtration , ils rendoient leurs comptes aux Tréſoriers généraux , en préſence du Gouverneur auprès duquel ils avoient ſervi ; il fut depuis ordonné par la loi *Julia ,* que les Magiſtrats qui ſortiroient de leurs provinces , laiſſeroient des copies de leurs comptes dans deux des principales villes de la province , & en apporteroient une copie fidele à Rome pour compter de leur adminiſtration.

On voit auſſi des Officiers dont la fonction a beaucoup de rapport à celle des Receveurs des tailles , on les nommoit *Proquæſtores provinciales ,* & ils étoient commis par les Queſteurs.

Les fonctions des Cenſeurs étoient conformes à celles de nos élus ; c'étoient les Cenſeurs qui tenoient les regiſtres des biens de chaque citoyen , & qui les taxoient à proportion de leurs facultés.

Il y avoit auſſi des Aſſéeurs & des Collecteurs ſous le nom de *Diſcuſſores , perequatores , ſuſceptores & exactores.*

Lorſque le Receveur des tailles a les départemens entre ſes mains , il monte ſes regiſtres , & doit avoir un ſommier , un livre de caiſſe & un journal.

Sur le ſommier , on met ſur chaque page le nom de la paroiſſe , les ſommes qu'elle doit en taille , quartier d'hiver ou uſtenſiles , capitation & quatre ſous pour livre , dont on fait un total ; & à meſure que les Collecteurs ou autres particuliers , comme les taxés-d'office , viennent faire des payemens , on les enregiſtre en marquant la date du jour qu'ils ſont faits ; ce sommier sert de plus à enregistrer toutes les notes & renseignemens concernant chaque personne, & doit être tenu par le commis autre que le caissier.

Le livre de caisse doit être tenu par le caissier seul, & lui sert à enregistrer les sommes qu'il reçoit par jour ; il doit en conséquence contenir la date de chaque jour de recette, le nom de la paroisse pour laquelle on paye, le bordereau de la somme payée, le nom de celui qui la paye, la somme de payement, les effets, s'il y en a, ainsi que les frais, les six deniers des cotes d'office, & enfin toutes les sommes que peut recevoir le caissier, le tout distribué par colonnes.

Édit de juin 1716. Le journal doit être signé & paraphé conformément à l'édit du mois de juin 1716, la recette & la dépense faites par le Receveur, doivent y être enregistrées exactement jour par jour, avec distinction des sommes reçues en papier, le tout sans aucun blanc ni rature ; c'est ce dernier registre qui forme la décharge du comptable & qui fait foi en Justice.

D'après les réglemens, le Receveur des tailles est en droit de décerner sa contrainte pour chaque quartier après l'échéance, contre les Collecteurs de chacune des paroisses de son élection ; l'article V du ré- *Déclaration du* glement arrêté au Conseil le 13 avril 1761, veut que la contrainte pour *13 avril 1761.* le premier quartier, quoiqu'échu, ne puisse être décernée qu'un mois après que le rôle vérifié aura été remis aux Collecteurs ; que celle pour la capitation & les quatre sous pour livre ne soit délivrée, pour la première demi-année, que conjointement avec la contrainte du second quartier de la taille ; & les contraintes pour la seconde demi-année de la capitation & les quatre sous pour livre, que conjointement avec la contrainte du quatrieme & dernier quartier de la taille.

Cette contrainte est portée à l'élection où elle est rendue exécutoire ; elle se met en conséquence entre les mains d'un Huissier qui poursuit les Collecteurs, sauf à ces derniers à agir contre les redevables, ainsi qu'ils le jugent à propos.

Cette forme étoit la seule prescrite par les réglemens, on en a reconnu l'insuffisance, qu'elle étoit à charge aux Collecteurs & ne faisoit point avancer le recouvrement, qu'elle étoit même injuste, le Collecteur n'ayant pas assez de pouvoir pour faire payer les redevables dans les termes prescrits par les réglement, ou ne pouvant

y parvenir que par la voie judiciaire, ce qui opéroit la ruine des paroiffes ; c'eft d'après l'expérience de ces inconvéniens qu'on a imaginé
d'aider les Collecteurs dans les recouvremens, & pour cet effet d'envoyer des garnifons dans les paroiffes ; comme cette voie n'étoit point
exprimée dans les réglemens, ni par conféquent reconnue des Cours,
les pourfuites étoient dirigées pour le payement de la capitation, mais
l'article X de la déclaration du 13 avril 1761, autorife les Receveurs à
s'en fervir pour le recouvrement des impofitions de toute nature, même
de la taille, & ce, conformément aux difpofitions du réglement que l'on
a déja rappellé, & qui eft attaché fous le contre-fcel de cette déclaration. Par ce réglement, le Roi reconnoiffant qu'il eft utile pour la fûreté
& la promptitude du recouvrement, & auffi pour le foulagement du
peuple, de laiffer fubfifter les deux formes de contraintes qui peuvent
être plus ou moins avantageufes dans les différentes généralités & pays
d'élection, & fuivant les différentes circonftances, permet aux Receveurs
des tailles, de continuer d'ufer des contraintes, conformément à l'ordre
judiciaire, & ainfi qu'il eft porté par les édits, déclarations, arrêts &
réglemens ci-devant rendus ; & leur permet également d'ufer auffi de
la forme des contraintes par voie de garnifon, tant pour la taille que
pour les autres impofitions, ainfi qu'il a été pratiqué jufqu'alors pour la
capitation & le vingtieme, le tout fuivant l'ufage des généralités, élections ou paroiffes, où l'une & l'autre de ces contraintes font pratiquées, &
de préférer celle que les circonftances exigeront.

 Ce réglement prefcrit les regles à fuivre dans l'exercice de ces deux
fortes de contraintes, les précautions néceffaires pour prévenir les abus
& les vexations, foit de la part des Receveurs, foit de la part des Gar-
nifaires, & pour que les redevables ne fupportent que les frais qu'exige
la néceffité du recouvrement & le retardement qu'ils apportent à fe
mettre en regle fur les payemens qu'ils doivent faire.

 Le Receveur doit, autant qu'il eft poffible, éviter d'envoyer des garnifons dans les paroiffes ; le meilleur moyen d'y parvenir eft d'abonner
les Collecteurs, c'eft-à-dire, de fixer le payement de l'impofition de
la paroiffe à un nombre de payemens égaux & dans les délais fixés ;
ils font part de cet arrangement, qui eft figné d'eux & du Receveur,
aux habitans de la paroiffe, & chacun d'eux s'y conforme pour le montant de fa cote.

*Déclaration du
13 avril 1761.*

Si les Collecteurs ne veulent pas adopter ce tempérament, on abonne les principaux fermiers, qui du moins ne supportent aucuns frais.

Lorsque le départemens sont finis & les rôles faits, le Receveur général des finances de chaque généralité fait un traité avec chaque Receveur particulier.

On fixe par ce traité le montant de l'afficte des impositions qui doivent être versées dans la caisse du Receveur particulier, telles que taille, taillon, ustensile, fourrages & autres qui se répartissent au marc la livre de la taille.

Sur ce montant général on défalque :

1°. Le montant des taxations du Receveur des tailles, qui sont de cinq deniers pour livre.

On ne défalque rien pour les taxations des Collecteurs qui se prennent en-dehors de la taille, & sont imposées en sus.

2°. Le montant des sommes que le Receveur des tailles est obligé de payer sur sa recette pour remplir l'état du Roi.

Ce qui reste après ces défalçations, est ce qui doit être versé dans la caisse de la recette générale.

Le Receveur des tailles s'oblige de fournir cet excédant dans un temps déterminé, & par portions égales, payables chaque mois ; en sorte que si ce délai est de vingt mois, le Receveur particulier doit, dans le premier mois de son recouvrement, envoyer à la caisse générale le vingtieme des sommes qui doivent y entrer ; mais comme cet arrangement le met dans la nécessité de faire des avances, on lui passe alors en remise deux deniers pour livre des fonds effectifs qu'il fournit aux époques indiquées ; on donne par ce tempérament un terme suffisant pour le recouvrement sur le contribuable, & on engage le Receveur particulier, par l'attrait d'un bénéfice modéré, à hâter, autant qu'il est en lui, la perception sans fouler le peuple.

Le Receveur général emploie aussi une partie des fonds qui lui sont remis par les Receveurs des tailles au payement des gages, rentes & charges assignées sur la recette générale, il en remet une partie à divers Tréforiers, comme à celui de l'ordinaire des guerres, des Maréchaussées, des ponts & chaussées, des turcies & levées, & porte le restant au Tréfor royal, mois par mois, & dans les termes portés par sa soumission.

Pour

Pour régler les payemens qui doivent être faits, on arrête tous les ans au Confeil un état qu'on appelle *Etat du Roi* ; il contient en recette & en dépenfe la totalité des fonds de la taille, & il regle ce qui doit être payé à chacun fur la totalité de ce recouvrement.

Il eft envoyé au Bureau des finances qui en délivre une expédition entiere pour le Receveur général, & des extraits pour chaque Receveur des tailles.

La recette de cet état du Roi de chaque élection, eft compofée de toutes les différentes fommes comprifes daus la commiffion, enfemble du montant du quartier d'hiver, & de l'uftenfile quand il a lieu.

La dépenfe eft compofée :

1°. Des deniers comptables, qui eft la fomme que le Receveur des tailles doit payer à la recette générale :

2°. Des charges de l'élection qui font compofécs :

1°. Des gages des Officiers de l'élection & de leurs taxations ; ces gages font fujets à la retenue du dixieme, dont le Receveur compte en particulier & en remet le fonds à la recette générale, il retient auffi fur ces gages la capitation de chacun des Officiers de l'élection, qui eft arrêtée par le Préfident de chaque élection par un rôle particulier, dont le Receveur porte directement le fonds au tréfor royal ;

2°. Des gages dus à différens Officiers :

3°. De différentes parties de rentes, créées par plufieurs édits :

4°. Des gages & taxations des Receveurs des tailles de l'élection :

5°. De la dépenfe commune, c'eft ce que le Receveur des tailles paye à la Chambre pour la reddition de fon compte.

Le Receveur des tailles rend compte à la Chambre des Comptes du montant de la taille & du quartier d'hiver, du dixieme des charges & de la capitation des Officiers de l'élection.

Avant de rendre compte à la Chambre, il fait arrêter l'état au vrai au Bureau des finances pour la taille, le quartier d'hiver, & le dixieme des charges, tant en recette que dépenfe.

L'état au vrai de la capitation des Officiers de l'élection s'arrête au Confeil.

La recette de ce compte s'établit par l'état du Roi & par les départemens des tailles & du quartier d'hiver, par les états au vrai arrêtés au Confeil & au Bureau des finances.

Tome I. P.

La dépenſe s'établit :

1°. Par la quittance comptable du Receveur général, & pour les deniers comptables :

2°. Par une quittance comptable du même pour le dixieme des charges :

3°. Par une quittance comptable du Garde du tréſor royal, pour le montant de la capitation des Officiers de l'élection :

4°. Par les quittances particulieres de chaque partie prenante, & s'il ne les a pas acquittées, chaque partie prenante non acquittée forme une ſouffrance ſur ſon compte qu'il ne peut faire lever que par un arrêt d'appurement de la Chambre, ſoit en rapportant quittance du payement, ou quittance du Garde du tréſor royal, comme il lui a remis le montant de ces parties, ce qui ne ſe peut faire qu'au bout de trois années.

A l'égard des fonds que le Receveur général porte au tréſor royal, le Roi en ordonne l'emploi, ainſi qu'il le juge à propos, ou par des ordonnances particulieres, ou par des états de diſtributions.

Tels ſont les différens détails relatifs à l'impoſition, à la répartition & au recouvrement de la taille dans les pays d'élection : il faut maintenant expoſer ce qui concerne les pays-d'états.

PAYS-D'ÉTATS.

LEs pays-d'états jouiſſent d'un avantage dont ils ſont jaloux avec raiſon, c'eſt que les contributions y ſont accordées par la province : ce n'eſt pas, ſans doute, de la part des Etats un don purement libre & volontaire, & ils doivent reconnoître que c'eſt une dette dont le titre eſt l'obligation de concourir à la défenſe de la patrie & au maintien du gouvernement, mais du moins la province a-t-elle la liberté d'examiner ce qui lui eſt demandé & l'honneur de ſtipuler, en l'accordant, le maintien de ſes priviléges & des formes anciennes de ſon adminiſtration.

Elle eſt obligée de payer la ſomme convenue avec le Gouvernement. La répartition & la levée des deniers néceſſaires pour la procurer, ſont l'ouvrage des chefs de ſon adminiſtration ; mais aucune impoſition ne peut être faite qu'elle n'ait été préalablement ordonnée par le Roi, per-

mise ou autorisée, & la jurisdiction sur ce qui les concerne appartient
à ses Cours.

Les formes de l'imposition & la répartition varient suivant les provinces, & en nous renfermant dans ce qui concerne les tailles, nous
allons examiner la maniere dont elles se levent dans le Languedoc, la
Provence, la Bretagne & la Bourgogne ; nous commencerons par le Languedoc.

L A N G U E D O C.

Il n'est pas douteux que lorsque peu de temps après le regne de Saint
Louis, nos Rois commencerent à faire lever les tailles, le Languedoc
n'en fut point excepté. On voit par le concordat ou transaction, passé
au mois de février 1306, entre Philippe le Bel & l'Evéque de Mende,
pour régler les droits respectifs dans tout le pays de Gévaudan, que le
Roi s'engage à ne lever aucune taille dans les domaines communs, dont
les revenus doivent se partager également entre lui & l'Evéque, *excepté
pour la defense générale du royaume.*

Concordat du mois de février 1306.

Il paroît même par un réglement fait par Saint Louis, pour le Languedoc, en 1250, qu'on y levoit dès ce temps des tribus sous le nom
de *taille* ; ce réglement porte que les tailles resteront au même état
qu'elles étoient du temps de Simon de Monfort. *Talliis à comite Mon-
tisfortis impositis & postmodum quandiu terram tenuimus in pace levatis
volumus quod in eo statu in quo fuerint impositæ perseverent.* M. de Bas-
ville observe dans ses mémoires sur cette province, que toutes les commissions pour la levée de la portion que le Languedoc devoit supporter
dans l'imposition générale, depuis Saint Louis jusqu'à François I, existent
à la Chambre des Comptes de Montpellier, & que les autres n'ont été
perdues que par les désordres des guerres de religion.

Réglement de S. Louis, 1250.

Que les Etats, auxquels ces commissions étoient présentées, défé-
roient avec une soumission entiere, & octroyant les sommes contenues
dans ces commissions, se bornoient à faire des représentations lorsqu'elles
excédoient la portion pour laquelle la province devoit contribuer ; ce
qui se passa en 1450, sous Charles VIII, en fournit un exemple.

Ce Prince, sur les remontrances que les députés de Normandie aux

Etats généraux de Tours lui avoient faites, que cette province étoit furchargée de fubfides, eu égard au refte de la France, avoit réfolu de faire travailler à une recherche générale du royaume, alors partagé en quatre généralités; favoir, de Languedoil, de Languedoc, d'Outre-Seine & de Normandie, afin de mettre une égalité dans les impofitions. Les Etats de Languedoc fe plaignoient auffi que leur pays étoit furchargé par rapport aux autres: Charles VIII adreffa le 26 juin 1491, des lettres au Duc de Bourbon, Gouverneur du Languedoc, ou à fon Lieutenant, aux fénéchaux de Carcaffone, de Beaucaire & de Touloufe, & au Gouverneur de Montpellier; il marque par ces lettres, qu'ayant réfolu de faire procéder à la recherche générale par trente-fix perfonnages, y compris quatre Greffiers qui feront pris, élus & choifis; favoir, en chaque généralité huit perfonnages & un Greffier, lefquels feront partagés en quatre bandes en chaque généralité, il leur ordonne de convoquer à Montpellier le 4 août fuivant, les Etats de Languedoc pour faire cette élection, afin que les députés puffent commencer leur travail dès la fin de feptembre.

Lettres de Charles VIII du 26 juin 1491.

Cette élection fut faite au temps marqué; le Roi qui leur fit dreffer des inftructions à Tours le 16 novembre 1491, leur ordonna de vaquer à la recherche le premier mars fuivant; il déclare dans ces inftructions, que voulant former un compoix général de tout le royaume, les Commiffaires choifis devoient s'inftruire au vrai des limites & de l'étendue des élections, des villes, lieux & paroiffes, & travailler uniformément; il leur joignit un Procureur général dans chaque généralité. Les Commiffaires de Languedoil devoient commencer leur travail au Mans, ceux de Languedoc à Mende, ceux d'Outre-Seine à Paris, & enfin ceux de Normandie à Avranches; mais cette opération ne fut pas conduite à fa fin, c'eft ce qui fe voit par les lettres de Charles VIII, données à Tours le 7 février 1494.

Inftructions du 16 novembre 1491.

Lettres de Charles VIII du 7 février 1494.

Il y expofa qu'ayant ordonné la recherche générale dans tout le royaume, les Commiffaires nommés y avoient vaqué pendant an entier, mais que cette recherche ne pouvant fe continuer fans grands frais, il l'avoit fufpendue & avoit ordonné aux Commiffaires de rapporter leur travail devers lui; que l'ayant fait examiner, il avoit conclu qu'on ne procéderoit pas davantage à la recherche, & qu'il avoit avifé de pourvoir d'une autre façon au foulagement de ceux de fes fujets qui étoient trop chargés ; en conséquence, voulant subvenir à ceux de Languedoc, & ayant été trouvé qu'ils étoient plus chargés que ceux des trois autres généralités, il ordonna que pour l'année suivante & les subséquentes, ses sujets de la généralité de Languedoc seroient diminués de 20 mille livres sur l'aide ordinaire qui se levoit audit pays de Languedoc, & qui montoit à 111 mille 795 livres, & ce par maniere de provision jusqu'à ce qu'il en eût été autrement ordonné, laquelle provision en rabais il n'avoit pu leur donner plus ample, à cause des affaires qu'il avoit à supporter.

Les sommes qui sont imposées à titre d'aide sont partie de celles qui sont contenues dans la grande commission, qui, par rapport au Languedoc, remplit les mêmes objets que le brevet de la taille dans les pays d'élection ; il paroît à propos de faire ici le détail de cette commission.

Ce sont des lettres-patentes adressées au Gouverneur de la province, & en son absence à celui qui doit le remplacer aux Etats, & aux Officiers des Bureaux des finances établis à Toulouse & à Montpellier ; le Roi expose par ces lettres, qu'ayant jugé à propos pour le bien de son service & le soulagement de ses sujets de la province de Languedoc, de faire tenir les Etats ordinaires de la province pour la présente année à *un tel jour* de *tel mois*, il les a mandés & convoqués en la ville de Montpellier pour l'assemblée desdits Etats, résoudre les sommes qui doivent être imposées pour l'année suivante sur tous les contribuables aux tailles de ladite province, tant pour les charges ordinaires & autres dépenses qu'il y convient faire pour sa conservation, que pour le service que Sa Majesté désire en tirer pour les affaires & manutention de son Etat ; qu'Elle se promet que ses sujets de ladite province de Languedoc lui donneront d'autant plus volontiers des marques de leur affection, que la chose regarde leur conservation à son obéissance : Et comme il est nécessaire pour la levée desdites sommes & pour faire en ladite assemblée les remontrances & propositions convenables au service de Sa Majesté & au repos de la province, de commettre, ainsi qu'il s'est toujours pratiqué, des personnes d'autorité, & en qui Elle ait une entiere confiance.... à ces causes..... Elle les commet, ordonne & députe pour se transporter en la ville de Montpellier, au jour de l'assemblée, & après y avoir fait lire les présentes lettres & fait les remontrances & propositions aux gens desdits Etats, les *requérir* & *demander* de la part du Roi, que pour lui donner moyen de satisfaire aux depenses, ils lui veuillent libéralement octroyer & accorder la somme de 872 mille 687 livres 4 sous 4 deniers, à laquelle reviennent tant les deniers de l'ancienne taille que ceux des autres dépenses ordinaires contenues dans la présente commission.

Voici les articles qui sont rappellés sous la dénomination de l'ancienne taille, & en même temps quelle est leur origine :

1°. 120 mille livres pour l'Aide :

2°. 69 mille 850 livres pour préciput de l'équivalent.

Ces deux sommes représentent & remplacent ce que le Roi auroit tiré des Aides, si elles eussent été établies dans le Languedoc, & par l'édit de 1649, la province a été confirmée dans la jouissance & possession de l'équivalent, qui consiste dans des droits que Charles VII l'autorisa à établir en 1444, sur la chair fraîche & salée, sur le poisson de mer & sur le vin vendu en détail :

Edit de 1649.

3°. 264 mille 700 livres pour l'octroi ordinaire, au lieu de 279 mille 700 livres, les 15 mille livres de différence devant être distraites de cet article & portées dans le département des dettes & affaires du pays pour servir de fonds à une augmentation de gages acquise par la province, en conséquence de l'édit du mois de décembre 1713.

Cet octroi de 279 mille 700 livres, est la portion à laquelle le Languedoc fut fixé dans les 4 millions, auxquelles les tailles furent portées sous François I.

4°. 39 mille 907 livres 4 sous 4 deniers pour la crue, c'est pareillement la contribution qui fut demandée à la province dans les 600 mille livres, qui furent imposées par François I sous la dénomination de *crue*.

Ces différens articles, au moyen de la distraction dont on a parlé des 15 mille livres, font la somme de 514 mille 517 livres 4 sous 4 deniers, & sans cette distraction feroient celle de 529 mille 517 livres 4 sous 4 deniers, montant des deniers de l'ancienne taille.

La grande commission comprend encore les articles suivans :

1°. 12 mille livres pour les réparations des places frontieres :

2°. 99 mille livres pour les appointemens du Gouverneur & des Lieutenans généraux de la province :

3°. 25 mille 170 livres pour l'entretenement des Gardes du Gouverneur, frais des Commissaires & Contrôleurs des guerres étant dans lesdits pays :

4°. 222 mille livres pour les frais des états , appointemens & gages de leurs Officiers.

Toutes ces fommes reviennent à celle de 872 mille 687 livres 4 fous 4 deniers.

Il eft dit dans la commiffion , que ladite fomme , ainfi accordée & octroyée , les Commiffaires la feront mettre fus , impofer & affeoir ès généralités de Touloufe & de Montpellier , par ceux & ainfi qu'il conviendra , fur tous les contribuables , le plus juftement & également que faire fe pourra , pour les deniers cotifés & levés , être reçus par les Receveurs particuliers des tailles de chaque diocèfe , ainfi qu'il fe faifoit avant l'édit du mois d'octobre 1632 , & par eux portés ; favoir , ceux des Aides , préciput , octroi & crue , par quarts & égales portions , aux Bureaux des recettes générales des finances de Touloufe & de Montpellier ; les appointemens des Gouverneurs & Lieutenans généraux & entretenement des Gardes du Gouverneur , au Tréforier de la bourfe de la province , pour être par lui payés à ceux dénommés dans l'état arrêté par le Roi ; & les 12 mille livres de réparation des places frontieres , enfemble les 222 mille livres deftinées pour les frais des états , appointemens & gages de leurs Officiers , remifes pareillement audit Tréforier.

Edit d'octobre 1632.

Il eft dit dans la commiffion , que les Commiffaires contraindront & feront contraindre au payement defdits deniers , tous ceux qui feront affis & cotifés , exempts & non exempts , privilégiés & non privilégiés , par toutes voies & manieres accoutumées , pour les propres deniers & affaires du Roi , nonobftant oppofitions ou appellations quelconques , pour lefquelles & fans préjudice d'icelles il ne fera différé.

Le Roi leur défend , & aux gens defdits Etats , Secrétaires & tous autres de quelque état & condition qu'ils foient , de faire affeoir , lever & octroyer , ni permettre & fouffrir être levé & exigé d'autres fommes que celles contenues dans ladite commiffion , les autorifant au furplus à entendre , après toutefois ledit octroi fait & accordé , les doléances , requêtes , remontrances & demandes que ceux defdits Etats leur voudront & pourront faire durant ladite affemblée , touchant les affaires particulieres & communes dudit pays de Languedoc , pour leur être pourvu de tel remede qui fera jugé convenable , de ce faire le Roi leur donnant pouvoir , autorité , commiffion & mandement fpécial.

Indépendamment de cette commiffion , le Roi en fait expédier deux autres adreſſées aux mêmes Commiſſaires, l'une pour le taillon, l'autre pour les garniſons.

Dans celle pour le taillon, on rappelle que le feu Roi, par ſon édit *Edit d'octobre 1649.* du mois d'octobre 1649, avoit ordonné qu'il ſeroit impoſé annuellement ſur ſes ſujets contribuables de la province de Languedoc, la ſomme de 165 mille livres pour les dépenſes de la Gendarmerie, aſſignées ſur le taillon & augmentation d'icelui, ſuivant l'avis de la derniere aſſemblée des Notables du royaume, tenue à Paris; & comme il eſt néceſſaire de pourvoir à la levée & impoſition de ladite ſomme pour l'année prochaine, comme à choſe dont les ſujets peuvent recevoir un grand ſoulagement par l'ordre établi ſur la maniere de vivre de la Gendarmerie, tant en garniſon qu'allant par le pays ; à cette cauſe, le Roi leur mande, & commet par ces préſentes ſignées de ſa main, qu'étant en l'aſſemblée deſdits Etats, après y avoir fait les remontrances ſur ce néceſſaires, ils les requierent de lui accorder & payer en ladite année, ladite ſomme de 165 mille livres pour le taillon & augmentation d'icelui, & que la ſomme ainſi accordée, ils faſſent mettre ſus, aſſeoir, impoſer & lever ès généralités de Toulouſe & de Montpellier, ſur tous les contribuables dudit pays, le plus juſtement & également que faire ſe pourra, ſelon l'état & département qui en ſera fait par les gens deſdits Etats, laquelle ſomme de 165 mille livres impoſée, départie & réglée, le Roi veut être levée & payée par quarts & égales portions, ainſi qu'il eſt accoutumé, à ſes recettes générales du taillon de Toulouſe & de Montpellier, pour être, par les Receveurs dudit taillon, établis auxdits lieux, reſpectivement diſtribués aux Tréſoriers ordinaires des guerres, pour l'employer au payement de la Gendarmerie, & non à autre effet, les charges qui ſont ſur ledit taillon, ſuivant les états qui ſeront arrêtés au Conſeil, déduites.

La commiſſion pour les garniſons, porte, qu'étant néceſſaire de pourvoir durant l'année prochaine au payement des garniſons ordinaires que le Roi a jugé néceſſaire d'entretenir en ſadite province, & des mortes-payes qui ſont dans les places frontieres pour la ſûreté & conſervation d'icelles, montant, ſuivant l'état que Sa Majeſté en a fait expédier en ſon Conſeil, à la ſomme de...... à laquelle ne pouvant fournir de ſes deniers ordinaires, par les grandes dépenſes qu'il a à ſupporter d'ailleurs, il a arrêté de faire impoſer & lever entiérement ladite ſomme ſur les ſujets

dudit

dudit pays ; à ces caufes, il leur mande & commet par ces préfentes ,
fignées de fa main , qu'étant en ladite affemblée des gens des Trois-états
dudit pays de Languedoc , ils aient à requérir & demander à ceux
defdits Etats , outre les fommes qui font portées par fes commiffions
ordinaires , de lui accorder ladite fomme de..... pour icelle employer
au payement defdites garnifons & mortes-payes, laquelle étant accordée ,
ils feront affeoir , impofer & lever avec les autres deniers qui fe le-
veront en ladite province fur tous & chacun les habitans contribuables
d'icelles, exempts & non exempts , privilégiés & non privilégiés , en
la forme & maniere accoutumée , le fort portant le foible , le plus
juftement & également que faire fe pourra, & fans aucune non-valeur,
pour être lefdits deniers mis , favoir , la fomme de..... ès mains du
Tréforier de l'extraordinaire des guerres , fur fes fimples quittances, ainfi
qu'il eft accoutumé , & employée aux effets à quoi elle eft deftinée ,
& la fomme de.......... ès mains du Tréforier defdites mortes-payes
pour la délivrer fuivant l'état de diftribution qui en a été fait.

La délibération que les Etats prennent pour accorder les fommes
comprifes dans ces trois commiffions , porte le nom d'*Octroi* , & il y eft
dit expreffément que lefdits Etats ont *libéralement octroyé & accordé , oc-
troyent & accordent au Roi leur fouverain Prince & Seigneur , & fans
conféquence , lefdites fommes.*

M. de Bafville obferve que la forme de venir offrir cet octroi aux Commiffaires du Roi , marque en même-temps la fouveraineté de Sa Majefté ,
& cette efpece d'ancienne liberté que la province a cherché à fe conferver, comme fi elle donnoit volontairement la portion des impofitions qui fe font dans tout le royaume , & qu'elle n'a jamais manqué
de fupporter. On diftingue deux fortes d'impofitions en Languedoc , les unes
fixes , les autres variables.

Les premieres font celles qui font comprifes dans les trois commiffions
dont on vient de rappeller les détails.

Les impofitions variables fe divifent en deux efpeces, les unes font
faites pour payer au Roi le montant des abonnemens ; la demande s'en
fait par les Commiffaires du Roi , en conformité de l'inftruction qu'on leur
donne pour la tenue des Etats.

Les autres ont pour objet de pourvoir aux befoins de la province ;
elles font ordonnées par les Etats , & autorifées par le Roi ou par les

Commiſſaires de Sa Majeſté ; l'Intendant de la province a une commiſſion particuliere pour ſe rendre & aſſiſter de la part du Roi en l'aſſemblée des Etats , & avec les autres Commiſſaires de Sa Majeſté , y pro-
poſer ce qu'il jugera être néceſſaire pour l'exécution deſdites commiſſions, afin que ſans retardement quelconque , il ſoit procédé au département , levée & impoſition des ſommes contenues en icelles , ſuivant
l'ordre preſcrit & ordonné, & au reſte voir & entendre les délibérations qui ſe feront en ladite aſſemblée concernant le ſervice du Roi , le
bien, repos & ſoulagement de ſes ſujets dudit pays , tout ainſi & en
la même forme & maniere que s'il avoit été compris & nommé dans
la commiſſion pour la tenue des Etats.

M. de Baſville remarque, que ſi nos Rois s'étoient bornés à la contribution du Languedoc dans les impoſitions que les Etats accordent ſous
le titre d'*Octroi* , ils ſe ſeroient toujours maintenus dans la poſſeſſion de
remplir les commiſſions des ſommes dont ils ordonnoient la levée , &
auxquelles les États n'avoient , pour ainſi dire , d'autre fonction que celle
de ſe conformer ; mais les circonſtances ont exigé des ſecours extraordinaires ; delà les dons gratuits , ainſi appellés comme s'ils étoient payés
gratuitement, les peuples ſe ſont le plus ſouvent empreſſés de les accorder , ils les ont quelquefois refuſés ; delà auſſi ſe ſont multipliées les
occaſions de faire uſage de la forme de demander de la part des Commiſſaires du Roi , de délibérer , conſentir , octroyer & accorder de la part
des Etats.

Le don gratuit de la province de Languedoc , remonte à l'année
1501 , la premiere ſomme donnée à ce titre aux Etats , tenus à Montpellier , ne fut que de 16 mille 583 livres.

En 1599 , M. le Duc de Ventadour , Lieutenant général du Languedoc , ſous le Connétable de Montmorenci , demanda un million 500
mille livres ; les Etats accorderent 600 mille livres , payables en deux années , ce fut le premier don gratuit conſidérable.

Il fut fixé par l'édit de Béziers de 1632 , à 1 million 50 mille livres ;
cet édit ayant été révoqué par celui de 1649 , le montant du don gratuit a ſouvent varié juſqu'en 1690 , & depuis cette époque il a été annuellement de 3 millions ; c'eſt ainſi que le Roi a été indemniſé de ce qu'il
perdoit ſur l'équivalent & ſur les tailles.

La délibération qui eſt priſe chaque année pour accorder le don gratuit , porte que *les Etats délibérant fur la demande qui leur a été faite de la part du Roi, d'un don gratuit de 3 millions de livres , ont accordé libéralement & gratuitement à Sa Majefté , & fans conféquence , ladite fomme de 3 millions , aux conditions qui font exprimées dans la délibération , & dont la principale eft que nulle impofition & levée de deniers ne pourront être faites fur le général de la province , ni fur les villes & communautés en particulier, ni fur les habitans en vertu d'aucuns édits burfaux , déclarations, juffions & autres provifions contraires à fes droits & libertés , quand même elles feroient faites fur le général du royaume.*

Les Commiffaires du Roi mettent à côté de chaque article, *accordé*, & rendent une ordonnance en ces termes : *Vu la délibération ci-deffus & les articles y contenus ; nous , au nom du Roi, avons accepté le don gratuit de 3 millions de livres , dont nous avons fait la demande au nom de Sa Majefté , pour être payé aux termes des impofitions ; promettant de faire exécuter au nom du Roi le contenu en ladite délibération , conformément aux apoftilles par nous mifes à la marge defdits articles.*

Il n'y a point de fiéges d'Election en Languedoc , François I , en 1509 , & Henri IV , par édit du 8 mars 1597 , en avoient créé dans cette province ; mais les Etats s'étoient toujours oppofés à cet établiffement qu'ils avoient envifagé comme les privant de toutes fonctions, & comme rendant inutiles leurs affemblées.

1509.
& Edit du 8 mars 1597.

Au mois de juillet 1629, Louis XIII, pendant fon féjour à Nîmes, donna un édit, par lequel il créoit un fiége d'élection dans chacun des vingt-deux diocèfes de la province de Languedoc , comme le feul moyen de faire une répartition jufte & exacte des taxes impofées fur chaque diocèfe , & de faire ceffer les abus qui s'y commettoient, avec ordre aux Tréforiers de France de faire le département des tailles & des autres impofitions dans ces deux généralités , & aux Officiers des nouvelles élections de faire celui des villes, communautés & confulat à proportion de ce qu'ils jugeroient que chaque communauté devoit fupporter.

Edit de juillet 1629.

Le Cardinal de Richelieu voulant faire paffer cet édit & affermir l'autorité des élus, en fit donner un autre en même-temps pour unir enfemble les Cours des Aides & des Comptes de Montpellier, qui avoient été féparées depuis leur inftitution , nonobftant les efforts réitérés qui avoient été faits pour les réunir depuis le regne d'Henri IV ; mais les Etats & les autres Cours de la province s'y étoient toujours oppofés , cette union fut depuis révoquée, & ces deux Cours n'ont été définitivement réunies qu'en 1648.

Le Duc de Montmorenci, Gouverneur de la province , n'oublia rien alors pour engager les Etats qui étoient affemblés à Pézénas , à confentir à l'établiffement des élus; mais comme ils s'obftinoient à le rejetter, Louis XIII leur envoya un ordre de fe féparer, qui leur fut fignifié par le fieur Viguier , Confeiller d'Etat , affifté de deux Tréforiers de France.

Le Parlement de Touloufe n'ayant point enregiftré l'édit , on refufa dans la plupart des diocèfes de reconnoître l'autorité des nouveaux élus, & d'impofer les tailles fur les mandemens qu'ils envoyerent.

Les Etats eurent défenfe de s'affembler en 1630 ; ils furent convoqués à Pézénas & fe tinrent au mois de décembre 1631 ; il y fut queftion d'un arrangement, par lequel à la place des élus le Roi créoit fix Commiffaires au département des tailles dans chaque diocèfe pour procéder au département, conjointement avec ceux qui avoient coutume d'affifter aux affietes, à la charge que la province payeroit 3 millions 885 mille livres à celui qui avoit traité de la finance des offices d'élus , & 200 mille livres pour l'indemnifer de fes frais ; mais comme c'étoit laiffer fubfifter fous une autre dénomination les Officiers qu'on fupprimoit, cette propofition excita les plus grands mouvemens, & les Etats s'unirent avec le Duc de Montmorenci, qui leva le mafque & attira Monfieur en Languedoc; le Roi y marcha & après avoir foumis les rébelles, le Duc de Montmorenci ayant été fait prifonnier au combat de Caftelnaudari , il fe rendit à Béfiers pour tenir en perfonne les Etats au mois d'octobre 1632; ce fut dans cette affemblée que voulant donner une nouvelle forme au département & à la levée des impofitions, il fit publier un édit, par lequel il régloit que les Etats fe tiendroient tous les ans , & qu'ils feroient maintenus dans les libertés & priviléges, dont ils jouiffoient avant les troubles ; que les vingt-deux fiéges d'élections créés par l'édit du mois de juillet 1629, demeureroient fupprimés, à condition que le traitant des nouveaux offices feroit rembourfé ; on fpécifioit enfuite les différentes fommes qui devoient être payées chaque année dans la province, & d'autant , ajoutoit le Roi dans cet édit; « que des fommes ci-deffus, » il ne revient aucune chofe en notre épargne, nous avons cru que la-» dite province étant l'une des plus grandes & des plus puiffantes du

» royaume, nous n'en pouvions tirer un moindre fecours qu'un million 50
» mille livres par chaque année, qui fera levé & impofé fur le général
» du pays, & porté en notre épargne ».

Enfin il étoit dit, que toutes les fommes contenues dans l'édit, feroient impofées à l'avenir annuellement fur le général du pays de Languedoc, fuivant les lettres-patentes enregiftrées en l'affemblée générale
des Etats, pour y être pourvu, confenti & délibéré par forme d'octroi ordinaire.

Les Etats obtinrent la révocation de cet édit par celui qui fut rendu
à Paris au mois d'octobre 1649 ; *Voulons & nous plaît*, dit Louis XIV,
dans ce dernier édit, *qu'aucune fomme ne puiffe être impofée fur icelle pro-*
vince qu'elle n'ait été délibérée & confentie en l'affemblée defdits Etats, fui-
vant les anciennes formes, priviléges & libertés de ladite province, foit à
l'égard des impofitions en général, foit par les affietes des vingt diocèfes.

C'eft fur les difpofitions de ce dernier édit, que l'affemblée des Etats
eft réglée dans le Languedoc, & que les impofitions y font levées &
réparties.

On a vu que le payement des fubfides *par feu* avoit été aboli dans
les trois fénéchauffées du Languedoc, depuis le regne de Charles VII,
& qu'on avoit introduit à la place du cadaftre ou compoix, qui contient
une évaluation de tous les biens de chaque communauté, fuivant laquelle
on répartit proportionnément la quotité des fubfides qu'elle eft obligée
de payer.

C'eft un principe certain que les tailles font réelles en Languedoc, &
fe payent à raifon des héritages, & dans les lieux où ces héritages font
fitués, conformément à la loi IV du digefte *de Cenfibus : is qui agrum in*
alia civitate habet, in ea civitate profiteri debet in qua ager eft. Agri
enim tributum in ea civitate debet levari in cujus territorio poffidetur. C'eft
la difpofition précife des ordonnances de Charles VII, de 1446 ; & de
Charles VIII, de 1483 ; *les tenanciers & poffeffeurs des terres & poffeffions*
rurales & d'ancienne contribution, feront contribuables aux tailles & aides,
au prorata & à raifon de ce qu'ils tiennent ou tiendront chacun ès lieux &
jurifdictions où lefdites terres & poffeffions font fituées & affifes, nonobftant
quelconques priviléges, tranfactions, exemptions, pactes, conventions, ufages
& coutumes.

Dans l'empire Romain, tous les fonds & héritages contribuoient indif-

Edit d'octobre
1649.

Ordonnance de
Charles VII, de
1446 ; & de Char-
les VIII, de 1483.

tinctement aux charges qui s'impofoient fur les fonds. On a confervé dans
le Languedoc, qui faifoit anciennement partie de cet Empire, l'efprit,
l'ufage & les difpofitions du droit-écrit. On les a imités en réglant la
forme des impofitions, mais le droit des fiefs, poftérieur aux loix romaines, a introduit une diftinction entre les terres, en rendant les unes
nobles & les autres rurales & roturieres; cette différence dans la qualité des terres, femblable à celle qui a été établie dans la qualité des
perfonnes, a produit auffi le même effet par rapport à l'impofition des
tailles; car comme dans les pays de taille perfonnelle les Nobles en font
exempts, & qu'il n'y a que les roturiers qui foient cotifés, de même
dans le Languedoc, où les tailles font réelles, les fiefs & terres nobles
en font exempts, & les héritages ruraux & roturiers font les feuls qui y
contribuent.

Déclaration du 18 juin 1535.

C'eft d'après ces principes, que par la déclaration du 18 juin 1535,
François I déclara, fur la demande des Etats de Languedoc, que *tous
les héritages ruraux de la province, devoient contribuer aux tailles, à
l'Octroi & aux impofitions, en quelques lieux & quelques mains qu'ils fuffent,
foit gens d'Eglife, Nobles, Préfidens & Confeillers des Cours de Parlement, foit Généraux des Aides & Gens des Comptes, foit Docteurs, Régens des Univerfités de Toulouse & de Montpellier, foit Ecoliers des mêmes
villes & autres qui fe prétendoient privilégiés.*

1551.

En 1551, Henri II ordonna que les deux tiers des tailles s'impofe-
roient dans la ville de Toulouse & fon gardiage, fur les biens-immeu-
bles, roturiers & ruraux, & l'autre tiers fur les habitans de cette ville,
eu égard à leurs facultés mobiliaires, marchandifes, induftries, gains &
profits, ce qui s'eft obfervé depuis, ainfi que dans plufieurs autres villes
du Languedoc.

Arrêt du Confeil des 2 Mars 1694 & 16 mai 1713.

Par des Arrêts du Confeil des 2 mars 1694 & 16 mai 1713, il a été
ordonné qu'il feroit procédé au département des impofitions de la ville
de Toulouse, ainfi qu'il étoit ci-devant pratiqué, les deux tiers fur les
biens-fonds & maifons, & le tiers reftant fur les habitans de la ville,
à l'exception feulement des Officiers & Greffiers en chef du Parlement,
des Officiers & Greffiers en chef du Bureau des finances, des Officiers
du Préfidial, du Sénéchal, des Nobles, des Profeffeurs & Régens de
l'Univerfité, des Directeurs, Receveurs & Contrôleurs des fermes &
gabelles, fans qu'aucun autre pût être exempt de ladite contribution; à

l'effet de quoi les rôles des impofitions feroient dreffés dans un feul & même rôle , divifé par capitoulats , fans qu'il pût être fait aucune modération ni décharge par les Capitouls , qu'elle n'eût été préalablement délibérée par écrit par les feize anciens & les Commiffaires nommés , à peine d'en répondre en leur propre & privé nom , & fans que fous prétexte defdites décharges & modérations ils puffent fe difpenfer de payer à la province le montant des impofitions fuivant les mandes, ni d'acquitter toutes les autres charges , dont le payement devoit être fait des deniers defdites impofitions, comme auffi fans que lefdites décharges & modérations puffent être en aucune maniere rejettées fur les biens-fonds & maifons qui ne pourroient être taxées au-delà des deux tiers defdites impofitions.

Les impofitions qui font réfolues aux Etats, font réparties fur les vingt-trois diocèfes qui compofent la province , fur un ancien tarif, dans lequel , fuppofant la fomme totale de 300 mille livres, on fixe ce que chacun des diocèfes doit fupporter de cette fomme , ainfi la regle de la répartition eft faite d'avance , & celle-ci n'eft plus qu'une opération d'arithmétique.

Le département étant fait fur tous les diocèfes en général avec cette proportion , eft porté le jour de la clôture des Etats pour être autorifé , & afin qu'ils expédient & fignent les commiffions & mandement, en vertu defquels chaque diocèfe doit faire , dans les affemblées particulieres , l'impofition de la portion qui le concerne , fur toutes les communautés qui le compofent , & cette circonftance leur a fait donner la dénomination d'*affiete*.

Un réglement fait par l'affemblée des Etats le 23 janvier 1650, & auquel plufieurs articles furent ajoutés le 3 mars de l'année fuivante , le tout autorifé par un arrêt du Confeil du 3 avril 1659 , & un autre arrêt de réglement du Confeil du 30 janvier 1725 , ont fixé le temps de la convocation de ces affemblées, immédiatement après la féparation des Etats , & leur tenue un mois après au plus tard aux villes & lieux accoutumés.

Elles font compofées de l'Evêque , du Baron , du Commiffaire principal , qui a commiffion du Gouverneur , pour autorifer l'affemblée de la part du Roi, de l'Officier de juftice , des Confuls de la ville capitale & des députés des villes , qui ont droit d'y affifter.

Arrêt du Confeil du 3 avril 1659, idem, de réglement du 30 janvier 1725.

Les assemblées ou assietes particulieres du Vivarais , du Gévaudan , du Puy & d'Alby , sont composées différemment & plus nombreuses.

Le procès-verbal de l'assiete doit être lu en pleine assemblée, il en est fait trois originaux , ainsi que des départemens des impositions , & le tout doit être signé par l'Evêque , le Commissaire principal , les Commissaires ordinaires & les Députés.

Le tarif sur lequel se fait la répartition entre les communautés se nomme *recherche* ou *allivrement des communautés* ; c'est un tableau qui est dressé & réformé , quand il est besoin , par un Officier de la Cour des Aides, qui se fait accompagner par des arpenteurs & estimateurs, il contient une estimation générale des biens de chaque communauté, eu égard à la qualité du terroir , à la commodité ou incommodité de la situation & à la nature & abondance du commerce qui s'y fait.

On répartit sur cette espece de tableau ou tarif à livres , sous & deniers, ce que doit supporter chaque communauté; cet état de répartition s'appelle *mande* & s'envoie aux Consuls de chaque communauté, qui distribue elle-même sur les fonds sujets à la taille la portion que chacun doit supporter ; elle est réglée par un troisieme tarif, qui se nomme *compoix*, & qui se fait comme l'allivrement, de l'autorité de la Cour des Aides , il contient l'estimation de chaque héritage particulier , & sur cette estimation la taille se distribue au marc la livre.

L'avantage de cette forme de répartition est, qu'il n'y a point de particulier qui ne sache exactement ce qu'il doit payer, & qui ne puisse lui-même s'assurer de la justice de sa taxe ; ce compoix s'appelle aussi *terrien* , pour le distinguer du cabaliste, qui est pour l'industrie, il n'y a que quelques communautés qui font usage de ce dernier.

Il y a deux sortes de collectes, la volontaire & la forcée ; la volontaire a lieu lorsqu'un particulier offre , moyennant une certaine remise qui est acceptée par la communauté, de se charger du recouvrement, en présentant une caution suffisante, & en ce cas, il lui est passé bail ; la collecte forcée, est lorsque l'habitant, qui est en tour de supporter cette charge , est , à défaut de Collecteur volontaire , nommé par délibération de la communauté.

Les Consuls, Greffier consulaire & départeurs font tenus quinze jours après avoir reçu la mande de remettre au Collecteur le livre ou département, il ne doit y en avoir qu'un seul pour toutes les impositions de la communauté.

Il subsiste en Languedoc une commission pour l'examen & la vérification des rôles des impositions, elle a été originairement établie par un arrêt du Conseil du 17 décembre 1675 ; elle est composée, aux termes de cet arrêt, des Commissaires du Roi à la tenue des Etats & de ceux que les Etats sont autorisés à nommer dans chaque assemblée, & qui doivent être un Évêque, un Baron ou deux Députés du Tiers-état ; l'arrêt de 1675 porte que les états des impositions faites en chacune des villes & communautés de la province leur seront rapportés, à commencer de l'année suivante, en la forme & maniere qui sera par eux réglée ; leur enjoint de tenir la main à ce qu'il ne soit imposé dans chaque lieu que les impositions ordinaires ou permises par les réglemens, & les dettes qui auront été bien & dûment vérifiées ; l'arrêt porte, que ce qui sera par eux, pour raison de ce, ordonné au nombre de trois au moins, sera exécuté nonobstant toutes oppositions ou appellations quelconques.

Arrêt du Conseil du 17 décembre 1675.

Les Commissaires du Roi & ceux des Etats, qui composent conjointement cette commission, usant du pouvoir qui leur est attribué par cet arrêt, ont rendu successivement les ordonnances de réglement que les circonstances & l'objet de leur commission pouvoient exiger ; ils adresserent aux différentes communautés des préambules de rôle des impositions divisées par chapitre, avec des instructions relatives à chaque objet & à chaque nature d'imposition, & c'est delà que tire sa source la dénomination donnée à cette commission, de *commission des préambules.*

Aux termes de l'article II de l'ordonnance des Commissaires, du 29 décembre 1752, les Maire, Consuls & Greffiers des villes & communautés de la province, sont tenus, à peine de 25 livres d'amende solidaire envers la communauté, de remettre chaque année, dans le courant du mois de juin, aux Receveurs des tailles de chaque diocèse les préambules des rôles.

Les Receveurs des tailles doivent, suivant l'article III, les remettre, à peine de radiation de leurs gages, aux Syndics des diocèses, & ces derniers au Syndic général du département, dans le courant du mois de juillet.

Les Syndics font leur rapport à la commission de ces préambules, & sur la vérification des différens articles dont ils sont formés, elle ordonne la reſtitution des ſommes qui n'ont point été valablement impoſées, & dont le montant tourne en *moins-impoſé* au profit des communautés qui en avoient ſupporté l'impoſition.

Les Receveurs ſont chargés de pourſuivre le recouvrement des reſtitutios ou le payement des amendes décernées, faute d'avoir remis les préambules dans les temps & la forme preſcrites.

La Déclaration du 20 janvier 1736, contenant réglement ſur la juriſdiction du Parlement de Touloufe & ſur celle de la Chambre des Comptes & Cour des Aides de Montpellier & autres tribunaux & fieges du Languedoc, indique les Juges, qui, dans cette province, connoiſſent de la matiere des impoſitions.

L'article I de cette déclaration porte qu'il ne ſera fait aucune levée de deniers, ſoit au profit du Roi, ou à celui des villes & communautés de la province, ſi elle n'a été préalablement ordonnée par le Roi, permiſe ou autoriſée. Fait défenſes à la Cour des Aides & à toutes autres Cours & Juges, d'en ordonner ou autoriſer aucune, ſous quelque prétexte que ce ſoit, quand même il ne s'agiroit que de réparer l'omiſſion d'une impoſition, ordonnée ou autoriſée dans les regles ordinaires :

L'article II attribue à la Cour des Aides la connoiſſance de ce qui concerne le fait de la levée & recouvrement des impoſitions, ſans néanmoins que ſous ce prétexte elle puiſſe prendre connoiſſance du fonds de la matiere au ſujet de laquelle les impoſitions auront été ordonnées ou permiſes, ſi ce n'eſt dans le cas où la connoiſſance deſdites matieres lui eſt ſpécialement attribuée :

Aux termes de l'article VI, les conteſtations qui peuvent naître à l'occaſion de la levée & perception des tailles, doivent être portées devant les Juges des lieux, & par appel en la Cour des Aides, & lorſqu'il y aura dans le même lieu un Juge royal & d'autres Juges, la connoiſſance des conteſtations appartiendra au Juge royal, à l'excluſion de tous autres Juges :

Suivant l'article VII, c'eſt à la Cour des Aides à connoître en premiere inſtance, & à l'excluſion de tous autres Juges, des procès & différens au ſujet des cadaſtres ou compoix terriers des villes & communautés, ſoit ſur la confection ou le renouvellement deſdits cadaſtres, ſoit par rapport aux ſurcharges prétendues par les particuliers dans les allivremens qui y auront été faits de leurs fonds, ſoit que les demandes en furcharge fe trouvent fondées fur des erreurs dans la continence ou dans l'eftimation des fonds encadaftrés, ou qu'on allégue la nobilité defdits fonds.

Quant aux conteftations qui furviendront au fujet des erreurs dans le livre de taille, foit par rapport à la proportion de la cotifation, eu égard à l'allivrement du cotifé dans le cadaftre ou compoix terrier, foit par rapport aux impofitions dont quelques contribuables fe prétendroient exempts; l'article VIII veut qu'elles foient portées en premiere inftance devant les Juges mentionnés en l'article VI, & par appel en la Cour des Aides, pourvu néanmoins que l'allivrement même ne foit pas contefté pour les caufes marquées en l'article VII, auquel cas conformément audit article, la Cour des Aides en pourra feule connoître.

A l'égard des lieux où il aura été fait un cadaftre ou compoix caba-lifte, les demandes en furcharges au fujet des allivremens qui y feront contenus, & les autres conteftations formées à l'occafion defdits cadaftres ou compoix, feront, fuivant l'article IX, portées devant les Juges mentionnés dans l'article VI, & par appel feulement en la Cour des Aides.

Aux termes de l'article X, les procès qui furviennent fur la nobleffe des perfonnes, à l'occafion de la levée des tailles ou autres impofitions, doivent être portées directement à la Cour des Aides, à l'exclufion de tous autres Juges, ainfi que ceux fur la nobilité des fonds à l'occafion de ladite levée.

Suivant l'article XII, les appels interjettés des adjudications des baux des tailles, ou de la nomination des Collecteurs forcés, & les demandes formées en conféquence fur la validité ou nullité defdits baux ou defdites nominations, doivent continuer d'être portés en la Cour des Aides, pour y être ftatué fur ce qui concerne ladite nomination ou la confection defdits baux feulement; quant aux conteftations qui naîtront dans l'exécution defdits baux ou collectes forcées, on fuivra la difpofition de l'article VI.

Cet article doit être pareillement fuivi aux termes de l'article XIX, pour les conteftations qui concernent les pourfuites des Collecteurs contre les redevables, pour le recouvrement des deniers de leur collecte.

Quant à celles qui naîtront au fujet des pourfuites des Receveurs des tailles des diocèfes, contre les Collecteurs pour le recouvrement des fommes impofées au profit du Roi, ou en faveur des diocèfes, l'article XX ordonne qu'elles feront portées en première inftance devant le Juge du lieu où le bureau de la recette eft établi, fi c'eft un Juge royal, ou s'il a la connoiffance des cas royaux, finon par-devant le plus prochain, & par appel en la Cour des Aides.

Quant aux conteftations qui furviendront au fujet des pourfuites que le Tréforier de la bourfe des Etats fera obligé de faire contre les Receveurs des tailles des diocèfes pour le recouvrement des fommes impofées dans la province, l'article XXI preferit qu'elles feront portées directement en la Cour des Aides, qui en connoîtra feule, à l'exclufion de tous autres Juges.

Par l'article LXXI, le Roi déclare qu'il n'entend rien innover à la jurifdiction que les Capitouls de la ville de Touloufe & le Parlement font en poffeffion d'exercer dans toutes les matieres qui concernent les tailles, les octrois, fubventions & autres impofitions qui fe levent dans la ville & gardiage de Touloufe; Veut que toutes les conteftations qui pourront naître à ce fujet, continuent d'être portées en première inftance devant les Capitouls, & par appel au Parlement.

L'analyfe que l'on va faire de la déclaration du 7 décembre 1758, qui a terminé les difficultés qui fubfiftoient entre les Etats & la Chambre des Comptes & Cour des Aides de Montpellier, confidérée principalement comme Chambre des Comptes, achevera de faire connoître l'ordre établi dans l'adminiftration des affaires de la province de Languedoc.

Le Tréforier de la bourfe des Etats continuera de recevoir toutes les fommes provenant des recettes particulieres des diocèfes, qui feront impofées fur le général de la province par la permiffion du Roi, & après le confentement des Etats, pour les frais defdits Etats, acquittement des dettes en capital & intéréts, travaux publics, gratifications, étapes, don gratuit, & généralement toutes autres fommes accordées par lefdits Etats, pour quelque caufe & fous quelque dénomination que ce puiffe être.

Il recevra pareillement des mains des fermiers, le produit des droits d'équivalent & pied-fourché, affermés par les Etats, & deftinés à diminuer les impofitions faites fur le général de la province.

Les comptes en feront examinés, clos & arrêtés par-devant les Députés de l'affemblée des Etats; & la Chambre des Comptes n'en pourra, en aucun cas, ni fous quelque prétexte que ce foit, prendre connoiffance.

Il en fera de même des comptes du Tréforier pour les deniers de la capitation, dixieme, & toutes autres impofitions extraordinaires, fous quelque dénomination qu'elles puiffent être établies à l'avenir, qui entreront dans la recette dudit Tréforier en ladite qualité.

Les Receveurs généraux des finances de Touloufe & de Montpellier, continueront de faire la recette des deniers pour l'aide, octrois, crue & préciput, & d'en compter à la Chambre des Comptes.

Les deniers impofés pour les réparations & fortifications des places, ou pour les mortes-payes, feront remis par le Tréforier de la bourfe, entre les mains du Tréforier defdites réparations & de celui des mortes-payes, qui en compteront en la Chambre des Comptes, fans qu'elle puiffe rendre les Etats redevables envers lefdits Tréforiers, par la fin & clôture de leurs comptes.

Les Receveurs des tailles des diocèfes ne feront point tenus de compter en la Chambre, des dépenfes ordinaires des diocèfes, ou déja approuvées, ou qui le feront à l'avenir par le Roi, & qui forment le département des frais d'affiete, ni même de les employer dans la dépenfe de leurs comptes en un feul article.

Quant à toutes les autres impofitions, tant ordinaires qu'extraordinaires, capitation, dixieme, & autres généralement quelconques, fous quelque dénomination qu'elles puiffent être, & dont ils feront le recouvrement, ils en compteront annuellement en la Chambre, fans préjudice néanmoins du compte qui doit être rendu defdites dépenfes & impofitions par-devant les Députés des affietes des diocèfes, fuivant l'ufage obfervé dans la province.

Sans néanmoins que, fous prétexte de l'examen & clôture des comptes des Receveurs, la Chambre puiffe prendre connoiffance des frais de la confection des rôles defdites impofitions, ni de l'emploi du gras ou excédant d'impofition deftiné à acquitter les non-valeurs, doubles emplois, décharges ou modérations, ni fe faire repréfenter les ordonnances, portant lefdites décharges ou modérations, & les états des non-valeurs ou doubles emplois, lefdits frais, gras ou excédant d'impofition feront employés en un feul article dans la dépenfe des comptes, & alloué fur le certificat des Syndics des diocèfes, portant qu'il a été employé à fa deftination.

La Chambre ne pourra, par la clôture defdits comptes, rendre les diocèses redevables envers les Receveurs. Et si ces derniers se trouvent débiteurs envers les diocèses, les deniers leur appartiendront pour servir à diminuer les impositions de l'année suivante.

Il ne sera remis aux Syndics des diocèses de Languedoc, d'autres fonds que ceux qui ont été réglés par l'état arrêté au Conseil, en 1624, ou par des arrêts postérieurs; les Syndics continueront d'en compter devant l'assemblée des assietes des diocèses, sans que la Chambre en puisse prendre connoissance.

La Chambre continuera de connoître par appel, de la clôture des comptes des Collecteurs, Trésoriers, Clavaires & autres administrateurs des communautés, tant à raison des sommes imposées pour leurs dépenses ordinaires, que de toutes autres sommes, même des emprunts par elle faits & du produit des biens patrimoniaux, quand même ils ne seroient pas employés à diminuer les impositions; les révisions des comptes sont abrogées.

Quant aux octrois & subventions dont la levée a été & pourroit être permise sur le consentement des Etats, les comptes en seront rendus en la Chambre par les fermiers desdits droits, quand même le produit seroit employé à diminuer les impositions, sans néanmoins que la Chambre puisse prendre connoissance de l'emploi qui aura été fait du produit, suivant la destination indiquée par les lettres-patentes qui en auront permis la levée, & qui seront enregistrées en ladite Chambre.

Les comptes du Trésorier de la bourse, les baux à ferme de l'équivalent & du pied-fourché, de l'étape, de la fourniture des voitures pour le transport des équipages des troupes, des ouvrages publics & tous autres baux, généralement quelconques, qui seront passés par l'assemblée des Etats, ou par leurs Députés, conjointement avec les Commissaires du Roi ou séparément, continueront de n'être remis qu'au dépôt des archives des Etats, ainsi que les cahiers présentés au Roi toutes les années par les Députés, & les réponses faites par Sa Majesté sur les demandes qui y sont contenues, les procès-verbaux des assemblées des Etats, & généralement tous actes & papiers ayant rapport à leur administration, sans que la Chambre en puisse prétendre le dépôt d'extraits en ses archives, ni l'enregistrement des cahiers & des réponses: Seront seulement enregistrés les baux de l'équivalent & les articles convenus par les Etats pour la perception, pour être exécutés selon leur forme & teneur.

Le Roi maintient les Etats dans le droit & poffeffion de prendre connoiffance de la régie & adminiftration des diocèfes, villes & communautés ; veut en conféquence que les Syndics généraux puiffent prendre
au nom des Etats le fait & caufe defdits diocèfes, villes & communautés
dans leurs affaires particulieres, intervenir dans les inftances où ils font
parties, & faire généralement, au nom des Etats, toutes les demandes
qu'ils jugent néceffaires pour l'intérêt commun des diocèfes, villes &
communautés.

Les réglemens faits pour la vérification des dettes des diocèfes, villes
& communautés, feront exécutés, fans préjudice toutefois de ftatuer fur
l'oppofition formée auxdits réglemens par ladite Cour & Chambre, ainfi
qu'il appartiendra, & des changemens qui pourront être faits par Sa Majefté auxdits réglemens, fur les repréfentations de ladite Cour.

Elle ne pourra prendre connoiffance par appel ni autrement des délibérations des affietes des diocèfes, du droit d'entrée & préféance auxdites affietes, de leur convocation, de l'adreffe des mandes, nominations & deftinations des Officiers des diocèfes, des délibérations des
affietes concernant les impofitions ou emprunts faits en conféquence du
confentement des Etats & par permiffion du Roi, & généralement de
tout ce qui aura été réfolu par les affietes, circonftances & dépendances,
le tout conformément à la déclaration du dernier feptembre 1651, &
aux lettres-patentes des mois de mars 1652 & octobre 1667, en conféquence defquels il fera procédé par les gens des Trois-états, à l'exclufion
de toutes Cours & Juges au jugement de tous les différens, tant dans
l'affemblée générale des Etats, que dans les affietes de chaque diocèfe,
fur tous lefdits faits, circonftances & dépendances, le Roi leur en attri-
buant de nouveau en tant que de befoin toute jurifdiction & connoiffance qu'il interdit à toutes fes Cours & Juges.

Lorfqu'une partie d'une communauté voudra être divifée en taillable,
d'avec le refte de la même communauté, les délibérations qui feront
prifes à ce fujet feront préalablement portées à l'affemblée de l'affiete
du diocèfe, à l'effet d'obtenir fon confentement, il fera enfuite procédé
à ladite féparation, dans les formes requifes, de l'autorité de la Cour
des Aides, qui connoîtra en premiere & derniere inftance de toutes
les conteftations qui pourront naître dans le cours de ladite procédure.

Cette déclaration a été enregiftrée en la Cour des Aides & Chambre des Comptes de Montpellier, purement & fimplement le 9 janvier 1759.

Ce qui concerne l'impofition, la répartition, le recouvrement & toute l'adminiftration des tailles en Languedoc, ainfi expliqué; il s'agit maintenant de rappeller les détails relatifs au même objet dans la Provence.

P R O V E N C E.

ON fait que le nom de Provence vient de *Province*, que les Romains donnerent à cette partie des Gaules, qu'ils conquirent la premiere; elle comprenoit alors, indépendamment du Languedoc, le Dauphiné & la Savoie, jufqu'à Geneve; le nom de *Comté de Provence*, eft demeuré au pays renfermé entre la mer Méditerranée, le Rhône, la Durance & les Alpes.

Les anciens Comtes de Provence n'exigeoient la taille qu'en certains cas, & la levée s'en faifoit par feux, c'eft-à-dire, fur les particuliers ayant *focum & larem.*

Les différens changemens que la fucceffion des temps apportoit dans les domiciles & poffeffions, obligeoient de faire des recours d'affouagement, c'eft-à-dire, des revues générales de feux, & de nouvelles cotifations en conféquence.

Il y en eut une célebre en 1471, faite par huit Commiffaires députés par l'affemblée des Trois-états, de l'autorité du Sénéchal.

Il eft néceffaire d'obferver, qu'originairement les Eccléfiaftiques & les Seigneurs ayant fief avec jurifdiction, étoient exempts de la taille; les premiers, pour tous leurs biens indiftinctement; les feconds, pour ceux qu'ils acquéroient dans l'étendue de leurs fiefs.

Le privilége d'immunité que les Eccléfiaftiques communiquoient à tous leurs biens perfonnels, parut trop étendu; on le reftreignit aux biens d'églife qu'ils poffédoient, par un ftatut qui s'exprime ainfi : *Clerici pro patrimonialibus tenentur contribuere in talliis & fubfidiis regis, & oneribus provinciæ, falvâ immunitate folùm, pro bonis ecclefiæ.*

Quant à l'exemption des Seigneurs, elle fubfifta long-temps, & comme elle caufoit un grand préjudice aux habitans fur lefquels retomboient les impofitions dont ces biens acquis par les Seigneurs étoient affranchis, cette exemption fit naître des conteftations continuelles entre la Nobleffe & le Tiers-état, & qui furent enfin terminées par les différentes reftrictions que l'on apporta au privilége des Seigneurs.

Les

Les Commiſſaires députés en 1471, pour procéder à l'affouagement, ſe tranſporterent ſur les lieux, s'informerent du nombre des maiſons & des habitans, par les Adminiſtrateurs & principaux des villes & villages, de la quantité du bétail, de la fertilité & commodité des terroirs, du commerce, des charges & des biens des différentes communautés, ſi les héritages étoient poſſédés en franc-aleu ou non.

Ils ne comprirent point les héritages que les Seigneurs poſſédoient dans l'étendue de leur juriſdiction, ni ceux qui appartenoient aux Eccléſiaſtiques, à cauſe de leur bénéfice ; ils reſtreignirent cependant, par leur déclaration, l'exemption des Seigneurs aux biens qu'ils acquerroient à l'avenir, & même à ceux qu'ils avoient acquis par commiſe, confiſcation, prélation ou délaiſſement, ce que les Commiſſaires appellent, *biens obtenus de leurs droits* ; & ils déclarerent que par rapport aux autres, les Seigneurs contribueroient à toutes les charges avec les roturiers ; cette déciſion fut fondée ſur ce que, quoique les tailles paruſſent mixtes, devant être impoſées *perſonis pro rebus*, elles étoient néanmoins plus réelles & prédiales que perſonnelles.

En conſéquence de cette déclaration, les communautés de Provence dreſſerent leurs cadaſtres, dans leſquels elles décrivirent tous les héritages aſſis dans leur territoire, poſſédés par d'autres que par les Seigneurs des lieux, & par les Eccléſiaſtiques, à raiſon de leurs bénéfices ; elles firent l'évaluation des héritages pour les régler à un pied certain ſur lequel les tailles puſſent être impoſées au ſou la livre.

La déclaration faite par les Commiſſaires, lors de l'affouagement général de 1471, excita de vives repréſentations de la part des Nobles & de la part du Tiers-état.

Les Nobles ſoutenoient que l'on n'avoit pu préjudicier à leur qualité & exemption ; que la déciſion des Commiſſaires, relativement aux biens qu'ils avoient acquis antérieurement, ne pourroit leur nuire, puiſque les biens n'avoient point été compris dans l'affouagement général, & qu'ils n'avoient pas fait fonds dans l'établiſſement & département des feux ; que d'ailleurs les Commiſſaires n'avoient d'autre pouvoir que celui de viſiter le pays, & nullement de ſtatuer ſur les différens entre les Gens d'égliſe, les Nobles & le Tiers-état.

Le Tiers-état ſe plaignoit de ſon côté de la déclaration des Commiſſaires, qui donnoit aux Nobles un moyen ſimple & commun d'acquérir les meilleurs héritages dépendans de leur fief & directe, qui étoit la retenue par prélation; que les seigneurs, subrogés par le retrait féodal au lieu & droit des acheteurs, devoient être regardés comme de véritables acquéreurs; que les fonds changeant continuellement de mains par les aliénations qui donnent ouverture au retrait féodal, les Nobles & les Ecclésiastiques, possédans fiefs, pourroient sans cesse acquérir, diminuer par cette voie les cadastres des communautés & le pied de leur affouagement, & rejetter entièrement les tailles sur les héritages les moins fertiles, restés dans les mains du pauvre peuple, hors d'état de supporter les charges & les feux départis par l'affouagement général.

La question s'étant élevée entre le Seigneur & les habitans de Grombois, François I nomma huit Commissaires, qui, par jugement du 17 septembre 1534, déclarerent l'ordonnance des Commissaires, sur le fait du fouage, nulle & abusive; ordonnerent en conséquence que le Seigneur de Grombois payeroit la taille des biens par lui acquis par droit de prélation, & le débouterent de l'exemption d'un demi-feu.

Ils jugerent qu'il falloit restreindre l'exemption aux cas par lesquels les héritages retournent au Seigneur purement & simplement : *Jure feudi & jurisdictionis & ex lege primæ investituræ*, parce qu'alors la faute du vassal ou emphytéote, & la contravention qu'il commet aux loix féodales, ou à celles du bail, font que la chose retourne à l'inféodant en la qualité qu'elle étoit auparavant, & déchargée de toutes charges & hypotheques.

Lettres-patentes de 1541. En vertu de ce jugement, le Syndic du Tiers-état obtint en 1541 des lettres-patentes pour contraindre les Gens d'église & les Nobles à payer la taille des biens ruraux qu'ils possédoient, mais l'enregistrement de ces lettres adressées au Parlement de Provence, composé de Nobles & de Gens d'église, qui même, par le seul privilége de leurs offices, se prétendoient exempts, y souffrit de la difficulté, le Tiers-état obtint une *Déclaration du 17 mars 1547.* déclaration du 17 mars 1547, portant que *les biens & héritages d'ancienne contribution, en quelques mains qu'ils fussent advenus, par acquisition, confiscation ou autrement, seroient & demeureroient contribuables aux tailles, octrois & autres charges ordinaires ou extraordinaires, comme ils étoient auparavant.*

Cette déclaration fut enregistrée au grand Conseil le 26 avril 1548.

Le Tiers-état en poursuivit l'enregistrement au Parlement de Provence, les Nobles s'y opposerent, il y eut une jussion & ensuite évocation au Parlement de Paris , où par deux arrêts , l'un du 6 mars 1549 , l'autre du 15 feptembre 1552 ; le premier provifionnel , le fecond dé-finitif ; les Seigneurs furent condamnés à donner une déclaration des terres roturieres qu'ils tenoient ou avoient acquifes depuis 1471 , foit par achat , donation , permutation ou autre titre quelconque qui furent dé-clarés fujettes à la contribution des tailles & autres charges ; l'arrêt donne , & c'eft *l'origine du droit de compenfation* , aux Seigneurs , la fa-culté de compenfer les héritages ruraux , par eux acquis depuis l'époque de 1471 , avec les héritages nobles & féodaux qu'ils avoient aliénés de-puis cette époque , quoique les héritages aliénés & ceux acquis , fuffent fitués dans des territoires différens , avec faculté de fe fervir en compen-fation des terres gaftes , vagues ni cultivées , dépendantes de leur fief , & par eux données en cenfive , emphytéofe ou autrement aliénées , jufqu'à concurrence de la valeur & eftimation defdites terres.

Arrêts des 6 mars 1549 & 15 feptembre 1552.

Cet arrêt ne plut , ni à la Nobleffe , ni au Tiers-état.

La difpofition qui obligeoit les Seigneurs de donner une déclaration des fonds par eux acquis depuis 1471 , les bleffoit par deux raifons , l'une parce que tous les héritages par eux poffédés étant préfumés nobles & féodaux , jufqu'à ce qu'il apparût du contraire , la preuve du fait de roture devoit être rejettée fur le Tiers-état , l'autre en ce qu'on ren-verfoit le réglement fait lors de l'affouagement général , & l'on privoit les Seigneurs de ce que le droit leur attribue par la loi primitive des in-féodations & inveftitures.

Le Tiers-état , de fon côté , fe plaignoit : 1°. De ce que l'arrêt ne portoit point expreffément que les Nobles contribueroient au payement des tailles pour toute forte de biens acquis , & fpécialement par préla-tion , qui étoit la principale queftion du procès : 2°. De ce qu'on accor-doit aux Nobles la compenfation des biens qu'ils avoient aliénés , quoique fitués dans différens territoires , difpofitions dont l'exécution renverfoit les regles établies par l'affouagement.

Ces conteftations furent évoquées au Confeil par arrêt du 23 avril 1554 , & l'on furfit au jugement jufqu'après l'affemblée des Etats , où l'on fe flatta , mais fans fondement , de pacifier les différens ; les Com-miffaires du Roi donnerent leur avis , fur lequel arrêt intervint le 15 décembre 1556 , par lequel le Roi ordonna que les biens retenus & échus ès mains des Nobles par le *droit de leur fief & jurifdiction* , & lors

Arrêt du Con-feil du 23 avril 1554.

Arrêt du Con-feil du 15 décemb. 1556.

par eux tenus & poſſédés, ſeroient immunes de toutes tailles, charges & impoſitions, & que *quant aux biens qui reviendroient après ès mains deſdits Nobles par le droit de prélation, achat ou échange, leſdits biens, quoiqu'échus par leurſdits droits de fief, ſeroient néanmoins contribuables à la taille, ainſi qu'ils l'étoient avant qu'ils leur fuſſent avenus, ſi ce n'eſt au cas que pour leſdits biens pris par échange ils baillaſſent autres biens par eux auparavant tenus francs & quittes deſdites tailles, leſquels ſeroient ſuffiſans & tenus porter pareille charge que ceux que leſdits Nobles auroient retirés & recouvrés par échange, & ou aucuns biens reviendroient ès mains deſdits Nobles par commiſe, délaiſſement ou confiſcation, ils ſeront en ce cas tenus par eux francs & quittes de toutes taille & impoſitions.*

Lettres-paten-
tentes du 12 juin
*1557.*Il fut expédié ſur cet arrêt, le 12 juin 1557, des lettres patentes qui furent enregiſtrées en la Cour des Aides de Provence. Il paroît que cet arrêt loin de terminer les conteſtations, donna naiſſance à de nouvelles, ſur-tout au ſujet des biens acquis ou aliénés avant cet arrêt;

Arrêt du Con-
ſeil du 21 janvier
*1625.*queſtion qui fut décidée par un autre arrêt du 21 janvier 1625, au moyen duquel il eſt depuis demeuré pour conſtant en Provence, que les communautés ne peuvent demander le payement des tailles des biens acquis par les Seigneurs dans leur fief & juriſdiction depuis l'affouagement général de 1471 juſqu'au 15 décembre 1556, & pareillement les Seigneurs ne peuvent demander la compenſation pour les biens nobles aliénés ſous cette époque.

Il y eut ſur cet arrêt des lettres-patentes en forme de déclaration, enregiſtrées en la Cour des Aides de Provence.

L'arrêt de 1556 n'ayant été rendu qu'avec le Syndic de la Nobleſſe, les Eccléſiaſtiques & les Officiers des Cours Souveraines prétendirent n'y être pas compris.

Mais il fut établi, par une maxime conſtante, que les héritages qui étoient acquis à l'Egliſe avant l'affouagement de 1471, ne pouvoient être encadaſtrés, allivrés, ni cotiſés; & comme cet affouagement ſert d'époque & de terme à l'exemption des Eccléſiaſtiques, on oblige les communautés à prouver que les biens ont été acquis ou donnés aux bénéfices depuis cet affouagement; cependant dans certains cas, par exemple, lorſque les Eccléſiaſtiques ont ſouffert pendant un temps confidérable que les héritages dépendans de leur bénéfice demeuraſſent décrits & allivrés dans les terriers, c'eſt à eux à prouver que les acquiſitions ſont antérieurs à l'affouagement de 1471.

Les Officiers des Cours Souveraines foutinrent que l'arrêt de 1556 ne les concernoit point. Par une tranfaction du 26 avril 1580, l'exécution fut limitée à un certain nombre de membres, tant du Parlement que de la Cour des Aides, il fut expédié fur cette tranfaction des lettres-patentes. Plufieurs communautés, & les Etats même, réclamerent contre cet arrangement ; le Roi ordonna au Duc de Guife, à l'Archevêque d'Aix & au Préfident du Vair de lui donner leur avis, fur lequel, arrêt du mois de juin 1606, qui foumet à l'avenir lefdits Officiers au payement des tailles & autres impofitions pour leurs biens roturiers, déchargeant des arrérages des tailles pour le paffé ceux qui étoient du nombre des exempts, aux termes de la tranfaction de 1580.

Tranfaction du 26 avril 1580.

Le Tiers-état obtint une déclaration & un arrêt qui firent revivre toutes les conteftations avec la Nobleffe.

La déclaration du mois de février 1666, portoit que tous les biens du pays de Provence demeureroient toujours en l'état noble ou roturier dans lequel ils fe trouvoient alors, fans qu'ils puffent à l'avenir changer de nature par droit de compenfation, déguerpiffement, commife, confifcation, vente, ou pour quelqu'autre caufe que ce pût être, directement ni indirectement, en forte que les biens nobles jouiroient de la franchife des tailles dans les mains des perfonnes roturieres comme des perfonnes nobles, & que les biens roturiers demeureroient toujours taillables dans les mains des perfonnes nobles.

Déclaration de février 1666.

L'arrêt du Confeil intervenu le 23 juin 1666, fur le fait des charges négociales, ordonnoit que tous propriétaires poffeffeurs d'héritages roturiers, fitués dans la province, foit qu'ils fuffent Eccléfiaftiques, Nobles, Seigneurs & Cofeigneurs, Officiers de Cours Souveraines, exempts, privilégiés, domiciliés ou forains, contribueroient, fuivant leur allivrement, à toutes tailles, & généralement à toutes autres impofitions ordinaires & extraordinaires, fans en excepter ni réferver aucunes dans les lieux où lefdits biens étoient fitués, foit que les propriétaires ou poffeffeurs y fuffent domiciliés ou non.

Arrêt du Confeil du 23 juin 1666.

La Nobleffe fit les plus vives réclamations, & contre la déclaration & contre l'arrêt qui ne furent ni publiés ni enregiftrés ; on fe rapprocha de part & d'autre, & les parties ayant arrêté des articles par la médiation du cardinal de Vendôme & de M. d'Oppede, premier Préfident & Intendant de la province, il intervint en conformité le 15 juin 1668, deux arrêts du Confeil.

Deux Arrêts du Confeil du 15 juin 1668.

Le premier maintient les Nobles dans le droit de compenser les biens roturiers qu'ils avoient acquis, avec les biens nobles qu'ils avoient aliénés depuis 1556, comme ils auroient pu le faire avant la déclaration de 1666, qui est révoquée; il détermine les objets qui pourront être donnés en compensation, & les regles & formes à suivre dans les demandes en compensation.

Par l'autre arrêt, le Roi déclare que par celui du 23 juin 1666 il n'a point entendu rendre contribuables les Seigneurs & Coseigneurs dans leurs fiefs, au payement des tailles négociales & frais municipaux pour raison des biens roturiers qu'ils y possédent; fait défenses aux communautés de les cotiser pour raison desdites tailles négociales, & pour autres charges que pour celles qu'ils payoient avant l'arrêt du Conseil du 23 juin 1666, que le Roi révoqua à leur égard seulement.

Mais en 1675, le Tiers-état fit de nouvelles remontrances pour obtenir la révocation des deux arrêts de 1668, & l'exécution des déclarations & arrêts de 1666.

Le Roi répondit qu'il feroit droit en connoissance de cause.

En conséquence, les Procureurs du pays firent assigner au Conseil le Syndic de la Noblesse; l'affaire fut de nouveau instruite & exactement discutée, & elle fut enfin terminée en 1702, par un arrêt du Conseil qui fut rendu, sur les avis du comte de Grignan Commandant, & de M. Lebret Intendant de la province; cet arrêt y fit cesser les discussions dont elle étoit depuis long-temps agitée, & régla les différens objets de contestation qui jusqu'à cette époque s'étoient sans cesse renouvellés.

Pour donner une intelligence plus parfaite des dispositions qu'il renferme, il est à propos de retracer un précis des moyens respectivement proposés.

La contestation rouloit sur deux objets principaux:

Le droit de compensation:

Le droit de forain; ce dernier objet avoit trait aux charges négociales, on s'attachera principalement au premier.

Le Tiers-état demandoit l'exécution de la déclaration de 1666, qui avoit abrogé le droit de compensation, & voici quels étoient les motifs.

La compensation est une source d'abus, elle n'est ni de l'essence ni du droit des fiefs, elle ne fut accordée à la Noblesse que comme une fimple convenance, & une grace dont le peuple ne recevoit aucun préjudice.

La fixation permanente de la qualité des fonds, portée par la déclaration de 1666, n'a rien que d'avantageux pour les Seigneurs, parce que pouvant par cette difpofition aliéner leurs biens nobles à des roturiers avec exemption de tailles, ils en trouveroient un prix plus confidérable.

L'ufage de la Provence, de ne pouvoir faire paffer un bien noble, avec la franchife de la taille entre les mains d'un acquéreur, qu'en lui tranfportant en même temps quelque portion de la jurifdiction, ne peut faire aucun obftacle ; il citoit l'exemple du Dauphiné & du Languedoc, où les tailles font réelles comme en Provence, & où la fixation de la qualité des biens a été reçue, fans que les fiefs en aient été altérés.

Il foutenoit qu'aux termes de l'arrêt de 1556, la compenfation n'étoit permife que dans le feul cas de l'échange dans lequel la communauté fouffroit un moindre préjudice, attendu la valeur égale des fonds qui faifoient la matiere de l'échange.

Que dans les autres cas, tels que celui de la vente, la communauté étoit léfée, parce qu'un Seigneur compenfoit l'acquifition d'un bien roturier faite à l'inftant, avec l'aliénation d'un bien noble faite quatre-vingts ans auparavant, & peut-être encore plus anciennement en remontant jufqu'à l'arrêt de 1556, ce qui réfiftoit à la raifon du droit ; le bien noble étant tombé en ro...re au moment de l'aliénation qui en avoit été faite, ne pouvoit avoir confervé le pouvoir de communiquer la franchife aux biens roturiers acquis depuis.

Il s'élevoit contre la difpofition de l'arrêt du 15 juin 1668, qui portoit que la compenfation fe feroit fur le pied de la valeur des biens dans le temps de l'acte de compenfation, le Seigneur prenant de cette difpofition occafion de ne compenfer que lorfqu'il voit que fon bien jadis noble, eft mis en bon état par le travail & les dépenfes de l'acquéreur.

Il attaquoit encore comme injufte, la difpofition qui déclare perpétuellement compenfable le bien noble aliéné par le Seigneur, qui a refté cinq ans fur le cadaftre, & qui a porté ou pu porter la taille pendant ce temps ; il repréfentoit que pour rendre la compenfation égale, il eût fallu ordonner que le bien noble aliéné par le Seigneur, porteroit fucceffivement & à perpétuité la même charge que le roturier par lui acquis, en forte que la compenſation ne fubſiſteroit qu'autant que le bien jadis noble porteroit réellement cette charge, que telle étoit la diſpoſition de l'arrêt de 1556, qui ordonnoit que les biens que les Seigneurs voudroient donner en compenſation, feroient fuffifans, & tenus de porter pareilles charges que les roturiers par eux acquis.

Qu'en partant de l'arrêt de 1668, ſi un bien noble aliéné a ſubſiſté feulement pendant cinq années dans le cadaſtre, quoiqu'immédiatement après il vienne à être déguerpi, la compenſation à laquelle il aura donné lieu, ne laiſſeroit pas d'être entretenue, & par ce moyen le Seigneur recouvrera en franchiſe de taille le bien noble qu'il avoit aliéné, tel étant, fuivant le même arrêt, l'effet du déguerpiſſement, & il aura encore le bien roturier par lui acquis avant cette exemption, ce qui eſt contre l'équité.

Enfin, que ſous prétexte de ce droit de compenſation, les Seigneurs commettoient pluſieurs autres abus: 1°. en compenſant des terres gaſtes, montagnes, pâturages, tranſportés par leurs auteurs aux communautés, & où ils prenoient encore eux-mêmes leurs facultés: 2°. en faiſant affranchir leurs biens roturiers ſous prétexte d'exemption de droits Seigneuriaux, ſouvent imaginaires, & quoique la compenſation ne ſe doive faire que de fonds à fonds: 3°. en donnant en compenſation des uſurpations prétendues faites par des particuliers ſur leurs terres gaſtes, laiſſant aux communautés le foin de difcuter ſi ces uſurpations ſont réelles.

Que ceux même qui n'avoient rien à compenſer, quand on leur demandoit le payement de leur taille ne laiſſoient pas d'oppoſer la compenſation, & obtenoient ſous ce prétexte & ſur cette ſimple allégation, des ſurſéances qui n'étoient jamais levées.

La Nobleſſe demandoit de ſon côté l'exécution de l'arrêt du 15 juin 1668, qui avoit fait revivre la compenſation: voici quels étoient ſes moyens.

La juſtice du droit de compenſation conſidéré en lui-même, ſe fait d'abord fentir; quand le Seigneur acquiert un bien roturier, il en doit payer la taille comme faiſoit l'ancien poſſeſſeur; mais s'il aliene une partie de ſon bien noble, & que par cette aliénation il groſſiſſe le cadaſtre, il eſt de l'équité que l'un ſoit compenſé avec l'autre ſur une évaluation d'experts: cette compenſation eſt conſacrée par des titres & par une poſſeſſion inſurmontable.

Loin

Loin d'avoir été adjugée comme une grace par l'arrêt du 15 décembre 1556, elle le fut au contraire par forme d'indemnité, de la faculté que cet arrêt faifoit perdre aux Seigneurs de poffédcr en franchife de taille, les biens qu'ils avoient acquis dans l'étendue de leur fief par droit de prélation, franchife dans laquelle ils avoient été confirmés par le jugement du Roi René, Comte de Provence, de 1448, & par l'ordonnance de 1471, des Commiffaires pour le recours de l'affouagement général.

Les Seigneurs s'étoient toujours maintenus dans cette faculté, ils y furent confirmés pour le paffé par la première partie de l'arrêt de 1556, & ils en furent privés pour l'avenir par la feconde qui en même temps leur adjugea définitivement le droit de compenfation.

Cet arrêt doit s'entendre, & a toujours été entendu, non-feulement du cas d'échange, mais même des autres titres d'acquifition.

La raifon d'équité fur laquelle la compenfation eft fondée, & qui réfulte de ce que le Seigneur, par l'aliénation de fon bien noble, met autant de fonds dans le cadaftre qu'il en tire pour l'acquifition du bien roturier, fe rencontre dans tous les autres cas, comme dans celui de l'échange.

L'égalité en valeur que l'on prétend plus affurée & plus parfaite en matiere d'échange, n'eft d'aucune confidération; en effet, l'égalité fe forme aifément par un rapport d'experts, lorfque la compenfation vient à fe faire dans tous les autres titres d'acquifition.

Les arrêts ont regardé comme une circonftance indifférente, l'intervalle qui peut fe trouver entre l'acquifition du bien roturier, & l'aliénation du bien noble, parce que le droit de compenfer ne peut être mis en ufage qu'en fuppofant la rencontre de deux extrêmes, *aliénation* & *acquifition*.

Les arrêts n'ont jamais exigé cette permanence fucceffive & perpétuelle, des biens nobles aliénés dans le même état qu'ils étoient lors de la compenfation, ces termes de l'arrêt de 1556, *lefquels-feront fuffifans & tenus porter pareille charge*, ne fignifiant pas qu'à perpétuité le Seigneur doive garantir que le bien noble aliéné ne recevra jamais d'altération, par laquelle il ceffe de pouvoir porter la même charge; les arrêts de réglement n'ont point ordonné la compenfation de taille à taille, mais de fonds à fonds.

Dans le cas du déguerpiffement, le Seigneur, avant de pouvoir réunir

Tome I.   T

à fon fief le fonds déguerpi , eft obligé de faire différentes proclamations & fommations ; la communauté a la faculté de fournir un homme qui fe charge de ce fonds & en acquitte les droits feigneuriaux, & lorfque le Seigneur reprend fon ancien bien noble enfuite d'un déguerpiffement , c'eft pour une caufe toute nouvelle , par un titre indépendant de tout ce qui s'eft paffé lors de la compenfation , *& ex primævu lege feudi.*

L'extinction des droits feigneuriaux, la conceffion des ufages dans les bois , montagnes , & terres gaftes , font un jufte fujet de compenfation , puifque la valeur des biens qui entrent dans les cadaftres en eft augmentée ; il en eft de même des ufurpations faites par des particuliers des terres gaftes des Seigneurs , lorfque ces ufurpations font entrées dans le cadaftre, n'y ayant nulle différence à faire entre ce cas & celui où le Seigneur auroit donné de fes terres gaftes à bail, ces ufurpations ne peuvent au furplus être inconnues aux communautés, parce que les cadaftres font formés non-feulement fur le pied de la valeur, mais encore fur celui de l'étendue des fonds de chaque particulier.

La déclaration de 1666 détruit les regles & les principes par lefquels les fiefs ont été de tout temps régis en Provence , comment les concilier avec la fixation de la qualité des fonds en quelques mains qu'ils paffent , la qualité du fonds roturier étant une fois invariable, plus de réunion noble dans le cas de délaiffement, commife , confifcation ; le bien noble étant pareillement fixé , les fonds de l'ancien domaine du fief pafferoient avec exemption de taille , dans des mains roturieres fans aucune part à la jurifdiction , quoique fuivant la jurifprudence invariablement obfervée en Provence , un fonds originairement noble venant à être aliéné par le Seigneur , tombe d'abord en roture , & devient fujet à la taille, quelque condition qu'on ait ftipulée ; le contraire arrive , fi au moment de l'aliénation l'on a tranfporté à l'acquéreur une portion de la jurifdiction , qui feule eft capable de foutenir l'exemption des tailles , en forte que pour pouvoir transférer les biens nobles avec effet fur le pied de la déclaration du mois de février 1666 , il faudroit que le Seigneur mît en lambeaux fa jurifdiction : on ne doute pas de la puiffance royale, fi elle ordonnoit que les fonds originairement nobles pafferoient comme tels à l'acquéreur, fans être accompagnés d'aucune portion de la jurifdiction ; mais le Roi eft trop jufte pour vouloir renverfer l'ordre établi dans une province, ordre conforme aux regles du droit commun, cette innovation introduiroit une troifieme efpece de bien inconnue jufqu'alors en Provence, où l'on ne voit que les fiefs avec jurifdiction dont les poffeffeurs rendent un fervice perfonnel au Roi & à l'Etat, & les rotures qui rendent auffi fervice par la preftation de la taille, au lieu que ces acquéreurs de biens nobles ne feroient tenus à rien de tout cela.

Il eft de la grandeur & de l'intérêt du Roi que les fiefs demeurent dans leur ancienne confiftance, pour que les Seigneurs aient toujours plus de moyens de lui rendre les fervices qu'ils lui doivent, le Seigneur par la compenfation réintégre parfaitement fon fief, le bien par lui acquis, quonque roturier, devenant entre fes mains, noble, comme exempt de taille d'un côté, & reftant joint à la jurifdictionn de l'autre.

L'autre partie des moyens rouloit de part & d'autre fur le droit de forain, ou l'exemption des charges négociales.

Voici maintenant les difpofitions de l'arrêt de 1702.

La premiere maintient les Seigneurs féodataires dans l'exemption des *Arrêt du Con-* tailles négociales, qui ne concernent que la fimple commodité des ha- *feil de 1702.* bitans pour les biens roturiers qu'ils poffédent dans l'étendue de leur fief & jurifdiction, pourvu qu'ils aient moitié dans la jurifdiction, & que leurs biens aient été acquis par eux ou leurs auteurs, depuis qu'ils ont eu ladite part dans la jurifdiction.

Et à l'égard des tailles négociales qui s'impofent pour l'utilité des fonds, veut Sa Majefté qu'ils foient tenus d'y contribuer ainfi que les autres poffeffeurs des biens roturiers.

Maintient les Seigneurs féodataires au droit de compenfer les biens roturiers par eux acquis par *achat, donation, prélation* ou *échange depuis le 15 octobre 1556,* ou qu'ils acquerront ci-après, avec les biens nobles par eux aliénés depuis ledit temps, ou qu'ils aliéneront à l'avenir, le tout dans l'étendue de leur fief & jurifdiction, & ainfi qu'ils auroient pu faire avant la déclaration du mois de février 1666, que Sa Majefté a révoquée.

Ordonne Sa Majefté, que les Seigneurs ne pourront donner en compenfation l'extinction ou diminution des droits feigneuriaux, non plus que les ufages concédés aux habitans par eux ou leurs auteurs, dans les bois, terres gaftes, montagnes & autres lieux dépendans de leur fief.

Ils ne pourront pareillement donner en compenfation les terres gaftes, bois ou domaines délaiffés par eux ou leurs auteurs aux communautés, à moins que lefdites terres, bois & domaines ne fe trouvent entre les mains des particuliers & encadaftrés, ni les ufurpations faites dans lefdites terres, bois & domaines, à moins que la réunion à leur profit n'en ait été ordonnée par Juftice.

Les demandes en compenfation feront faites par exploits, contenant les fituations, confronts & allivremens, tant des biens roturiers acquis par les Seigneurs, que des biens nobles par eux aliénés qu'ils voudront donner en compenfation, le nom des poffeffeurs defdits biens & le temps de l'aliénation, & feront lefdites demandes fignifiées au Syndic de la province dans quinzaine au plus tard, du jour de la fignification qui en aura été faite aux communautés, pour y intervenir fi bon leur femble & fans frais, le tout à peine de nullité des demandes, & de tout ce qui pourroit s'en être enfuivi.

La compenfation, en cas qu'elle ait lieu, fera faite du jour des demandes libellées & fignifiées en la maniere ci-deffus, & feront les biens nobles qui auront été donnés en compenfation fuffifans, & tenus porter les mêmes charges qu'auroient dû porter les biens roturiers acquis par les Seigneurs, dont ils demeureront *garans pendant dix ans*, à compter du jour que la compenfation aura été ordonnée, fauf les cas fortuits ou de force majeure, dont ils ne feront pas refponfables.

Lefdits biens ne pourront rentrer dans les mains de ceux qui les auront donnés en compenfation, par confifcation, déguerpiffement ou autrement, pendant l'efpace de trente années, à compter du jour que la compenfation aura été jugée ou acceptée, qu'à condition qu'ils demeureront roturiers, & fujets aux mêmes charges dont ils étoient tenus.

L'eftimation des biens qui feront donnés ou pris par les Seigneurs en compenfation, fera faite par les experts convenus ou nommés d'office, fur le pied de la valeur au temps de la compenfation.

Le fol des maifons ne pourra être donné en compenfation qu'avec un bien de même qualité, & dans les lieux où le fol des maifons eft encadaftré, ce qui fera pareillement obfervé à l'égard des maifons & bâtimens.

Sa Majefté déclare nuls tous affranchiffemens de taille faits à prix d'argent, ou fous prétexte d'acquitter des droits feigneuriaux ou arrérages defdits droits, & en quelque maniere que ce puiffe être, autrement que par compenfation , enfemble tous actes par lefquels la cote des biens roturiers poffédés par les Seigneurs ou autres aura été fixée , & ce nonobftant tout laps de temps.

Veut Sa Majefté , que les héritages ainfi affranchis foient remis au cadaftre , fauf aux poffeffeurs de pourfuivre , devant les Juges qui en doivent connoître , la liquidation & le rembourfement des fommes qu'ils auront payées , ou la vérification des droits par eux remis en confidération defdits affranchiffemens , dans lefquels droits ils pourront rentrer , le tout fans reftitution des frais & intérêts pour le paffé.

Fait Sa Majefté défenfes à toutes Cours & Juges, d'accorder aux Seigneurs aucune furféance au paiement de la taille , fous prétexte , foit de compenfation ou d'exemption de tailles négociales , par eux prétendues· jufqu'au jugement définitif defdites prétentions , & déclare nulles toutes celles qui ont pu ou pourroient être accordées.

La nature & les principes de la taille en Provence ainfi développés , il s'agit maintenant de retracer la forme d'adminiftration qui y eft fuivie.

On fait que René d'Anjou , comte de Provence , ayant difpofé de ce Comté en faveur de Charles, comte du Maine fon neveu, celui-ci inftitua à fon tour fon héritier, en 1481 , Louis XI , qui prit , à la mort de Charles , poffeffion de la Provence , & promit aux habitans de leur conferver leurs loix particulieres & leurs priviléges , fans que par l'union à la Couronne. leur pays pût devenir province de France : c'eft par cette raifon que dans les expéditions qui concernent ce pays , le Roi prend la qualité de comte de Provence.

Après la mort de Louis XI, René , duc de Lorraine , fils d'Yolande, renouvella fes prétentions fur la Provence , mais fans aucun fuccès ; Charles VIII , à la priere des Trois-états , unit & annexa à perpétuité cette province à la Couronne : ce Gouvernement eft compofé des comtés de Provence & Forcalquier , & terres adjacentes.

L'affemblée générale des Etats y eft depuis long-temps remplacée & repréfentée par celle des Procureurs du pays ; l'Archevêque d'Aix eft le chef de cette affemblée , comme le premier des Procureurs du pays , après lui font deux Evêques procureurs joints du Clergé , enfuite les deux Gentilshommes procureurs joints de la Nobleffe , après ceux-ci les Confuls d'Aix , procureurs nés du pays ; les procureurs Syndics des trente communautés qui ont droit d'affifter aux affemblées , le Tréforier général, les deux Greffiers & l'Agent, il y affiste toujours un Commiffaire du Roi.

On y délibere fur le *don gratuit*, qui eft de 700 mille livres, on fixe auffi le montant du furplus des dépenfes néceffaires à la province.

Indépendamment du *don gratuit*, la Provence paye à titre de fouage, taillon & fubfide, 115 mille 816 livres; l'impofition fur les communautés des terres adjacentes, monte à 39 mille 978 livres.

La répartition des impôts entre toutes les communautés, fe fait pareillement dans cette affemblée ou plutôt elle eft toute faite au moyen de *l'affouagement*.

On appelle de ce nom un tableau qui renferme les noms de toutes les communautés de Provence, eftimées à un certain nombre de feux, eu égard à la quantité de fonds taillables qui y font fitués, ainfi le mot *feux* ne fignifie pas une maifon, mais une certaine quantité de biens fonds taillables & évalués 50 mille livres de taille réelle. La ville & viguerie d'Aix, par exemple, contient quatre-vingt-trois communautés, & eft évaluée cinq cents dix-neuf feux $\frac{1}{10}\frac{1}{7}$; celle de Tarafcon eft de vingt-quatre communautés & deux cents quarante-fix feux $\frac{7}{14}\frac{1}{10}$.

La fubdivifion de chaque viguerie eft faite dans cet affouagement général, par communautés, eftimées chacune un certain nombre de feux; le total des biens taillables de Provence eft de trois mille trente-deux feux $\frac{1}{7}$ & $\frac{1}{7}$, enforte que l'on fait que les fonds fujets à ce genre d'impofition équivalent à 151 millions 641 mille 666 livres 13 fous 4 deniers, qui produifent environ 7 millions 582 mille 83 livres 6 fous 8 deniers de revenu.

Nous ne parlerons point ici, de *l'afflorinement* qui eft par rapport à l'impofition fur les biens nobles, un tableau de la même efpece à-peu-près que l'affouagement pour les fonds roturiers; nous ne traitons ici que ce qui concerne la taille & la maniere dont elle s'impofe.

Il réfulte de ce qui vient d'être dit, qu'avant que l'affemblée des Procureurs du pays foit féparée, toutes les communautés favent ce qu'elles doivent payer, car elles connoiffent le nombre de feux dont elles font compofées, elles favent de plus à combien chaque feu a été impofé dans la répartition générale.

Alors chaque communauté s'affemble, convoquée par les Adminiftrateurs, & c'eft-là que l'on délibere fur la maniere d'acquitter fa cote-

part de l'impofition générale , & de fatisfaire en même-temps aux dépenfes qui la concernent ; cette derniere impofition s'appelle *taille négo-*
ciale , à la différence de la *taille royale* , qui ne fe paye qu'au profit du
Roi.

Les communautés ont deux voies pour fatisfaire à cette contribution ,
l'une de répartir l'impofition fur tous les habitans à raifon de leurs biens ,
& il ne peut jamais à cet égard y avoir de difficulté : en effet , chaque
communauté a fon cadaftre dans lequel font infcrits tous les fonds qu'elle
poffede avec leur eftimation ; la répartition fe fait au marc la livre de
cette évaluation , & chaque particulier eft toujours en état de vérifier fi
fa taxe eft jufte & proportionnelle.

L'autre moyen eft également facile & fouvent préféré comme plus
commode , il confifte à établir des impofitions fur les fruits & denrées qui fe recueillent dans le territoire, on n'a befoin pour cet établiffement que de l'attache de la Cour des Aides.

Ces impofitions fe levent quelquefois en argent , & alors on les appelle
impofitions fur les fruits , quelquefois auffi elles confiftent en quotité , fe
payent en nature, s'adjugent au plus offrant & dernier enchériffeur qui
fait les deniers bons, on les nomme dans ce cas , *impofition en*
fruits.

Mais quelque parti qu'adoptent les communautés , elles commencent
toujours par employer au payement de leurs impôts le revenu de leurs
biens patrimoniaux lorfqu'elles en ont.

Quant au recouvrement de l'impofition , il eft confié & adjugé au
rabais à celui qui exige un moindre falaire pour fes foins, & le produit
en eft verfé dans une feule & même caiffe dans laquelle fe prennent
les fommes néceffaires pour acquitter les fubfides , & celles qui doivent
fournir aux autres dépenfes de la communauté.

Les exacteurs font toujours les derniers bons , & portent en quatre
termes le montant de la portion dont chaque communauté eft tenue
dans les impofitions de la province , à un Receveur que la viguerie ou
le Tréforier des Etats nomment , & dont ils font refponfables. Les ré-
tributions accordées à tous les Receveurs des vigueries enfemble, ne
montent en tout qu'à 18 mille 506 livres 16 fous par année : les Receveurs des vigueries verfent à leurs frais & aux mêmes quatre termes
le montant de leur recette dans la caiffe du Receveur général établi

par les Etats, dont les attributions se montent à 31 mille 991 livres 7 sous 7 deniers, en sorte qu'il n'en coûte que 50 mille 508 livres 3 sous 8 deniers, tant à la province qu'aux vigueries en particulier, pour faire lever le montant des impositions ; & le produit net tant du don gratuit que de la capitation & des vingtiemes passe, sans aucune défalcation, dans les coffres du Roi.

On vient d'exposer les détails relatifs à la nature, aux principes & à l'administration de la taille en Provence ; il faut en même-temps parcourir les mêmes objets par rapport à la Bretagne.

BRETAGNE.

Les tailles en Bretagne s'appellent *fouages*.

Il paroît que la dénomination de *fouage* vient de ce que c'étoit une levée de deniers qui se faisoit par feux, ce qui dans quelques endroits le faisoit appeller *fournage* à cause du fourneau & cheminée.

On voit dans les assises de Jérusalem, que le Seigneur étoit dit, *foager son fief : cum foagium à tenentibus suis pro aliqua necessitate exigit.*

Ce n'étoit point une prestation annuelle, les Seigneurs n'y avoient recours que dans le cas de besoin.

Les comtes d'Anjou ne pouvoient l'exiger qu'une fois dans la ville d'Angers.

Quod ipse dominus comes exigat & habeat unâ vice duntaxat in villa Andegavensi foagium, videlicet, à quolibet foco, quatuor solidos unâ vice solvendos, pauperibus, locisque, ac personis privilegiatis duntaxat exceptis.

Suivant Brussel, dans son livre de l'usage général des Fiefs, le fouage dans son origine ou le monéage étoit la même chose, & consistoit en un droit en argent que les habitans de quelques pays, dont les Seigneurs jouissoient des droits régaliens, payoient à leur Duc ou Comte, à condition qu'il ne changeroit pas la monnoie.

Ce droit avoit lieu en Normandie & en Bretagne, & il y étoit appellé *fouage*, parce qu'il se levoit sur chaque feu ou ménage non noble de ces deux provinces.

Il

Il ne fe percevoit en Normandie que de trois années l'une, ainfi qu'il fe voit par un réglement dont Bruffel prétend que la date remonte à l'une des années 1204, 1205 ou 1206, peu de temps après que Philippe Augufte eut conquis la Normandie : ce réglement que l'on va rapporter, fera connoître en quoi confiftoit le fouage & la maniere dont s'en faifoit la perception.

Focagium capiendum eft in Normannia in tertio anno, ita videlicet quod duo anni remittuntur, & in tertio anno capitur ; tali autem modo accipitur.

De unaquaque villa fecundùm quod villa eft, fubmoventur quatuor homines, vel fex, vel plures fi opus eft, & illi fubmoniti jurant quod fideliter colligent foagium, videlicet de quolibet foco duodecim denarios ; & fi in eadem domo manferint quatuor homines vel plures, vel pauciores, de quibus unuf-quifque vivat de fuo proprio, & habeat de catallo vigenti folidos, quilibet eorum reddet foagium ; vidua autem fi habeat de mobili quadraginta folidos aut amplius dat focagium, fi non habeat quadraginta folidos de mobili non reddat.

De focagio autem quiti funt omnes presbyteri, & diaconi, & milites, & omnes perfonæ quæ habent ecclefias, molendinarii etiam & furnarii epif-coporum, abbatum & omnium militum qui deferviunt dominis fuis per mem-brum loricæ inde quiti funt, & præterea quilibet epifcopus, & abbas, & baro habet feptem fervientes quofcumque voluerit quitos de focagio.

Le chapitre XV de l'ancienne coutume de Normandie, portoit : *Le monéage eft un aide de deniers qui eft due au Duc de Normandie, de trois en trois ans, afin qu'il ne faffe changer la monnoie qui eft en Normandie, & pour ce fouloit être appellé* fouage, *car ceux le payent principalement qui tiennent feu & lieu.*

Et fuivant l'article LXXV de la nouvelle coutume : *Le Roi, pour droit de monéage, peut prendre douze deniers de trois ans en trois ans fur chacun feu, qui lui fut octroyé anciennement pour ne point changer la monnoie.*

Le droit de fouage & monéage fe leve encore en conformité de cette difpofition de la coutume dans les lieux de la Normandie, où l'ufage eft de le percevoir.

Un arrêt du Confeil du 15 avril 1687, enjoint aux Collecteurs des tailles, de faire un rôle féparé, où font compris les habitans fujets à ce droit, à raifon d'un fou pour trois années, & d'en remettre le mon- *Arrêt du Con-feil du 15 avril 1687.*

tant au fermier du domaine, à la déduction de 10 deniers pour livre qu'ils retiendront par leurs mains pour tous falaires & frais.

En conféquence, le fermier des domaines obtient de trois ans en trois ans une ordonnance de M. l'Intendant pour la levée de ce droit dans les lieux feulement où il a coutume d'être levé & où il l'a été jufqu'à préfent ; le produit ne fait qu'un objet d'environ mille livres par année.

Il n'eft pas fingulier que grand nombre de Seigneurs particuliers fuffent dans l'ufage & poffeffion de lever des fouages, on en comptoit en 1262 plus de quatre-vingts qui pouvoient faire battre monnoie ; mais le Roi feul avoit droit d'en fabriquer d'or & d'argent, celle des Barons étoit noire, c'eft-à-dire de cuivre, & la monnoie feule du Roi avoit cours dans tout le royaume.

Les fujets des Barons préféroient de payer une fomme ou redevance fixe, au trouble que caufoient dans leurs fortunes & leur commerce les variations continuelles des monnoies ; on fait les reffources que dans des circonftances malheureufes, nos Rois fe procuroient par les augmentations, altérations, & changemens des efpeces, les peuples préféroient de les remplacer par des impofitions, au moyen defquelles le Prince déclaroit qu'il ne feroit point ufage de ce fatal expédient.

Ce fut fous ce point de vue que dans les Etats affemblés à Paris fous Charles V, en 1369, il fut régié qu'on leveroit, pour fubvenir aux dépenfes de la guerre contre l'Angleterre, une impofition de 4 livres par feu dans les villes, de 30 fous dans les campagnes.

En 1374, les fouages furent portés à 6 livres par feu dans les villes, & à 2 livres dans le plat-pays ; *le fort portant le foible.*

Par un réglement du 20 novembre 1377, Charles V ordonna que pour éviter les vexations, les fouages fe payeroient chaque année en trois termes ; le premier au 1.er jour de mars ; le fecond au 1.er jour de juillet, & le troifieme au 1.er jour de novembre.

Enfin le 16 feptembre 1380, le jour même de fa mort, ce Prince rendit une ordonnance par laquelle il fit remife de ce qui étoit dû des fouages qu'il avoit impofés pour le fait des guerres, & les abolit pour l'avenir.

Cette ordonnance eut peu d'exécution fous le regne de Charles VI, & enfin les fouages fous le regne de Charles VII devinrent, fous le nom de *Taille*, un tribut annuel & ordinaire.

On prétend que dans leur origine les fouages en Bretagne étoient une levée que les *Seigneurs* de fief faifoient à leur profit fur leurs vaffaux, ces levées n'étoient pas annuelles, les Seigneurs n'y avoient recours que dans les cas de befoins preffans. Origine des fouages, qui fe levent en Bretagne, & qui y tiennent lieu de la Taille.

Les ducs de Bretagne n'avoient alors pour tout revenu que ce qu'ils retiroient de leurs domaines & des impôts qu'ils établiffoient fur leur propres vaffaux en qualité de Seigneurs particuliers; peu à peu & fucceffivement la levée des fouages dans toute l'étendue du duché, s'eft entiérement réunie dans la main du Souverain.

Le plus ancien titre qui fe foit confervé d'un fouage accordé au duc de Bretagne fur tous les lieux contribuables du Duché, eft du 15 février 1365. 25 *février* 1365.

Les dettes qu'avoit contractées Jean, comte de Montfort, pour foutenir fes prétentions fur la Bretagne, déterminerent les Seigneurs eccléfiaftiques & laïcs à lui donner & octroyer dans leurs terroirs un fouage d'un écu d'or par feu.

Les lettres de non-préjudice qu'il donna au fire de Laval & à l'abbé de Rhédon, porte quent cet octroi avoit été fait de *leur pure grace, pour une fois tant feulement & fans tirer à conféquence*; mais les revenus des Ducs étant peu confidérables, & les guerres fréquentes, ainfi que les autres dépenfes, faifant naître fans ceffe des befoins, les levées des fouages au profit des Ducs fe renouvellerent fouvent depuis cette époque.

Ils accordoient toujours des lettres de non-préjudice aux Seigneurs, parce que ces levées n'étoient confidérées que comme un octroi.

On trouve de ces lettres jufqu'en 1462, fous François II, pere d'Anne de Bretagne; il paroît que depuis le fouage étoit devenu une impofition ordinaire, & pour laquelle le Prince n'avoit plus qu'une demande à faire aux Etats.

Tant que ce fut un don des Seigneurs fur leurs terres, & dépendant de leur libre confentement, ce fubfide ne s'étendoit quelquefois que fur une partie du Duché, les vaffaux des autres Seigneurs n'y contribuoient en rien.

Le duc Jean V devoit 100 mille livres à Olivier de Cliffon, avec qui il eut de longs & fréquents démêlés; plufieurs Seigneurs de Bretagne s'obligerent à payer cette fomme dans un terme affez court, ils ne purent en fournir qu'une partie; on convint en 1392, & on prit le parti de lever un fouage de 25 fous par chaque feu; mais Olivier de Cliffon, & ceux qui tenoient fon parti, ne voulurent point confentir à ce que leurs vaffaux contribuaffent à cette levée.

En 1433, Jean VI, duc de Bretagne jouit d'un fouage de 20 fous par feu, mais ce ne fut que dans l'évêché de Saint-Brieuc.

L'année fuivante, il obtint un fouage de 50 fous par feu qui n'eut lieu que dans les évêchés de Vannes, de Saint-Brieuc & de Tréguier.

Enfin le même titre d'où ces faits font tirés, parle d'un autre fouage de 43 fous 4 deniers par feu, qui fut levé peu d'années après dans les feuls évêchés de Cornouailles, Saint-Brieuc & Quimper.

· Quelquefois aussi lorfque le fouage étoit univerfel, le Duc en partageoit le produit avec les Seigneurs particuliers.

Tous les Seigneurs ayant accordé au duc Jean V, 10 fous par feu pour la garde & réparation des villes & fortereffes du Duc, il ordonna par un acte du 20 feptembre 1392, que ce qui en feroit levé fur le territoire de fire de Montauban, lui feroit payé par le Receveur pour réparer les fortereffes de ce Seigneur particulier.

Les Seigneurs permettoient même des levées de fouages fur leurs vaffaux pour les affaires générales ou particulieres, auxquelles ils prenoient intérêt.

En 1373, Bertrand du Guefclin, envoyé en Bretagne par le Roi Charles V, pour en faire la conquête, prit le confentement d'un grand nombre de Seigneurs pour faire lever un fouage de 20 fous par chaque feu dans les évêchés de Saint Malo, Saint-Brieuc & Vannes.

Les Prélats & Barons octroyerent, en 1415, au vicomte de Rohan, qui avoit époufé la feconde fille de François Ier. duc de Bretagne, 5 fous par chaque feu, pour être levés, ou par les Officiers de ce Vicomte ou par ceux du Duc, conjointement avec 73 fous par feu qui venoient d'être accordés à ce Prince.

On prétend que lorfqu'il ne dépendit plus des Seigneurs de borner l'octroi du fouage, & même de le refufer, & que par fucceffion de temps, il fut devenu un impôt ordinaire, il fut porté à un tel excès que la pauvreté & la mifere du peuple en furent la fuite.

Charles VIII ayant époufé Anne de Bretagne, au mois de décembre 1491, donna un Diplôme, qui exifte à la Chambre des Comptes de Nantes, par lequel *il quitta tous les contribuables aux fouages de tous ceux qui par ci-devant avoient été mis & impofés fur eux, & de tout ce qu'ils en pouvoient devoir de tout temps jufqu'à préfent.*

Enfin, on détermina une fomme fixe pour les fouages ordinaires de chaque année ; ces fouages qui fe levent au nom du Roi fur des mandemens envoyés par le Receveur général des finances, ne varient point, & leur produit annuel eft toujours le même ; il monte par année à 278 mille 667 livres 17 fous 11 deniers, c'eft ce qu'on appelle les *fouages ordinaires.*

Il y a auffi des fouages extraordinaires qui font levés au nom des Etats, fur les mandemens envoyés par le Tréforier général aux Receveurs des fouages de chaque diocèfe.

Les uns & les autres font confentis par les Etats à chacune de leurs affemblées.

Les fouages extraordinaires varient à proportion des fecours que le Roi demande à la Province.

Cette impofition eft toujours qualifiée d'*Emprunt* dans les délibérations des Etats, elle a pour objet de faire face au don gratuit, aux rentes dues par la province, & aux dépenfes dont les Etats font chargés.

Les Etats follicitent depuis long-temps à raifon de ces emprunts prétendus, une diminution fur l'impôt, ou du moins que quand la recette de leur état de fonds excédera la dépenfe, l'excédant tourne au foulagement des contribuables.

Les fouages extraordinaires ne furent d'abord que de 214 mille livres, ils ont reçu depuis différentes augmentations, qui confiftent en doublement, demi-doublement, quart de doublement de la premiere fomme que l'on a rappellée ; depuis 1707 jufqu'en 1720, les fouages extraordinaires ont monté à 642 mille livres, on appelloit cette fixation un *doublement & demi-doublement,* quoique ce fût un triplement entier des 214 mille livres ; depuis 1721, la levée annuelle a été de 428 mille livres, ce qui forme un doublement.

On leve encore annuellement avec les fouages & fur les mêmes contribuables, fous le nom de *droits fur les fouages,* les émolumens attachés à divers offices créés en 1693, dont les titulaires ont été remboursés par les Etats, en conféquence d'un édit du mois de novembre 1711, & depuis ce rembourfement la levée des droits attachés à ces offices a été continuée au profit des Etats.

Les fouages ne fe levent que fur les terres roturieres, & l'impofition en paroît être réglée à raifon d'une fomme fixe & déterminée par chaque feu. Dans la délibération des Etats, portant confentement à la levée des fouages ordinaires, il eft dit, *que ce fera à raifon de 7 livres 7 fous monnoie*, faifant 8 livres 15 fous 5 deniers tournois *par chaque feu ;* mais cette énonciation n'a d'autre objet que de fe conformer aux anciens ufages, & cette fixation n'a dans l'exécution aucune réalité ; comme le montant des fouages ordinaires eft toujours le même, ceux qui font chargés de la répartition fuivent l'ufage où l'on eft dans chaque paroiffe de répartir annuellement la même fomme fur les contribuables ; ils font à la vérité forcés d'avoir égard aux divifions des biens dans une même famille, aux ventes & aux acquifitions que font les particuliers à l'augmentation & à la diminution des terres exemptes, quoique roturieres, felon qu'elles font cultivées par des propriétaires nobles, ou par leurs fermiers ; les changemens que les circonftances doivent néceffairement produire dans la répartition feroient opérés fans rien donner à l'arbitraire, fi la divifion par feux n'étoit point une dénomination vaine, & fi elle étoit appliquée à une portion de terres d'une valeur & d'une étendue déterminée ; mais on prétend que jamais il n'a exifté de notion bien précife fur ce qui conftituoit un feu ; on cite pour le prouver l'expreffion des titres d'octroi d'un fouage général au Duc fur les vaffaux des Seigneurs, qui portent un écu d'or par feu, *le riche aidant au pauvre, le fort aidant le foible.* On obferve que fi chaque feu eût été compofé d'une portion de terre fixe & déterminée, il n'y auroit pas eu des feux forts & des feux foibles ; fi l'impôt eût toujours été réel & jamais perfonnel ou mixte, il eût été illufoire d'impofer la condition que le feu d'un vaffal riche aideroit au feu du vaffal pauvre.

On expofe qu'il n'eft pas poffible de trouver aucun monument ni même un renfeignement qui conduife à penfer qu'il ait jamais exifté en Bretagne de cadaftre général ou des cadaftres particuliers, d'après lefquels les fouages fuffent répartis ; l'indépendance abfolue des Seigneurs ne permettoit pas au Duc d'ordonner la confection d'un cadaftre général de toutes les terres roturieres du duché ; d'un autre côté chaque Seigneur eût agi dans l'étendue de fa terre d'après fon opinion & fes principes, & de quel ufage auroit pu être une opération où il eût regné fi peu d'uniformité ?

On ne croit pas devoir regarder comme une preuve de l'exiftence d'un ancien cadaftre les rôles qui ont été faits fous les Ducs, du nombre de feux contribuables ; ces rôles étoient une fimple énumération d'après les déclarations des Seigneurs qui confentoient que le Duc levât tant par feu fur leurs vaffaux.

Lors du fouage accordé au duc de Bretagne, en 1392, pour le rembourfement d'Olivier de Cliffon, des Commiffaires de la Chambre des Comptes furent chargés d'examiner en détail le nombre de feux convenables ; ils fe trouverent monter à foixante-dix-neuf mille fept cents quarante-huit, fans compter ceux des fiefs & arriere-fiefs d'Olivier de Cliffon & des Seigneurs de fon parti ; les feux exceptés montoient, fuivant l'acte du 6 février 1392, à dix-huit mille fix cents quatre-vingt-dix-neuf, d'où l'on peut conclure qu'il y avoit alors en Bretagne quatre-vingt-dix-huit mille quatre cents quarante-fept feux affujétis aux fouages.

Le nombre des biens exempts du fouage s'étant fucceffivement augmenté, on en avoit dreffé un rôle par paroiffe qui étoit dépofé à la Chambre des Comptes : ce rôle n'étant pas public, *des gens d'Eglife, Nobles, gens de Juftice, Marchands & autres qui avoient fait bâtir de nouvelles métairies & en grand nombre dans plufieurs & diverfes paroiffes*, prétendoient qu'elles étoient exemptes de fouages ; le nombre en étoit fi grand que les Etats demanderent que la Chambre des Comptes fournît des extraits du rôle général dont on vient de parler ; François Ier. l'ordonna par un édit en forme de réglement du 29 mars 1529.

On obferve, que fi cette opération fut fuivie avec exactitude, elle dut augmenter le nombre des contribuables, mais qu'il fut d'un autre côté confidérablement diminué par des opérations fubféquentes.

En 1562, Charles IX ordonna la vente des fouages jufqu'à concurrence de 360 mille livres de fort principal.

Sous le même regne, en 1573, le Parlement de Bretagne enregiftra une commiffion pour 12 mille livres de rentes fur les fouages, impôts & billots.

Par édit d'Henri III, du mois de mai 1577, il fut ordonné que de trente-fix mille deux cents cinquante-quatre feux de fouages qui avoient accoutumé d'être levés chaque année en Bretagne, il feroit vendu & aliéné fur le pied du denier vingt-quatre, au plus offrant, le nombre de deux feux en chaque paroiſſe pour jouir de l'exemption & affranchiſſement du fouage, taillon, uſtenſiles, &c.

. Il fut en conſéquence affranchi onze cents quatre - vingt - treize feux.

Louis XIII, par un édit du mois de mai 1638, ordonna que les quatorze cents cinquante feux reſtans à affranchir en exécution de l'édit de 1577, ſeroient aliénés & affranchis, de maniere qu'il y eût en tout deux mille ſix cents quarante-trois feux affranchis, en y comprenant ceux qui l'avoit été précédemment ; & par le même édit, il déclara anoblir ces deux mille ſix cents quarante-trois feux, pour jouir des mêmes priviléges & immunités que les autres terres nobles de la province, ſans aucune différence ni diſtinction ; à la charge de payer une finance de 200 livres par chaque feu précédemment affranchi , & de 320 livres par chacun des quatorze cents cinquante feux qui l'étoient par cet édit.

Ce Prince, par un édit du mois de janvier 1640, ordonna qu'il ſeroit fait une nouvelle aliénation de ſeize cents quarante feux, pour être pareillement poſſédés noblement & affranchis.

Ces aliénations, affranchiſſemens & anobliſſemens furent confirmés par édit du mois de janvier 1659 & par un arrêt du Conſeil rendu en conſéquence le 7 août de la même année, moyennant un ſupplément de finance proportionné aux priviléges & à raiſon du denier quarante de l'impoſition du fouage.

Enfin par deux autres édits des mois de janvier 1693 & juillet 1710, les poſſeſſeurs de ces terres ont été confirmés dans le droit d'en jouir noblement & dans l'exemption des fouages, taillon & autres impoſitions, moyennant un ſupplément de finance relatif à l'augmentation de ces impoſitions ſur les feux non affranchis ni anoblis.

En conſidérant d'un côté ces aliénations, & d'un autre les nouvelles métairies conſtruites juſqu'au regne de François Iᵉʳ. par des perſonnes de tout état, & celles conſtruites depuis, on apperçoit aiſément que le produit uniforme que donnent les fouages ordinaires, ne peut avoir de relation avec un nombre déterminé de feux contribuables.

On croit aſſez communément que la Bretagne renferme trente-deux mille quatre cents quarante-ſix feux contribuables, mais comment en pouvoir fixer ainſi le nombre lorſque la conſiſtance d'un feu n'eſt pas
déterminée,

déterminée, lorsque d'ailleurs la quantité de ceux qui sont assujétis aux fouages est dans le cas d'éprouver des variations continuelles ?

On conçoit que la fixation des fouages ordinaires à 278 mille 667 livres, n'a point été faite avec une proportion arithmétique & additionnelle de la somme fixe que chaque feu doit supporter suivant la délibération des Etats, dont on a parlé ; cette fixation doit être considérée comme un abonnement dans lequel il n'a pas été possible de suivre la rigueur du calcul, faute d'une base assurée, c'est-à-dire, faute de connoître le nombre précis de feux qui existent en Bretagne.

Quoique toutes les terres roturieres soient par leur nature assujéties aux fouages, il y a des cas où elles sont exemptes :

1°. Les terres roturieres qui de tout temps sont annexées à des bénéfices :

2°. Celles sur lesquelles est assigné le titre clérical d'un Eccéfiastique :

3°. Celles qui appartiennent à des Eccléfiastiques de condition noble ou des Gentilshommes, elles ne sont point sujettes aux fouages lorsqu'elles sont toutes par main, c'est-à-dire, lorsqu'elles ne sont pas en ferme, ou en main de métayer ; dès qu'elles sont affermées elles contribuent aux fouages.

Les terres roturieres des Eccléfiastiques de condition commune, celles qui sont tenues à ferme par des Gentilshommes, celles des Gentilshommes faisant le trafic & usage de bourse commune, quand même ils les tiendroient par main, sont sujettes aux fouages.

Ce détail fait suffisamment connoître que le nombre des terres contribuables ne peut être de même d'une année à l'autre.

Il existe dans les évêchés de la basse Bretagne, des biens qu'on nomme *convenans & domaines congeables*, ces biens sont nobles ; mais comme la propriété en est partagée entre le Seigneur à qui le fonds du sol appartient, & le colon à qui appartiennent en propre les bâtimens & tout ce qui est sur la superficie de la terre, on a regardé ce qui tombe dans la propriété du colon comme roturier, & en conséquence on l'a soumis aux fouages ; si les propriétaires du fonds prenoient jamais le parti de les convertir en simples fermes ou métairies, comme il y en a des exemples, la moitié des terres qui payent aujourd'hui les fouages en seroit déchargée.

C'est une maxime inviolable, que qui que ce soit ne peut être imposé aux fouages qu'à raison des terres roturieres dont il jouit, ou comme propriétaire ou comme fermier, & non par rapport à sa personne ou à son commerce ; d'où l'on tire la conséquence que cet impôt est purement territorial.

On finira par observer que de tout temps un assez grand nombre de villes ont joui de l'exemption du fouage ; leurs habitans payoient, comme une espece d'équivalent, un droit qui portoit le nom d'*aide de ville* & qui existe encore sous le même nom.

Autrefois la répartition des fouages entre tous les diocèses, & ensuite entre les différentes communautés de chaque diocèse, se faisoit par le Bureau des finances & par l'Intendant, & les commissions qui contenoient le montant de ce que chaque communauté devoit porter, étoient par eux adressées aux Receveurs du fouage qui sont en titre dans chaque évêché, ceux-ci envoyoient à toutes les communautés de leur district, leurs mandemens qui contenoient la somme qui devoit être imposée sur chacune.

Aujourd'hui ces répartitions se font par la *commission intermédiaire*, on appelle de ce nom un Bureau composé de quatre-vingt-dix Commissaires, savoir de dix-huit, six de chaque ordre pour le diocèse de Rennes ; & neuf, trois de chaque ordre pour chacun des huit autres diocèses.

Ce Bureau dont l'activité n'a point d'interruption, fut établi pour deux ans par arrêt du Conseil du 30 janvier 1733, & n'a été continué depuis que par le consentement que les Commissaires du Roi ont été successivement autorisés à y donner par différens articles de leurs instructions.

Son premier établissement eut pour objet, de veiller à la dépense & aux fournitures à la charge de la province, des fourrages, ustensiles & casernemens pour les troupes que le Roi jugeroit à propos d'y envoyer en quartier pendant les années 1733 & 1734 ; mais elle s'est trouvée depuis chargée successivement de toutes les autres impositions qui s'y levent, telles que la capitation, les vingtiemes, les deux sous pour livre & les fouages.

Suivant un réglement fait par les Etats dans la tenue de 1758, les Commissaires de Rennes sont tenus de s'assembler quinze jours après la séparation des Etats les années où ils se tiennent, & dans le courant de janvier les années où on ne les tient pas, c'est alors qu'ils travaillent à la répartition générale des impofitions ; dans la quinzaine après, ils doivent envoyer les tableaux dans chaque évêché, ces tableaux font fuivis du mandement rempli des fommes à lever.

Cet envoi fait, les Commiffaires font remettre au Bureau des Receveurs des fouages, un état au vrai, de toutes les impofitions, pour être procédé dans les délais prefcrits par les mandemens, au recouvrement des fommes qui y font portées.

Les fouages fe levent fur les mandemens adreffés aux Receveurs particuliers des fouages de chaque diocèfe.

Alors la communauté affemblée nomme des Egaleurs & des Collecteurs.

Les premiers n'ont d'autre fonction que de faire les rôles, & de répartir les fouages fur chacun des contribuables en raifon de ce qu'il poffede de biens roturiers ; mais ils partagent cette fonction avec les Tréforiers & Marguilliers des paroiffes : les rôles ainfi faits & rapportés par un Notaire, font enfuite délivrés aux Collecteurs chargés du recouvrement, dont ils remettent le produit dans certains termes aux Receveurs des fouages, qui font paffer celui des fouages ordinaires au Receveur général des finances, qui, après avoir acquitté les charges de la province, affignées fur fa recette, remet le furplus au Tréfor royal.

Les Etats de Bretagne levent à leur profit, fous la dénomination de *grands & petits devoirs*, des droits qui ont été fucceffivement établis fur les confommations, & dont le produit le plus confidérable réfulte de la vente en détail des boiffons fur lefquelles ils font perçus, on peut les affimiler à l'équivalent du Languedoc. C'eft avec les deniers qu'ils en retirent qu'ils acquittent le don gratuit, qui eft ordinairement de 3 millions pour les deux années qui s'écoulent d'une tenue des Etats à la fuivante, les dépenfes des grands chemins, les étapes, les fourrages & autres dépenfes militaires.

Ce qui concerne les tailles, fous la dénomination de *fouages* en Bretagne ainfi expliqué, on va rendre compte de ce qui a trait au même objet dans le duché de Bourgogne.

DUCHÉ DE BOURGOGNE.

5 janvier 1477.

LA Bourgogne eft un pays d'Etats ; Charles furnommé le *Téméraire*, ayant été tué devant Nanci le 5 janvier 1477, Louis XI ne perdit pas un moment à fe mettre en poffeffion de ce Duché; il envoya des Commiffaires dans cette province, pour la mettre fous fa main & la réunir à fa Couronne ; les Etats alors affemblés, promirent *obëiffance & fidélité au Roi, & demanderent que tous les particuliers & fujets defdits Duché, Comtés & pays en dépendans, fuffent maintenus à toujours, en toutes leurs droitures, franchifes, libertés, prérogatives & priviléges, fans qu'aucune nouvelleté leur fut faite, & que le Roi en fit paffer & expédier des lettres-patentes en forme due, à leur profit,* ce que les Commiffaires accorderent, confentirent & promirent en vertu de la puiffance à eux donnée, & de le faire ratifier & approuver par le Roi : il en fut dreffé un acte figné & fcellé du fceau des Commiffaires, le 29 du même mois de janvier 1477.

Louis XI fit expédier au mois de Mars fuivant, des lettres-patentes fur les *fupplications & requêtes*, des gens des Trois-états, contenues dans l'acte précédent, touchant le *gouvernement, police & entretenement du pays*, elles contiennent vingt-deux articles : le feizieme porte que les Trois-états ne s'affembleront *qu'en vertu de lettres-patentes*, & le dix-feptieme *que l'on ne pourra lever & cueillir fur iceux pays & Duché, aides ne fubfides, foit au profit du Roi ou d'autres, finon que lefdites aides n'aient été octroyées & confenties par les gens defdits Trois-états.*

Les Etats ont obtenu fucceffivement fous les regnes fuivans, des lettres-patentes confirmatives de ces premieres.

Comme les affemblées d'Etats ne fe tiennent que de trois ans en trois ans, ce font, dans l'intervalle de ces tenues, les Elus généraux qui font chargés de toutes les fonctions de l'adminiftration ; il y en a un de chaque Etat, ils font la diftribution & la répartition de toutes les impofitions, les mandemens font envoyés par le Secrétaire des Etats, aux communautés qui font tenues de s'affembler trois jours au plus tard après la réception du mandement, pour nommer des Afféeurs à l'effet de procéder au rôle de répartition, & des Collecteurs pour en faire le recouvrement.

Les tailles font perfonnelles en Bourgogne, ou plutôt mixtes, chaque contribuable devant être impofé fuivant fes diverfes poffeffions, ferme, culture, facultés, commerce & induftrie; on voit par des délibérations des Elus généraux en forme d'inftructions qu'ils envoient & font publier dans les différentes communautés, que les mêmes principes & les mêmes réglemens qui déterminent dans les pays où la taille eft perfonnelle, ce qui concerne la nomination des Affééurs & Collecteurs, la confection des rôles, ceux qui doivent y être compris ou taxés d'office, font fuivis dans le Duché de Bourgogne.

Dans la répartition générale, les Elus ont des regles fixes dont ils ne s'écartent pas; on fait, par exemple, que le Mâconnois qui a des Etats féparés & une adminiftration particuliere, doit fupporter la onzieme partie des impofitions, le Charollois la vingt-quatrieme, & le comté de Bar-fur-Seine la foixantieme.

Les Elus généraux s'affemblent tous les ans dans la ville de Dijon, pour le département des impofitions de toute la province, qui eft divifée en quinze bailliages ou recettes, & compofée d'environ dix-huit cents paroiffes ou communautés, le bureau des Elus affifte en totalité au département; il eft compofé des trois Elus des Ordres, de deux Députés de la Chambre des Comptes, de l'Elu du Roi, du Maire de la ville de Dijon, de deux Secrétaires en chef, & du Tréforier général des Etats.

Il n'y a point en Bourgogne de fiege d'élection, les actions en furtaux par oppofition aux rôles des tailles, fe portent en premiere inftance pardevant les premiers Juges, enfuite par appel aux bailliages, & fur l'appel des bailliages au Parlement, auquel la Cour des Aides a été unie par l'édit du mois d'avril 1630, ce qui met dans le cas d'effuyer trois degrés de jurifdiction.

Voici la regle que l'on fuit dans la répartition des impôts entre toutes les villes, paroiffes & communautés de la province.

La répartition fe fait par feux & non par fommes, en forte que la valeur de chaque feu ne peut être connue que lorfque le nombre en eft arrêté par l'impofition de toutes les communautés.

On ne doit point entendre par ce mot *feu*, une maifon, un ménage, une famille, quoique ce foit delà vraifemblablement qu'il tire fon origine, c'eft un mot numérique indicatif d'une certaine quantité de livres tournois, c'eft ce qu'un exemple rendra fenfible.

On fuppofe que le nombre de feux foit en Bourgogne de vingt-cinq mille, & que la valeur du feu foit de foixante-douze livres, les vingt-cinq mille feux monteront à 1 million 800 mille livres ; une communauté de cent habitans, impofée à trente feux, payera 2 mille 160 livres, & les Afféeurs auront cette fomme à répartir entre cent taillables.

Le nombre de feux varie de même que leur valeur, il eft vrai qu'originairement il a été fixé fur des connoiffances prifes par des procès-verbaux de vifite dreffés par des Commiffaires députés à cet effet par le Bureau des Elus, & qui fe renouvellent au befoin, de la nature du territoire de chaque paroiffe ou communauté, de fa fituation, du plus ou moins de facilité pour le débit des denrées, du nombre, qualités, facultés, commerce & induftrie des habitans ; mais la plupart de ces circonftances font fujettes à variations ; & comme il furvient d'ailleurs des accidens de grêles, inondations, mortalités de beftiaux & autres fléaux, ces événemens mettent dans le cas de procurer chaque année des foulagemens & diminutions aux communautés qui les éprouvent ; le nombre de feux ne peut être par conféquent toujours le même , l'équité exigeant qu'il foit proportionné à la fituation annuelle de chacune de ces communautés & paroiffes.

Quant à la valeur des feux, l'augmentation ou diminution dépend néceffairement des impôts plus ou moins confidérables qui font à répartir.

Déclaration du 30 juillet 1752.

Le taillon, les garnifons, la fubfiftance, l'exemption, l'octroi ordinaire & le don gratuit extraordinaire, s'impofent en vertu de commiffions du Roi ; une déclaration du 30 juillet 1752, a fixé les droits refpectifs du Receveur général des finances & du Tréforier des Etats ; le Receveur général prétendoit faire, à l'exclufion du Tréforier des Etats, le recouvrement des deniers extraordinaires qui s'impofoient pour le Roi, en vertu des commiffions de Sa Majefté dans la province, notamment des 300 mille livres qu'elle paye annuellement pour la fubfiftance des troupes, des 200 mille livres pour l'exemption des logemens des gens de guerre, indépendamment de 86 mille livres pour le fond s des garnifons, & 17 mille 666 livres 13 fous 4 deniers pour l'Octroi ordinaire, que jufqu'alors le Tréforier des Etats avoit reçu des Receveurs particuliers & reverfé enfuite au Receveur général des finances, fans taxations.

Les Elus généraux prétendoient au contraire que ces recouvremens devoient être faits & continués en la même forme & maniere qui avoient été preſcrites par un arrêt du Conſeil du 2 octobre 1691.

Arrêt du Conſeil 2 octobre 1691.

La déclaration ordonne que le Receveur général des finances, continuera de recevoir la ſomme de 86 mille livres chaque année pour le fonds des garniſons, & celle de 17 mille 666 livres 13 ſous 4 deniers auſſi annuellement, faiſant le tiers de 53 mille livres pour l'octroi ordinaire que la province accorde au Roi à chaque triennalité.

Qu'il fera à l'avenir & à commencer de 1753, ce recouvrement ſur les Receveurs particuliers de la province, en vertu de l'impoſition qui ſera faite, & des états de départemens qui ſeront arrétés par les Elus généraux ; & qu'il jouira de 4 deniers pour livre de taxations, qui ſeront impoſés avec leſdites ſommes principales par les Elus généraux.

Le Roi confirme au ſurplus, en tant que de beſoin, l'arrêt du 2 octobre 1691, maintient en conſéquence, le Tréſorier des Etats dans le recouvrement de toutes les impoſitions extraordinaires de ladite province, notamment de la ſubſiſtance & de l'exemption.

Ainſi, aux termes de cette déclaration, le Receveur général des finances du duché de Bourgogne, n'a dans le Duché que le recouvrement du fonds des garniſons & de l'octroi : elle le maintient en mêmetemps dans celui de toutes impoſitions généralement quelconques, qui ſe font de l'autorité de l'Intendant dans les pays de Breſſe, Bugey, Valromey & Gex.

Breſſe, Bugey, Valromey & Gex.

Ces pays furent cédés à la France en échange du marquiſat de Saluces, par le traité paſſé à Lyon le 17 janvier 1601, entre Henri IV & le Duc de Savoie.

17 janvier 1601.

Ces pays ne ſont pas, à parler exactement, des pays d'Etats, ils ſont ſimplement ſyndiqués.

Ce n'eſt point dans ces pays, la qualité des biens qui décide de l'aſſujétiſſement ou de la franchiſe ; quant au payement des tailles, c'eſt la qualité des perſonnes qui les poſſedent.

Les Nobles ont le privilége d'affranchir de la taille, les fonds même roturiers dont ils font l'acquiſition, & les ſommes auxquelles ces fonds ſe trouvoient impoſés ſont rejettées ſur les fonds contribuables ; la ſeule formalité à obſerver pour y parvenir, c'eſt de préſenter aux Officiers de l'élection une requête à laquelle on joint le contrat d'acquiſition.

Lorſque ces mêmes fonds ſortent des mains d'un Noble pour rentrer dans celles d'un roturier, ils reprennent leur ancienne qualité de fonds taillables & ſont de nouveau impoſés comme tels ; les biens de fiefs ſont également aſſujétis à l'impoſition lorſqu'ils ſont poſſédés par des roturiers ; ainſi les biens roturiers deviennent francs & exempts entre les mains des Nobles, & les biens nobles deviennent taillables entre les mains d'un roturier : on ſent aiſément que cette réciprocité ne dédommage pas les taillables, & que l'on voit beaucoup plus de Nobles acquérir des biens des roturiers, que des taillables acquérir des biens nobles.

C'eſt toujours dans le lieu où les fonds ſont ſitués qu'ils ſont impoſés, & c'eſt ſur le propriétaire, relativement à leur valeur, que ſe fait l'impoſition, la cote du fermier ne peut pour cet objet recevoir aucune augmentation.

Tout particulier de condition taillable eſt, à la vérité, impoſé au lieu de ſon domicile à raiſon de ſon commerce, de ſon induſtrie & de ſes facultés mobiliaires ; mais on prétend que cette taille perſonnelle eſt ſi modique qu'elle ne monte pas à la centieme partie de celle que ſupportent les fonds, en ſorte que ſous ce point de vue, les tailles peuvent être conſidérées comme réelles dans les pays dont il s'agit.

Elles ſont fixes & abonnées en Breſſe & en Bugey.

La portion de la Breſſe eſt de 101 mille 240 livres ; celle de Bugey eſt des trois cinquiemes de cette ſomme.

C'eſt M. l'Intendant qui en fait l'aſſiete & la répartition, aſſiſté de deux Tréſoriers de France & des Officiers de l'élection. Celle entre les contribuables de chaque communauté ſe fait par des Aſſéeurs qu'on appelle dans le pays *Peréquateurs* ; mais il n'y a point de cadaſtre qui dirige & regle leurs opérations, les Peréquateurs ſont en même-temps Collecteurs.

Il y a deux ſieges d'élection, l'un à Bourg pour la Breſſe, l'autre à Belley pour le Bugey, & pour les petits pays de *Gex* & *Valromey* : le Valromey n'eſt pas une province particuliere, c'eſt un mandement du Bugey.

Les plaintes en ſurtaux ſont portées devant les Officiers de l'élection, & par appel au Parlement Cour des Aides de Dijon.

Indépendamment des différens pays d'Etats dont on vient de donner les détails, il en eſt d'autres moins conſidérables que l'on va parcourir ſucceſſivement, afin de ne rien omettre.

PAYS

PAYS DE FOIX.

LE pays de Foix, par lequel nous commencerons, a fait partie de la généralité de Montauban, jufqu'à l'édit du mois d'avril 1716, qui l'en *Edit d'avril 1716.* a diftrait & attaché au département de Rouffillon à caufe de la proximité des lieux.

Les terres y font encadaftrées & les tailles réparties d'après le compoix; les biens ruraux y font affujétis, & l'impofition eft véritablement réelle.

Ce qui en forme l'objet, c'eft, 1°. une fomme d'environ 7500 livres, connue fous le nom de *don gratuit* : 2°. Quinze mille livres, à titre d'abonnement pour fubvenir aux dépenfes de l'Etat, & pour lefquelles le pays de Foix eft employé dans le brevet de la taille arrêté au Confeil, dont un extrait en forme contenant cet article, eft adreffé à la Chambre des Comptes de Pau:

3°. Le Confeil expédie chaque année un arrêt qui détermine la fomme à payer par le pays de Foix pour l'habillement, l'entretenement & les autres dépenfes de la milice, ce qui monte ordinairement à quinze, feize ou dix-fept mille livres; enfin toutes les dépenfes de la province, les impofitions relatives aux abonnemens faits en différens temps pour certaines parties, tout cela forme un total d'impofition qui eft réparti par les Etats, fur les différentes communautés qui reçoivent en conféquence *des mandats*, contenant la fomme que chacune d'elles a à impofer, & elles en font la répartition fur leurs habitans à proportion de leur allivrement fur le compoix.

Le recouvrement eft fait par le Tréforier de la province, qui verfe les deniers qui en proviennent au Tréforier de Navarre, au Receveur général des finances de Rouffillon & Foix, & aux parties prenantes fur la province, en vertu des mandemens expédiés par le Préfident des Etats.

Quant aux conteftations qui peuvent furvenir, elles font portées devant les Juges ordinaires ou à la Chambre des Comptes de Pau.

COMTÉ DE BIGORRE.

LE comté de Bigorre eſt pareillement un pays d'Etat ; il fut diſtrait *Edit d'avril 1716.* de la généralité de Bordeaux par l'édit du mois d'avril 1716, pour former avec d'autres pays & élections, la généralité qui fut établie à Auch par cet édit ; ce pays eſt abonné pour la taille à 12 mille livres ; il eſt employé pour cette ſomme dans le brevet ; il y faut joindre environ 13 mille livres, payées à titre de don pour un certain nombre de lances ; les tailles ſont réelles & s'impoſent ſur les fonds.

PAYS DE MARSAN.

LE pays de Marſan, diſtrait par le même édit de la généralité de Bordeaux & uni à celle d'Auch, eſt compoſé de la ville du Mont-de-Marſan, de quinze paroiſſes de la banlieue, & de ſoixante baſtides qui ſont de petites villes dans le reſte du Marſan.

La taille eſt abonnée à 8 mille livres, qui ſont portées par le brevet ; ce pays paye, indépendamment de cette ſomme, un ancien don de 4500 livres ; la ville du Mont-de-Marſan & la banlieue, ſupportent le tiers des impoſitions, les baſtides les deux autres tiers.

La répartition ſur la ville du Mont-de-Marſan & la banlieue, ſe fait par les Maire & Jurats de la ville & un Syndic forain ; celle des baſtides ſe fait par un Syndic du pays avec les Députés des principales baſtides ; les Députés s'aſſemblent dès qu'une ville le requiert, avec le Syndic qui les en avertit & qui eſt chargé des levées.

Les tailles ſont réelles ; il y a dans la ville du Mont-de-Marſan une eſpece de taille perſonnelle ſur l'induſtrie.

VICOMTÉ DE NÉBOUZAN.

Edit d'avril 1716. LA vicomté de Nébouzan, diſtraite par l'édit de 1716 de la généralité de Montauban, pour entrer dans l'établiſſement de celle d'Auch, eſt auſſi pays d'Etat, & abonnée pour la taille à 4500 livres, pour leſquelles elle eſt employée dans le brevet.

LES QUATRE-VALLÉES.

LES quatre vallées de Magnoac, de Neste, d'Aure & de Barrousses, qui ont de même été séparées de la généralité de Montauban, & unies à celle d'Auch, sont abonnées pour la taille à 4000 livres, qui sont portées par le brevet; elles tiennent tous les ans à Castelnau-de-Magnoac, une assemblée où on regle les impositions de ce qu'elles doivent au Roi par abonnement, & de ce qui doit être levé pour leurs affaires communes. Ces quatre vallées sont situées au pied & dans le centre des Pyrénées, & forment la baronie de la Barthe; le comté d'Armagnac ayant été réuni à la Couronne, les habitans des quatre vallées se soumirent à Louis XI; & par l'entremise de l'Evêque de Lombez, il fut passé un concordat ratifié par lettres-patentes de 1475, qui les maintint dans tous leurs *Lettres-patentes* priviléges, sans rien changer à l'état du pays. *de 1475.*

PAYS DE SOULES ET DE LABOUR.

LES pays de Soules & de Labour ne payent aucune taille; les affaires y sont traitées dans des assemblées par les députés des communautés.

BÉARN ET BASSE-NAVARRE.

LE Béarn & la basse Navarre sont pays d'Etats, ce qu'ils payent au Roi s'appelle *donation*, & est médiocre; l'imposition s'en fait par feux.

Tels sont les différens détails relatifs à la taille ou aux impositions qui en tiennent lieu dans les pays d'Etats; il ne reste plus qu'à rendre compte de ces mêmes détails dans les pays conquis.

PAYS CONQUIS ou CÉDÉS.

ON comprend sous le nom de *Pays conquis*, les Trois-Evéchés, l'Alsace, le Roussillon, l'Artois, la Flandre, le Haynault & la Franche-Comté.

TROIS-ÉVÉCHÉS.

ON comprend fous la dénomination des *Trois-Evéchés*, les bailliages préfidiaux de Metz, Toul, Verdun, Sedan & Sarrelouis; les bailliages de Thionville, Longwy, Mouzon, le duché de Carignan, le bailliage de Vic, qui eft feigneurial & dépendant de l'évêché de Metz; les prévôtés-bailliageres de Montmédy, Marville, Damvillers, Chauvency, Château-regnault, Phalsbourg, Sarrebourg & Sierck. Cette province, quant aux impofitions, eft divifée en fix bureaux de recette, qui font, Metz, Vic, Thionville, Toul, Verdun & Sedan.

Traité du 5 décembre 1551.

On fait que ce fut en conféquence d'un traité paffé avec les Princes de l'Empire le 5 décembre 1551, que Henri II prit poffeffion, au mois d'avril fuivant, des villes de Metz, Toul & Verdun, *comme Vicaire feulement de l'Empire;* & ce fut par le traité de Munfter de 1648, que la fuprême feigneurie, les droits de fouveraineté & tous autres fur ces trois villes & diocèfes furent cédées à la France & incorporées perpétuelle-ment & irrévocablement à la Couronne.

La principauté de Sedan & Raucourt fut réunie en conféquence du contrat d'échange paffé avec la maifon de Bouillon, en 1651, Phalsbourg, Sarrebourg, Sierck & les trente villages en dépendans, ainfi que tous les lieux néceffaires pour former une route de demi-lieue de largeur, depuis le dernier village du pays Meffin, entre Metz & Vic, jufqu'en

Traité de février 1661.

Alface, furent cédés à la France par le traité paffé le dernier février 1661, entre le feu Roi & Charles IV, Duc de Lorraine.

Les quatre prévôtés-bailliageres de Montmédy, Marville, Damvillers & Chauvency-le-Château, qui faifoient partie du comté de Chiny, dans le duché de Luxembourg, ont été cédées à la France par le traité des Pyrénées de 1659.

La principauté de Châteauregnault a été réunie par l'échange fait avec Madame la Princeffe de Conti, en 1629.

Avant le traité de Rifwick, & lorfque le feu Roi, indépendamment de l'Alface & des Trois-Evéchés, détenoit la Lorraine, le pays de Luxembourg & les grandes terres réunies par les différens arrêts de la Chambre royale établie à Metz, il avoit établi le même ordre pour l'adminiftration & le recouvrement des finances de ces différens pays, c'eft ce qui paroît par les édits des mois de novembre 1661 , mai 1666 & feptembre 1696.

Il avoit par le dernier édit, érigé feize Bureaux de recette dans les villes fuivantes ; favoir, Metz , Toul , Verdun , Sedan , Vic , Thionville , Sarrelouis, Luxembourg, Arlon, Lunéville, Mirecourt, Bar , Saint-Mihel , Sarrebourg , Brifac & Landau , & dans chacune de ces recettes deux offices de Receveurs particuliers des finances, fubventions, étapes & autres impofitions , tant ordinaires qu'extraordinaires.

Le pays de Luxembourg & les duchés de Lorraine & de Bar ayant été reftitués , & les arrêts des Chambres des Réunions, détruits par le traité de Rifwick, les Trois-Evéchés n'ont plus formé que les fix Bureaux de recette des finances qui fubfiftent encore aujourd'hui.

L'impofition ordinaire qui y tient lieu de taille eft la fubvention que le feu Roi y avoit établie, ainfi qu'en Alface & dans les duchés de Lorraine & de Bar.

Cette impofition ne varie point, elle forme, en y comprenant les étapes, les ponts & chauffées , les appointemens des Officiers généraux, Majors, les deux fous pour livre , les neuf deniers de taxations , dont trois aux Collecteurs & fix aux Receveurs particuliers , un montant de 324 mille 609 livres 17 fous 4 deniers.

La répartition de cette fomme fe fait annuellement fur les fix Bureaux de recette par un arrêt du Confeil, d'après le compte que rend l'Intendant de ce que chacun peut & doit en fupporter , eu égard au produit des récoltes & aux différens accidens , tels que des orages, maladies d'hommes & de beftiaux , & incendies qu'ils ont effuyés.

Cette premiere répartition ainfi déterminée, M. l'Intendant procéde feul à celle du montant de chaque Bureau entre les communautés qui y reffortiffent , d'après les connoiffances qu'il s'eft procurées de leur fituation.

Cette impofition ordinaire eft la bafe & fert de pied de proportion aux impofitions extraordinaires qui ont été établies fucceffivement , & dont plufieurs même n'étant que momentanées & fujettes à variations, font prorogées tous les ans par des arrêts du Confeil, telles font celles concernant les ouvrages imprévus à faire aux ponts & chauffées, l'entretien de la milice & la fourniture du bois de chauffage aux troupes, dont l'objet eft plus ou moins fort , fuivant que les befoins l'exigent.

La capitation fe répartit pareillement au marc la livre de la fub-vention.

La répartition entre les contribuables de chaque communauté fe fait par des Afféeurs, & le recouvrement par des Collecteurs, qui portent les deniers aux Receveurs particuliers de chaque Bureau, qui les remettent au Receveur général.

Les regles que les Afféeurs doivent fuivre dans les opérations de la répartition font détaillées dans le mandement que l'Intendant figne & expédie pour chaque communauté, & qui eft adreffé aux Maire, Echevins & habitans.

Comme l'impofition eft de même nature que dans les pays d'électi on, c'eft-à-dire perfonnelle ou plutôt mixte, la répartition eft dirigée par les mêmes principes, & les réglemens faits relativement aux exemptions & priviléges, & à leur étendue, y font pleinement exécutés.

Le local par rapport aux lieux enclavés dans la Lorraine, foit pour les habitans qui paffent d'une province dans l'autre, foit pour ceux qui y poffedent & font valoir des fonds, exige des regles particulieres qui ont été déterminées d'après les arrangemens qui ont été refpectivement faits & dont la réciprocité eft la bafe. On n'entrera point, quant-à-préfent, dans ce détail, qui trouvera fa place lorfqu'on rappellera ce qui concerne les impofitions dans les duchés de Lorraine & Bar,

Ce font les Subdélégués qui font chargés de la vérification des rôles & de les rendre exécutoires, ils ne peuvent en différer plus de deux jours l'examen, ni les vérifier en cas d'excédant, dont ils doivent dreffer leurs procès-verbaux, & les adreffer à l'Intendant.

Le mandement preferit la forme des contraintes qui doivent être vifées par le Subdélégué, les regles auxquelles doivent fe conformer les Huiffiers ou porteurs defdites contraintes ; il renferme les difpofitions néceffaires pour que les frais qui en réfultent ne foient fupportés que par les redevables qui y ont donné lieu.

Toutes les conteftations qui peuvent naître, foit à l'occafion du recouvrement, foit entre les Afféeurs & les contribuables, fur des oppofitions en furtaux, font portées devant l'Intendant, & par appel au Confeil, n'y ayant point de fiége d'Election dans ce département.

Tel eft le précis des détails concernant la nature & la répartition des impofitions dans les Trois-Evêchés.

ALSACE.

CE qui tient lieu de taille en Alsace s'appelle, comme dans les Trois-Evêchés, *subvention;* depuis 1648, époque de la ceffion de cette province à la France par le traité de Weftphalie, jufqu'en 1701, l'impofition qui fe faifoit annuellement fous ce titre, a été fixée à 99 mille livres, elle fut portée à 300 mille livres par un arrêt du 27 novembre 1700, & voici ce qui y donna lieu : le feu Roi, par édit du mois d'août 1694, avoit créé deux fiéges de maîtrifes des eaux & forêts en Alsace, l'un à Enfisheim, l'autre à Haguenau, & par un autre édit général pour tout le Royaume, du mois d'octobre 1699, & dont l'Alsace n'avoit point été exceptée, il avoit été créé des offices de Lieutenans généraux de police; les Magiftrats, Bourgmeftres & habitans des villes, bourgs & communautés de la haute & baffe Alsace, fupplierent le Roi de faire défenfe aux Officiers des maîtrifes, de s'immifcer à l'avenir dans la connoiffance des matieres concernant les bois appartenans aux particuliers & aux communautés laïques & régulieres, même aux bénéficiers de la province, fous quelque prétexte que ce pût être, & de décharger les villes & lieux de ladite province de l'exécution de l'édit, portant création des Lieutenans généraux de police, dont l'établiffement renverferoit l'ordre obfervé jufqu'alors pour la police defdites villes & lieux; ils offrirent de payer au Roi pendant la paix jufqu'à la fomme de 300 mille livres, monnoie de France, de fubvention ordinaire par chacun an, au lieu de celle de 99 mille livres qu'ils avoient toujours payée, furquoi intervint l'arrêt du 27 novembre 1700, qui leur accorde les exemptions & décharges qu'ils demandoient ; à la charge de payer, fuivant leurs offres, auffi pendant la paix, à commencer de 1701, la fomme de 300 mille livres chaque année; favoir, 267 mille livres de fubvention ordinaire & 33 mille livres pour les étapes, enfemble les neuf deniers pour livre, dont trois deniers pour les Bailiis des communautés, pour leurs frais de collecte, conformément à l'édit du mois de feptembre 1686, & fix deniers pour livre pour les Receveurs particuliers en exercice, fuivant l'édit du mois de feptembre 1696, laquelle fomme de 300 mille livres, avec les neuf deniers pour livre feroit impofée & levée fur les habitans

Arrêt du Conseil du 27 novembre 1700.

Edit du mois d'août 1694.

Edit d'octobre 1699.

Edit de septembre 1686.

contribuables de la haute & baffe Alface, & régalée fur les Bureaux des recettes particulieres de Colmar, Strasbourg & Landau, fuivant la répartition qui en feroit faite par l'Intendant; que le payement en feroit fait par les contribuables entre les mains des Receveurs particuliers defdits Bureaux, & par ces derniers au Receveur général des finances en la généralité de Metz, en la maniere & aux termes ordinaires & accoutumés, pour être ladite fomme de 300 mille livres par lui payée ainfi qu'il feroit ordonné par Sa Majefté.

La fubvention fert de pied & de marc la livre à toutes les impofitions extraordinaires, ainfi que la taille en fert dans l'intérieur du Royaume, la répartition s'en fait par l'Intendant & les Prévôts; & les Afféeurs, qui font affermentés tous les ans, répartiffent dans leurs communautés par un rôle qui eft vérifié & rendu exécutoire par le Bailli du département, la fomme portée par le mandement de l'Intendant; le recouvrement s'en fait par un Collecteur, choifi dans chaque communauté qui en compte au Bailli du département, & celui-ci au Receveur des finances.

Les deux tiers s'impofent fur les fonds & l'autre tiers fur l'induftrie, les biens reconnus pour nobles en l'année 1648, s'ils font exploités par les propriétaires, foit nobles ou roturiers, ne fupportent rien de la fubvention : cette exemption a été confirmée par différens arrêts du Confeil; mais fi les biens nobles font affermés, le fermier eft impofé à la portion colonique, c'eft-à-dire à la moitié de la fomme à laquelle les biens feroient impofés s'ils n'étoient point nobles.

Lorfqu'il furvient quelques conteftations, elles font décidées par l'Intendant, fauf l'appel au Confeil, n'y ayant en Alface ni Election, ni Cour des Aides.

ROUSSILLON.

Traité de 1659.

LE Rouffillon, conquis fur l'Efpagne, par Louis XIII, en 1640, eft demeuré à la France par le traité des Pyrénées de 1659 : il n'y a point dans cette province de taille proprement dite, mais ce qui en tient lieu, eft une impofition connue fous le nom d'*Impofition ordinaire*, affectée au payement des différentes charges de la province, dont l'Intendant arrête réte annuellement un état montant pour l'ordinaire à environ 60 mille livres.

On expédie sur cet état un arrêt du Conseil qui ordonne l'imposition : la répartition est faite par l'Intendant qui expédie en conséquence des mandemens aux différentes communautés, dont les Officiers municipaux assistés des Collecteurs, font ensuite la subdivision sur les habitans ; il est à observer que la Noblesse, les Officiers militaires, ni tout ce qui est exempt par des emplois ou autrement, ne contribuent point à cette imposition qui peut conséquemment être considérée comme roturiere.

Le recouvrement s'en fait par les Receveurs particuliers des finances, qui en versent le produit dans les mains du Receveur général, & celui-ci en fait l'emploi, relativement à l'état général, arrêté par l'Intendant, & à ses ordonnances séparées pour chaque article.

L'imposition porte principalement sur les fonds, & ce n'est qu'en quelques endroits, qu'on y fait contribuer l'habitant, pour raison de certains objets d'industrie.

S'il survient des contestations, soit sur la répartition, soit sur la forme de la levée, elles sont décidées par l'Intendant, qui les décide sommairement & sans frais.

ARTOIS.

ON sait qu'anciennement, l'Artois & la Flandre ne formoient qu'une seule & même province, tenue par les comtes de Flandre dans la mouvance & sous l'hommage de la Couronne ; Philippe d'Alsace comte de Flandre, donna en 1180 l'Artois en dot, à Isabelle de Haynault sa niece, en faveur de son mariage avec Philippe-Auguste.

Louis VIII leur fils, donna l'Artois à Robert son second fils, à la charge de le tenir par lui & ses héritiers en hommage & en souveraineté, à toujours de la Couronne de France. L'Artois, en 1309 & 1318, fut adjugé à Mahaud comme l'héritiere la plus prochaine au préjudice de Robert son neveu, sur le fondement de la coutume du pays qui n'admettoit aucune représentation, ce Comté passa ensuite dans la premiere maison des ducs de Bourgogne, ensuite dans la seconde, &

par le mariage de Marie de Bourgogne avec Maximilien , dans la maifon d'Autriche. Par le traité de Madrid du 14 janvier 1525 , les comtés de Flandre & d'Artois furent entiérement féparés de la Couronne : cette indépendance fut confirmée & ratifiée par les traités de Cambrai du 3 août 1529 , & de Crefpy du 18 feptembre 1544.

Pendant la guerre de 1635 , qui ne fut terminée , quant à l'Efpagne , que par le traité des Pyrénées , Louis XIII , en 1640 , s'empara d'Arras , & foumit une partie de l'Artois qui fut cédée à la France par le traité des Pyrénées , cette portion fut appellée l'*Artois cédé* , ce qui reftoit à l'Efpagne fut appelé l'*Artois réfervé*, la ceffion fut confirmée par la paix d'Aix-la-Chapelle du 6 mai 1668 ; la guerre recommença entre la France & l'Efpagne le 1er. décembre 1671. Louis XIV s'empara , en 1677 , de Saint-Omer & du refte de l'Artois réfervé. Par le traité conclu à Nimegue le 17 feptembre 1678 , la totalité de l'Artois fut cédée à la France & réunie par-là , tant en propriété qu'en fouveraineté à la Couronne.

L'Artois eft un pays d'Etats, ils s'affemblent tous les ans en vertu des ordres du Roi ; les Commiffaires de Sa Majefté font le Gouverneur de la province, l'Intendant & le Premier Préfident au Confeil provincial d'Artois ; ils font nommés par des commiffions en forme de lettres - patentes, & expofent aux Etats, conformément à leurs inftructions, les ordres du Roi.

Les Etats nomment pendant la tenue, des Commiffaires pour prendre connoiffance des fonds auxquels il faut fournir, tant pour le Roi que que pour les charges courantes & extraordinaires ; ces Commiffaires s'inftruifent du fervice de l'année précédente , & de la pofition actuelle où font les caiffes ; ils forment en conféquence leur projet de fonds , & fur leur rapport l'affemblée générale délibere ; elle fixe enfuite un état d'impofitions , qui , quand il excede la mefure ordinaire de celles qui ont cours dans la province, ou quand il donne lieu à de nouvelles impofitions, doit être néceffairement autorifé par des lettres - patentes.

C'eft dans l'affemblée générale des Etats que l'on procede à l'élection des Députés ordinaires, dont les fonctions ne durent que trois ans, il y en a un de chaque Ordre , ils forment à Arras un Bureau permanent, dont l'exercice eft néanmoins fufpendu pendant la tenue des Etats.

Ce font , à proprement parler , des Syndics choifis, qui régiffent &

exercent une adminiftration économique au nom du Corps, fous l'au‑
torité du Roi, pendant l'année, & d'une affemblée à i'autre ; les ordres
de Sa Majefté ne leur font point directement adreffés, c'eft l'Intendant
qui les reçoit, & fait part aux Députés de ce qui eft néceffaire pour
leur exécution.

Les impofitions qui ont lieu en Artois, font de deux efpeces, les
unes fur les fonds, les autres fur les denrées & confommations ; nous
ne parlerons que des premieres.

La taille royale, aide ordinaire ou ancienne compofition d'Artois, de
14 mille livres par an, eft de la premiere claffe.

Elle remonte au XIV^c. fiecle, l'ancienne répartition entre les villes,
bourgs & communautés qui y font fujets, fubfifte, c'eft la fomme à
laquelle l'exemption des aides & autres droits, a été anciennement fixée,
elle eft réduite à 13 mille 533 livres, foit à caufe de la remife de la
fomme de 800 livres faite à la ville d'Hefdin, par arrêt du Confeil du *Arrêt du Con-*
8 février 1661, foit à caufe de la décharge des aides ordinaires, accordée *feil du 8 février*
aux villages du pays du Boulonois, des modérations faites d'ancienneté *1661.*
à certains lieux, & des non-valeurs ordinaires.

Anciennement cette taille ou aide, qui ne pouvoit s'impofer que par
les Elus d'Artois, dans les lieux qui y étoient fujets, fe multiplioit par
eux, autant de fois qu'il étoit néceffaire pour faire face aux affaires,
tant·du Prince que de la province ; il y avoit auffi quelques droits en
ufage fur les boiffons, vivres & denrées.

Mais en 1569, les chofes changerent de face par rapport aux impo‑
fitions générales.

Philippe II, Roi d'Efpagne, ayant demandé des fecours à fes Etats
des provinces des Pays-bas, on imagina des moyens plus prompts &
plus convenables pour y fournir ; il fut réfolu dans les affemblées géné‑
rales des Etats par provinces, & enfuite dans les affemblées des Etats
généraux du pays, d'établir une nouvelle impofition générale & réelle,
qui auroit lieu fur chaque corps de terre, & le 9 feptembre 1569 Phi‑
lippe II donna un édit pour l'établiffement de cette nouvelle impofition
dans tout le pays.

Cette impofition eft appellée en Artois le *centieme*, & dans d'autres
provinces des Pays‑bas, elle eft nommée *taille réelle*, *vingtieme*,
dixieme.

Les Etats de chacune de ces provinces ont été chargés de l'impofition
à faire, & de la régie & adminiftration, & il n'eft refté aux Juges des
aides, c'eft-à-dire, quant à l'Artois, aux Elus de cette province en premiere inftance, & au Confeil d'Artois en dernier reffort, que la jurifdiction contentieufe pour toutes les difficultés qui pourroient naître à
cette occafion comme à l'égard des autres impofitions.

En Artois, comme dans les autres provinces des Pays-bas, où l'impofition réelle a lieu, il a été fait des rôles par paroiffes, ces rôles ont
enfuite été vérifiés par des procès-verbaux que l'on nomme *récolemens*.

Ce font ces rôles & ces récolemens réunis enfemble, qui forment ce
qu'on appelle le *cahier de centieme* en chaque communauté, ils font en
Artois, comme dans les autres lieux des Pays-bas, au dépôt des Etats
de chaque province.

Pour la fixation du centieme en Artois, on n'a eu égard qu'à la valeur
des fonds & édifices, c'eft le centieme de cette valeur, à la différence
des vingtiemes, qui, par exemple en Flandre, ont été réglés fur le
loyer des terres, maifons, moulins, dixmes, terrages, bois & autres
efpeces de biens-fonds, c'eft la vingtieme partie de ce qu'ils rapportoient
au propriétaire.

Un centieme produit en Artois environ 215 mille livres, l'impofition
s'en fait chaque année dans l'affemblée des Etats, elle eft communément
de plufieurs centiemes dans la proportion des demandes & des charges
de la province, & du produit des droits qui fe perçoivent fur les denrées & boiffons, en forte que ces deux efpeces d'impofitions fervent
de reffource l'une à l'autre pour faire le fervice.

Comme ce font les fonds de terre qui doivent la taille royale & le
centieme, perfonne n'en eft totalement exempt.

Il n'y a néanmoins qu'un centieme ordinaire qui fe paye par le Clergé,
par les Nobles & par certains Officiers de judicature pour les fonds
qu'ils font valoir par eux-mêmes; comme auffi par tous les habitans
des villes, pour les maifons & héritages qu'ils tiennent par leurs mains
dans la ville & banlieue où ils réfident.

Mais les centiemes extraordinaires qui font impofés en Artois, &
qui fe perçoivent à l'occafion des dixieme & vingtieme, dont l'impofition a été ordonnée dans tout le royaume, font payés par tous les

propriétaires & occupeurs de fonds pour les portions dont ils en font tenus, sans aucune distinction ni exemption.

C'est avec le produit de ces impositions & droits que les Etats acquittent l'ancienne composition d'Artois, le don gratuit ou aide extraordinaire qui est de 400 mille livres, les fourrages aux troupes qui font en quartier dans la province, & les autres charges ordinaires & extraordinaires qu'elle est dans le cas de supporter.

Nous avons observé que les contestations sur les impositions & droits dans la province d'Artois étoient portées en premiere instance devant les Officiers de l'Election, & par appel & en dernier ressort au Conseil d'Artois.

L'institution des Elus en Artois remonte, ainsi que dans le reste du royaume, à l'époque de l'établissement des aides & impositions, ils ont subsisté sur le pied de leur ancien établissement jusqu'en 1745 : & quoique dans les temps intermédiaires ils eussent perdu une partie de leur jurisdiction sur le Boulonois, Guisnes, pays conquis & reconquis, ils continuerent de prendre connoissance de toutes fortes de matieres d'aides & impositions, d'abord fous le ressort de la Cour des Aides de Paris jusqu'en 1530, & ensuite fous le ressort du Conseil d'Artois établi par Charles-Quint, & fubrogé à cette Cour des Aides par l'édit de création.

Par l'édit du mois de novembre 1745, ils ont été réformés & érigés en fiege d'élection provinciale d'Artois, pour continuer à connoître en premiere instance, & privativement aux autres Juges du pays, de toutes les matieres propres de leur état & office, fous le ressort au souverain Conseil d'Artois. *Edit de novembre 1745.*

F L A N D R E.

LA partie de la Flandre, qui est fous la domination du Roi, a été successivement acquise & réunie à la Couronne, ainsi que celle du Haynault par les traités des Pyrénées, d'Aix – la – Chapelle & de Nimegue.

Elle est, dans l'état actuel, féparée en deux corps, qui n'ont rien de commun & qui fe régissent par des formes différentes ; savoir, la Flandre Walonne & la Flandre maritime.

FLANDRE WALONNE.

LA Flandre Walonne eſt compoſée des châtellenies de Lille, Douai & Orchies.

Quelques articles que l'on croit devoir rappeller de la capitulation accordée par le feu Roi lors de la priſe de Lille le 27 août 1667, feront connoître la forme de l'adminiſtration ſuivie dans ce pays connu, ſous la dénomination de *province de Lille.*

Ces articles propoſés au nom de la ville de Lille, châtellenies de Lille, Douai & Orchies, des manans & habitans d'icelles & enclave-mens, portoient :

Que le peuple, manans & habitans de ladite ville de Lille & châtelle-nie, feront régis, gouvernés & adminiſtrés par les Etats avec ceux de Douai & Orchies ; la ville de Lille faiſant un membre, celle de Douai un ſecond, celle d'Orchies un troiſieme & les châtellenies un autre membre, en la même forme & maniere qu'ils étoient avant le ſiege, & lorſqu'ils étoient ſous l'obéiſſance de Sa Majeſté Catholique, avec obſervance de leurs droits, uſages, priviléges..... & que ſuivant ce, les aides, ſubſides & autres ſubventions du Prince ſe requerront & accorderont, enſemble les moyens pour y fournir, ſe pratiqueront en la même forme & maniere que du temps de Sa Majeſté Catho-lique :

Qu'il ne ſera mis aucune impoſition ou capitation ſur les pays & habi-tans, que par convocation & du conſentement des Etats.

Que les châtellenies de Lille, Douay & Orchies, repréſentées par les quatre Seigneurs hauts-juſticiers ou leurs Baillis, demeureront en tous leurs droits & priviléges dont elles ont joui juſqu'à préſent, & n'y pourront mettre aucunes impoſitions, telles qu'elles fuſſent, non plus la gabelle du ſel, qu'autres, ſous quelque prétexte que ce puiſſe être, ſans la convocation & le conſentement exprès des Seigneurs ou leurs Baillis, en la forme & maniere toujours pratiquée.

Les aides & ſubſides feront demandés par Sa Majeſté ou autre per-ſonne par Elle à ce commiſe, en la forme dont a uſé juſqu'à préſent Sa Majeſté Catholique, & l'accord s'en étant enſuivi, leſdits Seigneurs ou leurs Baillis, pour y fournir, pourront impofer & lever les mêmes moyens qu'ils ont toujours pratiqués.

Leur affemblée fe continuera en la même forme & avec le même nombre de perfonnes que préfentement, fans en adjoindre d'autres.

Le feu Roi, ainfi qu'on l'a déja obfervé, accorda ces articles, & fit expédier fur la capitulation qui les contenoit, des lettres-patentes qui furent enregiftrées au Confeil fouverain de Tournai le 2 mai 1669.

Les quatre Seigneurs hauts-jufticiers, font le Roi, comme feigneur de Phalempin; M. le prince de Soubife, comme feigneur de Cyfoing; M. le comte d'Egmont, comme feigneur de Wavrin, & M. le duc d'Orléans, à caufe de la feigneurie de Commines.

Lettres-patentes du 6 mai 1669.

Les quatre Seigneurs ne pouvant réfider exactement, fe font faits de temps immémorial repréfenter par leurs Baillis.

M. de Bagnols, Intendant de Flandre, expofe dans le Mémoire fur fon département, que ces quatre Seigneurs étoient anciennement les feuls hauts-jufticiers de la province de Lille, que c'eft pour ce fujet que par diftinction, on les nommoit *les quatre hauts jufticiers ;* que comme ils étoient les plus puiffans en terres & qu'ils prétendoient, comme faifoient autrefois tous les Seigneurs de hautbert en France, que l'on ne pouvoit rien impofer fur leurs vaffaux fans leur confentement, les comtes de Flandre & les ducs de Bourgogne s'adreffoient à eux, afin qu'ils vouluffent laiffer lever fur les habitans de leurs terres les fommes que ces Princes avoient demandées:

Que dans les commencemens ces fommes étoient très-modiques, qu'elles fe font accrues en même-temps que les facultés & la richeffe du pays que les quatre Seigneurs hauts-jufticiers, ou leurs Baillis pour eux, ont continué de prendre connoiffance des deniers que l'on accordoit au Prince, & des levées extraordinaires que fon fervice exigeoit.

Ainfi les Magiftrats ont l'adminiftration des villes, & les quatre Seigneurs hauts-jufticiers, repréfentés par leurs Baillis, celle du plat-pays.

Il s'étoit élevé une grande conteftation entre le Clergé & la Nobleffe d'une part, & les Baillis des quatre hauts-jufticiers de l'autre. Cette conteftation amplement inftruite, a été définitivement décidée le 17 janvier 1767 : voici quelles étoient les demandes refpectives fur lefquelles cet arrêt eft intervenu.

Arrêt du Confeil du 17 janvier 1767.

Les Ordres du Clergé & de la Nobleffe demandoient l'exécution des lettres-patentes de Jean, Duc de Bourgogne, du premier octobre 1414, & de Philippe le Bon fon fils, de 1429, qu'en conféquences ces deux Ordres fuffent maintenus & reftitués dans les droits, prérogatives, rangs & honneurs dont ils avoient dû jouir & dont jouiffoient le Clergé & la Nobleffe dans les autres Etats du royaume, & en particulier dans ceux de la province d'Artois, notamment dans celui d'être convoqués aux affemblées générales & annuelles ; qu'il fût ordonné que la demande de l'aide fe feroit à l'avenir aux trois Ordres réunis dans ladite affemblée ; que toutes les délibérations y feroient prifes & les confentemens donnés par le concours des trois Ordres ; qu'il fût fait défenfes aux Baillis des quatre Seigneurs hauts-jufticiers & aux Magiftrats des villes, de lever ou confentir à l'impofition d'aucune aide ou fubfide, foit par forme de vingtieme, foit par tailles fur les terres, ou octrois fur les confommations, comme autrement, à prendre fur les manans & habitans des châtellenies de Lille, Douay & Orchies, fans le concours & le confentement des Ordres du Clergé & de la Nobleffe ; qu'il fût pareillement ordonné que l'adminiftration feroit commune aux trois Ordres, & exercée par le miniftere de trois Députés, choifis chacun dans fon corps refpectif ; que les comptes des revenus & produits defdites châtellenies, ainfi que des dépenfes, feroient rendus à des Députés *ad hoc* de chaque corps, qui en feroient leur rapport à l'affemblée générale.

Les Baillis des quatre Seigneurs hauts-jufticiers demandoient de leur côté que la capitation arrêtée au camp devant Lille le 27 août 1657 & les lettres-patentes du 11 avril 1669, fuffent exécutées felon leur forme & teneur ; qu'en conféquence lefdits Baillis & les Magiftrats des villes de Lille, Douay & Orchies fuffent, conformément à ladite capitulation, & à ce qui s'étoit pratiqué de tout temps, maintenus & gardés dans le droit & poffeffion d'adminiftrer feuls fans l'intervention du Clergé & de la Nobleffe, les affaires des villes & châtellenies de Lille, Douay & Orchies, tant en matiere d'aides & fubfides qu'autres, fous le titre de repréfentans les Etats des villes & châtellenies, fauf au Clergé & à la Nobleffe à ne pouvoir être impofés auxdites aides & fubfides que de leur confentement, en la maniere accoutumée, & affifter par leurs Députés qui à cet effet feroient appellés, aux comptes des impofitions auxquelles ils avoient contribué ; que dans tous les actes qu'ils donneroient pour leur contribution, ils feroient tenus d'exprimer qu'ils contribuoient

pour

pour le foulagement de la province, & non pour le tiers-état, état roturier, état taillable.

Cette conteftation entre les différens Ordres de la province étoit très-
ancienne, il étoit intervenu, le premier août 1707, un arrêt du Confeil,
qui, d'après une inftruction faite par M. de Bagnols, commis à cet effet,
& fur fon avis, avoit ordonné qu'en attendant le jugement définitif du
procès d'entre les parties concernant la direction générale des affaires
de la province, & fans préjudice de leurs droits refpectifs, les Eccléfiaftiques & Nobles feroient maintenus dans la poffeffion où ils étoient
de ne pouvoir être impofés qu'après y avoir donné leur confentement,
& d'être leurs Députés appellés à l'audition des comptes des impofitions,
auxquelles ils auroient contribué, & qu'au furplus les Baillis des quatre
Seigneurs hauts-jufticiers feroient pareillement maintenus dans la poffeffion où ils étoient d'avoir feuls la direction générale des affaires de la
province; de faire en conféquence, fans l'intervention defdits Eccléfiaftiques & Nobles, ni de leurs Députés, les impofitions, réparations
& mandemens, & de juger des difficultés qui furviendroient dans l'exécution.

En 1734, le Clergé & la Nobleffe reprirent cette affaire, & pour-
fuivirent au Confeil un arrêt définitif; l'inftruction fut fucceffivement
renvoyée à M. de la Grandville & à M. de Caumartin, Intendans de
Flandre; M. le duc d'Orléans, M. le prince de Soubife & M. le comte
d'Egmont, ont donné leur requête d'intervention & de prife de fait &
caufe de leurs Baillis, & c'eft en cet état qu'il eft intervenu l'arrêt du
17 janvier 1767, qui déboute les Eccléfiaftiques & les Nobles des fins
& conclufions de leurs requêtes; ordonne que l'arrêt provifoire du premier août 1707 demeurera définitif; que la capitulation de Lille & les
lettres-patentes expédiées en conféquence, feront exécutées felon leur
forme & teneur; maintient & garde les quatre Baillis des quatre Seigneurs hauts-jufticiers des châtellenies & les Magiftrats des trois villes
de Lille, Douay & Orchies, conformément à ladite capitulation & à
ce qui s'eft pratiqué de tout temps, dans le droit & poffeffion d'adminiftrer feuls, & fans l'intervention du Clergé & de la Nobleffe, les affaires
defdites villes & châtellenies, tant en matiere d'aides & fubfides qu'autres, fous le titre & qualification de repréfentans les Etats des villes &
châtellenies, fauf au Clergé & à la Nobleffe à ne pouvoir être impofés

que de leur confentement, en la maniere accoutumée, pour les feuls
biens qu'ils feront valoir par leurs mains, & à affifter par leurs Députés
appellés à cet effet, à tous les comptes des impofitions auxquelles ils
auront contribué. Veut au furplus Sa Majefté que dans les actes de confentement qu'ils donneront pour leur contribution perfonnelle, ils foient
tenus d'exprimer qu'ils contribuent pour le foulagement de la province,
& non pour le tiers-état, état roturier ou état taillable.

Enfin, par une derniere difpofition, pour donner plus de publicité à
la forme dans laquelle les comptes feront arrêtés, le Roi veut qu'à l'avenir
il foit procédé en la maniere accoutumée à l'audition & à l'arrêté defdits comptes par-devant l'Intendant, conjointement avec deux Officiers
du Bureau des finances de Lille, qui feront commis à cet effet par Sa Majefté, pour tenir lieu des deux Officiers de la Chambre des Comptes de
Lille, qui y étoient anciennement appellés.

On obferve qu'après la prife de Lille, en 1667, la Chambre des Comptes
qui y réfidoit du temps de l'Efpagne, & qui y avoit été établie le 5 février
1385, par Philippe le Hardi, duc de Bourgogne & comte de Flandre,
fut transférée à Bruges & enfuite à Bruxelles ; & en 1691, le feu Roi
érigea à Lille un Bureau des finances.

Les Etats de la province de Lille s'affemblent ordinairement fur la
fin de l'année.

L'affemblée fe tient toujours en la ville de Lille ; elle eft compofée
du Magiftrat de Lille, des quatre Seigneurs hauts-jufticiers ou de leurs
Baillis, des Députés du Magiftrat de Douay & de ceux de la ville
d'Orchies.

Le Roi fait expédier une lettre de cachet à chaque Haut-jufticier ou
fon Bailli & à chaque corps de Magiftrat ; ces lettres portent, qu'ayant
jugé à propos de convoquer les Etats de Lille, Douay & Orchies en la
ville de Lille pour *tel jour*, il a bien voulu les en informer, afin que ledit
jour ils fe rendent au lieu accoutumé de l'affemblée defdits Etats où fe
doivent pareillement trouver les Hauts-jufticiers de la châtellenie, les
Magiftrats de la ville & les Députés de celles de Douay & Orchies pour
y entendre les propofitions & demandes que les Commiffaires de Sa Majefté doivent y faire de fa part.

Sur les lettres de cachet, les Baillis des hauts-jufticiers, les Magiftrats
de Lille, les Députés de ceux de Douay & d'Orchies s'affemblent.

Les Commiffaires du Roi, qui font le Gouverneur ou le Commandant & l'Intendant de la province, fe rendent à l'affemblée, ils y préfentent une lettre de créance, qui eft adreffée à l'affemblée des Etats, fous cette fufcription : *A nos amés & féaux les Gens des Etats de Lille, Douay & Orchies ;* ils font enfuite les demandes dont ils font chargés par la lettre du Roi, qui leur a été adreffée ; celle à M. de Caumartin, Intendant de Flandre, en date du 11 octobre 1766, porte, qu'ayant jugé à propos de convoquer les Etats de Lille, Douay & Orchies en la ville de Lille, le 28 du préfent mois, l'intention de Sa Majefté eft, que de concert avec le fieur comte du Muy, Commandant pour fon fervice en Flandre, ou lui feul en fon abfence, il fe trouve ledit jour à l'ouverture de l'affemblée defdits Etats, & qu'après les avoir affurés de l'affection & bienveillance que Sa Majefté a pour eux & pour fes peuples dudit pays, il leur demande en fon nom la fomme de deux cents foixante-deux mille livres, à titre d'aide extraordinaire pour l'année prochaine 1767, outre & par-deffus la fomme de deux cents cinquante mille livres pour l'aide ordinaire de ladite année, en leur repréfentant le befoin que Sa Majefté a de la continuation de leurs fecours pour les dépenfes extraordinaires, auxquelles les circonftances l'ont obligée pour affurer la paix, les biens & le commerce de fes fujets, & pour foutenir la dignité & les droits de fa Couronne...... & afin que les Etats ajoutent une entiere foi à ce qu'ils auront à leur dire de fa part, le Roi joint la lettre qu'il écrit aux Etats en créance fur fes Commiffaires.

La demande étant faite par les Commiffaires, la féance fe remet au lendemain, & dans cette feconde féance où ils n'affiftent point, les Etats délibérent entr'eux fur le fubfide & l'accordent ; deux Députés de l'affemblée vont enfuite rendre compte de la délibération aux Commiffaires du Roi.

Le lendemain les Eccléfiaftiques & les Nobles s'affemblent d'après les lettres d'invitation que le premier Commiffaire du Roi écrit à chacun d'eux ; les Commiffaires du Roi viennent à l'affemblée, ils y préfentent les lettres de créance du Roi, qui font adreffées *aux Révérends Peres en Dieu, Vénérables nobles, très-chers & bien amés les Eccléfiaftiques & Nobles des Etats de Lille.*

Les Commiffaires expofent enfuite que le jour précédent, les Etats ont accordé l'aide qui leur a été demandée, & ils invitent les Eccléfiaftiques & Nobles à y contribuer à raifon des biens qu'ils font valoir par eux-mêmes, fur quoi ils leur remettent ce qu'on appelle le *mémoire inductif*.

Les Commiffaires du Roi fe retirent, l'affemblée des Eccléfiaftiques & Nobles délibère, & lorfqu'ils ont pris leur réfolution, ils envoyent quatre Députés, deux Eccléfiaftiques & deux Gentilshommes pour en faire part aux Baillis & Magiftrats, qui font affemblés de leur côté ; il eft d'ufage que le Clergé & la Nobleffe accordent un vingtieme & demi du revenu des biens qu'ils tiennent par leurs mains, & pour lefquels ils font en poffeffion de ne contribuer que de leur confentement ; car à l'égard de ceux qu'ils ne font pas valoir, leurs fermiers fupportent la même impofition que les autres contribuables.

Les Magiftrats reglent dans les villes, les Baillis dans le plat-pays, les impofitions. On expliquera dans la fuite les principes d'après lefquels fe fait cette répartition.

Des Députés tirés des deux corps forment ce qu'on appelle la *Chambre Commune*, qui, étant affemblée toute l'année, traite les affaires générales de la province & dirige les opérations qui doivent être communes.

Quant aux objets particuliers relatifs aux deux corps, les Baillis & les Magiftrats les gouvernent chacun dans ce qui les concerne.

Les Baillis, comme adminiftrateurs de la campagne, y font les impofitions, font chargés de l'entretien, réparation & conftruction des ponts & chauffées, du foin d'encourager l'agriculture, le commerce & les manufactures, de l'entretien des haras & de la fourniture des fourrages à la Cavalerie que le Roi juge à propos d'envoyer, foit dans le plat-pays, foit dans les places ; le Roi ne paye de ces fourrages que 5 fous la ration, fuivant une ancienne fixation faite du temps de M. de Louvois.

Les Magiftrats ont la police dans les villes, indépendamment de leur cote-part dans les fubfides ordinaires & extraordinaires, ils font chargés de l'entretien & conftruction des casernes pour les garnifons nombreufes qui font dans les places, du chauffage des troupes, des lits & autres ameublemens, du logement des Officiers & des Etats-majors qui fe paye en argent, de l'entretien des pavés, ponts, canaux & édifices, & de contribuer avec les Baillis aux fommes néceffaires pour l'entretien des fortifications.

Les moyens que la province de Lille emploie par la voie de l'impofition pour fatisfaire aux demandes qui lui font faites de la part du Souverain,
confiftent en tailles & vingtiemes.

On appelle *taille* certaine impofition, à laquelle chaque paroiffe ou
communauté a été fixée autrefois, relativement au nombre de terres, de
feux, de beftiaux & autre efpece de biens, tels que moulins, dixmes,
viviers qui fubfiftoient alors; on fuit encore la même fixation, quelque
changement qu'il y ait eu dans ces communautés.

Les tailles fe levent en vertu des lettres appellées *tranfport*, données
par Charles-Quint en 1553 ; elles reglent les parts & portions de chacune des villes de Lille, Douai & Orchies, & des châtellenies, dans
les aides accordées & à accorder par ceux defdites villes & châtellenies ; elles contiennent un réglement fur les tailles ; elles autorifent le
projet d'affiete qui avoit été formé ; elles exceptent les biens occupés *par
Gens d'Eglife & Nobles à eux appartenans.*

Voulant & ordonnant, y eft-il dit, *qu'icelui tranfport & affiete fortiffe
fon plein & entier effet; ordonnant en outre que les Seigneurs, leurs Baillis
ou Lieutenans, manans & habitans defdites villes, bourgs & villages, ref-
forts & enclavemens de nofdites châtellenies de Lille, Douay & Orchies.
feront dorénavant affeoir & affoiront leurs tailles & aides chacun en fon
endroit.*

Chaque efpece de biens eft rapportée dans ces lettres, & cotifée à une
fomme proportionnée à leurs quantité & qualité.

Mais comme dans la fucceffion des temps il arrive des changemens
dans le nombre des feux & des beftiaux, même dans les fonds que l'on
convertit fouvent à d'autres ufages que ceux auxquels ils étoient auparavant deftinés, les gens de loi au lieu d'impofer les tailles fuivant les
différentes efpeces de biens qui en font l'objet, ont toujours pratiqué de
ne cotifer en tailles que les terres au bonnier, également (le bonnier
faifant trois arpens de France), & les dixmes, moulins & viviers à
un certain nombre de bonniers, fans y comprendre les feux & les beftiaux.

Il y a cependant des communautés, comme Turcoin, Roubaix & les
fauxbourgs de Lille, où les tailles s'impofent en partie fur les facultés à
caufe du commerce & des manufactures qui y font établies, & qu'il
ne feroit pas jufte que les cultivateurs fupportaffent feuls tout le fardeau.

de l'impofition , & qu'un commerçant ou riche fabricant ne payât qu'une contribution modique , ce qui ne manqueroit pas d'arriver fi dans ces lieux la taxe n'étoit faite que pour l'habitation & fans égard aux facultés.

Les tailles font au nombre de cinq & ont des échéances différentes ; favoir, la taille de Mars , celle de la Saint-Jean , celle de Septembre , celle de Noël & la taille du Prévôt.

On les impofe toutes à la fois & par un feul mandement.

La taille du Prévôt a été anciennement établie pour payer la Maréchauffée , & tout ce qui avoit rapport à la police militaire.

On appelle les cinq tailles , *tailles de Roi* ou *tailles ordinaires* , parce qu'on les impofe chaque année , & que c'eft l'Intendant de la province qui en figne le mandement , après que les Etats ont réfolu de les impofer , à la différence des tailles des faux frais , & d'une autre efpece de taille qu'on appelle *taille de paffage*.

La taille de paffage eft double ou fimple ; la double eft compofée des deux tailles de Saint-Jean & Noël , & la fimple de celles de Mars & Septembre.

On les impofe pour la fourniture des fourrages & les cas extraordinaires , ce font les Etats qui en font les mandemens & les impofitions.

Le vingtieme a été réglé fur le loyer des terres , maifons , moulins , dixmes , terrages , bois & autres efpeces de biens-fonds ; c'étoit lorfque le vingtieme a été établi , la vingtieme partie de ce qu'ils rapportoient chaque année au propriétaire , à la différence , ainfi qu'on l'a déja obfervé en parlant de l'Artois , du centieme pour lequel on n'a eu égard qu'à la valeur des fonds & édifices ; c'eft le centieme de cette valeur.

On ne levoit pas avant 1601 de vingtieme dans la province de Lille , mais feulement les tailles dont on vient de parler.

Le vingtieme fut alors établi pour fournir un fecours extraordinaire aux Archiducs Albert & Ifabelle , que les Etats de la province leur avoient accordé ; c'étoit le temps des révolutions qu'ont éprouvé les Pays-bas.

Chaque communauté fut en conféquence chargée de former un rôle de tous les biens qui étoient fitués dans fon territoire.

Ces rôles fubfiftent encore , du moins en copies , les originaux ayant péri dans l'incendie arrivé à l'hôtel-de-ville de Lille en 1756.

On obferve que dans le principe ils avoient été formés avec affez de négligence, que les changemens furvenus y ont apporté de la confufion, & qu'il y a plufieurs parties omifes.

Ils ont cependant toujours fervi de regle pour la levée des vingtiemes ; les gens de loi des communautés ont été, dans tous les temps, obligés de s'y conformer & d'y revenir, nonobftant tous ufages & poffeffion contraires.

Comme quelques-uns de ces cahiers étoient perdus, d'autres raturés en plufieurs endroits, & que, comme on vient de le dire, il y avoit des parties omifes, pour lefquelles on ne payoit rien, les Baillis des Etats de Lille jugerent néceffaire, en 1728, d'en demander le renouvellement au Roi, ce qui leur fut accordé par arrêt du Confeil du 30 mai de la même année.

On a travaillé, depuis cette époque, à former plufieurs nouveaux cahiers : on y a rétabli les fonds omis ; on y a compris les nouvelles habitations ; on a marqué le nom des propriétaires & celui des occupeurs, avec les tenans & aboutiffans des terres. L'ancien vingtieme n'eft pas augmenté par ces nouveaux cahiers. Il eft dit expreffément dans l'arrêt de 1728, que pour fixer le vingtieme des parties omifes de celles qui ne pourroient être identifiées avec les articles inférés dans les anciens cahiers, & des nouveaux bâtimens, on n'auroit égard qu'au produit & à l'eftimation des biens en 1601, temps de la formation des anciens cahiers, & l'on s'y eft conformé.

Mais la guerre dont la Flandre a été pendant plufieurs années le théâtre, l'impofition du vingtieme du revenu de tous les biens, établie dans le royaume par édit du mois de mai 1749, & le procès immenfe que *Edit de mai 1749.* les Etats ont eu à foutenir contre le Clergé & la Nobleffe de la province, & qui n'a été terminé que par l'arrêt du Confeil du 17 janvier 1767, dont on a rappellé les difpofitions, ont arrêté les progrès d'une opération auffi importante pour établir l'ordre convenable dans cette partie d'adminiftration.

La compofition des Etats & leur pouvoir étant actuellement irrévocablement fixés, ils fe propofent de reprendre ce travail & de le fuivre avec le zele néceffaire pour le conduire à fa perfection.

Les impofitions en tailles & vingtiemes font confidérables ; les charges que fupporte la province de Lille, obligent d'impofer tous les ans quatre ou cinq vingtiemes , & quelquefois plus , fur le revenu des biens.

On finira par obferver que c'eft l'Intendant qui arrête l'affiete & la répartition de l'aide ordinaire , tant pour la Flandre Walonne que pour la Flandre maritime : celle de la Flandre maritime eft dite dans l'intitulé de l'affiete , être impofée en conféquence d'un arrêt du Confeil qui y eft rappellé , & celle de la Flandre Walonne , en exécution des lettres de cachet adreffées aux Etats de Lille.

FLANDRE MARITIME.

LA Flandre maritime , dans l'état actuel, eft compofée des villes & châtellenies de Caffel, de Bergues, de Bailleul & de Bourbourg , des villes & territoires de Dunkerque & de Merville , du territoire de Verviczud, & de Varnetonzud.

L'on entend par ville, la cité & ce qui eft enfermé dans l'enceinte des murs ; par châtellenie , les bourgs & villages qui compofent le plat-pays aux environs de la ville & dans fes dépendances ; par territoire , une efpece de banlieue circonvoifine de la ville & dans laquelle fe trouvent des villages : il n'y a d'autre différence entre châtellenie & territoire, que le plus ou le moins d'étendue ; l'adminiftration de l'un & de l'autre eft la même.

Ce qui eft aujourd'hui fous la domination du Roi, faifoit , avant la réunion à la Couronne , partie des quatre membres de Flandre. On fait qu'en 1343, les villes de Gand, Bruges & Ypres , fous la conduite du fameux Jacques Artevelle , fe fouleverent contre le Comte de Flandre , Louis II , dit *de Crécy* , & par l'établiffement des trois membres , dont chacune de ces trois villes en formoit un, changerent la conftitution du pays , & revêtirent leurs Magiftrats de toute l'autorité. Lorfque les troubles furent appaifés , les comtes de Flandre laifferent fubfifter , quant à la forme , par ménagement pour les peuples , cette adminiftration, & en 1436, Philippe III , dit *le Bon* , inftitua un quatrieme membre , qui fut le Franc de Bruges.

La province de Lille n'a pas été comprife dans aucun des trois membres : elle avoit été cédée à Philippe le Bel, en 1304, par un traité, &

la

la France en conserva la possession jusqu'en 1369, que Charles V la rendit à Louis III, dit *de Mâle*, comte de Flandre ; ainsi elle n'eut aucune part aux mouvemens qui produisirent cet établissement.

Depuis que, par la paix d'Utrecht, le feu Roi a cédé Ypres à la Maison d'Autriche, aucun des quatre membres ne fait partie du royaume, & il n'est resté à la France que Bergues & les autres villes que l'on a rappellées, dont la plus grande partie, avant la conquête, contribuoit pour le payement des impositions, avec le membre de Bruges.

Les quatre membres de Flandre représentoient les Etats & toutes les villes & châtellenies de la province.

Ils avoient imposé, en différens temps, plusieurs droits sur les boissons, les bestiaux & autres denrées, pour acquitter, avec le produit qu'ils en tiroient, les aides & subsides que leur demandoit le Souverain, & subvenir aux autres charges du pays.

Les quatre membres avoient l'administration de ces droits, en passoient les baux & en faisoient faire le recouvrement au profit de toute la province, dont ils étoient les représentans, conformément à l'article VI du titre premier de la coutume de Bruges, homologuée par lettres-patentes des archiducs Albert & Isabelle, à laquelle les autres sont conformes, & qui contient ce qui suit :

Avec & sous ladite ville de Bruges, comme représentant le second membre de Flandre, contribuent différentes villes & loix subalternes ci-après énoncées en toutes impositions, impôts & autres charges générales du pays, aides & subsides du Prince dont ladite ville de Bruges a l'administration & la connoissance, & fait par ses Commissaires donner les baux dans lesdites villes, ensemble faire la recette & le recouvrement des deniers.

Après la prise de la ville de Bergues & des pays qui forment aujourd'hui la Flandre maritime, le feu Roi confisqua à son profit & réunit au domaine de la Couronne les droits des Quatre-membres qui s'y percevoient comme appartenans à la ville de Bruges qui étoit restée sous la domination espagnole, & qui dans le fait n'en avoit que l'administration & la régie, & il continua de lever sur le pays les mêmes aides & subsides qui avoient lieu du temps de l'Espagne.

Les villes & le plat-pays de chaque châtellenie & territoire ne forment qu'un seul & même corps d'administration, & ce sont les mêmes Magistrats pour la ville & pour la campagne, à l'exception de Bailleul

Tome I.   B b

où il fubfifte deux corps de Magiftrats ; l'un pour la ville, l'autre pour la châtellenie, mais adminiftrant toujours fur les mêmes principes, chaque adminiftration formant ce qu'on appelle un *Chef-collége* ; la Flandre maritime eft compofée de huit Chefs-colléges, ils fe renouvellent au nom du Roi tous les ans, ou plus ou moins fouvent, quand il plaît au Gouvernement.

Ces Chefs-colléges, lorfqu'ils font réunis par députés, font les repréfentans de toute la province ; lorfqu'il eft néceffaire de les convoquer, c'eft à Caffel qu'ils s'affemblent depuis que la ville & châtellenie d'Ypres ne font plus fous la domination du Roi. Le Chef-collége de Caffel adreffe en ce cas des lettres circulaires à tous les autres, pour les prévenir d'envoyer chacun leurs députés : cette affemblée s'appelle *le département*. Chacun des Chefs-colléges peut y envoyer des députés ; fi quelque Chef-collége n'envoie perfonne, on fait mention fur le regiftre qu'ils ont été convoqués & qu'ils font abfens, & l'on procéde aux délibérations fur toutes les affaires qui font à agiter ; l'on envoie à chacun des Chefs-colléges copie des décifions de l'affemblée.

Elle eft préfidée par le premier Député de la châtellenie de Caffel qui, communément, eft le premier Noble vaffal de la cour de Caffel ; c'eft le premier Confeiller-penfionnaire de cette Cour qui annonce les motifs de la convocation, & chaque député eft en droit de propofer les matieres fur lefquelles il défire d'avoir une décifion.

Le Clergé ni la Nobleffe n'ont aucune voix ni féance dans l'affemblée du département ; ces deux Ordres ne jouiffent d'aucune exemption relativement aux impofitions & autres charges, & s'il fe trouve des Nobles dans l'affemblée, c'eft uniquement parce qu'ils font dans la magiftrature. Tout fe décide à la pluralité des voix ; les Chefs-colléges qui n'ont point envoyé au département, font engagés par les délibérations comme ceux qui y ont envoyé.

Cette affemblée n'a point à délibérer pour accorder les aides & fubfides, c'eft un arrêt du Confeil qui les fixe chaque année ; l'aide ordinaire qui tient lieu de taille, eft de 199 mille 119 livres 10 fous 2 deniers : l'aide extraordinaire qui a lieu principalement en temps de guerre & dont il eft d'ufage d'accorder au pays la décharge en temps de paix, eft de 262 mille livres.

L'Arrêt du Confeil qui fixe le montant de l'aide ordinaire pour l'année fuivante & en ordonne l'impofition, contient en même temps la répartition du montant entre les différentes châtellenies & territoires : cette répartition eft faite d'après un ancien tarif appellé *tranfport*, qui a toujours été fuivi ; l'arrêt ordonne que les deniers feront remis entre les mains du Receveur général des finances de Flandre en exercice, moitié dans le mois de juin, & l'autre moitié dans celui de décembre fuivant. Il enjoint à l'Intendant de tenir la main à fon exécution.

L'Intendant arrête en conformité l'affiete & la répartition entre les différentes châtellenies & territoires.

L'impofition dans la Flandre maritime eft purement réelle ; tous les fonds indiftinctement, fans aucune diftinction, exemption ni privilége y font affujétis, & y contribuent dans une proportion déterminée par le tranfport ou tarif de 1517, ainfi la bafe de la répartition eft toujours la même.

Pour fixer d'abord la portion pour laquelle chaque châtellenie & territoire devoient contribuer, on a divifé une fomme de 100 livres, monnoie du pays, & la quotité donnée dans cette fomme à chaque diftrict, forme le tranfport de la châtellenie ou territoire auquel elle a été affignée.

Le tranfport, par exemple dans la châtellenie de Caffel, a été porté à 42 livres 12 fous 9 deniers.

Il a été fixé dans celle de Bergues à 28 livres 7 fous 4 deniers, & ainfi dans les autres châtellenies & territoires jufqu'à concurrence de 100 livres.

On multiplie ce tranfport autant de fois qu'il eft néceffaire pour remplir l'objet des aides & fubfides ordinaires & extraordinaires, & autres charges & dépenfes que le pays eft dans le cas de fupporter.

M. l'Intendant adreffe les arrêts du Confeil pour les impofitions, à la Cour de Caffel où fe rendent les députés des différentes châtellenies & territoires, pour conftater ce que chacun doit fupporter, & régler les objets qui intéreffent le pays en général & les dépenfes communes à la province.

Ces députés, de retour, rendent compte à leur Chef-collége des affaires traitées à l'affemblée de Caffel, & du montant des impofitions & autres dépenfes & charges que leur châtellenie ou territoire doit fupporter. On convoque alors dans le Chef-collége la généralité, c'eft-à-dire, un député de chaque paroisse ; on fait la lecture de toutes les sommes à imposer dans la châtellenie pendant l'année pour acquitter les impositions & les charges: on regle ensuite combien de transports il convient d'imposer, & on les fixe ordinairement par mille ; la délibération est publiée à la porte de l'église de chaque paroisse, & par ce moyen chaque laboureur est à portée de connoître ce qu'il a à payer pendant l'année.

En effet il sait, d'après le tarif qui forme une répartition invariable, que par chaque mille transports qui sont imposés dans la châtellenie, sa communauté doit payer telle somme, il sait pareillement que dans cette communauté il existe telle quantité d'arpens ou de mesures de terre, que l'imposition par arpent est de tant, ainsi en rapprochant le nombre d'arpens qu'il fait valoir, du montant de la taxe sur chaque arpent, il trouve ce qu'il doit payer. Un exemple rendra ce que l'on vient de dire plus sensible.

La portion que la châtellenie de Cassel supporte dans l'aide ordinaire, est de 87 mille 63 livres 8 sous 5 deniers, il faut pour l'acquitter imposer trois mille deux cents trente-neuf transports.

Les autres charges de la province en général, autres que les arrérages de rentes qu'elle doit, les fourrages pour les Troupes, dont la ration ne lui est payée par le Roi que sur le pied de 6 sous, les dépenses des chauffées & autres objets tendant à l'utilité publique, forment pour l'année 1767, pour la contribution de la châtellenie de Cassel, un montant de neuf mille transports, ainsi il a été imposé pendant cette année dans cette châtellenie, douze mille deux cents trente-neuf transports, qui reviennent, argent de France, à 328 mille 986 livres 17 sous 4 deniers.

La châtellenie de Cassel contient cent vingt mille mesures ou arpens de terre taillables en plein, ainsi chaque mesure de terre supporte 54 sous 10 deniers, argent de France ; dans l'imposition de douze mille deux cents trente-neuf transports, la mesure de terre, tant bonne que mauvaise, est louée 11 livres 5 sous, ainsi l'imposition des transports forme le quart & les quatre trente-neuviemes du produit de chaque mesure.

A quoi il faut ajouter, 1.º 153 mille 326 livres que la châtellenie de Cassel paye pour l'abonnement des deux vingtiemes & les deux sous pour livre, & qui se répartissent sur chaque mesure, montant à 1 livre 5 sous 6 deniers:

2.° La taxe réelle qui se fait annuellement pour l'entretien des pauvres, & autres frais paroissiaux & locaux, & que l'on évalue à 12 sous 6 deniers par chaque mesure.

Ces deux derniers objets réunis aux 54 sous 10 deniers pour les transports, reviennent, pour chaque mesure, à 4 livres 11 sous 10 deniers.

Ainsi chaque mesure de terre, louée 11 livres 5 sous l'une dans l'autre, paye plus que le tiers du prix qu'en retire le propriétaire.

Le Bailli ou député de chaque paroisse, de retour dans sa communauté de l'assemblée du Chef-collége, fait assembler les habitans qui, à la pluralité des voix, choisissent trois des plus notables d'entr'eux pour former le rôle de l'imposition sur les terres, conformément au cadastre ou transport, & faire le recouvrement dont le montant est remis au Trésorier de la châtellenie ou territoire, qui le fait passer au Receveur général des finances.

Les villes où il y a garnison, telles que Dunkerque, Bergues & Gravelines, ont leurs octrois particuliers pour subvenir aux dépenses qu'entraîne le séjour des Troupes.

HAINAULT.

CE qui forme aujourd'hui le département du Hainault, a été cédé à la France par différens traités, & cette différence dans les époques des réunions à la Couronne en forme également une dans les droits auxquels les chefs lieux & territoires sont assujétis.

On ne connoît en Hainault aucune imposition sous la dénomination de *Tailles*, mais au lieu de cet impôt on y perçoit des droits connus sous le nom d'anciens *Vingtiemes, Feux & Cheminées.*

Dans quelques parties du Hainault, telles que la ville & prévôté-le-comte de Valenciennes, la châtellenie de Bouchain, les paroisses du Vieux-Condé, Hargnies, la ville de Saint-Amand & sept villages de sa dépendance, on paye au Roi une aide ordinaire & une aide extraordinaire.

L'aide ordinaire est représentative des anciens vingtiemes; les administrations qui y sont assujéties, en font la perception sur le pied des anciens vingtiemes, & les fonds qui en proviennent, se payent directement au Roi, & se versent dans la caisse du Receveur général des finances.

L'aide extraordinaire n'a aucun rapport avec ce qui peut s'appeller *Taille* ; c'eſt une charge établie dans tous les endroits où l'aide ordinaire ſe perçoit, pour tenir lieu de toutes les impoſitions qui ont pu ou qui pourront être faites dans tout le reſte du département & dans tout le royaume : mais cette condition ne s'exécute point ; on paye l'aide extraordinaire, & on ne paye pas moins toutes les nouvelles impoſitions, comme dans les lieux où l'on ne leve point l'aide extraordinaire.

Il eſt vrai qu'à Valenciennes & à Bouchain, le Roi accorde, chaque année, la remiſe de l'aide extraordinaire, & que le produit ſert à Valenciennes, à l'acquit des anciennes rentes dont cette ville eſt chargée, & à Bouchain, à la conſtruction & entretien des ponts & chauſſées, ouvrages publics & autres dépenſes de l'adminiſtration ; mais, malgré cette circonſtance, les habitans de ces cantons ſont plus chargés que ceux des autres parties du département.

Les feux & cheminées ſont encore des droits repréſentatifs de la taille, & ils ſe perçoivent dans tout le Hainault, même dans les endroits où l'aide ordinaire remplace les anciens vingtiemes, à l'exception de la ville de Valenciennes & de la ville & châtellenie de Bouchain.

L'impôt des feux & cheminées fait partie du bail des fermes générales, comme réuni au domaine ; il en eſt de même des anciens vingtiemes dans toutes les parties du Hainault, où l'aide n'a point été établie, en forte qu'il n'y a que l'aide ordinaire & l'aide extraordinaire qui ſoient verſées dans la caiſſe du Receveur général des finances.

Le montant de l'aide ordinaire eſt de 117 mille 183 livres 4 ſols 6 deniers, ſavoir :

Dans la partie du gouvernement de Condé, qui y eſt aſſujétie 1,362ˡ 10ᶜ

Dans la prévôté-le-comte de Valenciennes . . . 17,169. 7.

Dans la ville de Valenciennes . . . . 54,222.

Dans la ville & châtellenie de Bouchain 28,359. 7. 6ᵈ

Et dans la dépendance de Saint-Amand . . . . 16,070.

     Tᴏᴛᴀʟ. 117,183ˡ 4ᶜ 6ᵈ

Les vingtiemes, feux & cheminées font un objet de perception principale d'environ. . . . . . . 67,330.

     Tᴏᴛᴀʟ de ces différentes impoſitions 184,513ˡ 4ᶜ 6ᵈ

On perçoit en fus les quatre anciens & les deux nouveaux fous pour livre.

L'aide extraordinaire fait encore un objet de perception de 112 mille 819 livres 1 fou 8 deniers ; mais comme cette impofition n'eft pas repréfentative de la taille, on n'en parle que par obfervation.

Les anciens vingtiemes ou l'aide ordinaire, qui y a été depuis fubftituée dans certains endroits, ainfi que l'impôt fur les feux & cheminées, fe trouvoient établis par les Souverains, du temps de l'Efpagne, & fubfiftoient lors du paffage de ces pays fous la domination Françoife : c'étoit un moyen que les Etats du Hainault avoient employé pour payer au Souverain le tribut, & lui fournir, dans les occafions, des fecours extraordinaires. L'époque de l'établiffement des vingtiemes remonte à l'année 1587.

Ce n'étoit point alors une impofition fixe & permanente ; elle n'eft devenue telle qu'en l'année 1604, fous l'archiduc Albert, qui gouvernoit alors les Pays-bas. On dreffa alors dans toutes les villes, paroiffes & communautés du Hainault, des cahiers ou cadaftres, qui contenoient l'énumération de tous les biens-fonds, & fur lefquels on impofa le vingtieme, relativement à leur produit : ce vingtieme n'a jamais augmenté, quoique la valeur des fonds fe foit confidérablement accrue ; on s'eft feulement contenté, à mefure que les befoins fe multiplioient, de le doubler, tripler & même quadrupler.

On obferve qu'à Valenciennes, l'aide ordinaire, quoique repréfentative des anciens vingtiemes, ne fe prend pas néanmoins fur les fonds ; il y a des droits établis fur différens objets de confommation, qui font partie des octrois de la ville, & qui fervent à l'acquitter.

Ce font les cahiers de 1604 qui forment encore aujourd'hui le titre de la levée de cette impofition, qui n'a point augmenté, ni en valeur ni en quotité, depuis la réunion de ces pays à la France, en forte qu'elle fe perçoit encore actuellement fur le même pied où elle s'eft trouvée établie lors de la conquête.

Cette perception ne fe fait cependant pas également dans tout le Hainault : il y a des cantons, tels que les territoires du Quefnoy, d'Avefnes & de Landrecies, qui ne font affujétis qu'au payement de deux vingtiemes ; il y en a d'autres qui en payent jufqu'à quatre.

La raifon de cette différence procéde des différentes époques des réunions. Avefnes, le Quefnoy & Landrecies ont été cédés par le traité des Pyrénées, de 1659, & alors il ne fubfiftoit que deux vingtiemes, qui ont continué d'être perçus dans ces territoires.

Maubeuge, Bavai, Valenciennes, Bouchain, Condé & les autres paroiffes du Hainault ont paffé à la France par le traité de Nimegue de 1678, & alors il fubfiftoit quatre vingtiemes ; tous ces pays font reftés dans le même état où ils étoient lors de la conquête.

Les feux & cheminées font, comme les anciens vingtiemes, des moyens employés par les Etats du Hainault pour fournir les fubfides au Prince, ils fubfiftoient lors de la réunion, & ils fe perçoivent encore fur le même pied qui étoit fuivi lors de la conquête ; c'eft une impofition fixe & permanente fur chaque paroiffe, fans que le nombre des cheminées, qui varie inconteftablement, foit mis en confidération.

Il n'y a que dans le gouvernement de Condé que s'eft confervé l'ufage de ne payer ce droit qu'à proportion du nombre des feux & cheminées, & où il fe fait à cet effet une retrouve chaque année. L'impofition partout ailleurs eft fixe & immuable, & telle qu'elle fubfiftoit lors de la conquête.

Ce font, comme on l'a déja obfervé, les cahiers de 1604 pour les vingtiemes, & des rôles particuliers pour les feux & cheminées, qui font la bafe de la répartition, chaque paroiffe fait ce qu'elle doit payer ; le fermier du domaine a de fon côté un rôle dreffé fur ces cahiers de 1604 & fur les rôles particuliers, qui lui indique les fommes qu'il a à percevoir fur chaque paroiffe.

Ce font les Mayeurs & Gens de loi qui procédent à la répartition de cette fomme entre tous les contribuables, & en dreffent un rôle chaque année qui eft rendu exécutoire par l'Intendant ; la recette fe fait par un Collecteur auquel on accorde une remife.

Dans les cantons où les vingtiemes ont été remplacés par l'aide, la quotité qui eft toujours la même, s'en fixe annuellement par des arrêts du Confeil qui s'expédient pour chaque adminiftration ; en exécution de ces arrêts, l'Intendant fait dreffer des mandemens qu'il envoie tous les ans dans chaque paroiffe.

Ces mandemens font toujours les mêmes ; quant à la fomme à répartir pour l'aide, la répartition s'en fait auffi fur chaque contribuable par les Mayeurs & Gens de loi ; & comme l'aide repréfente les anciens
vingtiemes,

vingtiemes , ce font toujours les cahiers de 1604 qui font la bafe de cette répartition. Dans tous les cas , fi quelque contribuable fe plaint d'être trop taxé , c'eft l'Intendant qui en connoît , & fait droit aux parties. L'impofition eft purement réelle , & perfonne n'en eft exempt.

COMTÉ DE BOURGOGNE.

LE comté de Bourgogne ne payoit à l'Efpagne , lorfque ce Comté étoit fous fa domination , aucune taille ni contribution ordinaire.

Il accordoit feulement tous les trois ans un don gratuit de 100 mille livres , ou tout au plus de la fomme de 150 mille livres , fous la condition même qu'elle feroit employée à chofe utile *dans la province* ; favoir, au payement des garnifons des places , ou à l'entretien des fortifications ; on en acquittoit fouvent des dettes des communautés.

Le feu Roi en fit une premiere conquête en 1667 ; il fut reftitué à l'Efpagne par le traité d'Aix-la-Chapelle de 1668.

Il fit , avant de le rendre , démolir les fortifications de toutes les places qui étoient fortifiées , & enlever l'artillerie & les munitions de guerre.

Le Roi d'Efpagne demanda d'abord en forme de prêt à la province , une fomme de 800 mille livres pour le payement des troupes étrangeres qu'il y fit venir, & pour le rétabliffement des fortifications.

Cette province étoit alors un pays d'Etats ; ils accorderent avec peine la fomme demandée.

Cependant, foit que les peuples ne fuffent point en état de s'en défendre , ou que la Cour de Madrid n'eût plus pour eux les mêmes ménagemens qu'elle avoit eus autrefois , cette fomme fut levée tous les ans jufqu'en 1674 que le feu Roi fit une feconde fois la conquête de cette province qu'il conferva par le traité de Nimegue.

Le feu Roi ayant éprouvé quelque réfiftance de la part des Etats , ils furent fupprimés ; & cette fomme de 800 mille livres devint une impofition ordinaire , & c'eft celle qui , fous ce titre , fubfifte encore aujourd'hui.

Elle avoit été portée à 830 mille livres tant que la réunion du comté de Montbéliard, dont le feu Roi s'étoit emparé en 1688 , fubfifta ; mais

ce Comté ayant été reſtitué à la maiſon de Wirtemberg, comme fief im-
médiat de l'Empire, par l'article XIII du traité de Riſwick du 30 octobre 1697, & le feu Roi ayant cédé d'un autre côté, par un traité du
25 août 1704, quelques villages & leurs territoires à Léopold, Duc de
Lorraine, elle fut réduite à 814 mille livres, & n'a pas varié depuis.

Un arrêt du Conſeil, adreſſé à l'Intendant, & qui s'expédie chaque
année pour l'année ſuivante, ordonne que cette ſomme ſera impoſée &
levée ſur les habitans contribuables de la province, & reçue par le Receveur général des finances en exercice, aux termes ordinaires & accoutumés, & par lui payée ainſi qu'il ſera ordonné par Sa Majeſté.

La province eſt diviſée en quatorze bailliages ou recettes particulieres des
finances.

C'eſt l'impoſition ordinaire qui ſert de baſe & de marc la livre à toutes
les autres impoſitions.

Déclaration du 18 mai 1706.　Il paroît par le préambule d'une déclaration du 18 mai 1706, que
depuis la réunion de cette province juſqu'à cette époque, il n'y avoit eu
d'autres regles ſur ce qui concernoit la levée de l'impoſition ordinaire,
& les exemptions d'y contribuer, que celles qui avoient été preſcrites
par les Intendans, ſuivant les uſages qui, par les différens changemens,
avoient varié : l'objet de cette déclaration eſt d'établir des diſpoſitions
certaines qui puiſſent ſervir de loi à l'avenir, & de réformer en même-
temps ce qui avoit été reconnu d'irrégulier & d'abuſif dans les uſages qui
s'étoient introduits.

Cette déclaration regle les Juges auxquels doit appartenir la connoiſſance des conteſtations ſur le fait des impoſitions, l'inſtruction qui doit
être ſuivie dans les inſtances en ſurtaux, la maniere dont il doit être
procédé à l'impoſition des rejets & des dépens, la nomination des Echevins & des Commis au répartement, ce qui concerne la confection des
rôles, ceux qui doivent y être compris, les réductions de cote & exemptions, les recouvremens. Voici le détail des diſpoſitions qu'elle renferme
ſur ces différens objets.

1°. Toutes les conteſtations concernant l'impoſition ordinaire, ſoit
qu'il s'agiſſe de ſurtaux, exemptions, priviléges, radiation de cote, &
abus commis dans la confection des rôles ou répartement, ſoit qu'il ſoit
queſtion de la réduction au tiers, appellée *portion colonique*, ſuivant

l'ufage de la province, feront jugées en premiere inftance par les Officiers des préfidiaux de Befançon , Salins, Véfoul, Gray & Lons-le-Saunier, & , en cas d'appel, par la Chambre & Cour des Comptes, Aides
& Finances de Dôle.

Il faut obferver que par édit du mois d'août 1692, le feu Roi , en *Edit d'août 1692.*
confirmant l'établiffement fait par les anciens ducs de Bourgogne, dans
la ville de Dôle, d'une Chambre des Comptes, lui attribua , indépendamment de ce qui lui appartient comme Chambre des Comptes , tout
ce qui étoit de la compétence des Cours & Chambres du Domaine , Aides
& Finances , dont elle connoîtroit à l'avenir, en dernier reffort, fous le
titre de *Chambre & Cour des Comptes , Domaines , Aides & Finances
du comté de Bourgogne.* L'édit , d'après ces différentes attributions qui
y font fort au long rappellées, fixe le nombre des Officiers dont cette
Cour fera compofée , les gages & émolumens dont ils jouiront ; le
même édit établit en titre d'office , des Receveurs particuliers des finances & impofitions ordinaires & extraordinaires dans chaque bailliage.

Dans le mois de février de la même année 1692, il avoit été créé à
Befançon un Bureau des finances, à l'inftar de ceux établis dans le refte
du royaume ; il fut réuni à la Chambre des Comptes de Dôle par édit
du mois de feptembre 1696 , qui ordonne que deux Commiffaires députés
par ladite Chambre & Cour des Comptes , affifteront conjointement avec
le Commiffaire départi au département des impofitions.

C'eft en conféquence de cette difpofition que la Chambre des Comptes
de Dôle nomme & députe chaque année , à Befançon, deux de fes
Membres pour procéder , conjointement avec l'Intendant , au répartement de l'impofition ordinaire ; les mandemens qui s'envoient dans chaque
communauté, & dont l'adreffe eft *aux Maire , Echevins , Prud'hommes &
Habitans de la communauté de.........* font intitulés de leurs noms &
fignés par eux.

Par édit du même mois de feptembre 1696 , le feu Roi créa cinq Pré- *Edit de feptem-*
fidiaux dans cette province, & les unit aux cinq bailliages principaux ; *bre 1696.*
favoir, Véfoul, Gray, Befançon , Salins & Lons-le-Saunier ; & il leur
attribua par cet édit, chacun dans leur reffort, la connoiffance & jurifdiction des furtaux qui feroient jugés par eux fans appel jufqu'à la fomme
de 20 livres.

C c ij

On a cru néceffaire de retracer les difpofitions de ces édits, qui donnent des notions exactes des Juges auxquels, dans le comté de Bourgogne, appartient la connoiffance des matieres concernant les impofitions. Reprenons maintenant la fuite de la déclaration du 18 mai 1706, on y joindra, relativement à chaque objet, les difpofitions des réglemens poftérieurs.

2°. Les inftances en furtaux, dont la demande fera réduite à une diminution de la fomme de 20 livres & au-deffous, foit par l'exploit originaire, foit par une déclaration poftérieure, feront jugées en dernier reffort par les Préfidiaux, conformément à l'édit du mois de feptembre 1696.

Les Officiers des préfidiaux jugeront les procès en furtaux fommairement & à l'audience, fans appointemens & fans épices, après avoir ouï les Avocat & Procureur du Roi; il en fera ufé de même fur l'appel en la Chambre des Comptes & Cour des Aides.

Le demandeur en furtaux préfentera fa requête fur laquelle il fera ordonné que les Commis qui ont fait le répartement, feront appellés à la huitaine, s'ils ne comparoiffent point, ni Procureur pour eux, les conditions du demandeur lui feront adjugées avec dépens, qui feront modérément taxés & payés par les Commis, fans répétition fur la communauté.

Si les Commis comparoiffent, les parties déduiront fommairement leurs raifons à l'audience; les Juges examineront particuliérement fi la cote eft confidérablement augmentée par rapport aux rôles des trois dernieres années, & fi elle eft proportionnée à celle des poffeffeurs de pareille quantité de terres ou héritages.

Si le demandeur avance pour moyen de diminution qu'il poffède moins de prés, vignes ou pacages que les Commis n'alléguent, il fera tenu de fournir fa déclaration par écrit, affirmée & fignée de lui s'il fait figner, finon par-devant Notaires, de la quantité qu'il en poffède, avec foumiffion de payer le quadruple de la cote, fi la déclaration eft trouvée fauffe.

S'il ne fournit pas cette déclaration fur le champ & à l'audience, la demande fera rejettée.

Si les Commis contredifent la déclaration, la vérification en fera faite à leurs frais par un arpenteur dont les parties conviendront fur le champ, ou nommé d'office, fauf le rembourfement defdits frais, s'il y échoit.

Si le demandeur allégue pour moyen de réduction qu'il a moins de rentes, ou un moindre commerce que ne comporte fa cote, & que les Commis foutiennent le contraire, les Juges pourront ordonner que les parties conviendront fur le champ de deux habitans non fufpects, pour arbitres, & d'un troifieme pour furarbitre, pris tous trois dans les communautés les plus voifines, faute de quoi ils les nommeront d'office.

L'affaire fera jugée à l'audience fur leur rapport & avis, & autres moyens de droit.

Les Juges ne pourront, pour quelque caufe & fous quelque prétexte que ce foit, nommer des Commiffaires pour fe tranfporter fur les lieux à l'effet de vérifier les moyens de furtaux.

Si le demandeur réuffit dans l'objet de fes demandes, les Commis feront condamnés aux dépens en leur propre & privé nom, à moins qu'ils ne rapportent, avant le jugement, une délibération de la communauté, en bonne forme, portant autorifation de la cote antérieure ou poftérieure au répartement, avec pouvoir de la foutenir; & nonobftant cette délibération, fi les Juges reconnoiffent qu'ils ont commis quelqu'abus ou malverfation dans la cotifation, ils les condamneront aux dépens fans aucune répétition.

Les demandes en furtaux feront formées avant le premier mars de chaque année, & paffé ledit temps, les Officiers des préfidiaux n'en pourront recevoir, à peine de nullité.

Les rôles feront toujours exécutés par provifion; les Officiers de la Cour des Aides, ni ceux des préfidiaux, ne pourront donner des défenfes fous quelque prétexte que ce foit, à peine de nullité, & d'être refponfables du retardement & du recouvrement, fauf le rejet & réimpofition des fommes dont les oppofans feront déchargés.

3°. Les rejets & les dépenfes auxquels les communautés auront été condamnées en toutes caufes & procès, ne pourront être impofés que lors de la confection des rôles de l'année fuivante; les fentences, jugemens & arrêts feront rapportés à cet effet à l'Intendant pour être fait mention au pied du mandement de l'impofition, des rejets ou dépens qui devront être impofés.

4°. Les Echevins & les Commis au répartement de l'impofition ordinaire, feront nommés avant le 15 octobre de chaque année par la communauté affemblée, en la forme ordinaire & à la pluralité des voix, fans déroger à l'ufage des villes où il y a des Magiftrats établis, dont les Maire & Echevins feront élus aux termes & jours accoutumés.

Chaque communauté nommera deux Commis, l'un pour les riches, l'autre pour les pauvres.

Les Echevins & Commis qui auront des motifs de s'oppofer à leur nomination, feront tenus de faire juger au préfidial leur oppofition dans le mois de novembre, & l'appel en la Cour des Aides dans le dernier décembre.

Les inftances, tant aux préfidiaux que fur l'appel en la Cour des Aides, feront jugées fommairement & à l'audience.

5°. Le jour même que les Echevins recevront le mandement, ils le remettront aux Commis aux répartemens, à peine de prifon & de 100 livres d'amende.

Les Commis feront tenus de procéder à la confection du rôle dès que le mandement leur aura été remis, de maniere qu'il foit dreffé, parfait & arrêté dans la huitaine ; ils feront mention à cet effet, dans l'intitulé du rôle, du jour qu'ils auront reçu le mandement, & à la fin, du jour qu'ils auront terminé le répartement, le tout fous les mêmes peines.

Dès que le rôle fera achevé, les Commis répartiteurs le porteront au Subdélégué dans le département duquel la communauté fe trouvera fituée, pour être par lui vérifié, calculé & rendu exécutoire au plus tard dans les trois jours qui fuivront la remife, conformément à l'arrêt du Confeil du 24 juillet 1744.

Les Echevins en exercice lui payeront, pour cette vérification, 3 livres, qui leur feront allouées en dépenfe dans le compte de leur geftion, & moyennant cette rétribution, il n'en fera exigé aucune pour la vérification de tous les autres rôles qui feront faits pour le même exercice.

Le Subdélégué doit tenir la main à ce que les rôles foient entiérement conformes aux mandemens, & s'ils fe trouvent excéder les fommes qui y font portées, il en doit dreffer fon procès-verbal, l'envoyer à l'Intendant, & ne pas vérifier le rôle à quelque fomme que l'excédant puiffe monter.

Le rôle vérifié & arrêté fera remis entre les mains des Echevins, qui le feront publier à haute & intelligible voix, à l'iffue de la Meffe paroiffiale, par le Maire ou Sergent de la feigneurie, ou par le maître d'Ecole, *& à leur défaut, par le Curé de la paroiffe, qui eft prié de le faire fans difficulté* *. Cette publication fera faite gratuitement, & il en fera fait mention au pied du rôle.

Quinzaine après la remife du rôle des Echevins, pour en faire le recouvrement, ils en feront deux copies exactes, certifiées d'eux, l'une au Receveur des finances du bailliage, l'autre au Subdélégué, pour être adreffée au Greffier du préfidial du reffort, qui en donnera fa reconnoiffance.

Immédiatement après la publication du rôle, les Echevins feront le recouvrement du premier quartier, nonobftant l'appel qu'ils pourroient avoir interjetté des jugemens rendus fur les oppofitions formées à leur nomination, à peine d'être refponfables du retardement : ils feront folidairement le payement du premier quartier, au premier janvier, entre les mains du Receveur en exercice, & celui des trois autres, dans les termes accoutumés ; favoir, le premier avril, le 15 juillet & le 15 octobre.

6°. Les Commis comprendront dans leur répartement, tous les particuliers, de quelque qualité qu'ils foient, qui poffédent des biens fonds dans leur finage ou territoire, & ce à proportion du revenu des biens.

Les manans & habitans qui n'ont aucun fonds d'héritages dans le lieu de leur réfidence, feront néanmoins impofés pour les rentes qui peuvent leur appartenir, commerce, induftrie, & jouiffance des communaux.

Les particuliers qui poffédent des biens dans un territoire, autre que celui de leur réfidence, & qui les font valoir par eux-mêmes ou par leurs domeftiques, feront cotifés en leur nom & dans le même rôle que les réfidens : cette cotifation fera faite par un chapitre féparé, à la fuite de celui des habitans du lieu, & la taxe fera faite à proportion du produit des biens & de la jouiffance des communaux.

Les métayers & fermiers, propriétaires de fonds dans le même territoire où ils en tiennent à ferme, feront impofés par deux articles féparés,

---

* *Nota.* C'eft le Mandement qui contient cette derniere inftruction.

favoir, par une cote pour les biens à eux appartenans, & par une autre pour ceux qu'ils tiennent à ferme ou à amodiation.

Les Echevins ou habitans pourront faire procéder pour le payement des cotes, à l'exploitation des terres des abfens qui feront abandonnées.

7°. Suivant l'ufage obfervé depuis long-temps dans la province, les fiefs anciens & les biens d'églife d'ancienne dotation feront impofés, lorfque les propriétaires les amodieront, à la portion colonique, qui eft le tiers de ce que fupporteroient les fermiers s'ils étoient cotifés à l'ordinaire pour le plein.

Réglement de la Chambre des Comptes de Dôle, du 20 novembre 1762.

Les fermiers des dixmes, tant eccléfiaftiques qu'inféodées, & des novales, doivent auffi être impofés à la portion colonique, conformément à l'arrêt de réglement rendu par la Chambre des Comptes de Dôle, le 20 novembre 1762 : ce réglement eft intervenu, pour faire ceffer la diverfité des ufages qui fubfiftoient dans les communautés, & qui étoient autorifés par la jurifprudence différente des préfidiaux : celui de Befançon décidoit que les fermiers des dixmes devoient être impofés, ceux de Vefoul & de Salins jugeoient le contraire; cette différence dans les jugemens expofoit les Commis répartiteurs & les communautés à des procès auffi fréquens que difpendieux : ces motifs engagerent le Procureur général de la Chambre des Comptes de Dôle à requérir un arrêt de réglement qui donnât fur cet objet une exécution égale & uniforme dans toutes les communautés, aux difpofitions de la déclaration du 16 mai 1706, & qui procurât, fous ce point de vue, par l'affujétiffement des fermiers des dixmes aux impofitions, le foulagement des autres contribuables.

Ne feront réputés biens anciens de fief, *quant à l'impofition*, les terres avenues par échute au Seigneur, lefquelles ont été impofées comme biens roturiers, foit avant, foit depuis l'échute; nonobftant tous jugemens & arrêts fur ce intervenus, elles feront impofées pour le plein & en entier, comme avant les échutes, jugemens & arrêts : les biens qui auront été réputés de fief & impofés comme tels, fans conteftation, avant l'année 1706, ne pourront néanmoins être impofés comme biens roturiers, fous prétexte qu'ils pourroient être originairement avenus par échute ou réunion.

Le comté de Bourgogne eft un pays où le droit de main-morte s'eft conservé:

conservé : le main-mortable ne peut aliéner ses héritages de main-morte sans le consentement du Seigneur, & il fait échute à son profit, de tous ses biens, lorsqu'il décede sans communier.

Les héritages main-mortables appartiennent au Seigneur, en ce cas, par droit de retour & de réunion, comme ayant été donnés sous la condition qu'ils retourneroient au cas du décès sans communier ; aussi les reprend-il sans payer les dettes, à moins qu'il n'y ait consenti.

Et quant aux biens francs, meubles, noms, droits & actions, la Coutume dit que le Seigneur les prend dans le cas de l'échute, & M. Dunod, dans son *Traité de la main-morte*, prétend que c'est un droit de pécule ; il se fonde sur la disposition de la Coutume, qui porte que le Seigneur ne paye les dettes de son sujet sur cette espece de biens, que jusqu'à concurrence de sa valeur, & après avoir prélevé tout ce que son sujet lui devoit : il observe que c'étoit ainsi que le maître en usoit lorsqu'il se saisissoit du pécule de son esclave.

Ne seront pareillement réputés biens d'ancienne dotation pour les Bénéfices & Communautés ecclésiastiques & religieuses, établies avant l'année 1660, que ceux qui seront justifiés avoir été donnés pour fondation originaire & primordiale, ou être possédés de temps immémorial ; & à l'égard des Communautés établies depuis 1660, ceux seulement acquis pendant les trois premieres années ; tous les autres acquis ou donnés depuis, seront imposés en plein, s'ils ne sont de fief.

Le Roi voulant traiter favorablement les Officiers du Parlement de Besançon, ceux de la Chambre des Comptes de Dôle, les Recteurs, Professeurs & Distributeurs de l'Université, & les maintenir dans tous les priviléges qui leur ont été attribués, soit par lui, soit par les Rois Catholiques, il ordonne que tous les biens des Présidens, Conseillers, Procureurs & Avocats généraux, leurs Substituts & Greffier en chef du Parlement ; des Présidens, Conseillers, Maîtres, Correcteurs & Auditeurs, Avocats & Procureurs généraux, de leurs Substituts & du Greffier en chef de la Chambre des Comptes de Dôle ; des Gardes des sceaux, Secretaires du Roi près lesdits Parlement & Chambre des Comptes, & des Recteurs, Professeurs & Distributeurs de l'Université de Besançon, continueront d'être réduits à la portion colonique, *de quelque nature qu'ils soient*, lorsqu'ils seront exploités par des fermiers ou amodiateurs.

Les Présidens, Conseillers, Avocats & Procureur généraux du Parle-

ment; les Préſidens, Conſeillers, Maîtres, Avocats & Procureur généraux de la Chambre des Comptes, & Secretaires du Roi deſdites Chancelleries pourront faire valoir par leurs mains ou de leurs domeſtiques
ſalariés & non mariés, une grange ou ferme de biens roturiers, juſqu'à
concurrence du labourage de trois charrues au plus, en terres labourables; ou prés, bois, vignes & fruitieres, à proportion, ſuivant l'eſtimation commune du pays.

Les Correĉteurs & Auditeurs de la Chambre des Comptes, Greffiers
en chef deſdites Compagnies & premier Huiſſier du Parlement, auſſi-
bien que les Subſtituts; & les Reĉteurs, Profeſſeurs & Diſtributeurs de
l'Univerſité, juſqu'à concurrence d'une charrue ſeulement ou à proportion.

Sans néanmoins que ni les uns ni les autres puiſſent joindre plus d'une
grange ou ferme enſemble, quand même elles n'excéderoient pas ladite
valeur.

Comme auſſi ſous la condition de faire ſignifier dans le mois d'octobre, aux Echevins & aux Commis nommés pour l'année ſuivante, qu'ils
entendent tenir par leurs mains leſdits fonds.

Défenſes à la Chambre des Comptes & Cour des Aides de Dôle,
enſemble aux Préſidiaux, de faire jouir aucun autre Officier, ſans exception & ſous quelque prétexte que ce ſoit, du privilége de réduĉtion à
la portion colonique & de franchiſe: les arrêts, ſentences & jugemens
contraires que quelques Officiers qui ne ſont pas du nombre de ceux rappellés ci-deſſus, pourroient avoir obtenus par ſurpriſe ou autrement,
ſont déclarés nuls & comme non avenus.

Les détails dans leſquels on vient d'entrer, font connoître la nature
de l'impoſition qui repréſente la taille dans le comté de Bourgogne, &
les principes par leſquels elle eſt régie & adminiſtrée.

Il paroît que dans l'origine, le Clergé & la Nobleſſe ne contribuoient
en rien au payement des impoſitions, pour tous les biens qu'ils poſſédoient; le poids des charges retomboit entiérement ſur le peuple: on
reconnut qu'il étoit de la juſtice de les diviſer; on admit alors une diſ-
tinĉtion entre les fonds nobles ou de fief, & les fonds roturiers.

Les fonds roturiers, en quelques mains qu'ils fuſſent, furent déclarés
ſujets au payement des impoſitions, & l'on n'admit d'exception à cet
égard, que pour ceux qui avoient fait partie de l'ancienne & premiere
dotation des Bénéfices & Communautés eccléſiaſtiques.

Quant aux biens anciens de fiefs, il fut établi que lorsque ceux qui les possédoient, ne les feroient pas valoir par eux-mêmes ou qu'ils les donneroient à ferme, ils feroient imposés au tiers de ce qu'ils supporteroient s'ils étoient roturiers, & ce tiers fut appellé *portion colonique;* ainsi sous ce point de vue, la portion colonique est un assujétissement & non une exemption ou réduction.

On porta même plus loin cet assujétissement à l'égard des biens avenus aux Seigneurs par échute ou réunion; on régla que si antérieurement ces biens avoient été imposés ce qu'on appelle *au plein*, comme roturiers, ils continueroient de l'être, & ne feroient point réputés biens anciens de fief, quant aux impositions, dans la main des Seigneurs.

Enfin on ne regarda comme ne devant être imposés qu'au tiers dans la main des fermiers, que les biens anciens de fief & les biens d'Eglise d'ancienne dotation; ainsi les terres nouvellement érigées en fief, les fonds acquis par les Eglises depuis l'époque dans laquelle ce qui est réputé constituer leur dotation, est renfermé, restent toujours dans leur ancien état, relativement au paiement des impositions.

Les Rois d'Espagne, souverains du comté de Bourgogne avant la conquête, avoient cru devoir accorder des prérogatives & des marques particulieres de distinction aux Officiers du Parlement & de la Chambre des Comptes, ainsi qu'aux Recteurs, Professeurs & Distributeurs de l'Université; ils avoient réglé que leurs biens, *de quelque nature qu'ils fussent,* & par conséquent les fonds même roturiers, feroient réduits dans la main des fermiers à la portion colonique, & sous ce dernier point de vue, cette portion colonique est un titre d'exemption : ils leur avoient même accordé de pouvoir tenir & faire valoir par leurs mains, en exemption d'imposition, jusqu'à concurrence d'une certaine quantité de fonds roturiers. Le Parlement & la Chambre des Comptes n'étoient alors composés que du nombre d'Officiers nécessaires pour remplir les différens services dont ces Cours étoient chargées; la vénalité des charges y a été introduite depuis la conquête, & les besoins de l'Etat ont fait multiplier le nombre des offices : c'est ce qui a obligé à dénommer & fixer par la déclaration du 18 mai 1706, ceux d'entre eux qui jouiroient de ces prérogatives, dont l'effet devient fort onéreux aux contribuables, par la jouissance de ce privilége, qui est conservée aux Officiers vétérans & aux veuves des Officiers des deux Cours; il en résulte que souvent

deux ou trois perfonnes profitent fur un feul & même office, du privilége de la portion colonique.

8°. Les Echevins chargés du recouvrement ne doivent point attendre,
foit pour recouvrer les cotes des particuliers, foit pour porter à la recette les termes échus, que le Receveur les envoie contraindre, à peine
d'en fupporter les frais.

Il eft enjoint aux Receveurs, pour qu'ils foient à portée de connoître la recette des Echevins, de faire tous les mois, le dépouillement
des rôles, & d'agir contre les Echevins rétentionnaires, par la voie
prefcrite par les réglemens.

9°. Ceux qui voudront changer de domicile, feront tenus de le faire
fignifier aux Echevins de la communauté d'où ils fortiront, & publier
à l'iffue de la Meffe paroiffiale dans le mois d'octobre; après quoi ils
feront encore cotifés de la même maniere, dans ladite communauté,
pendant une année; & s'ils transferent enfuite effectivement leur domicile, ils ne pourront y être impofés les années fuivantes, par rapport
à leur induftrie & leur commerce, mais feulement pour les fonds &
héritages qu'ils pourront y poffêder.

10°. Il eft défendu à tous Seigneurs & Officiers de juftice, ayant
pouvoir & autorité dans les communautés, de s'immifcer directement ni
indirectement dans la confection des rôles, d'y être préfens, n'y d'ufer
d'aucune violence, induction ni voie de fait, à peine d'être procédé
contre eux extraordinairement.

11°. Les Commis réparteurs ne pourront fe décharger ni diminuer
leurs cotes ou celles de leurs parens, à moins qu'ils n'aient diminué
en biens par vente de leurs héritages, ou délaiffé une ferme qu'ils tenoient auparavant; auquel cas, les acquéreurs ou nouveaux fermiers feront augmentés du montant de la diminution faite fur la cote des Commis.

Les contraintes que les Receveurs font dans le cas de décerner, font
mifes à exécution par des Commiffaires à la fubvention. Ces Commiffaires avoient été créés en titre d'office par Edit du mois de juillet 1703;
mais cette création eft demeurée fans effet, & c'eft l'Intendant qui commet ceux qui exercent ces fonctions: comme leur nombre étoit extrè-
mement multiplié, une ordonnance rendue par l'Intendant, le 22 mai
1751, l'a réduit à ce qu'exigeoit le fervice, eu égard à l'étendue de chaque Bailliage, & à l'objet du recouvrement.

Edit de juillet
1703.

La même ordonnance prescrit la conduite que chacun de ces Commissaires doit tenir dans l'exécution des contraintes dont il est chargé.

Il doit envoyer, trois jours avant son arrivée dans les communautés où il a ordre de se transporter, un billet imprimé pour avertir les Echevins, du jour qu'il devra s'y rendre.

Les Echevins doivent sur cet avertissement assembler les habitans, & les prévenir de tenir les fonds prêts pour payer les quartiers échus de leurs impositions.

Ceux des redevables qui satisfont au payement de leur cotes dans le jour de l'arrivée du Commissaire à la subvention, ne supporteront aucuns frais de contrainte.

Le Commissaire, à son arrivée dans la communauté, doit se faire représenter les rôles, & les calculer en présence des Echevins, sur les reçus portés à la marge, afin de connoître si les deniers de la recette n'ont point été divertis, & en informer les Receveurs, après quoi il exercera ses contraintes contre les Echevins, soit par saisie de meubles, soit par emprisonnement de leur personne, à défaut de meubles suffisans.

Il doit se transporter ensuite, avec les Echevins, dans les maisons des particuliers redevables pour les faire payer, & les y contraindre par la même voie de la saisie de leurs meubles, dont il dressera son procès-verbal, recevra en même-temps l'opposition que les parties saisies pourroient y former, & les assignera par le même acte devant le Subdélégué qui ordonnera par provision que la saisie sortira son effet ; il sera procédé à la vente huitaine seulement après la saisie, & les parties pourront même retirer leurs meubles & effets vendus dans la huitaine de la vente en rendant le prix.

On excepte, comme ne pouvant être saisi pour les impositions, les lits, habits, grains, chevaux & bœufs servant au labourages, les outils des artisans & manœuvres.

Le Commissaire ne doit point sortir de la communauté où il a été envoyé, qu'il n'ait fait payer tous les redevables ou fait toutes les saisies nécessaires ; il doit, à son retour, présenter son procès-verbal de contrainte au Subdélégué, qui taxera le nombre de journées à proportion du travail, & à raison de 20 sous par jour, dont la répartition sera faite sur tous les redevables qui auront occasionné ces frais, au marc la livre de leur débet énoncé au procès-verbal.

Les Receveurs font tenus d'avoir un regiftre coté & paraphé par le Subdélégué, dans lequel doivent être infcrits les noms des communautés, ceux des Commiffaires à la fubvention qu'ils enverront en contrainte, le jour de leur départ, celui de leur fortie de la communauté & les taxes de frais qui leur auront été faites. Ils feront au commencement de chaque mois un relevé fur ce regiftre du montant des frais du mois précédent, & en adrefferont le bordereau à l'Intendant, en même temps que les états de recouvrement des impofitions.

Les Subdélégués de leur côté doivent tenir un regiftre fur lequel ils porteront les contraintes qui leur feront préfentées & qu'ils viferont, & à côté de ces contraintes le montant des taxes qu'ils feront au pied des procès-verbaux faits en exécution defdites contraintes, & ils en adrefferont au commencement de chaque mois un relevé à l'Intendant, contenant le montant des taxes qu'ils auront faites le mois précédent.

Les Receveurs doivent fpécifier dans les contraintes qu'ils délivrent aux Commiffaires à la fubvention, & qu'ils font tenus de faire vifer par les Subdélégués, le reliquat qui fera dû par chaque communauté fur fes impofitions, afin qu'en réglant les frais des Commiffaires, les Subdélégués puiffent connoître par la comparaifon de l'objet des contraintes avec les procès-verbaux, fi les pourfuites auront été faites contre tous les redevables.

On paffe aux Echevins dans les comptes qu'ils rendent de leur exercice, quatre voyages pour porter l'argent des impofitions aux Receveurs des Bailliages.

On termine ces détails en obfervant que dans la confection des rôles, les Commis répartiteurs font tenus de fe conformer aux difpofitions de *Arrêt du Confeil* l'arrêt du Confeil du 2 juillet 1733, dont l'exécution a été ordonnée dans *du 2 juillet 1733.* le comté de Bourgogne par deux ordonnances de MM. les Intendans, des 20 octobre 1733 & 26 octobre 1763 ; & en conféquence, d'expliquer dans les rôles le nom des taillables, leur profeffion, l'efpece de leur commerce ou induftrie, les différentes natures de biens qu'ils poffedent en propriété, ceux qu'ils tiennent à ferme ; & en ce dernier cas, le nom des propriétaires, le nombre des charrues, & paires de bœufs & chevaux fervant au labourage, la taxe qu'ils doivent payer pour leurs biens propres, celles qu'ils doivent fupporter pour les biens tenus en amodiation, en diftinguant encore la cote pour raifon des facultés, in-

duſtrie & commerce d'avec celle qui a rapport à l'exploitation des fonds ;
& pour faciliter l'exécution de ce qui eſt preſcrit, à ces ordonnances ſe
trouve joint un modele de cote dans lequel tous ces différens articles ſont
rappellés.

Un arrêt du Conſeil du 24 juillet 1744 , autoriſe les Intendans du *Arrêt du Con-*
comté de Bourgogne à faire procéder d'office pardevant les Commiſ- *ſeil du 24 juillet*
ſaires qu'ils jugeront à propos de nommer , à la confection des rôles des *1744.*
impoſitions , & ce pouvoir leur eſt attribué par cet arrêt ſans aucun temps
limité.

Nous ne pouvons mieux terminer ce travail qu'en rendant compte
de ce qui concerne la Lorraine , dont la réunion à la Couronne eſt la
plus récente.

Nous parlerons auſſi , pour ne rien omettre , de la Dombe , dont le
Roi a fait l'acquiſition par le contrat d'échange que Sa Majeſté a paſſé avec
M. le comte d'Eu le 19 mars 1762.

DUCHÉS DE LORRAINE ET DE BAR,

Les duchés de Lorraine & de Bar ont été cédés à la France par le traité *Traité de 1738.*
conclu à Vienne en 1738.

Ces Duchés ne ſont point un pays d'Etats , l'adminiſtration eſt exercée par les Officiers du Souverain , il impoſe de ſon propre mouvement ,
ſans aucune forme de demande ni de conſentement , & fait répartir par
ceux auxquels ſes ordres ſont adreſſés le montant des impoſitions qu'il a
ordonnées ; ainſi les duchés de Lorraine & de Bar ſont à cet égard comme
les pays d'élection dans le royaume. La ſeule différence , c'eſt que dans
les pays d'élection le Roi a des Commiſſaires auxquels , par les différens
réglemens dont on a rendu compte dans le cours de ce travail , le ſoin
& la direction particuliere de la répartition entre les différentes communautés ſont confiées , & qui doivent y procéder conjointement avec
les Tréſoriers de France & les Officiers des élections , au lieu qu'en Lorraine il n'y a ni ſiege d'élection ni bureau des finances ; les arrêts du
Conſeil ſont adreſſés aux deux Chambres des Comptes de Nanci & de Bar ,
qui ſont la répartition & adreſſent les mandemens aux communautés ; en ſorte
que ſur le fait des impoſitions , elles réuniſſent & l'adminiſtration & la
juriſdiction.

On diftingue dans les duchés de Lorraine & de Bar deux fortes d'impofitions.

La *Subvention*, c'eft l'impofition ordinaire, elle ne varie point.

Les *Ponts & Chauffées*, on comprend fous cette dénomination les impofitions extraordinaires, telle que la fomme employée aux dépenfes des
ponts & chauffées, la folde de la Maréchauffée, le fupplément du prix
des fourrages aux 5 fous par ration, qui font à la charge du Roi, les
fortifications de la ville de Bitche, les appointemens des Gouverneurs,
& autres dépenfes que le fervice peut exiger.

L'établiffement de l'impofition ordinaire, connue fous la dénomination de *Subvention*, ne remonte qu'au temps où le feu Roi occupoit la
Lorraine.

Les duchés de Lorraine & de Bar avoient éprouvé par le gouvernement féodal les mêmes révolutions que la France.

Le Barois n'étoit originairement qu'un Comté, tenu, felon les uns,
en fief mouvant du comté de Champagne, & poffédé, felon les autres,
en franc-aleu.

Ces derniers avancent qu'Henri III, comte de Bar, ayant pris les
armes contre la France pour faire une diverfion en faveur du comte de
Flandre, fur la fin du treizieme fiecle, il fut battu, fait prifonnier & conduit à Bruges ; que Gaultier de Crécy, à la tête des troupes de Philippe-le-Bel, entra dans le Barois, & que le Comte ne fut délivré que
par un traité fait à Bruges même en 1301, dans lequel il fe fit homme-
lige du Roi pour tout ce qu'il poffédoit & tenoit en franc-aleu dans fon
Comté *par-deçà la Meufe vers le royaume de France*.

Ce Comté fut érigé en Duché en 1354 par le roi Jean, dont Robert comte de Bar avoit époufé la fille ; & la réunion du duché de Bar à
celui de Lorraine s'opéra en 1430 par le mariage de René d'Anjou, duc
de Bar, avec Ifabelle fille de Charles II, duc de Lorraine.

Il paroît que les ducs de Lorraine, pour s'affurer la jouiffance de tous
les droits régaliens dans le duché de Bar, fous la feule exception de l'hommage & du reffort, s'adrefferent fucceffivement à François I & à Henri II : on peut confulter fur cet objet l'acte du 15 novembre 1541, &
les lettres-patentes du 22 juillet 1548 : ils pafferent enfuite des concor-
dats avec Charles IX & Henri III en 1571 & 1575. Dupuy, *dans fon
traité des droits du Roi*, rappelle tout ce qui fe paffa lorfque les lettres-

patentes

patentes & déclarations expédiées pour l'exécution de ces contrats furent enregiſtrées en lit de Juſtice au Parlement de Paris.

Quant à la Lorraine , l'origine du gouvernement héréditaire des Ducs remonte à 1048 fous Gérard d'Alſace.

Ce Duché étoit alors diviſé en pluſieurs grands fiefs , dont les propriétaires exerçoient ſur leurs vaſſaux un empire preſque deſpotique.

Tels étoient les Seigneurs des marquiſats, comtés & baronnies de Vaudemont , de Salm , de Blamont , de Lunéville , de Sauverden , d'Apremont , de Châtel , de Commerci & pluſieurs autres.

Le reſte des terres appartenoit aux Ducs & aux Evêques voiſins qui y étoient Souverains comme Marſal , Dieuze , Saint-Avold, Hombourg , Nomeny, en ſorte que la Lorraine étoit dans la même ſituation que la France.

Les peuples étoient ſerfs , & taillables à volonté.

Dans le douzieme ſiecle la liberté reprit ſes droits , les affranchiſſemens ſe multiplierent, les communautés ſe formerent , les coutumes s'établirent ; mais ſi le joug devint moins peſant & moins tyrannique pour les peuples , l'autorité des ducs de Lorraine ſur leurs principaux vaſſaux fit des progrès extrêmement lents ; le corps de la Nobleſſe , célebre ſous le nom de l'*ancienne Chevalerie* , n'avoit d'autre Juge que lui-même , & le Souverain même s'y étoit ſoumis pour la déciſion des affaires qu'il avoit à ſoutenir contre ceux qui étoient de ce Corps ; René d'Anjou fut forcé par les conjonctures & pour attacher la Nobleſſe à la défenſe de ſes droits ſur le duché de Lorraine , de ſouſcrire l'acte du 30 janvier 1430 , qui donna l'exiſtence à ce fameux Tribunal des Aſſiſes ; ſes ſucceſſeurs , à leur avénement , faiſoient toujours ſerment d'en maintenir l'exécution , & les Aſſiſes ſubſiſterent juſqu'en 1634 que Louis XIII , qui occupoit alors la Lorraine , établit un Conſeil Souverain à Nanci.

Les Seigneurs perdirent auſſi alors le droit qu'ils avoient toujours conſervé de juger ſans appel les procès criminels.

On a jugé les faits que l'on vient de retracer néceſſaires pour mettre à portée de développer , autant qu'il eſt poſſible , l'origine , les progrès & la nature des impoſitions en Lorraine.

Il ſeroit bien difficile de fixer l'époque à laquelle les ducs de Lorraine commencerent à lever des tributs ſur les ſujets, & quand ces tributs devinrent ordinaires & annuels.

Tome I.   E e

Dom Calmet, *dans son histoire de Lorraine*, dit que René d'Anjou , roi de Sicile & duc de Lorraine , fut le premier qui imposa tribut , tailles & impôts aux Lorrains & Barisiens.

Suivant le même Historien , la charge la plus ordinaire étoit l'*aide Saint-Remi*, ainsi nommée parce qu'elle se payoit à ce terme ; il expose que c'étoit une redevance ordinaire qui se levoit tous les ans sur chaque conduit ou maison , le fort portant le foible ; & quoique cette taille fût fixée à deux francs par ménage, cependant on pouvoit l'augmenter suivant les besoins de l'Etat ; qu'elle étoit réglée & répartie par les Chambres des Comptes de Lorraine & Barrois : à en juger par cet exposé, l'aide Saint-Remi avoit beaucoup de ressemblance avec nos anciens fouages.

Cette idée d'une imposition ordinaire & annuelle paroît difficile à concilier , du moins dans des temps reculés , avec les pieces rapportées par le même Auteur dans les preuves de son histoire.

On trouve bien des aides accordées extraordinairement au Souverain , & déterminées par les conjonctures.

La plus ancienne imposition de ce genre, est celle que les Etats accorderent en 1437, à René I ; il avoit été fait prisonnier à la bataille de Bulgneville, & mené à Philippe , duc de Bourgogne ; ayant été mis en liberté sous les conditions qui avoient été respectivement stipulées , & de retour en Lorraine il assembla, en 1437, ses Etats dans la ville de Pont-à-Mousson , il leur demanda les subsides nécessaires pour payer les 200 mille salus de sa rançon : il fut résolu de lever cette somme sur tous les sujets , on les taxa l'un portant l'autre à 2 salus d'or par conduit ou par famille, à quoi les Evêques de Metz, Toul & Verdun consentirent, & permirent de plus la levée d'une aide générale d'un sou par conduit sur leurs sujets.

En 1489, les Etats assemblés à Nanci , accorderent à René II, un don gratuit de 2 francs par feu. : ce Prince fit expédier, le 21 juin, au Clergé & à la Noblesse , des lettres de non-préjudice.

Il exposa dans ces lettres, qu'ayant convoqué & fait assembler à Nanci les Prélats , Hauts-hommes, Barons & autres Nobles de son duché de Lorraine, tenant fiefs & arriere-fiefs de lui , il les avoit priés & requis de lui donner & octroyer sur leurs hommes & sujets dudit duché , quelque don de deniers , pour convertir , employer & subvenir à ses très-grandes affaires & néceffités ; qu'ils auroient de leur libéralité confenti & accordé, pour cette fois, la fomme de 2 francs, quoique de droit & de coutume ils n'en fuffent en rien tenus, fur chaque feu de leurs hommes & fujets, fans préjudice du temps à venir, laquelle fomme feroit levée, moitié à Noël, & l'autre moitié à la Saint-Martin de l'année fuivante, par les Commis & Députés de chaque Etat défignés par eux, avec des Clercs des finances du Duc, par lui commis, pour voir compter les feux defdits Etats, en chaque lieu, fi bon leur fembloit ; que les deniers feroient remis aux gens des finances du Duc, qu'il commettroit pour les recevoir, fans qu'ils en fiffent rien mettre aux regiftres de la Chambre des Comptes, afin qu'au temps à venir il n'en pût réfulter aucun préjudice auxdits Etats, qui auroient fupplié le Duc de leur en faire expédier fes lettres ; fur quoi ce Prince, en confidération du don & octroi libéralement fait pour cette fois, déclare qu'il n'entend point qu'eux ni leurs fucceffeurs en fouffrent aucun préjudice contre leurs liberté & franchife, attendu qu'ils n'en étoient en rien tenus, & que quoique dans les motifs de la demande faite aux Etats, il eût été fait mention des fommes qu'il étoit chargé de payer à Marguerite de Lorraine fa fœur, qui venoit d'époufer le duc d'Alençon, il n'entendoit cependant point que l'aide qu'on lui accordoit fût pour caufe de ce mariage.

Les Etats ayant accordé au duc Antoine, par deux octrois différens, par le premier, 6 blancs par chaque femaine, pour la folde des troupes qu'il avoit mifes en garnifon dans les places, fur chacun des hommes & fujets des gens d'Eglife & Nobles, & par le fecond, 7 francs par chaque ménage & conduit, pour les fortifications des places & autres dépenfes relatives à la fûreté du pays, il déclara par des lettres du mois de janvier 1526, qu'il n'entendoit pas que fous ce prétexte il pût faire à l'avenir fur leurs hommes aucun jet ni impôt, ni qu'ils y fuffent aucunement tenus.

Les Etats lui ayant accordé, en 1540, la fomme de 30 gros, monnoie de Lorraine, fur chaque feu de leurs hommes & fujets, pour employer & fubvenir aux urgentes affaires & néceffités du pays, quoique de droit ni de coutume ils n'en fuffent en rien tenus, il fit expédier des lettres de non-préjudice pareilles à celles de 1489, portant que ladite fomme feroit levée par les Commis & Députés des Etats dans chaque bailliage, avec des Clercs des finances par lui députés, pour voir compter les feux, & que les deniers feroient reçus par les Seigneurs de chaque lieu, qui les remettroient aux gens des finances que le Duc commettroit pour les recevoir, en leur rendant les rôles & papiers, pour les mettre où bon leur fembleroit, fans fouffrir que rien en fût mis par lefdits gens des finances en fes regiftres & Chambre des Comptes, afin qu'au temps à venir il n'en pût réfulter aucun préjudice pour lefdits Etats, ni tourner à conféquence contre leurs libertés & franchifes : il déclara auffi dans ces lettres, que quoique dans les motifs expofés de fa part aux Etats, il eût été fait mention du payement de la dot d'Anne de Lorraine, fa fille, mariée au prince d'Orange, il n'avoit point entendu que l'aide en queftion lui eût été octroyée pour caufe de ce mariage.

Le réfultat des Etats convoqués par Charles IV, duc de Lorraine, & tenus à Nanci le 2 mars 1626, contient encore fur cet objet, des détails plus intéreffans.

Il eft dit dans ce réfultat, que le Duc fit entendre aux Etats, que depuis fon avénement au Duché, il avoit été obligé, pour la sûreté & défenfe du pays, de lever & d'entretenir un grand nombre de troupes, au paiement defquelles il avoit employé tout ce qu'il avoit du fien ; qu'il ne pouvoit foutenir & continuer cette dépenfe avec fon feul revenu ordinaire, à caufe des grandes charges, dettes & engagemens de fon domaine ; qu'il avoit d'ailleurs, pour différens objets indifpenfables relativement au bien de l'Etat, fait des emprunts dont il ne pouvoit efpérer de fe libérer fans l'affiftance commune & générale des Etats.

Sur cet expofé & pour y fubvenir, les Etats accorderent :

1°. Que tous les biens de roture payeroient pendant les années 1626, 1627 & 1628, à raifon de 2 francs pour paires de réfeaux de blé & de réfeaux d'aveine, 2 gros & demi pour fauchée de prés, & 3 gros par journal de vigne, au terme de Noël de chaque année, fuivant la forme prefcrite aux réfultats des Etats de 1621 & 1622 ; qu'il n'y auroit d'exceptés de cet octroi que les Eccléfiaftiques & les Gentilshommes de l'ancienne Chevalerie, & autres Gentilshommes leurs pairs.

2°. Que pour accélerer l'impofition, les Receveurs du Prince, en chaque recette & office, écriroient aux Prévôts & Mayeurs de chaque lieu, qu'ils euffent à faire venir devant euxdits Prévôts & Mayeurs, tous les propriétaires ayant des gagnages, terres, prés & vignes dans leurs diftricts, pour en faire par eux ou leurs fermiers, une déclaration exacte dans le temps qui fera prefcrit, & en cas de fraude ou recélement, les délinquans feront condamnés à des peines & amendes applicables les deux tiers au profit du Souverain ou du Seigneur haut-jufticier du lieu du délit, & l'autre tiers, du rapporteur, lefquelles peines & amendes ne courront cependant que trois mois après la publication de l'ordonnance du Prince, qui interviendra fur le préfent réfultat; que ces trois mois expirés, les rôles feront portés par les Prévôts & Mayeurs aux Receveurs de leur reffort, qui feront tenus de les envoyer tout de fuite aux Députés en la Chambre des Aides généraux à Nanci, à l'effet de les arrêter & être enfuite procédé à la levée defdites aides pendant les trois années & dans les termes ci-devant prefcrits.

Ceux qui auront reconnu des recélés dans les déclarations, en informeront fur le champ les Receveurs du Prince ou les Députés de ladite Chambre, pour être pourvu tant au recouvrement de ce qui proviendra defdits recélés, qu'aux amendes & peines encourues : en cas d'appel des fentences des Juges ordinaires, il reffortira à la Chambre des Aides, pour y être jugé & ordonné définitivement & en dernier reffort.

3°. Que pour procurer au Souverain l'accroiffement & augmentation propofés aux Etats, les conduits qui avoient été impofés dans les villes, bourgs & villages, fe payeroient pendant les années 1626, 1627 & 1628, à commencer au premier mars 1626, jufqu'au dernier février 1629, par chaque conduit par mois, & le fort aidant le foible; favoir, dans les villes & bourgs fur le pied de 13 gros & demi, & dans les villages 10 gros & demi, fuivant le rôle fur lequel lefdits conduits fe levoient alors.

4°. Et que pendant ces trois années on continueroit la levée de l'impôt accordé par les Etats de 1622, des 6 deniers pour franc, & dixieme pot de vin & de bierre qui fe vendoient en détail; qu'il feroit loifible aux communautés des villes, bourgs & villages, de retenir, fi elles les avoient, les fermes defdits impôts, & pareillement aux fermiers, pour les deux premieres années, & que pour la troifieme les communautés pourroient les conferver au même prix qu'elles les avoient, finon que trois femaines avant le terme échu, elles feroient publiées & adjugées au plus grand profit de l'Octroi.

5°. Que l'aide impofée fur les paires de grains, prés & vignes, & l'accroiffement des conduits pendant lefdites trois années, feront employés à l'acquittement des dettes du Duc, conformément aux affignations & mandemens qu'il adreffera à la Chambre des Aides, qui en payant retirera les obligations pour la décharge des comptes; les autres deniers provenant des impôts & conduits ordinaires feront employés à l'acquittement des charges ordinaires de la Chambre, des emprunts faits des particuliers, à achever le paiement du marquifat de Nomény , & le furplus au remboursement du premier emprunt fait fur les Villes.

6°. Il fera rendu chaque année des comptes exacts & particuliers de tous les paiemens juftifiés par quittances , & au commencement de l'année les Députés en la Chambre & affaires des Aides, qui font nommés par le réfultat, rendront compte par-devant les Auditeurs pareillement nommés , & ceux qui y feront commis par le Duc.

7°. Le réfultat contient la nomination des Députés pour les trois années de la part des Eccléfiaftiques & de la Nobleffe, & de ceux qui font commis à l'audition des comptes ; il fixe leurs appointemens par année ; favoir, ceux des Députés à 666 francs , & ceux des Auditeurs à 500 francs ; ils prêtent les uns & les autres ferment aux Etats entre les mains des Maréchaux de Lorraine & de Barois : les Députés font tenus d'employer les deniers d'octroi aux objets portés & prefcrits par le réfultat , & de n'engager la Chambre dans aucun emprunt , fans le confentement exprès des Etats ; les Auditeurs, de ne rien allouer dans les comptes qui foit contraire au réfultat ou à l'intention des Etats, qu'ils ne foient préalablement inftruits du fentiment des Etats, dans une affemblée qui , avec la permiffion du Duc , fe tiendra à l'affife de Nanci , & ce qui y aura été réfolu, fera fuivi.

8°. On nomme un Commiffaire général des guerres & garnifons , dont les appointemens font fixés à 1000 francs par an , pour tous frais & dépens ; un Greffier de la Chambre des Aides , aux gages de 300 francs 4 gros ; & en cas de vacance, par mort ou autrement , de quelque emploi , le remplacement s'en fera dans l'affemblée à l'affife de Nanci , à laquelle les Maréchaux de Lorraine & de Barois préfideront , & en leur abfence , le Bailli de Nanci.

9°. Le Clergé & la Nobleffe nomment des Députés à l'effet de pourfuivre auprès du Duc le redreffement des griefs propofés pendant la tenue des Etats.

10°. Le Duc eſt ſupplié par les Etats, de faire expédier des lettres de non-préjudice des octrois ci-deſſus ſpécifiés.

Cette matiere achevera d'être parfaitement éclaircie, en rappellant ce qu'en rapporte Guinet, Avocat à Nanci, dans le Mémoire qu'il a compoſé ſur cet objet, en 1680.

On aſſembloit, dit-il, de temps en temps, les Etats par l'autorité du Duc, pour demander au peuple quelques nouveaux ſubſides : à ces Etats ſe trouvoient, 1°. les Prélats, 2°. les Gentilshommes de l'ancienne Chevalerie, & les autres Gentilshommes & Nobles poſſédant fief, ayant à leur tête les Maréchaux de Lorraine & de Bar, 3°. le Corps de la Juſtice, repréſentant le Tiers-état.

L'aſſemblée ſe tenoit dans la grand'ſalle du palais du Duc, qui conduit à l'Egliſe Sainte-George : là chacun étant placé, un Prélat ou un Gentilhomme faiſoit une harangue, pour déclarer les intentions du Duc, le ſujet de l'aſſemblée & les moyens les plus faciles de trouver les ſommes qu'on demandoit ; mais auparavant on dreſſoit certains articles que l'on intituloit *Griefs de l'Etat*, où chacun mettoit ce qui lui paroiſſoit le plus avantageux au bien du pays.

Un Député des Etats portoit les articles au Duc, qui étoit dans ſa chambre avec ſon Gentilhomme ; le Duc y faiſoit la réponſe qu'il jugeoit à propos.

Les Etats délibéroient ſur la maniere de lever les ſommes accordées, & qu'on appelloit *les Aides*, & ſur cela le Duc faiſoit ſes ordonnances, intitulées *ſur la relation des Etats :* ces Aides étoient reçues ſur les lieux par les Maires, & portées ſans frais à celui qui étoit commis pour les recevoir.

On a vu que dans les titres que l'on vient de rappeller, il n'eſt fait nulle mention de l'aide Saint-Remi.

Cette aide étoit-elle une impoſition que les ducs de Lorraine étoient parvenus à établir & à faire lever ſur tous les ſujets des deux Duchés de condition taillable, & qui ſubſiſtoit indépendamment des aides qui étoient réſolues & accordées par les Etats, ou ne formoit-elle qu'une redevance domaniale que le Prince ne pouvoit exiger que dans les terres dépendantes de ſon domaine ? C'eſt ſur quoi il n'a pas été poſſible de ſe procurer des renſeignemens certains & non équivoques.

On trouve dans le teſtament du duc Charles III, du 22 janvier 1606, que dans la difpofition de différentes terres qu'il donna à François comte de Vaudemont fon fils, auquel il n'avoit encore affigné aucun partage, il comprend l'aide Saint-Remi.

Louis XIII s'étant emparé de la Lorraine, adreffa au fieur le Févre qu'il y avoit établi pour Intendant, des Lettres-patentes en forme de commiffion, en date du 6 feptembre 1635, pour faire lever & impofer dans les deux Duchés pour l'année 1636, en la forme & maniere accoutumée, les mêmes fommes qui fe levoient ci-devant fur tous les contribuables, le fort portant le foible ; favoir, fur chaque conduit des villes & bourgs 10 gros 10 deniers par mois, & fur les villages 8 gros 10 deniers auffi par mois, & les impôts à raifon de 6 deniers par franc & le dixieme pot de vin ou bierre en détail.

L'article LXVIII du bail des Fermes générales du royaume, paffé à Domergue, porte :

« Ne font compris dans le préfent bail les droits d'impôt de *6 de-* » *niers par franc* qui fe levoient ci-devant fur toutes les marchandifes » & denrées qui fe vendent dans toute la province de Lorraine & Ba- » rois, mouvant & non mouvant, & dans les lieux qui ont été réunis » aux Trois Evêchés, à l'Alface & à la Franche-comté.

» *Dixieme pot de vin*, & autres boiffons qui s'y débitent.

» *Neuf deniers par franc*, & le huitieme pot dans la ville de Nanci, » & les droits de haut - conduit & *aide Saint - Remi :* tous les droits » ci-deffus *fupprimés* par deux arrêts de notre Confeil du 18 octobre 1684 ».

Cette derniere époque eft celle de l'établiffement de la fubvention ; & l'on affure que depuis cet établiffement il n'a pas été queftion de lever l'aide Saint-Remi dans aucun lieu de la Lorraine. On prétend qu'il y a environ quinze années, les Fermiers du domaine firent quelques tentatives pour faire revivre ce droit, fur le fondement qu'il étoit domanial, mais que leurs démarches demeurerent fans aucun fuccès.

Il exifte bien un droit appellé la *Taille Saint-Remi*, mais il eft totalement différent de l'aide Saint-Remi.

C'eft une redevance fixe qui fe paye par quelques communautés des domaines du Roi, & même par plufieurs dont les Seigneurs particuliers font hauts-jufticiers. Cette taille ou redevance fixe, qui ne peut être exigée qu'autant qu'il y a titre ou coutume, eft feigneuriale : on penfe que dans l'origine les communautés ne s'y font affujéties que pour

s'affranchir

s'affranchir & se rédimer d'autres droits ou corvées qui leur étoient plus onéreux.

Le duc Léopold étant rentré dans ses Etats en exécution du traité de Rifwick, laissa subsister la subvention, mais il ne la porta que successivement & par degrés à la somme à laquelle elle s'est trouvée monter lors de la cession à la France des deux Duchés, & qui a toujours subsisté depuis presque sur le même pied ; on voit que jusqu'en 1709, la totalité des impositions ne forma qu'un objet de 459 mille 217 livres 10 sous 6 deniers argent de Lorraine, faisant argent de France 355 mille 522 livres 4 sous 10 deniers.

Ce Prince voulant connoître les forces de ses Etats, le taux auquel les impositions pouvoient être fixées, & désirant en même temps établir l'égalité dans la répartition des charges, envoya en 1706 des Commissaires des deux Chambres dans toutes les villes, bourgs, villages, cenfes & autres lieux des deux Duchés, pour vérifier le nombre, les qualités, professions & commerce des habitans, les redevances seigneuriales auxquelles ils étoient assujétis, les biens communaux, la distance des villes.

D'après ces vérifications, on divisa les habitans en deux classes, l'une de laboureurs, & l'autre de manœuvres ; chaque laboureur fut taxé depuis 20 livres jusqu'à 40 livres, chaque manœuvre depuis 7 livres jusqu'a 12 livres, & même jusqu'à 15 livres.

Les habitans de la Vosge, qui subsistent principalement par leurs pâturages, & ceux des villes ne furent point séparés en deux classes, on les désigna seulement par le terme d'*habitans* ; chaque habitant fut taxé depuis 17 livres dans les meilleurs endroits jusqu'à 8 livres dans les moindres.

En réunissant toutes ces taxes particulieres, il en résulta une somme totale que l'on nomma *pied-certain*, & que l'on regarda comme la somme fixe que pouvoient payer lesdits Duchés.

Ce fut sans doute, d'après ce principe & cette bafe, qu'en 1709, ce travail étant entiérement achevé, les impositions furent fixées à 1 million 143 mille livres argent de Lorraine, faisant argent de France 884 mille 903 livres 4 sous 4 deniers : cette fixation subsista jusqu'en 1726.

Les impositions furent alors réglées à 1 million 915 mille 620 livres argent de Lorraine , faifant argent de France 1 million 482 mille 67 li-vres ; favoir , 1 million 815 mille 620 livres pour la fubvention , & 100 mille livres pour les ponts & chauffées.

Arrêt du Con-feil du 26 feptem-bre 1737.

Le feu Roi de Pologne , à fon avénement aux deux Duchés fixa , par arrêt de fon Confeil du 26 feptembre 1737 , les impofitions à 1 mil-lion 900 mille livres argent de Lorraine , faifant argent de France 1 mil-lion 470 mille 967 livres 14 fous 9 deniers; favoir , 1 million 800 mille livres pour la fubvention , & 100 mille livres pour les ponts & chauf-fées ; la diminution de 15 mille 620 livres qui fut faite fur le montant de ce qui étoit précédemment impofé , fut occafionnée par la ceffion dont on étoit convenu , & qui fut effectuée par un traité du 4 juillet 1737 , de la principauté de Commerci & des lieux en dépendans , à Madame la Ducheffe douairiere de Lorraine , pour en jouir en toute fou-veraineté à titre d'ufufruit pendant fa vie.

Il eft dit par l'arrêt du Confeil qui fixe les impofitions , qu'il en fera réparti trois cinquiemes dans le duché de Lorraine , en ce non compris les lieux dépendans de la principauté de Commerci , & les deux autres cin-quiemes dans le duché de Bar.

L'ufufruit de la principauté de Commerci ayant été éteint par le décès de Madame la Ducheffe douairiere de Lorraine , la fubvention fut portée à 1 million 825 mille livres argent de Lorraine , faifant argent de France 1 million 412 mille 909 livres 4 fous 3 deniers.

Les ponts & chauffées à 107 mille 258 livres 15 fous argent de Lor-raine , faifant argent de France 83 mille 36 livres 8 fous; mais on a ajouté différentes impofitions pour fupplément du prix des fourrages , appointemens des Gouverneurs & autres dépenfes ; & les impofitions tant ordinaires qu'extraordinaires montent aujourd'hui , argent de France , à 2 millions 384 mille 432 livres 17 fous 2 deniers, fans y comprendre l'abonnement des deux vingtiemes qui , y compris les deux fous pour livre , forme un objet de 1 million 64 mille 516 livres 2 fous 4 deniers ; il eft vrai que les troupes que le Roi entretient dans cette province y procurent une confommation de tout genre & intéreffante dans un pays où les productions du fol forment l'unique richeffe.

La Chambre des Comptes de Bar ayant fait des repréfentations fur ce que la portion qui avoit été fixée pour le Barois , des deux cinquiemes dans le montant total des impofitions , excédoit la proportion dans laquelle il devoit y contribuer, il fut établi, en 1755, une commiffion compofée de Commiffaires tirés des deux Chambres, & le réfultat de leurs opérations fut que la Lorraine devoit fupporter 13 fous 8 deniers pour livre de la maffe totale des impofitions, & le Barois 6 fous 4 deniers; la répartition fut faite en conféquence, & opéra, en faveur du Barois, une diminution de 300 mille livres qui furent réparties fur la Lorraine.

On va rendre compte des différentes opérations que font les deux Chambres des Comptes pour procéder à la répartition des fommes dont l'impofition a été ordonnée : on fuivra le travail de la Chambre des Comptes de Lorraine, celle de Bar étant dans l'ufage d'opérer fur les mêmes principes.

Avant le temps qui précéde les opérations du département, le Maire ou principal Officier de chaque communauté, autre que le Syndic, doit former une déclaration ou rôle qui contienne, article par article, les noms, furnoms & profeffions des habitans cotifables.

Ils doivent être divifés en trois claffes, *haute*, *moyenne* & *baffe*.

On doit exprimer s'ils font bourgeois, amodiateurs, vignerons, manœuvres, laboureurs.

La quantité de terres que chacun exploite en propriété ou à titre de ferme, le nombre des charrues, fur quoi le propriétaire & le fermier font tenus de faire leur déclaration au Maire.

La quantité de journaux de vignes que les contribuables du lieu poffedent à titre de propriété.

Les mutations de tout genre, foit par entrée, fortie, mariage ou décès, paffation, renouvellement, expiration ou ceffation de ferme.

Les noms, furnoms & qualités des exempts, en exprimant les caufes de leur exemption.

Le détail de tous les villages & hameaux qui compofent les bans & mairies, de ceux qui y poffedent des fiefs ou feigneuries, & des mutations qui peuvent y être furvenues.

Tels doivent être les principaux détails de cette déclaration, qui doit contenir encore d'autres renfeignemens dont l'objet eft de mettre en état de procéder à la répartition des impofitions d'après une connoiffance auffi exacte qu'elle peut l'être de la fituation de chaque communauté.

Ces déclarations ou rôles étant dreffés, la minute en eft dépofée au greffe du lieu, & le double eft remis aux Receveurs des finances qui le font parvenir à la Chambre.

Ces rôles arrivés, la Lorraine eſt partagée en autant de départemens qu'il y a de Conſeillers à la Chambre; ils ſont au nombre de quatorze, ainſi chacun a le ſien ſur lequel il prend les connoiſſances qu'il juge néceſſaires.

On remet à chaque Commiſſaire les rôles ou déclarations de ſon département, qu'il met en ordre alphabétique & qu'il vérifie.

Il fait ſur chaque communauté, ſon travail, qui conſiſte à confronter le nouveau rôle avec celui de l'année précédente pour examiner ſi les mêmes contribuables s'y trouvent, & ſi quelques-uns n'ont pas été recelés.

Il fait enſuite le dépouillement, & marque en tête le nom du lieu, l'année pour laquelle il a fait le travail, le nombre des laboureurs, celui des manœuvres, enſuite ceux qui ſont dans le cas de jouir de quelques exemptions.

Après cette opération, il fait toutes les remarques qu'il croit néceſſaires pour former le pied certain du laboureur & du manœuvre dans chaque communauté, telles que la quantité des propriétés en terres ou en vignes, la quantité des terres à ferme, la poſition du village, ſes reſſources & ſes charges.

Chaque Conſeiller ayant déterminé le travail de ſon département, la Chambre nomme quatre Commiſſaires choiſis dans les plus anciens Membres de la Compagnie, & qui ſont préſumés avoir le plus de connoiſſance de la province.

On porte à ce Bureau le travail fait dans les différens départemens pour régler définitivement le pied certain de chaque communauté.

Les quatre Commiſſaires ont des états dreſſés pour chaque département.

Ces états contiennent les noms des communautés, le nombre des laboureurs & manœuvres en blanc, ainſi que la ſomme, auſſi en blanc, qu'ils doivent payer pour la ſubvention, ponts & chauſſées.

Ils jugent alors du pied à fixer dans chaque communauté, aux laboureurs & manœuvres; 1°. par les obſervations portées en marge des déclarations ou rôles des Maires; 2°. d'après leurs connoiſſances particulieres; 3°. d'après l'examen des avantages & des charges de chaque communauté, & voici comment ils operent:

On ſuppoſe une communauté, compoſée de cent habitans taillables; ſavoir,

Vingt Laboureurs.

Soixante Manœuvres.

Vingt Veuves.

On suppose que le pied certain est pour cette communauté de 40 livres par laboureur, 12 livres par manœuvre.

Voici l'opération :

Vingt Laboureurs à 40 livres, ci. . . . . 800 liv.

Soixante Manœuvres à 12 livres, ci. . . . . 720.

Vingt Veuves pour dix Manœuvres, ci. . . . . 120.

TOTAL. . . . . . 1640.

Cette somme formera le pied certain de la communauté, mais on en déduit ce que les Commissaires jugent convenable d'accorder de modération, si la communauté a éprouvé quelqu'accident de grêle, inondation, mortalité de bestiaux, constaté dans la forme & de la maniere prescrite par les mandemens, si elle supporte une imposition extraordinaire, si elle a contribué à des fournitures militaires ou supporté de fréquens logemens.

La répartition entre chaque communauté étant ainsi arrêtée, on fait un relevé exact de toutes les taxes pour en former un travail que l'on compare avec ceux des sommes, dont l'imposition est ordonnée par les arrêts du Conseil, & comme il se rencontre inévitablement de la différence, le supplément ou la modération se répartissent au marc la livre sur chaque communauté ; on dresse ensuite un contrôle général qui est arrêté par la Chambre assemblée.

Il contient le détail de la répartition pour toute la province avec un relevé général par recettes.

Enfin on dresse à chaque communauté, par la voie des Receveurs, un mandement qui contient les sommes auxquelles elles sont taxées, & les différentes regles que l'on doit suivre.

Les Receveurs sont tenus d'envoyer ces mandemens vingt-quatre heures après qu'ils les ont reçus, à peine de 100 livres d'amende, & de tous dépens, dommages & intérêts.

Il est enjoint au Maire, & en cas d'empêchement, au Lieutenant ou autre Officier de justice, de faire assembler la communauté dans les trois jours de la réception du mandement pour en être donné lecture, à peine de 10 livres d'amende , & être enfuite procédé à l'élection des Afféeurs & des Collecteurs à la pluralité des voix.

Les Affécurs doivent être tirés des trois claffes, dont l'un au moins faura lire & écrire, un de la premiere qui eft ordinairement la plus forte , un de la feconde qui eft celle des manœuvres , & un de la troifieme qui eft la plus pauvre.

On ne peut choifir ceux dont la fortune a éprouvé quelque changement notable , & dont la cote devra être diminuée.

Les Collecteurs doivent être folvables & tirés de la premiere & feconde claffe feulement , défenfe d'en prendre dans la troifieme , la communauté en eft refponfable.

Les feptuagénaires font exempts des fonctions d'Afféeurs & de Collecteurs.

Les habitans contribuables , s'ils n'ont excufe légitime , doivent fe trouver à l'affemblée indiquée par le Maire , à peine de 5 livres d'amende.

Les Afféeurs & Collecteurs élus , doivent à l'inftant prêter ferment entre les mains du Maire ou autre Officier , il en eft dreffé acte au pied de la minute de la déclaration du Maire qu'il remet à l'inftant aux Afféeurs , avec le rôle de l'année précédente , & injonction de fe conformer à cette déclaration.

S'ils ont des moyens fuffifans pour être déchargés de faire les fonctions d'Afféeurs , ils doivent fe pourvoir dans les vingt-quatre heures , lorfqu'ils ne feront éloignés que de cinq lieues , & au-delà dans trois jours , à peine d'être déboutés de leur oppofition ; ils doivent faire mention à cet effet dans leur requête , du jour de leur élection.

Il leur eft enjoint de s'affembler dans le jour qui fuivra leur nomination , à l'effet de procéder fans aucun retardement à la répartition de la fubvention & des autres impofitions fur les contribuables , à peine de 30 livres d'amende , & de tous dommages & intérêts réfultans du retardement des fommes payées.

Ils doivent répartir le pied certain par un feul & même rôle , le fort portant le foible , & le plus également que faire fe peut.

Voici les principes d'après lefquels on opere pour la répartition fur tous les habitans contribuables.

Les Afféeurs font la répartition d'une fomme de 100 livres pour les communautés les plus fortes , & de 25 livres feulement pour les plus foibles.

Cette premiere répartition ne se fait que sur les habitans sujets à la subvention , & se nomme le *pied certain de la subvention.*

Ils procédent ensuite à la répartition d'une nouvelle somme de même quotité que la premiere, non-seulement sur tous les habitans sujets à la subvention , mais encore sur ceux qui en étant exempts ne le sont cependant point de contribuer aux autres impositions , & cette seconde répartition se nomme *pied certain des ponts & chaussées ,* le taux de cette répartition est de 14 sous pour livre de celui de la répartition de la subvention.

L'effet de cette premiere opération est d'ajouter par une seconde , autant de fois la somme à laquelle un habitant est imposé dans celle de 100 livres, que cette derniere somme se trouve dans le montant de l'imposition de la communauté.

On suppose une communauté, portée à 1640 livres par l'opération de la Chambre des Comptes ; un habitant de cette communauté qui aura été réparti à 20 sous dans la somme de 100 livres, imposée par les Asséeurs sur tous les contribuables à la subvention, portera pour sa subvention une cote de 16 livres 8 sous.

Le mandement que la Chambre adresse aux différentes communautés, contient l'énumération & le détail de tous ceux qui doivent jouir de l'exemption, soit de la subvention & de toutes les autres impositions , soit de la subvention seulement ; on ne peut se dissimuler que la multiplicité & l'étendue de ces exemptions font retomber le poids principal des impositions sur ceux qui sont le moins en état de les supporter, & cet objet est un de ceux qui doit exciter le plus l'attention de l'administration, qui doit chercher à concilier à cet égard les vues de justice & l'égalité dans la répartition des charges , avec les ménagemens que peuvent exiger les usages d'un pays cédé, & dont la réunion à la Couronne est si récente.

On peut dire que le mal prend sa source dans la nature même des impositions ; & des circonstances locales & propres aux deux Duchés, ont principalement contribué à les rendre telles qu'elles sont ; la Noblesse , ainsi qu'on a été à portée de le reconnoître dans les détails dont on a rendu compte , y a toujours joui des prérogatives plus étendues que dans aucun autre Etat.

Dans une pareille position, il est sensible que la Noblesse presqu'entiérement indépendante ne contribuoit aux charges qu'autant qu'elle le jugeoit convenable, elle croyoit beaucoup faire d'y laiffer affujétir fes vaffaux, & il fubfifte du moins de cet ancien état des chofes que lorfque plus récemment des impofitions générales furent établies, elles le furent purement perfonnelles fur les roturiers, & fi elles furent confidérées comme mixtes, c'eft qu'elles étoient réparties à proportion des biens & facultés, mais c'étoit toujours la perfonne qui affujétiffoit les propriétés.

Sous ce point de vue tous les fonds qui appartiennent à la Nobleffe & à ceux qui en ont les priviléges & qu'ils font valoir, font fans aucune reftriction ni limitation exempts dans leurs mains de toutes fortes d'impofitions, on y a mis la condition que leurs valets & domeftiques ne poffféderoient rien en propriété, & ne feroient aucun commerce ni trafic : ils ne payent même aucune impofition pour les dixmes qu'ils prennent à titre de ferme dans le lieu de leur réfidence, & font taxés feulement pour celles qu'ils prennent ailleurs fur le pied de 6 deniers pour livre du prix de leurs baux.

Les fermiers même ou amodiateurs des Seigneurs hauts-jufticiers, font exempts de la fubvention pour toutes les terres dépendantes des hautes-juftices.

Si la haute-juftice appartient à plufieurs Seigneurs, ils partagent entre eux la franchife fuivant la portion qu'ils ont dans l'amodiation, à moins qu'ils ne préferent d'en jouir alternativement.

Si les Seigneurs hauts-jufticiers n'ont pas de fermiers cultivant les terres à eux appartenantes, ni des fermiers pour les droits feigneuriaux, mais feulement un meunier, la franchife eft pour le meunier & les héritages dépendans du moulin feulement.

Si les hauts-jufticiers n'ont ni fermiers ni meuniers, ceux des Seigneurs moyens doivent jouir de l'exemption, & à leur défaut ceux des Seigneurs bas ou fonciers qui ont des terres & qui tiennent château, maifon ou moulin, en forte qu'il n'y ait en chaque lieu qu'un fermier qui jouiffe de la franchife.

Le même réglement a lieu pour les fermiers, fous-fermiers, arriere-fermiers ou meuniers des domaines, dans les lieux où il y a haute, moyenne, baffe ou fonciere juftice, ou portion defdites juftices.

Le fermier d'un Seigneur de fief fans juftice ne jouit d'aucune franchife.   Les

Les villes de Lunéville, Nanci & Bar, font exemptes de la fubvention.

Lorfque par l'arrêt du 31 feptembre 1737, le feu roi de Pologne fixa
les impofitions qui feroient levées pendant l'année 1738, tant pour la
fubvention que pour les ponts & chauffées, dans les deux Duchés, il
s'expliqua par cet arrêt, fur les différentes exemptions qui avoient eu lieu
jufqu'alors; & défirant donner aux différens Ordres de fes Etats les mêmes
marques d'affection qu'ils avoient éprouvées de la part de leurs précédens
Souverains, il ordonna que conformément à l'arrêt du premier février
1720 & autres rendus depuis, les exemptions portées par ces arrêts continueroient, par rapport à l'impofition de la fubvention feulement, d'avoir
lieu, fuivant les ordonnances & réglemens rendus fur ce fujet, jufqu'à ce
qu'il en eût été autrement ordonné ; *le tout par grace fpéciale, qui ne pour-*
roit être tirée à conféquence pour l'avenir.

Les Chambres, dans leur mandement, rappellent cette derniere claufe,
relativement à l'exemption de la fubvention dont jouiffent les fermiers
& amodiateurs des hauts-jufticiers.

Les Juifs répandus & tolérés en Lorraine, font cotifés particuliérement
à une fomme qui ne fait point partie de la fubvention & qu'ils répartiffent
entre eux, de 14300 livres, argent de Lorraine, faifant au cours de France
11070 livres 19 fous 6 deniers.

La pofition refpective des duchés de Lorraine & de Bar, de la Champagne & des Trois-Evêchés a exigé, quant au payement des impofitions,
des arrangemens dont la réciprocité a été la bafe ; & voici en quoi ils
confiftent.

Les habitans de la généralité de Metz peuvent cultiver par leurs mains,
les terres à eux appartenantes & dépendantes d'un corps de ferme ou
métairie fitué hors de la Lorraine, pourvu qu'ils n'occupent aucune maifon
dans le lieu, qu'ils n'aient aucuns beftiaux fur la pâture, & qu'ils ne
prennent aucun profit fur les biens de la communauté; s'ils prennent
un corps de gagnage, ils font cotifables, quand même ils n'occuperoient
pas de maifon, ainfi que pour les terres d'autrui qu'ils viendroient cultiver, à raifon de 10 fous par journal de terres, prés ou vignes.

Ceux qui viennent des Trois-Evêchés s'établir en Lorraine, y font exempts
de la fubvention, ponts & chauffées & autres impofitions, pendant fept
ans s'ils fortent d'une ville, & trois années s'ils fortent d'un village, en

*Tome I.*G g

juſtifiant par des certificats en bonne forme, qu'ils payent dans le lieu de leur ſortie, la taille & les autres impoſitions ; mais s'ils tiennent à titre de location quelque ferme ou métairie, ils ne ſont exempts que la premiere année de leur réſidence, pendant laquelle le fermier précédent doit payer pour l'année de ſa ſortie.

Les particuliers réſidens en Champagne, ne ſont pas impoſés à la ſubvention en Lorraine, lorſqu'ils ne ſont pas valoir au-delà de dix journaux de terre en chaque ſaiſon, quatre arpens de prés & deux arpens de vignes, dans les territoires de Lorraine joignans, contigus ou enclavés dans ceux de la Champagne ; à la charge de faire par eux, de trois en trois ans, une déclaration exacte aux Officiers des lieux où les héritages ſont aſſis ; s'ils poſſédent une plus grande quantité, ils doivent être taxés & impoſés pour l'excédant, le plus juſtement que faire ſe pourra.

Les Champenois qui viennent s'établir en Lorraine, y ſont exempts pendant dix ans, de toutes impoſitions, en juſtifiant néanmoins qu'ils payent en France ; ils ſont impoſés pour raiſon des terres qu'ils prennent à ferme.

Les Lorrains qui vont s'établir en Champagne, continuent pareillement d'être impoſés pendant dix ans dans la communauté qu'ils quittent.

Les Officiers des hôtels-de-ville & les Maires des communautés, ſont tenus de s'aſſurer du payement des cotes, en ſe faiſant donner caution par les ſortans, avec le délogement en entier ou le tranſport des effets deſdits habitans, à peine d'en répondre envers la communauté, en leur propre & privé nom.

Afin de prévenir les difficultés qui naiſſent des tranſlations de domicile d'une communauté dans une autre, il eſt réglé que l'année ſera diviſée en quatre quartiers, chacun de trois mois.

Celui qui quitte ſa réſidence pendant le premier quartier, eſt obligé de payer au lieu qu'il abandonne, comme s'il n'étoit point ſorti ; il en eſt de même de ceux qui ſortent le ſecond, le troiſieme & le quatrieme quartier, quand même ils quitteroient le premier jour du quartier ; en ſorte que celui dans lequel ils ſont ſortis, ne fait point partie des quatre qui compoſent l'an & jour de leur ſortie, & pendant leſquels ils demeurent impoſables dans la communauté d'où ils ſortent, ce qui a lieu pour les impoſitions ordinaires & extraordinaires ; il n'y a d'excepté que les autres charges particulieres, corvées perfonnelles, & ce qu'on appelle *débit de ville*, qui font des charges locales des communautés, telles que l'entretien des ponts, des églifes, du luminaire, les nouveaux habitans y font fujets au moment de leur entrée dans les communautés, & en font exempts dans celles d'où ils fortent.

Les meuniers ne payent auffi dans la communauté qu'ils quittent, que le quartier de leur fortie, & font taxés dans la nouvelle, au premier quartier qui fuit leur entrée.

Le Maire doit veiller à ce qu'il foit procédé fans retardement à la répartition des fommes portées par le mandement; les Afféeurs doivent pareillement y procéder, afin que les Collecteurs foient en état de faire la levée des deniers & la remife aux Receveurs des finances, dans les deux termes prefcrits; favoir, la moitié au premier janvier, & l'autre moitié au premier juillet fuivant.

Il eft fait défenfes aux Officiers de la communauté, & aux Juges des lieux, d'affifter à la répartition & de faire aucun changement aux cotes réglées par les Afféeurs, à peine de 50 livres d'amende dont le tiers applicable au dénonciateur, qui en même temps fera déchargé de fa cote, laquelle demeurera à la charge des Officiers.

Il eft auffi défendu à tous Eccléfiaftiques, Gentilshommes, Seigneurs de paroiffes & autres, de quelque qualité & condition qu'ils foient, d'être préfens ni de s'entremettre avec les Afféeurs, lors de la confection des rôles, d'ufer d'aucune menace, violence ou voie de fait à leur égard, à peine d'être procédé contre les contrevenans ainfi qu'il appartiendra.

Tous abonnemens pour raifon des cotes d'impofitions que les contribuables doivent fupporter, font prohibés; tous les arrêts qui contiendroient ou autoriferoient de pareilles fixations, font révoqués: on excepte les Officiers des Maîtrifes des eaux & forêts, qui, par leur édit de création, ont le privilége d'être taxés d'office; on permet néanmoins aux Officiers des hôtels-de-ville & aux communautés, de fe pourvoir pour faire augmenter la côte de ceux dont l'abonnement ne feroit pas proportionné à leurs facultés.

Les Chambres ne font point de cotes d'office, elles reglent feulement celles des Officiers des Maîtrifes & de la Maréchauffée, & cela s'appelle des abonnemens.

La minute du rôle, écrite fur papier timbré, fignée ou marquée des Afféeurs, doit être remife, à l'inftant qu'il eft achevé, au greffe; & s'il n'y en a pas, la communauté doit convenir d'un notable habitant, fachant lire & écrire, pour le recevoir & en délivrer des expéditions : il prête à cet effet ferment entre les mains du Maire ou du principal Officier, fans frais.

Le Maire ou principal Officier doit faire remettre fans aucun retardement, aux frais de la communauté, entre les mains des Collecteurs, une copie du rôle fur papier timbré, figné par le Greffier, pour faire le recouvrement.

Celui qui doit être fourni au Receveur huit jours après la confection, pour être remis au greffe de la Chambre & dont il donne fon récépiffé, doit être fur papier timbré, & figné du Greffier, du Maire, des Afféeurs & Collecteurs; on doit porter fur une marge réfervée à cet effet, 1°. les laboureurs; 2°. les artifans & manœuvres; 3°. les garçons, les veuves & les filles cotifables; 4°. les exempts, les noms des Seigneurs, ceux des poffédans fiefs. On infere au pied les obfervations dont eft chargé le Maire, & notamment la quantité de vignes poffédées à titre de propriété par les contribuables.

Quinze jours après que le Receveur aura reçu ce rôle, il doit en faire la remife au greffe de la Chambre, à peine de 50 livres d'amende.

Pour prévenir les recélés qui pourroient fe commettre dans les rôles du nombre & de la qualité des cotifables, la Chambre autorife tous les contribuables, même ceux d'une autre communauté, à les lui dénoncer; il eft ordonné à cet effet aux Greffiers de délivrer des copies des rôles à tous ceux qui en demanderont moyennant falaire raifonnable.

Lorfque la preuve des recélés qui auront été dénoncés fera acquife, les dénonciateurs, indépendamment de leurs frais & dépens qui leur feront reftitués, jouiront pendant deux années de l'exemption de la fubvention & de toutes les autres impofitions, qui feront rejettées fur l'Officier de la communauté qui aura donné la déclaration des contribuables, & qui fera en outre condamné en 200 livres d'amende, dont le tiers appartiendra au dénonciateur.

La communauté qui dénonce des recélés dans une autre communauté, obtient une diminution du montant des cotes recélées qui eft rejettée fur ledit Officier.

Il n'y a point dans les deux Duchés de rejets ni réimpofitions. Comme les Afféeurs font refponfables de leurs cotes, & les Maires de leurs, déclarations, s'ils font attaqués & qu'ils fuccombent, ils payent en l'acquit du plaignant; & les communautés qui, fuivant le taux auquel elles font fixées, font autorifées à impofer un excédant depuis 50 livres jufqu'à 100 livres pour fubvenir aux dépenfes imprévues, acquittent avec ce fonds les non-valeurs.

L'exécution du rôle ne peut être furfife ni arrêtée.

L'oppofition en furtaux doit être formée dans les quatre mois du jour de la publication du rôle, & jugée dans le mois à compter du jour qu'elle aura été formée, & ce temps paffé, les oppofans doivent être déclarés non-recevables.

Sur la requête de l'oppofant, les Chambres nomment des experts-prud'hommes, choifis dans les communautés voifines pour fe tranfporter fur les lieux & vérifier par la comparaifon des différentes cotes fi l'oppofant eft fondé ou ne l'eft pas.

Les Afféeurs de leur côté propofent des cotes de comparaifons pour juftifier celles qu'ils ont données à l'oppofant, les experts dreffent leur rapport fur lequel les Chambres jugent.

Les Afféeurs doivent nommer un d'entr'eux feulement pour défendre à l'oppofition; s'ils comparoiffent en plus grand nombre, leur voyage ne leur eft point alloué.

Les Receveurs doivent faire mention dans leurs contraintes, des noms des Huiffiers ou porteurs des contraintes, & des communautés pour raifon defquelles elles feront décernées, afin que leurs falaires puiffent être diftribués à proportion de leur féjour, & payés par les contribuables en retard, fur la taxe qui en fera faite par le Maire ou principal Officier d'après l'infpection du rôle pour connoître ceux dont les cotes ne feront pas acquittées; ceux qui feront employés par les Receveurs font tenus, à l'inftant de leur arrivée dans la communauté en retard de payer, de contraindre les Collecteurs & autres habitans qu'il appartiendra, foit par emprifonnement en ce qui concerne les Collecteurs, foit par exécution & vente des meubles en ce qui concerne les cotifables en retard de payer leurs cotes; ils font tenus d'en dreffer leurs procès-verbaux & de les remettre dans l'inftant de leur retour entre les mains du Receveur, à peine de privation de leurs falaires, & de tous dépens, dommages & intérêts.

Il eſt facile de reconnoître dans les différens détails que l'on vient de rappeller, que les principes d'après leſquels la répartition & le recouvrement des impoſitions ſont dirigés dans les duchés de Lorraine & de Bar, ont beaucoup d'analogie avec les diſpoſitions des réglemens qui ont été faits ſur les mêmes objets dans le royaume pour les pays d'élections.

Les duchés de Lorraine & de Bar ſont diviſés en quinze recettes des finances, dont les diſtricts ont été fixés par un édit du 4 ſeptembre 1741, portant en même temps création pour chaque recette de deux Receveurs particuliers, l'un ancien, l'autre alternatif.

Il avoit été créé dès 1737, par édit du 25 ſeptembre, deux Receveurs généraux.

Mais comme les uns & les autres, par leurs édits de création, avoient été chargés de la recette des domaines & bois en même temps que de celle des impoſitions, il a été fait, par un édit du mois de ſeptembre 1749, qui eſt le dernier état des choſes à cet égard, un nouvel arrangement; les Offices créés par les édits de 1737 & de 1741, ſont ſupprimés par celui de 1749; ils ſont en même temps créés de nouveau dans le même nombre & pour les mêmes arrondiſſemens, mais on en diſtrait les fonctions & droits que cet édit attribue aux offices de Receveurs & Contrôleurs généraux des domaines & bois, & Receveurs particuliers des bois dont il contient la création.

Les taxations ſur la ſubvention, & ſur les ſommes impoſées pour les dépenſes des ponts & chauſſées & de la Maréchauſſée, ſont de 15 deniers pour livre, & la répartition s'en fait de la maniere ſuivante;

S A V O I R,

Aux Receveurs particuliers. . . . . 6^d ⎫
Aux Receveurs généraux. . . . . 6 ⎬ 15 deniers.
Aux Chambres des Comptes . . . . 3 ⎭

Ces taxations ſont priſes en dedans & ſur le montant des ſommes principales, & ne ſont point impoſées en ſus.

Les taxations ſur les autres impoſitions ſont de 13 deniers pour livre;

S A V O I R,

Aux Receveurs particuliers. . . . . 6^d ⎫
Aux Receveurs généraux.. . . . . 4 ⎬ 13 deniers.
Aux Chambres des Comptes . . . . 3 ⎭

Edit du 4 ſeptembre 1741.

Edit du 25 ſeptembre 1737.

Edit de ſeptembre 1749.

Elles sont prises en dehors, & imposées en sus des sommes principales.

Les Collecteurs ne jouissent d'aucune remise, c'est une charge purement gratuite de leur part, & qu'ils sont tenus tour-à-tour de supporter.

PRINCIPAUTÉ DE DOMBES.

PAR contrat du 19 mars 1762, passé entre les Commissaires du Conseil, nommés par arrêt du 15 mars précédent, & M. le comte d'Eu, ce Prince a cédé au Roi, en échange des domaines qui sont rappellés par ce contrat, la propriété, possession & jouissance de la souveraineté & principauté de Dombes ; cette Principauté appartenoit à M. le comte d'Eu, comme héritier de M. le prince de Dombes son frere, à qui elle avoit passé avec la succession de M. le duc du Maine leur pere.

Contrat du 19 mars 1762.

Elle est située entre la ville de Lyon, Bourg & Mâcon, & divisée en deux parties par une langue de la province de Bresse.

Elle contient treize châtellenies, qui renferment trente-deux mille quatre cents six habitans : ce pays a fait anciennement partie du premier royaume de Bourgogne, détruit par les enfans de Clovis.

Lors du partage des enfans de Louis le Débonnaire, la Dombes fut comprise dans les possessions au-delà de la Saône, du Rhône, de la Moselle & de l'Escaut, qui formerent le lot de l'empereur Lothaire.

Bozon forma le second royaume de Bourgogne, dont la Dombes fit pareillement partie.

On sait que les Seigneurs profiterent alors des troubles & de la foiblesse du Gouvernement pour usurper dans leurs possessions la jouissance de presque tous les droits régaliens. Les sires de Beaugé d'une part, & de l'autre les anciens sires de Villars s'érigerent en Souverains, chacun dans la partie de la Dombes qu'il possédoit.

Il paroît par différens actes d'hommages, & autres actes de 1186, 1210, 1228, 1390, 1436 & 1450, qu'une partie de la Dombes relevoit des archevêques & du chapitre de Lyon, & par d'autres actes de 1327, 1334, 1339, 1349, qu'une partie relevoit aussi des dauphins de Viennois.

Enfin que les comtes , & depuis ducs de Savoie , en qualité de comtes de Breſſe , & les comtes de Forès ont eu auſſi très-anciennement des droits de ſuzeraineté ſur pluſieurs terres de la Dombes.

On obſerve que le Roi a réuni tous ces droits différens ; ceux de l'Archevêque & du Chapitre de Lyon ſont avec la ſouveraineté de cette ville paſſés à Philippe-le-Bel & ſes ſucceſſeurs ; ceux des comtes de Forès ont eu le même ſort ; la donation d'Humbert , dernier Dauphin , a tranſporté leurs droits à Philippe de Valois : ceux des ducs de Savoie ont fait partie des droits annexés au comté de Breſſe , cédé à Henri IV par le traité de Lyon.

Edouard II , ſire de Beaugé , donna , par acte du 23 juin 1400 , la principauté de Dombes avec ſes autres biens à Louis II , duc de Bourbon ; celui-ci acquit de la maiſon de Villars ce qu'elle poſſédoit dans la Dombes , & réunit dans ſa main ce qui forme encore la conſiſtance actuelle de cette principauté.

Pierre de Bourbon , arriere-petit-fils de Louis , ne laiſſa qu'une fille ſous la tutelle d'Anne de France ſa mere.

Le connétable de Bourbon prétendit ſuccéder à tous les biens de Pierre de Bourbon ; on prit le parti, pour aſſoupir ces différens , de marier Suſanne au Connétable ; le mariage ſe fit le 10 mai 1505 , & par le contrat les deux époux ſe firent donation mutuelle de tous leurs biens : Suſanne mourut en 1521 ſans enfans , & Anne de France ſa mere l'année ſuivante.

Louiſe de Savoie , mere de François I , prétendit ſuccéder aux biens de Suſanne comme la plus proche parente ; le connétable de Bourbon quitta la France & ſe jetta dans le parti de Charles- Quint ; François I s'empara de la Dombes.

Par le traité de Madrid de 1526 , il avoit été ſtipulé que l'on rendroit au connétable de Bourbon tous les biens qu'il poſſédoit avant ſa retraite ; le Connétable fut tué au ſiege de Rome en 1527 , & cette clauſe du traité demeura ſans exécution.

Il avoit inſtitué ſon héritier Louis de Bourbon comte de Montpenſier, fils de Louis prince de la Roche-ſur-Yon , & de Louiſe de Bourbon ſœur du Connétable ; le comte de Montpenſier réclama ſans effet la ſucceſſion du Connétable ſon oncle.

Ce ne fut qu'à la fin du regne de François II , que par une tranſaction

action paffée à Orléans le 27 novembre 1560, François II rendit à Louis duc de Montpenfier la principauté de Dombes, avec tous les droits de fouveraineté, fans aucune chofe y réferver, *fors la bouche & les mains tant feulement.*

Louis de Montpenfier laiffa pour héritier Henri duc de Montpenfier fon fils.

Ce dernier n'eut d'Henriette de Joyeufe fon époufe, qu'une fille unique, Marie de Bourbon, qui refta fous la tutelle du cardinal de Joyeufe fon oncle.

Elle époufa, le 6 août 1626, Gafton duc d'Orléans, fecond fils d'Henri IV, d'où vint une fille unique Maris-Louife d'Orléans, connue fous le nom de *Mademoifelle.*

Celle-ci, par acte entre-vifs, du 2 février 1681, fit donation de la principauté de Dombes à M. le duc du Maine, fous la réferve de l'ufufruit, & mourut le 5 avril 1693.

En 1682, Louis XIV avoit donné une déclaration qui fut enregiftrée aux Parlemens de Paris, de Dijon & de Dombes, par laquelle il avoit reconnu que la feigneurie de Dombes étoit une Souveraineté fous la protection de la France, pour marque de laquelle les Rois fes prédéceffeurs s'étoient réfervé feulement *la bouche & les mains*, lequel devoir il entendoit lui être fait & à fes fucceffeurs par les Souverains de Dombes à chaque mutation comme d'un moindre Souverain à un plus puiffant fon protecteur, & non comme d'un fujet à fon Roi, ni d'un vaffal à fon Seigneur.

Il y avoit anciennement en Dombes, des Etats compofés des trois Ordres; mais depuis très-long-temps il n'y avoit eu d'affemblée que du Tiers-état.

Cette affemblée étoit formée par les Châtelains & les Députés des châtellenies.

Elle fe faifoit anciennement pardevant les Officiers du bailliage de Dombes, & depuis la fuppreffion du Bailliage, en 1696, pardevant les Officiers de la Chambre des Requêtes, fubftituée au Bailliage, & pardevant l'Intendant.

Cette affemblée offroit, tous les fept ans, un don gratuit de 20 ou 24 mille livres, que l'Intendant acceptoit au nom du Prince; on procédoit enfuite à la répartition & au recouvrement; les rôles étoient vérifiés

& les conteftations portées devant les Juges ordinaires : il y avoit un Receveur commis pour le recouvrement.

Les dettes que M. le duc du Maine avoit été obligé de contracter ,
& la néceffité où étoit M. le Prince de Dombes , de fe procurer des
reffources pour fournir aux dépenfes auxquelles il étoit expofé pour foutenir fon rang , & pour le fervice du Roi , l'engagerent à affembler au
mois de juillet 1739 , le Tiers-état à Trévoux , & cette affemblée ne
s'étant point paffée fuivant fes intentions , il en prit prétexte pour
fupprimer , par édit du mois d'août fuivant , les affemblées du Tiers-
état.

Il ordonna par le même édit , qu'à l'avenir & à perpétuité , il feroit
impofé , par maniere de taille , une fomme annuelle de 50 mille livres ,
payable en deux termes ; favoir , la moitié au premier décembre , & l'autre
moitié au premier juin de chaque année.

Indépendamment des 50 mille livres , l'édit ordonna qu'il feroit impofé 800 livres pour le Chancelier de Dombes , 300 livres pour l'Intendant , 200 livres pour le Secretaire du Confeil fouverain , 80 livres
pour les Confeillers de la Chambre des Requêtes , 50 livres pour le Greffier ,
40 livres pour le Bailli de Dombes , 30 livres pour l'Huiffier & l'envoi des
commiffions.

Et en fus , les taxations du Receveur , à raifon de 8 deniers pour livre fur
la fomme de 50 mille livres feulement.

On obferve que les commiffions pour l'impofition , attribuent aux Receveurs 20 fous par quittance ; cette fomme s'ajoute aux 12 livres pour
rôle , accordées aux Châtelains & Greffiers des paroiffes , pour les nominations des Confuls , Afféeurs & Collecteurs ; ainfi la fomme totale
& annuelle du département eft de 53 mille 216 livres 13 fous 4 deniers.

Au moyen de cette impofition annuelle , le don gratuit qui étoit levé de
fept ans en fept ans , eft aboli par cet édit.

L'article V ordonne que l'impofition fera faite le plus équitablement
qu'il fe pourra , fur tous les Bourgeois , Marchands , Fermiers , Receveurs , Cultivateurs , Grangers , Locataires , Artifans & autres qui étoient
ci-devant impofés pour raifon du don gratuit ; & l'article VI affujétit à l'impofition les Forains , pour raifon du revenu des biens qu'ils poffedent dans
la principauté.

Aux termes de l'article VIII, le département doit être fait entre les douze châtellenies, par l'Intendant, les Officiers de la Chambre des Requétes & le Bailli de Dombes; ils doivent faire aussi la répartition entre les communautés de chaque châtellenie.

Quant aux rôles de chaque paroisse, l'édit ordonne que, la premiere année, il sera fait, en présence de l'Intendant, par les Asséeurs & Péréquateurs; & à l'égard des années suivantes, qu'il pourra y être présent ou commettre telle personne qu'il jugera à propos, quand il l'estimera utile & nécessaire.

Il doit vérifier & arrêter, chaque année, les rôles.

L'article IX de l'édit fait défenses aux Châtelains de se méler des départemens, impositions & confections des rôles; ils doivent seulement être présens avec leurs Greffiers à l'assemblée de la paroisse pour la nomination des Asséeurs & Péréquateurs, avec un droit de 6 livres pour eux & autant pour leur Greffier, sans qu'il puisse y avoir plus d'une assemblée; & dans tous les cas ils ne doivent être payés que pour une seule. Les Consuls doivent être nommés dans la même assemblée.

L'article X de l'édit fixe le droit des Collecteurs de chaque paroisse à 6 deniers pour livre, & 20 sous par lieue pour le port & vérification des rôles; il charge l'Intendant de la taxe des frais du Scribe pour la confection des rôles.

Suivant l'article XI, il ne doit être fait qu'un seul rôle dans chaque paroisse, quoiqu'il y ait différentes Justices.

L'article XV attribue à l'Intendant, sauf l'appel au Conseil du Prince, la connoissance de tout ce qui concerne l'imposition, tant pour raison des surtaux que pour toutes les autres contestations.

En exécution de l'édit, dont on vient de rappeller les dispositions, on adresse chaque année, dans le mois de mai, à l'Intendant, aux Officiers du Parlement tenant la Chambre des Requétes & au Bailli de Dombes, une commission pour faire le département des six derniers mois de l'année courante, & des six premiers de la suivante.

En conséquence, & dans le commencement de juin, se fait le département ou répartition, d'abord entre les douze châtellenies, & ensuite entre les paroisses de chaque châtellenie, après quoi les mandemens sont envoyés, & l'on procede à la confection des rôles, qui sont tous vérifiés avant le mois de novembre.

H h ij

Le premier terme fe leve **tout de fuite**, & eft remis au Receveur des tailles avant la fin de l'année.

Le fecond terme avant le premier juillet de l'année fuivante : le recouvrement s'eft toujours fait dans les temps prefcrits, & fans recourir à la voie des contraintes.

On impofe en fus de la commiffion 9 deniers pour livre, qui forment chaque année un objet de 2 mille 50 livres ; ce fond eft affecté aux dépenfes des ponts & chauffées de la Principauté.

Tel eft l'état actuel de la principauté de Dombes, relativement aux impofitions.

Réflexions fur ce Mémoire.　　On vient de retracer dans ce Mémoire les principes & les différentes formes d'adminiftration qui ont lieu dans toutes les provinces du royaume, par rapport à l'impofition des tailles. On a pu reconnoître que cette diverfité a pris fa fource dans l'ancienne conftitution & dans l'état primitif de ces provinces, avant leur réunion à la Couronne. On a vu depuis l'époque, à laquelle cette impofition eft devenue une contribution ordinaire & annuelle, l'Adminiftration continuellement occupée des moyens de remédier aux injuftices & aux inégalités, & de faire ceffer les abus qui fe commettoient dans les répartitions. On a rendu compte des principaux réglemens qui ont été fucceffivement faits à ce fujet, & notamment pour les pays où la taille eft perfonnelle, & l'on ne peut difconvenir que ces réglemens entrent à cet égard dans tous les détails, que la matiere & les circonftances pouvoient exiger, & renferment les difpofitions les plus fages : mais l'expérience a fait fentir la néceffité d'une bafe pour affeoir une répartition équitable, & ne pas laiffer toujours le contribuable dans le découragement, par l'incertitude de fon fort & par la crainte d'une taxe exceffive & plus fouvent entiérement arbitraire. On a vu que la recherche & l'établiffement de cette bafe avoient été l'objet de différens travaux, entrepris pendant le regne du feu Roi : on a rappellé les événemens qui en avoient interrompu le cours : on a expofé les difficultés que préfentoit leur exécution. On peut dire que depuis cette époque, ceux auxquels cette adminiftration a été confiée, n'ont rien négligé pour parvenir au même but. On fait le détail des opérations qui ont été exécutées fous ce point de vue, dans plufieurs Généralités. On voit enfin le Gouvernement donner l'attention la plus fuivie à cet objet important.

On a pu remarquer d'un autre côté, que dans les pays dans lesquels le cadaftre ne laiffe rien à l'arbitrage & à la difpofition de ceux qui font chargés de la répartition, la proportion établie par ces cadaftres entre les fonds contribuables, renferme fouvent, dans le principe & toujours par la fucceffion des temps, des inégalités auxquelles il n'eft pas poffible de rèmédier que par de nouvelles opérations, extrêmement difpendieufes, & dont l'exécution n'eft pas à l'abri de beaucoup d'inconvéniens; on les a fait connoître en traitant ce qui concerne les provinces où la taille réelle eft en ufage. On y éprouve d'ailleurs les mêmes embarras que dans les pays de taille perfonnelle, dans la répartition de la portion de l'impofition, qui doit être fupportée par les facultés réfultantes de l'induftrie & des autres produits que ceux des maifons & héritages. Si ces objets n'entrent point dans la contribution, le poids des charges tombe entiérement fur les fonds.

Enfin la forme de l'impofition eft analogue à d'anciens ufages; elle tient aux loix fous lefquelles, dans des temps reculés, vivoient les habitans de différentes provinces réunies fucceffivement à la Couronne.

Telles font en général les réflexions qui réfultent des détails que contient ce Mémoire : leur unique objet eft de préfenter le véritable état des chofes ; il eft néceffaire de connoître les obftacles dans toute leur étendue ; c'eft le feul moyen de fe mettre à portée de choifir les voies les plus fûres pour les furmonter.

TABLE de la Division des objets traités au Mémoire sur les Tailles, Taillons & autres Impositions accessoires.

TABLE chronologique des Réglemens cités au Mémoire sur les Tailles.

SECOND MÉMOIRE.

CAPITATION.

LA Capitation étoit connue chez les Romains : nous voyons en effet qu'ils étoient affujétis à deux fortes d'impôts ; l'un purement perfonnel, qui fe levoit par tête & qui étoit fouvent défigné par le nom de *cote-part d'une tête de citoyen* ; l'autre purement réel, qui fe percevoit fur les fonds & qui étoit connu fous la dénomination de *jugeratio* ou *la taxe par arpent.*

La capitation, telle qu'elle exifte aujourd'hui en France, a été établie pour la premiere fois par une déclaration du 18 janvier 1695, à l'occafion & pour fubvenir aux dépenfes confidérables qu'entraînoit la guerre qui a été terminée par la paix de Rifwick.

Le préambule de cette déclaration, porte que l'établiffement d'une capitation générale qui feroit payée pendant la guerre feulement par tous les fujets, fans aucune diftinction, par feux ou par familles, pouvoit être regardé comme un moyen d'autant plus fûr & d'autant plus efficace pour fournir aux dépenfes de la guerre, que les plus zélés & les plus éclairés des fujets des trois Ordres de l'Etat, fembloient avoir prévenu la réfolution qui avoit été prife à ce fujet, & que même les Etats de Languedoc, après avoir, par une délibération du mois de décembre 1694, accordé le don gratuit de 3 millions qui leur avoit été demandé, & avoir pourvu aux autres charges ordinaires que la guerre avoit confidérablement augmentées, avoient, en portant leur prévoyance & les témoignages de leur zele & de leur affection, au-delà de ce que l'on pouvoit en attendre, propofé le fecours de la capitation, & expofé les motifs qui devoient le faire préférer à tous les autres moyens extraordinaires qui pourroient être pratiqués dans la fuite.

Qu'en effet, cette capitation portant généralement fur tous, feroit peu à charge à chaque particulier ; qu'étant réunies aux revenus ordinaires,

Établiffement de la Capitation en 1695.
Réglemens qui ont été fucceffivement rendus fur cet objet.
Déclaration du 18 janvier 1695.

K k ij

elle produiroit des fonds fuffifans , & que le recouvrement s'en faifant
fans frais & fans remifes, ce fecours feroit beaucoup plus prompt, plus
facile & plus effectif, & mettroit à portée de fe paffer dans la fuite, des
affaires extraordinaires auxquelles la néceffité des temps avoit obligé d'a-
voir recours : le Roi promet, en foi & parole de Roi, de faire ceffer
cette capitation générale trois mois après la publication de la Paix. Il
fut écrit aux Intendans des différentes provinces du royaume, pour leur
demander le nombre des paroiffes de chaque généralité, & ce que l'on
pourroit retirer de la capitation, qui fut annoncée comme une impofition paffagere & momentanée, dont on défiroit évaluer le produit.

Les Intendans de leur côté s'adrefferent aux Officiers municipaux des
villes, qui firent leur dénombrement & leur évaluation comme ils purent.
On voit par les lettres qui furent écrites alors, que chaque taxe devoit
être modique ; les plus foibles étoient fixées à 10 fous, & les autres devoient être réglées fur le plus ou le moins de facultés des contribuables.

Ce fut fur ces éclairciffemens que fut rédigée la declaration du 18 janvier 1695., dont on vient de rappeller le préambule.

Par l'artitcle Ier. de cette déclaration, il fut ordonné qu'à compter du
1er. janvier de la même année 1695, il feroit établi, impofé & levé dans
toute l'étendue du royaume, même dans les villes conquifes depuis que
la guerre avoit été déclarée, une capitation générale par feux & familles,
& qui feroit payée d'année en année, pendant la durée de la guerre, fans
qu'elle pût être continuée ni exigée, fous quelque prétexte que ce fût,
trois mois après la publication de la Paix :

Qu'à cet effet il feroit arrêté par les Intendans des différentes provinces, par les Syndics des Diocèfes & Etats, & par les Gentilshommes
qui, fuivant la déclaration, devoient agir conjointement avec les Intendans, des rôles de répartition, conformément au tarif arrêté au Confeil,
contenant la diftribution des fujets en vingt-deux claffes, & attaché fous
le contre-fcel de la déclaration.

L'objet de ce partage en différentes claffes, inégalement taxées, étoit
que le poids de cette impofition fût porté par chaque individu, dans la
proportion affignée à la claffe dans laquelle il fe trouvoit placé ; mais
l'identité des mêmes états, qualités & fonctions n'entraîne point celle des
fortunes & facultés, & une opération qui eft appuyée fur une pareille
bafe, s'écarte néceffairement des vues de juftice & d'égalité que l'on

doit fe propofer & va par-là directement contre fon objet.

Tous les fujets, de quelque qualité & condition qu'ils puiffent être, les Eccléfiaftiques féculiers ou réguliers, les Nobles, les Militaires, de-voient être affujétis à la capitation ; à l'exception de ceux des taillables dont les cotes étoient au-deffous de 40 fous, des Ordres mendians & des pauvres mendians, dont les Curés des paroiffes donneroient des rôles , qu'ils feroient tenus de figner & de certifier.

La déclaration porte que le Roi étoit perfuadé que les Eccléfiaftiques, que leur profeffion empêchoit de le fervir dans fes armées , & qui ne pouvoient contribuer dans cette occafion à la défenfe de l'Etat que par la voie des fubfides , fe foumettroient volontiers à cette contribution ; mais que l'affemblée générale du Clergé devant fe tenir dans la même année , & les témoignages que Sa Majefté avoit toujours reçus du zele de ce corps , lui faifant préfumer qu'il continueroit à en donner des marques, en ac-cordant un don gratuit proportionné aux befoins de l'Etat, il ne feroit pas jufte qu'il fe trouvât en même temps chargé de contribuer à la capi-tation ; c'eft pourquoi il fut ordonné que , quant à préfent, le Clergé & les membres qui en dépendoient, ne feroient compris ni dans le tarif qui feroit arrêté au Confeil, ni dans les rôles qui feroient arrêtés par les Intendans , pour le recouvrement des taxes de ladite année 1695.

Le produit de la capitation étant deftiné à foutenir les dépenfes de la guerre, & ce produit étant néceffaire pour celles de la campagne fui-vante , il fut ordonné que les redevables acquitteroient leurs taxes en deux termes & payemens égaux, le premier dans le premier jour du mois de mars , & le fecond dans le premier Juin fuivant, entre les mains des Re-ceveurs des tailles de chaque Election , ou des Commis qui feroient par eux prépofés , lefquels remettroient enfuite le montant de leur recette chacun au Receveur général des finances de fa généralité ; que les bour-geois & habitans des villes franches & non taillables payeroient entre les mains des Receveurs des deniers communs defdites villes, qui remet-troient leur recette aux Receveurs généraux des finances, & ceux-ci en-tre les mains du Garde du Tréfor royal.

Dans les pays d'Etats, les rôles d'impofition de la capitation devoient être faits & arrêtés par les Intendans , conjointement & de concert avec les Députés ordinaires ou Syndics des Etats, & les taxes devoient être acquittées entre les mains des Collecteurs & Receveurs ordinaires des dons gratuits & autres impofitions, qui devoient en remettre le montant aux Tréforiers ou Receveurs généraux des Etats, & ceux-ci au Garde du Tréfor royal.

Le rôle d'impofition de la ville de Paris devoit être arrêté par le Prévôt des marchands & les Echevins de cette ville; ils devoient établir des Receveurs qui remettroient les fonds de leur recette au Receveur général de la ville, & celui-ci au Tréfor royal.

Quoique par une des précédentes difpofitions de la déclaration, les Eccléfiaftiques ne duffent point être compris dans le tarif ni dans les rôles, il fut cependant ordonné que le rôle de la capitation à payer par les Eccléfiaftiques féculiers ou réguliers, feroit arrêté par les Intendans & par le Syndic de chaque diocèfe; qu'ils établiroient conjointement des Receveurs qui remettroient les fonds de leur recette entre les mains des Receveurs généraux des finances, ou des Tréforiers & Receveurs généraux des Etats, qui les verferoient au Tréfor royal.

Les rôles des Gentilshommes & des Nobles devoient être formés par les Intendans, de concert avec un Gentilhomme de chaque bailliage, qui devoit être nommé par le Roi; ils devoient établir un Receveur pour faire la recette, dont ils remettroient le montant au Receveur général des finances, ou au Tréforier ou Receveur général des Etats.

Les rôles de la capitation des Officiers & foldats, tant de terre que de mer, devoient être arrêtés par les Intendans des provinces, & par ceux de la marine & des galeres, dans les départemens defquels les troupes tant de terre que de mer fe trouveroient lors de l'impofition; le produit devoit en être remis entre les mains du Tréforier de l'extraordinaire des guerres, & des Tréforiers de la marine & des galeres, qui devoient remettre ces fonds au Tréfor royal.

Les Officiers des Parlemens & des autres Compagnies, qui recevoient leurs gages par la voie d'un payeur, devoient acquitter leurs taxes entre les mains de ce payeur, qui en remettroit le montant au Tréfor royal.

Les Princes, Ducs, Maréchaux de France, les Officiers de la Couronne & les autres Officiers compris dans les deux premieres claffes du tarif, devoient acquitter leurs taxes entre les mains du garde du Tréfor royal; quant aux autres Officiers de la maifon du Roi & des maifons royales, leur capitation devoit être payée fur un rôle qui feroit arrêté par le Roi, & entre les mains d'un Receveur qui feroit établi à cet effet.

Il devoit être pourvu par un réglement, tant aux taxations des différens Receveurs qu'à la maniere dont les comptes devoient être rendus ; il étoit fait défenses à ces Receveurs d'exiger des redevables aucuns droits de quittance ou autres, à peine de concussion.

Les Receveurs pouvoient contraindre ceux qui seroient en retard de payer, par les mêmes voies que pour les autres deniers du Roi ; à l'exception seulement des Ecclésiastiques, à l'égard desquels il ne pouvoit être procédé que par saisie de leur temporel.

Les rôles, extraits des rôles, quittances, assignations, & généralement tous les actes concernant la capitation pouvoient être faits sur papier non timbré.

Les personnes qui possédoient plusieurs charges ou offices, & qui par cette circonstance pouvoient faire partie de plusieurs classes, ne devoient acquitter qu'une taxe, à raison de la plus forte, suivant leur qualité.

Les fils de famille mariés ou pourvus de charge, devoient être taxés à part, quoiqu'ils demeurassent chez leurs pere & mere.

Les enfans de famille, majeurs ou mineurs, qui jouissoient du bien de leur pere ou mere décédés, devoient être taxés au quart de ce que leur pere auroit supporté.

Le veuves & les femmes séparées ne devoient payer que la moitié de la taxe de leur mari.

Tous ceux qui ne se trouvoient pas précisément compris sous l'une des classes du tarif, devoient être taxés par les Intendans seuls, ou par les Intendans conjointement avec les Syndics & Députés des Etats, les Syndics des diocèses & les Gentilshommes nommés par le Roi, sur le pied de celle de ces classes à laquelle ils auroient le plus de rapport par leur profession, état ou qualité.

Les Intendans, d'après les changemens qui pouvoient survenir dans les états des personnes sujettes à la capitation, étoient autorisés à procéder dans la forme que l'on vient de rappeller, à la réformation des rôles & à l'augmentation on diminution des taxes, & ils devoient envoyer chaque année au Contrôleur général des finances les états de ces augmentations ou diminutions.

La connoissance des contestations qui pouvoient survenir sur le fait de l'imposition & du recouvrement de la capitation étoit attribuée dans les provinces aux Intendans, & à Paris au Prévôt des Marchands & aux Echevins, sauf l'appel au Conseil.

Cette déclaration fut enregiftrée au Parlement le 21 janvier 1695 , & en la Chambre des Comptes le 22 du même mois.

Il fut mis fous le contre-fcel de cette déclaration un tarif diftribué en vingt-deux claffes.

La premiere qui commençoit par M. le Dauphin , fut taxée à 2 mille livres.

La feconde à 1500 livres.

La troifieme à 1000 livres, & ainfi des autres dont la vingt-deuxieme fut fixée à 20 fous.

On fe rappelle que les taillables dont la cote étoit fixée au-deffous de 40 fous, devoient être exempts de la capitation.

Un grand nombre de chefs de famille des pays d'Etats qui , quoiqu'aifés , ne fupportoient cependant pas 40 fous de taille , chercherent à fe prévaloir de cette difpofition de la déclaration , mais il fut rendu le 22 février 1695 , un arrêt du Confeil portant que cette exemption ne devoit avoir lieu que dans les pays d'Election ; & par un autre arrêt du Confeil qui fut rendu depuis , cette exemption, dans les pays où la taille étoit réelle, fut reftrainte à ceux dont la cote n'étoit que de 20 fous & au-deffous.

Arrêt du Con-
feil du 22 février
1695.

Le Clergé qui par la déclaration , avoit été affujéti à la capitation , mais à l'égard duquel il avoit été ordonné qu'il ne feroit point compris dans les rôles pour l'année 1695 , parce qu'on penfoit qu'il fe porte-roit à acquitter la capitation par la voie d'un don gratuit , accorda en effet , dans une affemblée qui fut tenue à Saint-Germain, un don gratuit de 4 millions par an pendant tout le temps que dureroit la guerre , & à commencer pour l'année 1695 ; le Clergé fit l'impofition de ces 4 mil-lions fur lui-même, après y avoir été autorifé par des lettres-patentes du 18 octobre 1695,

Lettres-paten-
tes du 18 octobre
1695.

Les Evéchés qui ne faifoient point membre du Clergé de France , payerent auffi un don gratuit par forme d'abonnement.

Quant à la comptabilité , il fut réglé que les comptes feroient rendus ; favoir , ceux des Receveurs & Tréforiers particuliers aux Intendans , & ceux des Receveurs généraux à la Chambre des Comptes.

On a vu que la capitation avoit été fixée & réglée , non fur les facul-tés , mais d'après l'état & les qualités des contribuables, ainfi cette impo-fition entre deux perfonnes du même état , dont l'une étoit riche & l'autre

tre moins aifée, étoit pour cette raifon de peu d'objet pour la premiere
& très-onéreufe pour la feconde ; & cette circonftance, en rendant le
recouvrement plus ou moins difficile, occafionnoit des pourfuites qui,
par les frais qui en réfultoient, aggravoient encore la condition de celui
qui étoit moins aifé.

Pour prévenir autant qu'il fut poffible cet inconvénient, il fut rendu, *Arrêt du Confeil du 26 mars 1695.*
dès le 26 mars 1695, un arrêt du Confeil, par lequel les droits de con-
trôle des exploits & fignifications qui étoient faits pour parvenir au recouvrement de la capitation, furent réduits au quart des droits ordinaires ; & le 31 mai fuivant, ils furent entiérement exemptés de ces
droits.

La capitation ne put pareillement être acquittée dans les termes qui
avoient été réglés par la déclaration de 1695, on en fixa deux nouveaux
qui furent les mois de juin & de juillet ; & par un arrêt du 11 juin, il fut *Arrêt du Confeil du 11 juin 1695.*
ordonné que ceux des redevables qui n'auroient point acquitté la premiere
moitié dans le mois de juin, & la feconde dans le mois de juillet, payeroient la moitié en fus, foit de leur taxe entiere, foit de la fomme dont
ils feroient en retard.

La capitation qui, aux termes de la déclaration de 1695, devoit ceffer *Suppreffion de la Capitation en 1698. Arrêt du Confeil du 17 décemb. 1697.*
trois mois après la paix, fut fupprimée avant ce terme, & par un arrêt
du Confeil du 17 décembre 1697, il fut ordonné qu'elle ne feroit levée
que pour les trois premiers mois de l'année 1698, époque à laquelle
l'échange des ratifications de la paix de Rifwick n'étoit pas encore
fait.

Cette fuppreffion ne fut pas de longue durée, la circonftance de la *Rétabliffement de la Capitation en 1701. Déclaration du 12 mars 1701.*
guerre de 1700 obligea de la rétablir, même fur un pied plus fort que la
premiere, par une déclaration du 12 mars 1701, qui fut enregiftrée au
Parlement le 17 du même mois.

Cette déclaration fut formée fur celle de 1695, & en rappella les difpofitions, à l'exception néanmoins que certains corps furent autorifés à
en faire eux-mêmes la répartition fur leurs membres.

De ce nombre furent, 1°. le Parlement de Paris & les autres Cours
fupérieures du royaume, dont les rôles furent formés par le premier
Préfident, deux Députés & le Procureur général de chaque Compagnie ;
les Greffiers & les Avocats, les Procureurs & les Huiffiers furent compris dans ces rôles :

Tome I. L l

2º. Les jurifdictions fubalternes ou inférieures dont les rôles, à l'égard de celles de Paris, furent arrêtés par les Chefs, par deux Députés & les Procureurs du Roi, & à l'égard de celles des provinces, par les Intendans, de concert avec les Officiers de ces jurifdictions :

3º. Le Châtelet, dont les taxes furent réglées par les Chefs & le Procureur du Roi.

4.º. Enfin, tous les Corps & Métiers foumis à la jurifdiction du Lieutenant de Police de Paris, dont les taxes furent réglées par ce Magiftrat & par le Procureur du Roi.

Le paiement de la capitation fut diftribué en deux termes, le premier à la fin de mars, le fecond à la fin de feptembre ; ceux qui n'auroient pas acquitté leurs taxes dans ces délais devoient payer la moitié en fus de la fomme dont ils feroient reliquataires.

La comptabilité fut réglée comme en 1695, & l'on attribua aux Intendans la connoiffance des conteftations qui pouvoient s'élever relativement au recouvrement, à l'exception néanmoins de celles qui pourroient concerner les taxes des Officiers de Cour fouveraine, dont le jugement en premiere & derniere inftance fut attribué à ces Compagnies.

Les états de répartitions devoient être envoyés au Confeil par ceux qui avoient été chargés de les former ; & il devoit être, en conféquence de ces états, arrêté des rôles qui devoient être rendus exécutoires ; mais comme la formation des états exigea des délais plus confidérables qu'on ne l'avoit penfé, il fut rendu, le 19 avril 1701, un arrêt par lequel ces états mêmes furent déclarés exécutoires par provifion.

La déclaration du 12 mars 1701 portoit, que la capitation cefferoit d'être levée fix mois après la paix, fans que le quartier qui feroit commencé pût être compris dans ces fix mois ; mais les dépenfes de la guerre furent fi confidérables, que par une déclaration du 9 juillet 1715, la capitation fut prorogée indéfiniment, & qu'on révoqua même les exemptions qui, en 1708 & 1709, avoient été promifes à ceux qui acquerroient des rentes de la création des années précédentes.

Déclaration du 9 juillet 1715.

C'eft donc en conféquence de la déclaration du 12 mars 1701 que fe leve encore actuellement la capitation.

Opérations générales par lefquelles la levée de la Capitation eft déterminée.

M. le Contrôleur général prend chaque année les ordres du Roi à ce fujet ; il en fait part, tant aux Chefs des compagnies fupérieures de Paris & des provinces, qu'aux Intendans, aux Chefs des jurifdictions inférieures de Paris ; à M. le Prévôt des Marchands, pour l'impofition des habi-tans ; & à M. le Lieutenant général de Police, pour celle des communautés d'Arts & Métiers.

La lettre qui eft écrite par M. le Contrôleur général aux Chefs des Compagnies, pour leur faire connoître les intentions du Roi, ne contient point la fixation de l'impofition ; cette fixation eft toute faite par le tarif auquel il a été ajouté, depuis 1701, un tiers en fus de chaque taxe, conformément à ce que le Parlement de Paris avoit fait lui-même fur l'invitation portée par la déclaration, en augmentant les anciennes taxes qui lui avoient été réglées dans cette proportion du tiers en fus.

Quant aux provinces, il s'arrête au Confeil un état dans lequel eft réglé ce que chacune d'elles doit fupporter ; c'eft d'après cet état que M. le Contrôleur général annonce aux Intendans la fomme à laquelle le Roi a fixé la capitation de leur département.

C'eft ici le lieu d'obferver que dans la maffe totale de cette impofition, la capitation de la Nobleffe & des Privilégiés forme dans les provinces l'objet le moins confidérable, la portion la plus forte eft celle qui eft répartie entre les taillables & les non-privilégiés, au marc la livre de la taille.

Comme la capitation eft fujette à différentes diminutions, foit relativement aux décharges & aux modérations que l'on eft obligé d'accorder à ceux qui font impofés au-delà de leurs facultés, foit à caufe des non-valeurs qui furviennent par le décès de ceux qui meurent avant l'échéance des termes de paiement, on eft toujours obligé d'impofer une fomme plus forte que celle portée par la fixation, afin de pouvoir retrouver dans fa totalité la fomme qui eft fixée pour le Tréfor royal.

Les Intendans étant, par la réfidence qu'ils font fur les lieux, plus à portée que le Confeil d'évaluer la fomme qui pouvoit être néceffaire pour remplacer dans leur département l'objet des non-valeurs, on leur a laiffé jufqu'en 1765 la faculté de faire cette évaluation, fauf à comprendre dans les comptes le montant entier du recouvrement ; mais pour ne rien laiffer à l'arbitraire, on a, à compter de cette époque de 1765, fixé & déterminé au Confeil le montant de la fomme qui doit être impofée, tant pour le contingent du Tréfor royal que pour fournir aux modérations & non-valeurs ; & au moyen de cette fixation, il ne peut être rien impofé au-delà.

Etabliſſement des deux ſous pour livre en ſus des taxes de la Capitation.
Arrêt du Conſeil du 3 mars 1705.
Lettres-patentes du 19 août 1705.
Quatre ſous pour livre au lieu des deux ſous pour livre ci-devant ordonnés.
Arrêt du Conſeil du 18 décembre 1747.
Prorogations des quatre ſous pour livre.
Arrêt du Conſeil du 27 ſeptembre 1757.

On doit encore obſerver que, par un arrêt du Conſeil du 3 mars 1705, & par des lettres-patentes du 17 août ſuivant, enregiſtrées au Parlement le 4 ſeptembre de la même année, il avoit été ordonné qu'il feroit impoſé en ſus du montant des taxes les deux ſous pour livre du principal.

Ces deux ſous pour livre ont été perçus juſques & compris 1747, que, par un autre arrêt du Conſeil du 18 décembre de la même année, l'exécution de la déclaration du 7 mai 1715, qui a ordonné la perception des quatre ſous pour livre en ſus des droits des Fermes, a été étendue à la capitation.

Il eſt vrai que cette perception des quatre ſous pour livre, au lieu des deux ſous qui ſe levoient en conſéquence de la déclaration du 3 mars 1705, n'avoit été ordonnée par l'arrêt du 18 décembre 1747 que pour dix années; elle a été prorogée pour dix autres années par un ſecond arrêt du Conſeil du 27 ſeptembre 1757, & il a été rendu, le 10 ſeptembre 1767, un arrêt qui proroge pour dix années la perception de ces quatre ſous pour livre, à compter du premier janvier 1768, juſques & compris le dernier de décembre 1777.

Doublement & triplement de la Capitation.
Édit de février 1760.

Le Roi en ſupprimant, par l'édit du mois de février 1760, la ſubvention générale qui avoit été établie par celui du mois de ſeptembre 1759, ordonna que tous les ſujets, autres néanmoins que les taillables dont la capitation s'impoſoit au marc la livre de la taille, feroient tenus de payer, pendant les années 1760 & 1761, le double de leur capitation & les quatre ſous pour livre; que tous les Officiers des grande & petite Chancelleries, les Banquiers & tous particuliers, Fermiers ou Régiſſeurs des droits de Sa Majeſté, pourvus de charges, emplois & commiſſions des finances, ou autres places emportant recette & maniement de deniers de Sa Majeſté, ou autres deniers publics, même ceux qui, après avoir exercé pendant dix ans de ſemblables charges, places, emplois ou commerce, ſe feroient retirés, feroient tenus de payer, outre ce premier, un ſecond doublement de leurs premieres cotes, enſemble les quatre ſous pour livre.

Prorogation du doublement & triplement.
Déclaration du 16 juin 1761.
Détails concernant la levée de la Capitation.

Le doublement & le triplement ci-deſſus ordonnés, furent prorogés pour les années 1762 & 1763, par une déclaration du 16 juin 1761, enregiſtrée en Lit de juſtice.

Il s'agit maintenant de rappeller la maniere dont la levée de la capitation, telle qu'elle exiſte aujourd'hui, eſt faite, & les formalités auxquelles elle a été aſſujétie.

On divifera ces détails en huit articles ; on examinera,

1º. Ce qui concerne la capitation de la Cour :

2º. La capitation des troupes :

3º. Celle du Clergé :

4º. La capitation des pays d'Etats :

5º. Celle de la ville de Paris :

6º. La capitation des arts & métiers :

7º. On rappellera les précautions qui ont été prifes pour accélérer & rendre plus facile le recouvrement :

8º. Enfin, on expofera ce qui concerne la comptabilité.

ARTICLE I.
De la Capitation de la Cour.

ON fe rappelle que d'après les difpofitions de la déclaration du 18 janvier 1695 , les princes du Sang, les Miniftres & les autres perfonnes de diftinction comprifes dans la premiere & la feconde claffe du tarif, devoient payer leur capitation directement entre les mains du Garde du Tréfor royal , & que ceux compris dans la troifieme claffe devoient la payer à un Receveur particulier.

On jugera que la comptabilité feroit plus facile, en chargeant une feule & même perfonne de recevoir la capitation de ces trois claffes, & par un arrêt du Confeil du 18 février 1696 , le nommé Lefevre fut commis à cet effet ; l'on ordonna en même temps , qu'il ne compteroit qu'au Confeil. *Arrêt du Confeil du 18 février 1696.*

Le paiement de cette impofition éprouva , fans doute, des difficultés & des retardemens, puifque par un arrêt du Confeil du 28 juillet 1696 , il fut ordonné que tous les Officiers qui fervoient dans la maifon du Roi , feroient contraints au paiement de leur capitation, par faifie de leurs gages & appointemens ; on alla même depuis jufqu'à prononcer la déchéance de leurs priviléges contre ceux qui n'auroient pas fatisfait à cette obligation dans les termes prefcrits. *Arrêt du Confeil du 28 juillet 1696.*

On voit même que Lefevre , chargé du recouvrement, fit en conféquence de ces arrêts, des faifies entre les mains des Gardes du Tréfor royal , & que par un arrêt du 9 décembre 1698 , il fut ordonné que ces Gardes paieroient , fans aucune formalité , les fommes qui étoient dues *Arrêt du Confeil du 9 décemb. 1698.*

pour la capitation de ceux auxquels le Roi faifoit des penfions ou donnoit des appointemens, & que les quittances du prépofé au recouvrement de la capitation feroient prifes pour argent comptant : cet arrêt portoit en même-temps, à l'égard de ceux auxquels il n'étoit rien dû au Tréfor royal, qu'ils feroient contrains au paiement de la capitation, par faifie de leurs revenus, & par faifie & exécution de leurs meubles.

Lors du rétabliffement de la capitation, en 1701, Lefevre fut de nouveau commis pour en faire le recouvrement ; mais pour le rendre plus facile, il fut ordonné par un arrêt du 20 juin 1702, qu'aucun de ceux qui avoient des appointemens, gages ou penfions à toucher, foit au Tréfor royal, foit fur les Tréforiers de la maifon du Roi, foit fur ceux de l'ordinaire ou de l'extraordinaire des guerres, foit enfin fur toutes les perfonnes, indiftinctement, chargées de payer pour le Roi, ne pourroient recevoir le montant de ces appointemens, gages ou penfions, qu'en juftifiant du paiement de leur capitation, à peine, par les Tréforiers & Payeurs, d'en répondre en leur propre & privé nom.

Arrêt du Confeil du 20 juin 1702.

C'eft en conféquence & d'après la difpofition de cet arrêt, que s'eft établi l'ufage de retenir la capitation fur les gages, appointemens ou penfions, toutes les fois que l'on ne juftifioit point du paiement que l'on prétendoit qui en avoit été fait.

Cet arrangement a fubfifté depuis, & il a été fucceffivement confirmé par plufieurs arrêts du Confeil, & notamment par celui du 25 mars 1738.

Arrêt du Confeil du 25 mars 1738.

Ainfi la répartition & le recouvrement de la capitation des perfonnes attachées à la Cour fe font d'une maniere très-fimple.

Le tarif en eft tout dreffé ; le rôle qui eft arrêté au Confeil, eft à-peu-près toujours le même ; le principal changement confifte à fubftituer fur ce rôle aux noms des perfonnes qui font décédées, les noms de ceux qui les ont remplacées.

Ce rôle figné par M. le Contrôleur général, eft remis à celui qui eft chargé du recouvrement de la capitation de la Cour ; on expédie les arrêts qu'exige ce recouvrement ; il eft autorifé à faire les faifies & oppofitions qu'il juge convenables & néceffaires, entre les mains des perfonnes qui font chargées de payer les gages, appointemens &

penſions , & par ce moyen, cet objet peut être très-facilement mis en regle.

ARTICLE II.

De la Capitation des Troupes.

LE recouvrement de la capitation des troupes n'exige aucuns frais & n'entraîne aucune dépenſe.

Le tarif en fut arrêté au Conſeil royal des finances , le 21 octobre 1702 : il eſt d'un tiers plus fort que celui qui avoit été formé en 1695, mais il n'a point varié depuis cette époque de 1702 ; & à l'exception des deux ſous pour livre qui furent établis en 1705 , ainſi qu'on l'a rappellé, auxquels ont été ſubſtitués depuis , les quatre ſous pour livre, dont la perception a été ordonnée d'abord par un arrêt du Conſeil du 18 décembre 1747, & prorogée depuis, les troupes n'ont payé & ne paient aujourd'hui que la même capitation établie en 1702. *Tarif du 21 octobre 1702.*

Le tarif concernant la capitation des troupes a été renouvellé & rendu plus exact , en conſéquence d'une ordonnance donnée à Marli le 20 juin 1761. *Ordonnance du Roi du 20 juin 1761.*

Elle porte que la retenue de la capitation de tous les Officiers des troupes de Sa Majeſté, enſemble des quatre ſous pour livre en ſus , ſera faite ſur les appointemens qui ſeront payés par les Tréſoriers généraux de l'extraordinaire des guerres , & par leurs Commis dans les provinces & armées.

Que cette retenue ſe fera en deux portions égales ; ſavoir , la premiere moitié en mars , & la ſeconde en ſeptembre.

Enfin qu'elle aura lieu ſur les régimens , eſcadrons , bataillons & compagnies, tant d'infanterie que de Cavalerie & Dragons , ſur le pied complet , ſans avoir égard aux emplois vacans, ſauf aux Major & Officiers chargés du détail, à le faire ſupporter par ceux qui rempliſſent les emplois vacans.

ARTICLE III.

De la Capitation du Clergé.

ON ſe rappelle qu'en 1695 , le Clergé , pour ſe rédimer de la capitation à laquelle il avoit été aſſujéti , ſe détermina à payer , à titre de fecours extraordinaire , 4 millions pour chaque année pendant lefquelles la guerre dureroit.

Le même arrangement eut lieu en 1701 , après le rétabliffement de la capitation.

En effet , par le contrat qui fut paffé à cet effet, le 11 juillet 1701 , avec les Commiffaires du Roi , le Clergé s'obligea de payer 15 cens mille livres pour le reftant de l'année , & 4 millions pour les années fuivantes , jufqu'à la fin de la guerre.

Arrêt & Lettres-patentes du 6 feptembre 1701.　Cette contribution fe fit encore par impofition fur tous les Bénéficiers , & il fut réglé , tant par le contrat que par l'arrêt & les lettres-patentes du 6 feptembre 1701 , qui en ordonnerent l'exécution , que les Eccléfiaftiques qui avoient des penfions fur les bénéfices , feroient tenus de contribuer pour un fixieme de leur penfion , au paiement des taxes impofées pour parfaire les 4 millions.

Cet abonnement procuroit annuellement & fans aucun frais , un fecours de 4 millions ; mais les circonftances difficiles dans lefquelles on fe trouva en 1709 , engagerent de propofer au Clergé de racheter la contribution qui tenoit lieu de capitation à fon égard , & ce rachat fut exécuté moyennant une fomme de 24 millions , en conféquence d'une délibération prife par le Clergé le 11 avril 1710.

Pour parvenir à fe procurer ces 24 millions , le Clergé fit un emprunt au denier 12 , & conftitua pour 2 millions de rente ; il arrêta en même temps , de faire chaque année , un fonds de 3 millions , dont deux furent deftinés à acquitter les arrérages des rentes , & le troifieme à amortir , chaque année , une partie du capital : la délibération du Clergé fut homologuée par des Lettres - patentes du 12 *Lettres-patentes du 12 avril 1710.*　avril 1710 , qui furent enregiftrées au Parlement le 14 du même mois.

On doit obferver qu'il avoit été réglé dans l'affemblée générale du Clergé , que les diocèfes particuliers pourroient emprunter en leur nom les fommes qui leur feroient néceffaires pour racheter leur contribution , en payant fix fois la fomme à laquelle elle montoit.

Ces emprunts furent en effet effectués ; mais comme quelques - uns des contrats qui furent paffés , renfermoient des claufes ufuraires , un *Arrêt du Confeil du 10 avril 1714.*　arrêt du Confeil , du 10 avril 1714 , annulla toutes ces claufes , & les diocèfes particuliers rembourferent dans les mêmes termes & de la même maniere que le corps entier du Clergé rembourfoit lui-même.

On

On obferve pareillement que depuis cette époque , & quoique la capitation ait toujours eu lieu , il n'a été fixé aucune contribution annuelle
pour tenir lieu , de la part du Clergé , de ce fubfide , qui , fans doute ,
a été regardé comme compris dans les dons gratuits qu'il accorde toutes
les fois qu'il s'affemble.

ARTICLE IV.
De la Capitation des pays d'Etats.

DANS les pays d'Etats , la capitation fe paye par abonnement , c'eft-à-
dire , que l'objet en eft compris dans la fomme qui eft convenue pour le
fubfide annuel.

Les années qui fuivirent celle dans laquelle la capitation avoit été rétablie ,
exigerent par les événemens qui furvinrent , des fecours auffi prompts que
multipliés.

Plufieurs des pays d'Etats furent admis au rachat de la capitation , &
autorifés à faire des emprunts pour fournir au Gouvernement les fommes
auxquelles ces rachats avoient été fixés.

Les conjonctures dans lefquelles ces opérations avoient été déterminées , ainfi que les affranchiffemens de taille & de capitation qui avoient
été accordés pendant le cours de cette guerre , prouvoient affez que
l'on ne confultoit alors dans les arrangemens de ce genre , que la néceffité de fubvenir à des dépenfes auffi urgentes qu'indifpenfables ;
auffi ces rachats ne fubfifterent - ils point , & même tous les affranchiffemens qui avoient été accordés à prix d'argent , furent révoqués en
1715.

La maniere dont la capitation fe répartit dans les pays d'Etats , varie
fuivant les différentes adminiftrations de ces pays : voici celle qui a lieu
en Bourgogne , & qui a été réglée par un arrêt du Confeil du 5 juin
1717.

Arrêt du Confeil du 5 juin 1717.

La premiere répartition eft fixée par les Elus généraux , qui déterminent ce que doivent payer la Nobleffe , les Corps & le Tiers-état.

La capitation de la Nobleffe eft répartie fur les Gentilshommes &
fur ceux qui poffedent des fiefs , par l'Elu de la Nobleffe , affifté de
quatre Gentilshommes , qui font nommés par le Gouverneur de la province ; ils nomment des perfonnes folvables pour en faire le recou-

vrement & pour en remettre les deniers au Tréforier de la province.

Les rôles de la capitation du Parlement, de la Chambre des Comptes & du Bureau des Finances font dreflés conformément à la déclaration du 12 mars 1701, & par les Commiffaires qui font indiqués ; ceux-ci remettent des extraits de ces rôles aux Elus généraux, qui impofent eux-mêmes, conformément au tarif, ceux qui peuvent avoir été omis.

Le montant de chaque cote eft remis au Payeur des gages de ces compagnies, ou bien il en fait la retenue fur ces mêmes gages, & il remet les fonds qui en proviennent au Tréforier des Etats.

Les Elus généraux font eux-mêmes la répartition des fommes qui doivent être payées par les Officiers des jurifdiffions inférieures ; ils en envoient un état au Procureur du Roi de chaque jurifdiffion ; l'impofition fe fait par le Chef, par deux Députés & par le Procureur du Roi ; ils choififfent l'un d'entr'eux pour le recouvrement ; le Corps eft garant de la folvabilité de celui qui reçoit & qui eft obligé de remettre le montant de la capitation, fans non-valeurs, entre les mains du Tréforier des Etats.

Les Elus font également le rôle de ce qui doit être payé par ceux qui habitent les châteaux de Dijon, de Challon & d'Auxonne, ainfi que par tous les Officiers civils & militaires, ou autres privilégiés qui ne font attachés à aucun corps : ceux qui habitent les châteaux, payent au Commandant fur l'état qui lui eft envoyé, & qui remet enfuite fon recouvrement au Tréforier de la province ; quant aux autres, ils payent entre les mains des Receveurs qui leur font indiqués.

A l'égard des taillables, le montant de la capitation eft réparti fur chaque paroiffe par les Elus généraux, & diftribué enfuite au marc la livre de la taille ; les Collecteurs en font le recouvrement, & remettent les fonds aux Receveurs des Bailliages, qui les font paffer au Tréforier général de la province : tous les membres des différens corps & communautés font folidaires, & doivent faire les deniers bons, au moyen de quoi il n'y a point de non-valeurs.

ARTICLE V.

De la Capitation de la ville de Paris.

LA capitation de la ville de Paris s'impofe par le Prévôt des Marchands & par les Echevins : voici comment se font la répartition & le re-couvrement.

Un arrêt du Conseil du 22 février 1695 , ordonna que les proprié-taires qui habitent leurs maisons dans Paris , ou les principaux locataires , donneroient aux Quartiniers , lors de leurs visites , des déclarations exactes de toutes les personnes qui habiteroient dans leurs maisons, avec leurs noms & qualités , le nombre de leurs enfans & de leurs domestiques , apprentis & compagnons. *Arrêt du Conseil du 22 février 1695.*

Ce fut sur ces déclarations que furent formés , en 1695 , les premiers rôles ; les Quartiniers furent chargés du recouvrement par une déclara-tion du 19 avril 1695 ; & par une ordonnance du Prévôt des Marchands du 24 mars précédent , il avoit été enjoint à tous ceux qui changeroient de demeure d'en faire leur déclaration au Quartinier du quartier qu'ils quitteroient , & de lui donner par écrit leur nouvelle demeure. *Déclaration du 19 avril 1695.*

Chaque Quartinier tenoit pendant deux ou trois jours de la semaine son bureau à l'Hotel-de-ville ; ces jours étoient indiqués par les avertissemens qu'il donnoit ; & par une ordonnance du Bureau de la Ville du 16 avril, il étoit enjoint à tous propriétaires & principaux locataires d'envoyer à ce Bureau leurs déclarations.

Enfin un arrêt du Conseil du 4 juin 1695 , avoit ordonné que les Maîtres & Maîtresses seroient tenus de payer la capitation de toute leur maison. *Arrêt du Conseil du 4 juin 1695.*

On reconnut bientôt que les premieres déclarations n'avoient point été faites exactement , plusieurs personnes ne payoient aucune capitation, d'autres n'étoient point imposées à une taxe convenable , parce que leurs qualités avoient été déguisées ; ces motifs engagerent à ôter , dès 1696 , aux Quartiniers le recouvrement de la capitation , & par un arrêt dn Conseil du 7 février de la même année, il fut ordonné que , par le Prévôt des Marchands & les Echevins , il seroit nommé dans chaque dixaine ou cinquantaine, un ou deux Bourgeois Dixainiers ou Cinquan-teniers , ou autres, pour recevoir les déclarations des propriétaires & principaux locataires ; & pour faire le recouvrement, on leur accorda 4 deniers pour livre de taxations : cet arrêt reçut son exécution , & par une ordonnance du Bureau de la ville du 18 février 1696 , il fut per-mis à ces Receveurs de tenir leurs Bureaux dans leurs maisons ; ils continuerent à verser les fonds dans la caisse du Receveur général de la ville. M m ij

Lorfqu'en 1701, la capitation fut rétablie, on reprit la même adminiſtration.

Arrêt du Conſeil du 19 avril 1701. Un arrêt du Conſeil du 19 avril, ordonna de nouveau les déclarations de la part des propriétaires & principaux locataires.

Arrêt du Conſeil du 21 juin 1701. Un autre arrêt du 21 juin, enjoignit à tous les particuliers qui changeroient de domicile, de repréſenter aux propriétaires ou principaux locataires des maiſons qu'ils quitteroient, des quittances du paiement de la capitation, ainſi qu'un certificat du propriétaire ou principal locataire de la maiſon dans laquelle ils auroient loué.

En cas de refus, les propriétaires & principaux locataires furent autoriſés à faire ſaiſir les meubles ; on donna à la capitation le même privilége qu'aux loyers ; on rendit reſponſable de cette capitation quiconque laiſſeroit ſortir ſon locataire ſans s'aſſurer qu'elle avoit été payée ; les Maîtres furent chargés du paiement de la capitation de leurs domeſtiques ; & pour aſſurer le recouvrement de celle des femmes ſéparées de *Arrêt du Conſeil du 15 janv. 1704.* leurs maris, un arrêt du Conſeil du 15 janvier 1704, obligea les Greffiers du Châtelet & des autres Juriſdictions de la ville de Paris, d'envoyer au greffe de l'Hôtel-de-ville des extraits de toutes les ſentences de ſéparation.

Pour rendre moins onéreuſe aux propriétaires & aux principaux locataires la charge qui leur étoit impoſée de répondre de la capitation des ſous-locataires, on leur permit, en 1711, de donner avis aux Receveurs des déménagemens de ces ſous-locataires un mois avant qu'ils ſe fiſſent, & de s'en faire donner une reconnoiſſance par écrit ; & par ce moyen les Receveurs furent chargés de faire les diligences néceſſaires pour le recouvrement, ſous peine de payer eux-mêmes : on fixa, par une ordonnance du 22 décembre de la même année 1711, au 10 janvier le terme avant lequel toutes les déclarations devoient être faites, & on autoriſa les Receveurs à faire toutes les viſites néceſſaires pour rendre les rôles plus exacts.

Réglement du 23 décembre 1718. On a réuni depuis, dans un réglement du 23 décembre 1718, qui contient vingt articles, toutes les regles qui devoient être obſervées pour le recouvrement de la capitation, & dort on vient de voir le détail ; on porta les taxations des Receveurs à un ſou pour livre, ſous la condition qu'ils s'obligeroient de remettre le montant des rôles en entier, tant en deniers qu'en décharges valables ; on accorda même à ceux qui, dans l'année, fourniroient le montant des deux tiers du recouvrement, 6 deniers pour livre en fus du fou fur le fecond tiers, & fur ce qu'ils recouvreroient au par-delà dans l'année.

Par un réglement du 15 décembre 1722, on donna à ces Receveurs des Commis qui furent obligés, comme eux, de prêter ferment devant le Prévôt des Marchands ; on les autorifa à faire toutes les vifites néceflaires dans les maifons pour s'affurer du nombre des contribuables, & l'on détermina en même temps la forme des regiftres qui devoient être tenus par les prépofés à la recette. *Réglement du 15 décembre 1722.*

Ce fut dans cette même année 1722, que pour parvenir au recouvrement des fommes qui étoient dues depuis 1719, il fut établi un Bureau de régie générale qui fut depuis fupprimé, ainfi que la place de Directeur général.

Les Receveurs diftribués dans les différens quartiers de Paris, font leurs vifites dans les mois de janvier & de février ; c'eft fur les notes qu'ils prennent que font formés les rôles de chaque quartier ; ces Receveurs diftribuent des avertiffemens d'après lefquels, lorfque les contribuables ne fe mettent pas en devoir d'y fatisfaire, ils font des commandemens, & dirigent contre eux les autres pourfuites que la néceflité du recouvrement peut exiger.

Le recouvrement de la capitation ne coûte au Roi que les taxations qui tiennent lieu de gages aux Receveurs, & fur lefquelles ils font obligés de payer un Contrôleur, auquel on donne environ 1200 livres par an.

ARTICLE VI.

De la Capitation des Communautés d'Arts & Métiers.

La répartition & le recouvrement de la capitation des communautés d'arts & métiers font affujétis à des regles particulieres, dont l'objet a été, en rendant cette charge égale & proportionnée aux facultés de chaque perfonne en particulier, d'éviter les non-valeurs que l'on éprouvoit fur cette partie ; ce font les motifs rappellés dans un arrêt du Confeil du 13 mai 1721, qui contient réglement à cet égard. *Arrêt du Confeil du 13 mai 1721.*

Le premier article de ce réglement porte, que les rôles feront faits par les Gardes, Prévôts, Syndics & Députés de chaque communauté, & que le montant en fera payé fans non-valeurs aux Receveurs de la capitation.

On regle enfuite la forme dans laquelle doivent être faites par-devant Notaires les renonciations que chaque membre d'une communauté doit faire fignifier à fes Syndics lorfqu'il entend s'en féparer & quitter le commerce ou la profeffion qu'il exerçoit.

En ce cas, le particulier qui quitte ne doit être impofé fur le rôle de fa communauté que pour l'année dans laquelle il a fait fignifier fa renonciation ; mais comme il en réfultoit des abus , par un réglement du 3 juin 1738 , il a été ordonné que ces particuliers continueroient d'être employés pendant trois ans dans les rôles de leur communauté, & qu'au bout de trois ans , les Syndics & Jurés feroient tenus de remettre au Lieutenant général de Police, qui le feroit paffer au Prévôt des Marchands , un état de toutes les renonciations, & par cette précaution on eft affuré que les contribuables font impofés, ou au rôle de leur communauté, ou fur celui des Bourgeois.

Réglement du 3 juin 1738.

Les Syndics, Gardes & Jurés, forment les rôles de répartition de chaque communauté & de chaque membre ; ces rôles font arrêtés par le Lieutenant général de Police.

On les remet à un Receveur général de la capitation des arts & métiers, qui eft établi à cet effet par un arrêt du Confeil ; il a des appointemens fixes ; il compte de fa recette au Lieutenant général de Police , fur les ordres duquel il remet le montant de fon recouvrement au Receveur général de la ville.

A R T I C L E   V I I.

Précautions générales pour accélérer & rendre plus facile le recouvrement de la Capitation.

CES précautions confiftent , 1°. dans le privilége qui a été accordé aux deniers de ce recouvrement ; 2°. dans les expédiens qui ont été procurés aux Receveurs.

On a attaché au recouvrement de la capitation le privilége des deniers royaux. Ainfi , par exemple , la capitation d'une perfonne dont les biens font faifis réellement , doit être payée par le Fermier judiciaire & par le Commiffaire aux faifies réelles , par préférence à toute autre dette , conformément à des arrêts du Confeil des 5 mars 1695 & 4 octobre 1701.

Arrêts du Confeil des 5 mars 1695, & 4 octobre 1701.

La même préférence a lieu fur les deniers qui font entre les mains des Payeurs de gages, & qui font faifis fur le Titulaire ; c'eft la difpofition précife de deux arrêts du Confeil des 16 février & 11 juillet 1702.

Arrêts du Confeil des 16 février & 11 juillet 1702.

Le privilége de la capitation paffe même avant celui de la taille ; elle doit être payée fur le revenu des terres, nonobftant toutes délégations acceptées, & par préférence à tous créanciers faififfans, conformément à une déclaration du Roi du 7 feptembre 1706.

Déclaration du 7 feptembre 1706;

Les expédiens qui font fournis aux Receveurs, confiftent principalement dans les compenfations & les retenues qui font ordonnées par plufieurs arrêts du Confeil.

Ainfi la retenue de la capitation a été formellement prefcrite à tous Payeurs de gages, & à tous Tréforiers qui payent des appointemens & des penfions : les Payeurs des rentes de la ville peuvent auffi la faire, mais elle ne leur eft pas prefcrite ; il leur eft feulement défendu de délivrer aucuns arrérages jufqu'à ce qu'on leur rapporte des duplicata des quittances de capitation pour les années dont on demande le paiement.

On pouffa même, en 1729, la précaution jufqu'à faire des défenfes aux fermiers, économes & régiffeurs des biens des Gentilshommes, de rien payer du prix de leurs fermes, ou du montant de leurs recettes, qu'il ne leur fût juftifié du paiement de la capitation ; mais cette loi étoit trop rigoureufe, & ne put recevoir d'exécution.

ARTICLE VIII.

Comptabilité des Receveurs de la Capitation.

LES comptes de la capitation font tous portés en dernier reffort dans les Chambres des Comptes, mais ils reçoivent auparavant plufieurs examens.

1°. Les Receveurs particuliers des provinces rendent des comptes aux Intendans & Commiffaires départis : les déclarations du Roi de 1695, 1696 & 1697, portent que les reprifes qu'ils auront allouées, le feront pareillement par les Chambres des Comptes.

Déclarations du Roi de 1695, 1696 & 1697.

2°. Les Receveurs généraux des finances, dans la caiffe defquels verfent les Receveurs particuliers, le Receveur des deniers communs de la ville de Paris, les Payeurs des gages des Compagnies fouveraines ou fubalternes de la ville, les Tréforiers de l'ordinaire & de l'extraordinaire des guerres, de la marine & des galeres, avant de compter à la Chambre des Comptes, comptent par états au vrai au Confeil, & joignent à ces états les pieces juftificatives de la recette & de la dépenfe; & ces états apoftillés & les pieces vifées au Confeil, fixent le réfultat du compte en la Chambre, parce que les comptables ne font obligés qu'à rap-porter les feules pieces qui ont été vifées au Confeil, & la Chambre des Comptes doit leur allouer les mêmes reprifes qui ont été paffées au Confeil.

3°. Le Receveur de la capitation des arts & métiers compte devant M. le Lieutenant général de Police, & enfuite à la Chambre des Comptes.

Arrêt du Confeil du 5 feptembre 1702.

Le principe général en matiere de capitation, & prefcrit par l'arrêt du Confeil du 5 feptembre 1702, fur lequel il a été expédié des lettres-patentes, eft que toute perfonne établie pour le recouvrement de la ca-pitation, doit compter devant ceux de qui elle tient fa commiffion, fans être pour cela difpenfée de rendre à la Chambre le compte qui doit opérer fa décharge.

Ce dernier compte doit être préfenté deux ans après l'année d'exercice dont il s'agit de compter.

TABLE de la Division des objets traités au Mémoire sur la Capitation.

TABLE chronologique des Réglemens cités au Mé¹ fur la Capitation.

Années.	Pages.

TABLE

Table de la Division des objets traités au Mémoire sur les Dixiemes & Vingtiemes.

*TABLE chronologique des Réglemens cités au Mémoire
sur les Vingtiemes.*

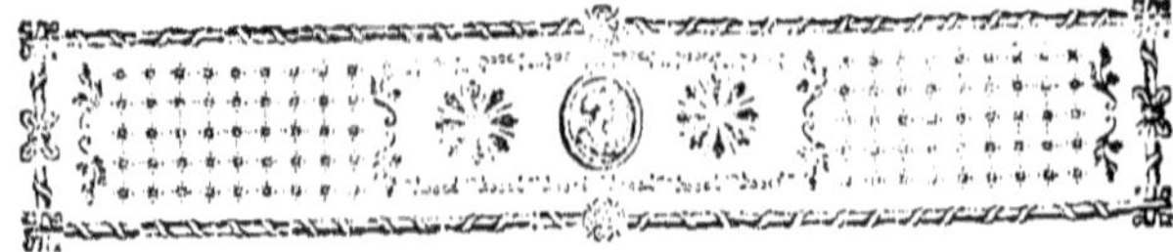

TROISIEME MÉMOIRE.

DIXIEME
ET
VINGTIEMES.

ON voit dans l'hiftoire Romaine, qu'il s'eft levé en différens temps, chez les Romains, des impofitions fous la dénomination de *dixieme*, *vingtieme.*

Augufte avoit établi un droit de vingtieme fur tous les fruits provenans des fonds de terre.

Ce Prince informé, dans les dernieres années de fa vie, que le peuple murmuroit beaucoup contre cet impôt, enjoignit au Sénat de trouver un moyen moins onéreux de lever la fomme qu'il produifoit, foit en mettant une impofition d'une autre nature fur les terres, ou une taxe fur les maifons, foit par toute autre voie. Dion rapporte que les recherches & les foins du Sénat furent fans fuccès, & que, comme Augufte l'avoit bien prévu, il fallut s'en tenir à ce fubfide.

Les monumens de notre Hiftoire nous font connoître que, dans différentes circonftances, il a été levé des cinquantiemes, des vingtiemes, & même des dixiemes du revenu & produit des biens ; mais ces fubfides qui ne s'impofoient que dans des circonftances difficiles & pour des befoins extraordinaires, n'étoient que paffagers & momentanés : nous aurons occafion d'en parler lorfque nous traiterons ce qui concerne l'origine des Aides.

Motifs qui ont fucceffivement donné lieu à la levée de ces impofitions.

Le dixieme, tel qu'il fe leve actuellement, a été établi à l'occafion de la guerre de 1700 ; cette reffource fut décifive dans les conjonctures où elle fut mife en ufage, & contribua principalement à foutenir le crédit de l'Etat.   Le

Le feu Roi n'avoit négligé aucune des voies poffibles & praticables pour procurer la paix à fes fujets; M. le maréchal d'Uxelles & M. l'abbé de Polignac avoient été envoyés à Gertruidemberg pour conférer avec les Députés des Etats d'Hollande ; mais ces conférences n'eurent aucun fuccès, la guerre continua plus vivement, & les ennemis ayant affiégé & pris Douay, Saint-Venant, Béthune & Aire, M. Defmaréts, alors Contrôleur général, fe vit dans la néceffité de chercher de nouveaux fonds ; tous les moyens dont on s'étoit fervi pendant cette guerre & celle qui l'avoit précédée, étoient entiérement épuifés ; les événemens malheureux que l'on avoit fucceffivement éprouvés, faifoient craindre que les ennemis ne pénétraffent dans l'intérieur du royaume.

Dans une pofition auffi critique, & après la difcuffion la plus exacte des différens expédiens qui avoient été propofés pour fubvenir aux dépenfes que les conjonctures rendoient indifpenfables, on fe détermina pour l'établiffement du dixieme du revenu des fonds & autres biens : c'étoit M. Orry, pere du Contrôleur général de ce nom, qui avoit indiqué cette levée, dans un mémoire qu'il avoit remis à M. Defmaréts.

Les ennemis en regarderent l'établiffement comme devant rencontrer les plus grandes difficultés ; mais témoins qu'il fe faifoit fans aucun obftacle, & que tous les fujets fe prétoient aux befoins de l'Etat, ils changerent d'opinion fur les reffources dont ce royaume eft fufceptible, & ce fut une des confidérations qui influa le plus fur la paix.

La perception & levée du dixieme furent en conféquence ordonnées par une déclaration du 14 octobre 1710.

Dans le préambule de cette déclaration, le feu Roi annonça que le défir fincere dont il étoit animé de procurer une paix convenable à toute l'Europe, l'avoit porté à faire des démarches qui faifoient connoître que Sa Majefté n'avoit rien plus à cœur que d'affurer le repos de tant de peuples qui le demandoient.

Que Sa Majefté avoit en conféquence envoyé fes Plénipotentiaires en Hollande, & que les offres qu'Elle avoit faites ayant été rendues publiques par fes ennemis, elles avoient montré la droiture de fes intentions; mais que l'intérêt de ceux qui vouloient perpétuer la guerre & rendre la paix impoffible, avoit prévalu dans les confeils des Princes & Etats fes en-

Opérations &
Réglemens qui y
font relatifs.

Etabliffement du
Dixiéme en 1710.
Déclaration du
14 octobre 1710.

nemis, & que ne voyant aucune efpérance de pouvoir convenir des articles qui auroient dû conduire à une négociation générale, Elle avoit été obligée de rappeller fes Plénipotentiaires.

Que dans de pareilles circonftances, Sa Majefté ne pouvoit plus douter que tous fes foins, pour procurer la paix, ne ferviroient qu'à l'éloigner, & qu'Elle n'avoit plus, pour y porter fes ennemis, d'autres moyens que celui de faire véritablement la guerre.

Qu'avant de prendre cette derniere réfolution, Elle avoit jugé qu'il étoit du bien de fes fujets de faire examiner & de fe faire rendre compte des différens moyens auxquels Elle pourroit avoir recours; que d'après cet examen qui avoit été fait par les perfonnes qui avoient les connoiffances les plus étendues de l'état de fes finances & de la fituation dans laquelle fe trouvoient fes peuples, il n'en avoit point été trouvé de plus jufte & de plus convenable que celui de demander à fes fujets le dixieme du revenu de leurs biens.

Que quoique fes ennemis, par les impôts qu'ils avoient établis fur les biens fonds fitués dans l'étendue de leurs Etats, perçuffent chaque année des fommes qui excédoient le dixieme, Sa Majefté efpéroit néanmoins qu'au moyen de ce qu'Elle avoit affuré le paiement des billets de monnoie, de ceux des Fermiers & Receveurs généraux de l'extraordinaire des guerres, & de toutes les affignations qui avoient été tirées jufqu'à l'époque de la déclaration, & de ce qu'Elle avoit pourvu à l'acquittement des intérêts des promeffes de la Caiffe des Emprunts, le produit du dixieme la mettroit à portée, foit de fubvenir aux dépenfes extraordinaires auxquelles la continuation de la guerre donnoit lieu, foit de payer exactement les rentes conftituées fur fes revenus, les gages & autres charges dont les fonds étoient pris fur le Tréfor royal, & même d'accorder à fes peuples un cinquieme de diminution fur la taille de l'année fuivante 1711, & la difpenferoit d'avoir recours dans la fuite aux affaires extraordinaires, dont le recouvrement étoit toujours à charge aux peuples.

Ce préambule énonce encore, qu'attendu que le dixieme du revenu n'étoit demandé que par la néceffité de foutenir la guerre, la levée en cefferoit trois mois après la publication de la paix.

L'article premier de la déclaration porte, que tous Propriétaires nobles ou roturiers, Privilégiés ou non Privilégiés, même les Apanagiftes ou

Engagiftes, payeroient le dixieme du revenu de tous les fonds, terres, prés, bois, vignes, marais, pacages, ufages, étangs, rivieres, moulins, forges, fourneaux, & autres ufines ; cens, rentes, dixmes, champarts, droits feigneuriaux, péages, paffages, droits de ponts, bacs & rivieres, & généralement pour tous autres droits & biens de quelque nature qu'ils fuffent, tenus à rente, affermés ou non affermés.

L'article II affujétit au dixieme les maifons de toutes les villes & fauxbourgs du royaume, louées ou non louées, enfemble celles de la campagne qui étant louées procuroient un revenu au propriétaire, même les parcs & enclos de ces maifons qui étoient en valeur.

La levée du dixieme eft ordonnée, par l'article III, fur le revenu de toutes les charges, emplois, commiffions, foit d'épée, de robe, des maifons royales, villes, police, finances, compris leurs appointemens, gages, remifes, taxations & droits y attribués, de quelque nature qu'ils foient.

Par l'article IV, les rentes fur l'Hôtel-de-ville, fur le Clergé, les Poftes & le Contrôle des actes des Notaires, fur les villes, provinces & pays d'Etats; les augmentations de gages, les penfions & gratifications, furent affujétis au dixieme.

Les rentes conftituées fur particuliers, les rentes viageres, les douaires & penfions créées & établies par contrats, jugemens, obligations ou autres actes portant intérêt; tous les droits, revenus, émolumens & autres droits de quelque nature qu'ils fuffent, attribués aux Officiers de Sa Majefté, & aux particuliers, corps & communautés, foit qu'ils leur euffent été aliénés ou réunis; les octrois & revenus patrimoniaux, communaux, & autres biens & héritages des villes, bourgs, villages, hameaux & communautés, même les droits de meffageries, caroffes & coches, tant par terre que par eau, & généralement tous les autres biens de quelque nature qu'ils fuffent, qui produifoient un revenu, furent affujétis au dixieme.

L'article VI autorife les propriétaires des fonds à retenir fur les rentiers le dixieme des rentes affectées & hypothéquées fur ces mêmes fonds, en juftifiant néanmoins, par eux, du payement du dixieme des revenus de leurs fonds.

L'article VII autorife pareillement les particuliers, Officiers, Corps & Communautés des villes, bourgs, villages & hameaux, à retenir le dixieme des rentes , penſions , droits , taxations , émolumens ou intérêts qu'ils étoient tenus d'acquitter , en juſtifiant du payement du dixieme de leurs revenus.

L'article VIII porte , qu'attendu que dans les fonds ſur leſquels la levée du dixieme étoit ordonnée , n'étoient point compris les biens des particuliers , gens d'affaires , commerçans & autres dont la profeſſion étoit de faire valoir leur argent , & qu'ils n'avoient point contribué à proportion de leurs revenus & profits aux impoſitions dont les autres ſujets avoient été chargés pendant la guerre , chacun d'eux contribueroit aux beſoins préſens de l'Etat , ſur le pied du dixieme des revenus & profits que leur bien pouvoit produire , ſuivant les rôles qui ſeroient arrêtés à cet effet.

Aux termes de l'article IX , le dixieme dont la levée étoit ordonnée , devoit être payé ſuivant les rôles qui en ſeroient arrêtés au Conſeil , ſavoir , pour les trois derniers mois de l'année 1710, quinze jours après la ſignification des rôles ; & pour chacune des années ſuivantes , en quatre termes égaux , dans les mois de janvier , avril , juillet & octobre , par préférence à tous créanciers , douaires & autres dettes privilégiées & hypothécaires , de quelque nature qu'elles fuſſent , même aux autres deniers du Roi ; les redevables , leurs fermiers , locataires ou autres débiteurs , devoient y être contraints par les voies ordinaires & accoutumées.

L'article X fit les défenſes les plus expreſſes à tous Fermiers , Locataires , Receveurs , Economes , Procureurs , Régiſſeurs , Commiſſaires aux ſaiſies réelles , Tréſoriers , Receveurs , Commis aux recettes , Dépoſitaires , Débiteurs , & tous autres tenans & exploitans des biens de quelque nature que ce fût , dont le revenu étoit ſuſceptible de la levée du dixieme , de vuider leurs mains de ce qu'ils devoient ou devroient dans la ſuite , qu'en juſtifiant par les propriétaires qu'ils auroient acquitté le quartier courant & les précédens du dixieme des revenus que ces fermiers , locataires & autres , chacun à leur égard , avoient à leur payer , ſi mieux n'aimoient ces propriétaires conſentir que leurs fermiers , locataires ou autres payaſſent en leur acquit le dixieme du prix des baux & revenus dont ils ſeroient chargés.

L'article ajoute , qu'en ce cas les fermiers , locataires ou autres , ſeroient tenus de faire ces paiemens dans les délais ci-deſſus preſcrits , à peine d'y être contraints , nonobſtant toutes ſaiſies , arrêts , ceſſions , tranſports

& délégations, quoiqu'acceptées, même nonobstant les paiemens d'avance qu'ils pourroient avoir faits.

Cet article porte enfin, que les propriétaires feroient tenus d'allouer & passer les quittances du dixieme dans les comptes des fermiers ou locataires, & autres qui en auroient fait le payement.

L'article XI de la déclaration ordonne que pour pouvoir fixer avec égalité ce qui devoit être payé pour le dixieme du revenu des biens qui y étoient sujets, les propriétaires de ces biens fourniroient dans quinzaine, du jour de la publication de la déclaration, des déclarations de leurs biens à ceux qui feroient prépofés à cet effet ; favoir, pour la ville de Paris, par le Prévôt des Marchands ; & pour les provinces, par les Intendans.

Faute par les propriétaires de fournir leur déclaration dans le délai preſcrit, ils étoient affujétis à payer le double du dixieme de leurs revenus, & le quadruple en cas de fauſſe déclaration.

L'article XII & dernier, concernant le recouvrement des deniers provenans du dixieme, portoit que ce recouvrement feroit fait par les Receveurs des tailles, dans les pays d'élection ; & dans les pays d'Etats, par les Receveurs & Tréforiers ordinaires de la province; qu'ils remettroient les fonds aux Tréforiers & Receveurs généraux, pour être par eux verfés au Tréfor royal ; & que les Receveurs & Tréforiers, tant particuliers que généraux, compteroient en la forme & maniere portées par les déclarations & arrêts donnés pour l'établiſſement de la capitation.

Cette déclaration fut enregiftrée au Parlement de Paris en vacations, le 25 du mois d'octobre 1710.

Il avoit été établi, le 5 novembre fuivant, une commiſſion, à l'effet d'examiner les oppofitions qui pourroient être formées à l'exécution des rôles qui devoient être arrêtés au Confeil ; mais par un arrêt du Confeil du 20 décembre de la même année, il fut permis de porter ces oppofitions devant les Intendans, pour être fur leur avis ftatué au Confeil ce qu'il appartiendroit : cet arrêt portoit que les oppofitions aux rôles ne feroient reçues qu'en juftifiant que les déclarations avoient été fournies.

Arrêt du Confeil du 20 décembre 1710.

Un arrêt du Confeil du 25 novembre, ordonna que les déclarations, les rôles qui feroient arrêtés en conféquence, les extraits de ces rôles, les quittances, les exploits & autres procédures concernant le dixieme, feroient faits fur papier non timbré, & ne feroient point fujets au contrôle.

Arrêt du Confeil du 25 novembre 1710.

L'exécution de la difpofition de l'article X de la déclaration du 14 octobre 1710, fut fuivie avec la plus grande exactitude, & il fut même
rendu, le 20 décembre 1710, un arrêt du Confeil, par lequel, pour
accélérer le recouvrement du dixieme, il fut ordonné que faute par
les fermiers, locataires & autres, de juftifier daus trois jours, à compter
de celui de la publication qui feroit faite de cet arrêt aux prônes des
Meffes des Eglifes paroiffiales, des quittances des Receveurs & Prépofés
au recouvrement du dixieme, qui avoit dû être payé par les propriétaires, pour le quartier d'octobre 1710, ils feroient tenus & contraints
en vertu de cet arrêt, d'en acquitter le montant pour ce quartier, fans
répétition contre les propriétaires, non-feulement de la fomme qu'ils
auront payée, mais même des frais que les pourfuites faites contre eux
auroient occafionnés.

On fit plus, & pour fe procurer des reffources plus promptes, on
créa par une déclaration du 20 décembre 1710, un emprunt de 3 millions, dont les fonds devoient être remis entre les mains du fieur Bou-
cot, Receveur de la ville, & dont on promettoit le rembourfement au
mois d'avril fuivant, fur les fonds qui proviendroient du dixieme ; on
accordoit 10 pour cent d'intérêts, & l'on autorifoit ceux qui prêteroient,
à retenir d'avance & fur les fonds qu'ils remettroient, le montant de
cet intérêt.

Cet emprunt ne fut d'aucun fecours, mais le produit du dixieme fournit
en partie aux dépenfes de la campagne de 1711.

Par la déclaration du 14 octobre 1710, il avoit été réglé que le recouvrement du dixieme pour les biens-fonds feroit fait par les Receveurs
des tailles dans les pays d'élection, & dans les pays d'Etats par les Receveurs ou Tréforiers ordinaires ; mais il n'avoit point été pourvu à la
maniere dont il feroit procédé au recouvrement du dixieme des revenus
des charges, emplois & commiffions, gages, augmentations de gages,
rentes, penfions, dons & autres revenus fujets à la retenue du dixieme,
& qui fe payoient par les Gardes du Tréfor royal, les Tréforiers de la
maifon du Roi, ceux des maifons royales, les Tréforiers de l'extraordinaire des guerres, de l'artillerie, de la marine, des galeres & autres
Tréforiers, les payeurs des gages, augmentations de gages, & des rentes, & par les Fermiers & Receveurs généraux & particuliers, par ceux
des pays d'Etats & autres comptables.

Ce

Ce fut l'objet d'une déclaration du 27 décembre 1710, qui fut enregiftrée au Parlement de Paris, le 7 janvier 1711.

Par l'article premier, tous les comptables furent chargés de faire la
retenue du dixieme fur les revenus des charges, emplois, commiffion,
gages, augmentations de gages, appointemens, remifes, taxations, rentes
fur la ville de Paris, fur le Clergé, rentes fur les provinces & les pays
d'Etats, fur les penfions, gratifications, dons, acquits patents & tous autres
revenus qui fe payoient par des comptables : le même article ordonna
que cette retenue auroit lieu tant pour le quartier d'octobre 1710, que
pour l'année entiere 1711, fur le premier payement qui feroit fait aux
parties prenantes, même dans le cas où ce payement porteroit fur des
arrérages échus antérieurement à l'établiffement du dixieme, & qu'il en
feroit ufé de même pour les années fuivantes.

La même déclaration régla la forme dans laquelle les comptes devoient
être rendus, tant au Confeil qu'en la Chambre des Comptes ; l'article VI
portoit expreffément que dans chacune des quittances qui feroient données par les Officiers, Employés, Commis, Rentiers, Penfionnaires &
autres parties prenantes, foit aux Gardes du Tréfor royal, foit aux Receveurs, Tréforiers, Fermiers, Payeurs ou autres comptables, il feroit
fait mention, tant de la fomme qui auroit été retenue, que de l'année
pour laquelle cette retenue auroit été faite ; qu'en conféquence lefdits
Officiers, Employés, Commis, Rentiers, Penfionnaires & autres parties
prenantes, feroient & demeureroient valablement quittes & déchargés
du dixieme, & qu'ils pourroient exercer contre qui il appartiendroit,
les recours qu'ils pourroient avoir : le Roi déclara qu'il feroit pourvu
par Sa Majefté aux fonds néceffaires pour les épices, façons & frais de
reddition des comptes qui feroient rendus aux Chambres des Comptes
pour le recouvrement du dixieme.

On fe rappelle que par l'article premier de cette déclaration, les
rentes fur le Clergé avoient été comprifes au nombre de celles fujettes
à la retenue du dixieme, mais cet article n'eut à cet égard aucune exécution.

Le payement des rentes fur l'hôtel-de-ville avoit été fufpendu, en
forte qu'il en étoit dû quelques années antérieures à 1710.

Aux termes de la déclaration du 27 décembre de la même année 1710,
les rentiers auroient été dans le cas de fupporter la retenue du dixieme

Déclaration du
27 décemb. 1710.

Idem.

pour le quartier d'octobre 1710 , & l'année entiere 1711, fur le premier payement qui leur auroit été fait d'arrérages échus avant 1710 ; mais le Roi , fur les repréfentations qui lui furent faites que plufieurs de ces rentiers, qui avoient déja beaucoup fouffert du retardement du paiement de leurs arrérages pendant les années précédentes , fe trouveroient dans une fituation fâcheufe, fi la déclaration du 27 décembre étoit exécutée à l'égard des rentes fur l'hôtel-de-ville , ordonna que le dixieme ne feroit levé fur ces rentes qu'à proportion des paiemens effectifs qui feroient faits aux rentiers.

Les rôles pour l'acquittement du dixieme , ne purent être arrêtés au Confeil auffi promptement qu'on l'avoit efpéré , parce que toutes les déclarations n'avoient pas été fournies.

Cette circonftance engagea à rendre le même jour 13 janvier 1711 , deux arrêts du Confeil.

Arrêt du Confeil du 13 janv. 1711. Par le premier , il fut ordonné qu'en attendant que les rôles concernant le dixieme du revenu des maifons de la ville & des fauxbourgs de Paris , puffent être arrêtés , il feroit formé par le Prévôt des Marchands , des états pour chacun des vingt-un quartiers de ladite ville & fauxbourgs, des fommes dues pour le dixieme , fur les déclarations qui avoient été ou feroient fournies , & que les particuliers qui fe trouveroient dénommés dans ces états , feroient tenus d'acquitter les fommes pour lefquelles ils y feroient compris.

Arrêt du Confeil du 13 janv. 1711. Par le fecond, pour prévenir les difficultés qui pouroient s'élever entre les détenteurs d'héritages chargés de rentes , & les propriétaires de ces rentes , au fujet du paiement du dixieme , il fut ordonné que les propriétaires d'héritages chargés de rentes , feroient tenus de faire leur déclaration du revenu de ces héritages , & d'en payer le dixieme ; au moyen de quoi, & en rapportant la quittance du paiement, ils furent autorifés à faire la retenue de ce dixieme aux créanciers des rentes.

Il fut pareillement ordonné que les propriétaires des maifons de la campagne qui étoient chargées de rentes & qui leur fervoient d'habitation, fans leur procurer d'ailleurs aucun revenu , feroient tenus de faire des déclarations du montant de ces rentes , & d'en payer le dixieme, duquel ils feroient la retenue au propriétaire de la rente.

Il étoit difficile de fixer à l'égard des gens d'affaires, entrepreneurs & fourniffeurs , le dixieme des profits qu'ils étoient dans le cas de faire relativement à leurs entreprises, à leurs traités & à leur commerce, voici le parti qui fut pris à cet égard, & qui exige quelque détail.

Il paroît par le préambule d'un édit du 7 octobre 1710, dont on va rendre compte, que le feu Roi, pour se procurer des secours que les dépenses occasionnées par la guerre, rendoient indispensables, avoit créé & établi, moyennant finance, des augmentations de gages en faveur des Officiers des Cours supérieures & des autres Cours & Jurisdictions du royaume. *Edit du 7 octobre 1710.*

Qu'en 1709, le feu Roi, pour se procurer les mêmes secours & parvenir à rembourser les billets qui avoient été faits par les Tréforiers généraux de l'extraordinaire des guerres, qui avoient fait des emprunts pour le service, avoit attribué à ces Officiers & à leurs Contrôleurs, des augmentations de gages, pour être réparties entre eux, suivant les rôles qui seroient arrêtés au Conseil, & il leur avoit permis de payer la finance de ces augmentations de gages, savoir, un quart en argent, & les trois quarts en billets desdits Tréforiers généraux de l'extraordinaire des guerres.

La nécessité de continuer la guerre, obligea le Roi de recourir aux mêmes moyens, & par l'édit du 7 octobre 1710, Sa Majesté annonça que pour achever d'acquitter entiérement les billets des Tréforiers généraux de l'extraordinaire des guerres, Elle avoit jugé devoir écouter la proposition qui lui avoit été faite d'attribuer pareillement des augmentations de gages à ceux de ses sujets qui, par leur attachement à son service, se portoient volontiers à lui donner des marques de leur zele, & qui par les avantages qu'ils avoient retirés, depuis le commencement de la guerre, du maniement qu'ils avoient eu de ses deniers dans les fermes, sous-fermes, traités, sous-traités, marchés d'entreprises ou fournitures, emplois, commissions, négociations & caisses, ou par les facilités qui avoient été attribuées au commerce, avoient fait des profits considérables.

Il fut en conséquence, par cet édit, créé & établi 1250 mille livres d'augmentations des gages héréditaires, au denier 20, qui furent attribués à ceux des sujets du Roi, qui par le maniement de ses deniers dans les fermes, sous-fermes, traités, sous-traités, marchés d'entreprises ou fournitures pour le service, emplois, commissions, négociations & caisses, ou par les facilités qui avoient été attribuées au commerce, avoient faits des profits considérables, pour être lesdites augmentations de gages réparties entre eux par les rôles qui en seroient arrêtés au Conseil.

Et pour faciliter la levée de ces augmentations de gages , il leur fut accordé la faculté d'en payer la finance fur les quittances du Tréforier des revenus cafuels , en billets des Tréforiers généraux de l'extraordinaire des guerres , qui avoient été faits en conféquence d'une déclaration du 4 décembre 1708 , & il fut ordonné que ceux qui feroient employés dans ces rôles , feroient tenus , à la première fommation qui leur feroit faite , de payer les fommes pour lefquelles ils y feroient compris , faute de quoi ils y feroient contraints comme pour les propres deniers & affaires de Sa Majefté , fans qu'ils puffent s'en difpenfer , fous quelque prétexte que ce fût.

Il paroît par le préambule d'un édit du mois de janvier 1711 , qu'en conféquence de celui du 7 octobre 1710 , il avoit été arrêté des rôles , mais que ceux qui y étoient compris , avoient fait des repréfentations & avoient demandé qu'au lieu des augmentations de gages créées par cet édit , il leur fut attribué des rentes au denier 20 fur l'hôtel-de-ville de Paris , & que pour leur procurer des facilités dans les emprunts des fommes qui leur feroient néceffaires pour acquérir ces rentes , il leur fût accordé une décharge de toutes taxes & recherches pour les traités , fous-traités , fermes , fous-fermes , entreprifes , fournitures , caiffes , directions & autres commiffions qu'ils avoient faites & exercées depuis le premier feptembre 1696 , & pour le maniement des deniers du Roi.

Sur ces repréfentations , les 1250 mille livres créées à titre d'augmentation de gages , furent par l'édit du mois de janvier 1711 , converties en 600 mille livres de rentes annuelles & héréditaires , au denier 20 , qui par cet édit furent créées fur l'hôtel-de-ville de Paris , & dont , fuivant les rôles qui feroient arrêtés au Confeil , les fonds devoient être faits au Tréfor royal , par ceux qui avoient eu intérêt dans les fermes , fous-fermes , traités , fous-traités , marchés , entreprifes , fournitures , & par leurs Directeurs , Caiffiers , Commis & autres qui avoient eu le maniement des deniers royaux , fans qu'aucun d'eux pût en être excepté , à peine d'y être contraints comme pour les propres deniers & affaires du Roi.

Ceux qui payeroient dans les termes qui feroient réglés , étoient confirmés par l'édit , dans les décharges portées par les réfultats faits au Confeil depuis l'époque fixée par l'édit du mois de juin 1700 , & en conféquence , eux , leurs veuves , enfans, héritiers & biens-tenans ou ayans cause étoient déchargés , à perpétuité , de toutes taxes & recherches, pour raifon des traités , fous-traités , fermes, fous-fermes, marchés , entreprifes & fournitures par eux faits depuis ladite époque de 1700, tant pour ce qui en avoit été rempli , que pour ce qui reftoit à exécuter. Le Roi fe défiftoit de tous les priviléges & hypotheques que Sa Majefté auroit pu exercer fur leurs biens-meubles & immeubles , & il impofoit filence à cet égard, à fes Procureurs généraux, Contrôleurs des reftes ou autres qu'il appartiendroit.

Faute par ceux qui feroient compris dans les rôles , de faire le paye-ment des fommes pour lefquelles ils y feroient employés , dans les dé-lais qui feroient réglés, le Roi fe réfervoit une hypotheque & même une préférence à tous créanciers & aux femmes non-communes qui s'étoient fait féparer de biens depuis l'édit du mois d'octobre 1710 , fur les meu-bles & immeubles ; à l'exception néanmoins des vendeurs & de ceux dont les deniers avoient été employés fans fraude , à acquérir ces meu-bles ou immeubles.

Indépendamment de l'hypotheque & de la préférence que le Roi fe réfervoit fur les meubles & immeubles de ceux qui n'auroient pas payé dans les délais prefcrits , l'édit les déclaroit interdits des fonc-tions des offices dont ils pouvoient être revêtus, & de l'exercice du ma-niement des emplois & commiffions qu'ils poffédoient ; il devoit être pro-cédé à la vente des offices, & le Roi fe réfervoit la préférence fur les deniers qui en proviendroient.

L'Edit déclaroit pareillement ceux qui feroient en retard de payer , déchus de l'intérêt qu'ils avoient actuellement dans tous les traités , fous-traités , fermes, fous-fermes , entreprifes , marchés & fournitures , & des gages & appointemens attachés à leurs emplois , & ordonnoit que les profits & bénéfices, fi aucuns fe trouvoient , appartiendroient au Roi & feroient remis au Tréfor royal.

Les veuves , enfans , héritiers ou ayans caufe de ceux qui décéderoient, étoient tenus de payer les fommes pour lefquelles ils étoient compris dans les rôles, ou de remettre dans huitaine , après l'échéance des ter-mes fixés pour le paiement, des copies collationnées des teftamens , inventaires & partages des fucceffions.

Enfin l'édit portoit que ceux qui acquitteroient les fommes auxquelles ils feroient taxés, favoir, la moitié dans le mois de janvier, & l'autre moitié dans le mois de février, feroient déchargés dé la contribution au dixieme, pour lequel ils avoient été compris dans les rôles, pour raifon de leurs bénéfices dans les traités, entreprifes & autres objets, fans préjudice néanmoins du dixieme du revenu de leurs immeubles, qu'ils feroient tenus de payer : cet édit fut enregiftré au Parlement le 9 janvier 1711, & le recouvrement des fonds pour faire le capital de 600 mille livres de rentes dont il ordonnoit la création, fut abandonné à des Traitans, qui furent autorifés à exercer la contrainte par corps contre ceux qui refuferoient ou feroient en retard de payer.

Les propriétaires des maifons dans Paris, ne fe preffoient pas de donner les déclarations qui leur avoient été demandées, il fut rendu, le 20 janvier 1711, un arrêt par lequel il fut ordonné que l'évaluation du revenu des maifons, relativement auxquelles il n'auroit été fourni aucune déclaration à l'époque de cet arrêt, feroit & demeureroit fixée au montant des fommes pour lefquelles elle avoient été comprifes dans les rôles arrêtés au Confeil pour le rachat des boues & lanternes, & que le dixieme en feroit perçu fur ce pied, fur les états qui feroient arrêtés par le Prévôt de Marchands.

Il fut rendu pendant le cours de la même année 1711, différens arrêts, qui tous font connoître à quel point les befoins étoient urgens.

En effet un arrêt du 31 janvier, ordonna qu'en attendant que les rôles puffent être arrêtés au Confeil, les états qui feroient formés par les Intendans, en tiendroient lieu & feroient exécutés par provifion.

Arrêt du Confeil du 31 janv. 1711.

Un autre arrêt du même jour, commit le Prévot des Marchands & le Lieutenant général de Police, pour dreffer, chacun à leur égard, des états du montant du dixieme des revenus & droit appartenans aux Officiers, Corps & Communauté dépendans de la jurifdiction de l'Hôtel-de-ville & de la police de Paris.

Arrêt du Confeil du 26 mai 1711.

Un autre arrêt du 26 mai, ordonna que ceux qui fe prétendroient impofés à des fommes qui excéderoient le revenu de leurs biens, ne pourroient être reçus à former oppofition aux rôles, qu'en juftifiant du paiement du tiers de la taxe.

Arrêt du mois de juin 1711.

Par d'autres arrêts du mois de juin, les Prépofés au recouvrement, furent affujétis à payer, de quartier en quartier, le montant des rôles, à peine d'y être contraints en leur propre & privé nom.

Les Receveurs des tailles furent aftreints à donner leur foumiffion de payer de mois en mois , & il fut ordonné que ceux des contribuables qui n'auroient pas fourni leur déclaration dans le courant du mois de juin , feroient taxés au double, fans pouvoir obtenir de modération.

La perception du dixieme dans Paris, fut faite par vingt-un Receveurs , qui étoient diftribués dans les vingt-un quartiers; ces Receveurs furent d'abord commis par le Prévôt des Marchands , & enfuite établis par un arrêt du Confeil; ils portoient le montant de leur recette à la Caiffe de la Ville, d'où il étoit verfé au Tréfor royal.

On fe rappelle que la déclaration du 14 octobre 1710 , portant établiffement du dixieme , avoit affujéti à cette impofition les Privilégiés ou non Privilégiés , mais elle n'avoit point exprimé nommément le Clergé.

Il fut affemblé extraordinairement au mois de juillet 1711 ; il accorda fur le champ , & fans aucune difficulté, 8 millions qu'il fut autorifé à emprunter , & pour lefquels il fut conftitué des rentes au denier douze.

Le Roi promit , par le contrat qui fut paffé à Verfailles le 13 juillet 1711 , de maintenir le Clergé dans fes franchifes, priviléges & immunités.

Il fut en conféquence donné le 27 octobre 1711 , une déclaration dont le préambule porte que les Cardinaux , Archevêques , Evêques & autres Bénéficiers qui compofoient l'affemblée générale du Clergé , tenue à Paris dans la même année , avoient représenté que quoique les biens eccléfiaftiques & ceux qui appartenoient aux communautés , fabriques , fondations , confréries & hôpitaux , n'euffent point été compris dans la déclaration du 14 octobre 1710 , portant établiffement du dixieme , & que l'intention du Roi n'eût point été de les affujétir à cette impofition, parce qu'ils formoient des biens confacrés à Dieu , & donnés à l'Eglife pour le culte divin , la nourriture des pauvres & leur fubfiftance; néanmoins les Payeurs des rentes, les Tréforiers des Etats , les Receveurs , les Fermiers, Locataires & autres débiteurs des Bénéficiers & communautés eccléfiaftiques , fur le fondement que la déclaration s'expliquoit en termes généraux, retenoient par-devers eux le dixieme.

Déclaration du
27 octobre 1711.

Le Roi déclara que tous les biens Eccléfiaftiques , ceux des Bénéficiers, des Communautés féculieres & régulieres , des Fabriques , des Fondations, des Confréries & des Hôpitaux , n'avoient été , ni pu être compris dans la déclaration du 14 octobre 1710 , portant établissement du dixieme : il ordonna que tous les biens qui appartenoient alors à l'Eglise, & tous ceux qui lui appartiendroient dans la suite , à quelque titre & pour quelque cause que ce fût , même à titre d'indemnité & d'échange , amortis ou non amortis , nobles , roturiers , ruraux ou non ruraux dans les pays de taille réelle ; les distributions ecclésiastiques , les pensions des Religieux & Religieuses , tant viageres que perpétuelles, les gages & honoraires des Prédicateurs , les autres honoraires & titres cléricaux , les cens, rentes , redevances , champarts , terrages , & tous autres biens & droits ecclésiastiques généralement quelconques , demeureroient exempts du dixieme à perpétuité , tant pour le passé que pour l'avenir , sans qu'ils pussent jamais y être assujétis pour quelque cause & prétexte que ce fût , sans aucune exception ni réserve, tel événement qui pût arriver.

Il fut pareillement ordonné , 1°. que tous les revenus ecclésiastiques généralement quelconques , échus & à échoir , seroient payés aux Ecclésiastiques & Bénéficiers , sans retenue de dixieme , nonobstant la déclaration de 1710 , & tous édits, déclarations , arrêts & réglemens rendus & à rendre , auxquels il étoit expressément dérogé , & que les sommes qui avoient pu être retenues par les Payeurs , Tréforiers , Fermiers , Locataires & autres , seroient restituées ; 2°. que ceux qui avoient été & seroient commis par les diocèses à l'exercice des offices de Receveurs des décimes , d'économes-féqueftres , de Greffiers des domaines des gens de main-morte , des infinuations ecclésiastiques , de gardes-confervateurs des regiftres de baptèmes, mariages & fépultures, de Notaires apostoliques, de Commiffaires des décimes & de Contrôleurs auxdits offices , les Corps ecclésiastiques qui les auroient acquis ou rachetés , & les Commis pour raifon des gages qui leur auroient été attribués par les diocèses , ne pourroient être assujétis au dixieme.

Enfin les Fermiers , Amodiateurs & autres qui feroient valoir des biens ecclésiastiques , furent difpenfés du dixieme pour raifon de ces biens.

Arrêt du Conseil du 22 décemb. 1711.

Il fut rendu , en conféquence de cette déclaration , le 22 décembre 1711 , un arrêt qui annulla les différens articles des rôles qui portoient fur les biens ecclésiastiques ; mais cet arrêt portoit en même temps que pour parvenir à connoître parfaitement les fonds qui appartenoient aux

Ecclésiastiques ,

Eccléfiaftiques, les Bénéficiers, les Communautés eccléfiaftiques , féculieres & régulieres de l'un & de l'autre fexe, les Marguilliers des fabriques & confréries, les Adminiftrateurs des hôpitaux, & tous autres qui avoient l'adminiftration des biens eccléfiaftiques, feroient tenus, dans un mois, de faire des déclarations des biens qui leur appartenoient, & de la valeur du revenu de ces biens ; favoir, pour la ville de Paris , devant le Prévôt des Marchands ; & pour les provinces, devant les Intendans & Commiffaires départis ; le tout à peine d'être contraints au paiement du dixieme du revenu de ces biens, qui feroient employés dans les rôles comme fonds laïques: cet arrêt ordonnoit au furplus l'exécution de la déclaration du 27 octobre 1711 , par laquelle le Clergé étoit maintenu dans fes franchifes, priviléges & immunités.

Un arrêt du Confeil du 27 du même mois d'octobre 1711 , fait connoître qu'en conféquence de la déclaration du 14 octobre 1710 , les Prépofés au recouvrement du dixieme , avoient dirigé des pourfuites contre les Grands-Prieurs, les Baillis, les Commandeurs, les Chevaliers , les Freres, les Prêtres, les Diocots, les Religieux, Religieufes & Novices de l'Ordre de Malte, contre leurs Fermiers, & même contre les Curés , les Vicaires perpétuels & Chapelains qui deffervoient les bénéfices qui en dépendent , foit pour les obliger à fournir des déclarations des biens de l'Ordre , foit pour en acquitter le dixieme.

Arrêt du Confeil du 27 octob. 1711.

Le Bailli de Noailles , qui étoit alors Ambaffadeur de Malte auprès de la Cour de France , fit des repréfentations par lefquelles il expofa que l'Ordre de Malte, quoiqu'il formât un Corps entiérement diftinct & féparé du Clergé, avoit cependant toujours joui des mêmes priviléges , & en conféquence qu'il n'avoit jamais été affujéti à aucunes fubventions ou autres impofitions auxquelles le Clergé n'étoit point fujet , il offrit de payer une fomme de 60 mille livres, qu'il fupplia le Roi d'accepter comme une marque de l'empreffement de l'Ordre à contribuer aux befoins de l'Etat.

Le Roi, en acceptant ces offres, déclara que par la déclaration du 14 octobre 1710 , Sa Majefté n'avoit point entendu affujétir au paiement du dixieme les biens qui appartenoient & qui appartiendroient dans la fuite à l'Ordre de Malte ; l'arrêt contient au furplus les mêmes difpofitions que celles de la déclaration rendue le même jour pour le Clergé.

Tome I, R r

Les 8 millions qui avoit été payés par le Clergé, ne furent point regardés comme formant un abonnement pour le dixieme, mais comme un simple don gratuit qui avoit été accordé au Roi ; & par ce moyen le Clergé ne fut point autorisé à faire la retenue du dixieme sur les arrérages des rentes qu'il avoit à acquitter.

Arrêt du Conseil du 22 décembre 1711.

On jugea qu'il étoit aussi juste que convenable, que les propriétaires de ces rentes supportassent le dixieme, & il fut rendu, le 22 décembre 1711, un arrêt du Conseil, par lequel il fut ordonné que dans huitaine, à compter du jour de la publication de cet arrêt, les Ecclésiastiques, les Bénéficiers, les Communautés, les Marguilliers des fabriques, les Administrateurs des hôpitaux & les Régisseurs des biens ecclésiastiques, seroient tenus de fournir aux Intendans, des états des rentes foncieres ou constituées, & de toutes les autres charges ou redevances assignées ou hypothéquées sur les fonds ecclésiastiques, & d'en retenir le dixieme, dont ils remettroient le montant à ceux qui seroient préposés pour ce recouvrement.

Il fut en effet formé des rôles de ce dixieme, les Ecclésiastiques l'acquittoient, & ils en faisoient ensuite la retenue aux propriétaires des rentes.

Il est facile de concevoir que quelques précautions qui eussent été prises, il existoit encore des fonds qui, faute d'avoir été déclarés, ne supportoient point le dixieme, & d'autres qui n'étoient point imposés en proportion de leur produit.

Arrêt du Conseil du 1 mars 1712.

Ces deux circonstances engagerent à renouveller, par un arrêt du premier mars 1712, les dispositions des précédens arrêts, & il fut ordonné que les fonds qui n'auroient point été déclarés, seroient taxés au double, & que ceux, relativement auxquels il auroit été fait de fausses déclarations, seroient imposés au quadruple, suivant les évaluations qui seroient faites par les Intendans.

Les pays d'Etats, quelques autres provinces & un certain nombre de villes abonnerent le dixieme.

La difficulté de faire, entre les Marchands & Négocians, des répartitions exactes du montant du dixieme de l'industrie qui avoit été réglé pour la ville de Lyon, & les inconvéniens qui en résultoient pour le commerce, engagerent les Prévôt des Marchands & Echevins de cette ville, à faire le rachat de ce dixieme, qui fut réglé à une somme de

650 mille livres une fois payée : on croit inutile d'entrer dans le détail du montant des différens abonnemens qui furent faits, soit à cette époque , soit lors du rétablissement du dixieme en 1733 ; on peut consulter à cet égard les arréts qui furent rendus pour régler ces abonnemens.

· Le dixieme portoit , ainsi qu'on l'a observé, sur tous les genres de revenus, puisqu'il s'étendoit même aux appointemens des Commis & Employés, les rentes sur la Ville y avoient été expressément assujéties par la déclaration du 14 octobre 1710 ; il étoit dû en 1713 deux années d'arrérages de ces rentes dont , par l'édit du mois de décembre de cette année , la conversion fut ordonnée en contrats au denier vingt-cinq ; le taux des rentes éprouva aussi la même réduction, & l'édit qui la prononçoit déchargea en même temps du dixieme toutes les rentes sur l'hôtel-de-ville , à compter du premier janvier 1714.

La déclaration du 14 octobre 1710 , portoit que la levée du dixieme cesseroit trois mois après la publication de la paix ; elle fut cependant continuée sans qu'il eût été donné aucune loi nouvelle à ce sujet jusqu'en 1715 que, par une déclaration du 9 juillet, la perception qui en avoit été faite fut validée, & il fut ordonné qu'elle continueroit d'être faite jusqu'à ce qu'il eût été pourvu au paiement des dettes de la guerre, & que les revenus qui avoient été aliénés depuis 1689, eussent pu être retirés.

Déclaration du 9 juillet 1715.

Les motifs de cette prolongation , exprimés dans le préambule de la déclaration , étoient que par l'examen qui avoit été fait des dettes immenses qui avoient été contractées pendant deux guerres dont la durée avoit été de vingt-cinq années , presque sans aucune interruption , il avoit été reconnu que le Roi ne pouvoit remplir , ainsi qu'il l'auroit désiré , la juste attente de ses peuples , ni la promesse qu'il avoit faite par la déclaration du 14 octobre 1710 , sans tomber dans de plus grands inconvéniens , puisqu'en faisant cesser la levée du dixieme , Sa Majesté ne pourroit éviter de manquer à tous les engagemens qu'Elle avoit pris avec ceux qui lui avoient fourni leurs biens pour les dépenses de la guerre.

Le Roi annonçoit en même temps qu'il se proposoit de réduire les dépenses & d'employer les fonds qui proviendroient du dixieme & de la capitation au remboursement des dettes contractées pour la guerre, &

à celui des offices qui , par les priviléges & exemptions qui y étoient attachés , étoient à charge aux peuples.

Déclaration du 7 décemb. 1715.

Par la déclaration donnée dans les premiers mois de la régence , & le 7 décembre de la même année 1715 , qui ordonna le visa des papiers & effets dont la France étoit inondée , & qui leur substitua des billets de l'Etat, dont l'intérêt fut fixé à quatre pour cent : on affecta au paiement de ces intérêts , entr'autres fonds , ceux provenans du dixieme & de la capitation de la Cour & de Paris.

Il restoit à l'époque de 1716 , beaucoup d'arrérages du dixieme à acquitter ; & comme grand nombre d'Officiers de guerre & de justice , avoient été payés en billets de l'Etat , des arrérages de gages , d'appointemens , de pensions & de gratifications qui leur étoient dus , un arrêt

Arrêt du Conseil du 9 janvier 1717.

du Conseil du 9 janvier 1717 , accorda aux Officiers militaires , aux Officiers de justice & aux Gentilshommes la faculté d'acquitter en billets de l'Etat les arrérages arriérés jusqu'au premier janvier 1716, tant de la capitation que du dixieme.

Suppression du Dixieme en 1717. Edit d'août 1717.

Par un édit du mois d'août 1717 , le dixieme des fonds fut supprimé , mais on laissa subsister celui des gages & offices , & des pensions.

Le même édit ordonna, 1°. qu'au moyen des différens emplois qui avoient été proposés pour les billets de l'Etat , il n'en seroit plus payé d'intérêts passé le premier janvier 1718 :

2°. Que le fonds des boues & lanternes dont le Roi s'étoit chargé au moyen du rachat qui en avoit été fait & qu'il avoit reçu , seroit & demeureroit supprimé de dessus les états , & qu'il seroit pourvu à ces objets par les propriétaires des maisons.

Le Parlement de Paris fit des remontrances à ce sujet , & les choses

Déclaration du 9 septembre 1717.

furent rétablies dans leur premier état par une déclaration du 9 septembre 1717 , qui ordonna que l'intérêt des billets de l'Etat continueroit d'être payé , & qu'il seroit pourvu au moyen de fournir le fonds des boues & lanternes.

La nécessité de subvenir au paiement des intérêts des billets de l'Etat , rendit beaucoup plus vives les poursuites qui furent faites pour le recouvrement des restes du dixieme , & pour la reddition des comptes des comptables ; mais ces opérations ne purent être consommées aussi

Déclaration du 16 février 1710.

promptement qu'on l'avoit espéré , & par une déclaration du 16 février 1720 , les délais pour la reddition des comptes furent prorogés.

Les différentes opérations de la Compagnie des Indes & de la Banque , entreprifes dans la vue de libérer l'Etat, avoient eu un événement tout différent , les capitaux des dettes fe trouvoient en 1725 , fupérieurs à ce qu'ils étoient en 1715 , de 625 millions; & les arrérages des rentes , de 12 millions 600 mille livres : l'Etat avoit d'ailleurs à pourvoir à des objets de dépenfe que les conjonctures rendoient indifpenfables , ces motifs déterminerent le Roi à ordonner, par une déclaration du 5 juin 1725 , la levée & perception , pendant douze années , à commencer au premier août fuivant , du cinquantieme de tous les revenus indiftinctement qui fe percevoient, foit en nature , foit en argent.

Établissement du Cinquantiéme en 1725.

Déclaration du 5 juin 1725.

Ce cinquantieme fut levé dans plufieurs provinces par la voie des encheres & adjudications qui en furent faites, il fut mis en régie dans les autres ; mais il fut reconnu que la levée en nature étoit fufceptible des plus grands inconvéniens & des plus grandes difficultés ; & par une déclaration du 24 juin 1726 , elle fut révoquée ; il fut ordonné que le cinquantieme feroit levé en argent , par forme d'impofition ou par abonnement pendant l'année feulement ; & en effet il fut fupprimé par une déclaration du 7 juillet 1727.

Déclaration du 24 juin 1726. Suppreffion du Cinquantieme en 1727.

La guerre qui commença après la mort du Roi Augufte , mit dans la néceffité de rétablir le dixieme par une déclaration du 17 novembre 1733, qui fut enregiftrée au Parlement le 22 décembre fuivant.

Déclaration du 7 juillet 1727. Rétabliffement du Dixiéme en 1733. Déclaration du 17 novembre 1733.

Le Roi , dans le préambule de cette déclaration , annonce qu'après avoir fait connoître à fes fujets les juftes motifs qui l'avoient porté à prendre les armes, le principal objet de Sa Majefté devoit être de fe procurer des fecours qui puffent la mettre à portée de pourvoir à l'augmentation des dépenfes occafionnées par la guerre , afin que le paiement des dettes de l'Etat & celui des dépenfes ordinaires ne fuffent point dérangés , & que les fonds qui y avoient été employés pendant la paix y demeuraffent également affectés :

Que Sa Majefté auroit jugé devoir préférer les moyens dont le recouvrement étoit le plus certain, qui étoient les plus proportionnés aux facultés de fes fujets, & dont la levée portée directement au Tréfor royal, fans traité ni remife extraordinaire , donneroit le produit entier de ce qui feroit payé.

Que ces confidérations l'auroient déterminée à ordonner la levée du dixieme, comme étant l'impofition la plus jufte, la moins arbitraire & celle qui pouvoit la mettre plus fûrement en état de fatisfaire au paiement des dépenfes extraordinaires que la guerre exigeoit ; mais que fon intention étant que le dixieme ne fût perçu que pendant la guerre, la levée en cefferoit trois mois après la publication de la paix.

La déclaration contient douze articles, qui furent exactement rédigés fur les douze articles de la déclaration du 14 octobre 1710.

Lettres-patentes du 23 mars 1734.

Le Clergé s'affembla en 1734 ; il accorda un don gratuit de 12 millions, dont il fut autorifé par des lettres-patentes du 23 mars 1734, à faire l'emprunt au denier vingt ; & dans le contrat qui fut paffé à Ver-failles le 19 du même mois de mars, il fut énoncé en termes précis, que les biens eccléfiaftiques n'avoient été ni pu être compris dans la déclaration portant établiffement du dixieme.

Il fut auffi, à l'occafion de cette impofition, fait des arrangemens particuliers, foit avec l'Ordre de Malte, foit avec le Clergé qui ne fait point partie de celui de France.

Dixiéme fup-primé en 1737. Arrêt du Confeil 1 janvier 1737.

On fe rappelle que la déclaration du 17 novembre 1733, portoit que la levée du dixieme cefferoit trois mois après la publication de la paix ; mais par un arrêt du Confeil du premier janvier 1737, époque à laquelle la paix n'avoit pas encore été publiée, le Roi, pour marquer à fes fujets la fatisfaction qu'il avoit du zele avec lequel ils s'étoient portés à lui procurer des fecours, fupprima le dixieme, à compter du même jour premier janvier.

L'arrêt ordonna au furplus qu'il feroit procédé, fans aucun retardement, au recouvrement de ce qui pouvoit refter dû de cette impofition fur les années 1734, 1735 & 1736.

La fuppreffion portée par cet arrêt ne fut pas d'une longue durée.

Dixiéme réta-bli en 1741. Déclaration du 29 août 1741.

En effet, l'événement du décès de l'empereur Charles VI ayant rallumé la guerre, le dixieme fut rétabli par une déclaration du 29 août 1741.

Le préambule de cette déclaration fut à-peu-près le même que celui de la déclaration du 17 novembre 1733 : il porte que les dépenfes auxquelles on s'étoit efforcé de pourvoir par des moyens qui ne fuffent point à charge aux peuples, fe trouvant néceffairement multipliées, foit par l'augmentation des troupes que les circonftances avoient contraint de mettre en état d'entrer en campagne, foit par l'armement des flottes du Roi, on fe trouvoit obligé de fe procurer des fecours extraordinaires ; qui puffent fatisfaire à toutes ces nouvelles dépenfes, fans déranger l'ordre établi dans les finances pour le paiement des charges ordinaires de l'Etat, & qu'ayant été déja reconnu qu'il n'en exiftoit aucun qui fût plus jufte & moins arbitraire que l'impofition du dixieme, le Roi s'étoit porté à la préférer ; mais, au lieu d'en renfermer la durée dans une époque fixe & certaine, il fut annoncé fimplement qu'on la feroit ceffer auffi-tôt que les dépenfes pourroient être fupprimées.

Cette déclaration ne diffère des précédentes, qu'en ce que par l'article IV, les rentes fur la ville, les rentes fur les tailles, les quittances de finance portant intérêt à deux pour cent, employées fur les états du Roi, & les gages réduits au denier cinquante, furent déclarés exempts de la levée du dixieme.

Les abonnemens qui furent faits relativement à ce dixieme, avec les corps, villes & provinces qui avoient été précédemment abonnés, furent portés à des fommes plus fortes que celles qui avoient été fixées pour le dixieme de 1733.

La plus grande partie des particuliers qui avoient fourni des déclarations, lors de l'établiffement du dixieme en 1733, & qui avoient été en conféquence compris dans les rôles qui furent alors arrêtés au Confeil, ayant prétendu n'acquitter le dixieme que conformément à ce rôles, il fut rendu le 20 février 1742, un arrêt du Confeil, portant qu'il feroit formé de nouveaux rôles, qui feroient arrêtés fur le pied du revenu réel & effectif des fonds, tel qu'il feroit reconnu & conftaté par les Prépofés qui furent nommés par les Intendans, fans néanmoins que ceux qui auroient fait de fauffes déclarations en 1734, 1735 & 1736, puffent être impofés, pour raifon de ce, au quadruple, ainfi que le portoit la déclaration de 1733.

Arrêt du Confeil du 20 février 1742.

Par un édit du mois de décembre 1746, le Roi, pour fubvenir aux dépenfes que la continuation de la guerre occafionnoit, créa 1200 mille livres de rentes héréditaires, au denier vingt, & il affecta au rembourfement des capitaux & à l'acquittement des arrérages de ces rentes, le produit des deux fous pour livre en fus du dixieme, dont, par le même édit, la perception fut ordonnée pour dix années, à compter du premier janvier 1747, jufqu'au dernier décembre 1756.

Deux fous pour livre du dixiéme, impofés pour dix années, à compter du 1 janvier 1747.
Édit de décembre 1746.

L'édit porte, 1°. que la levée du dixieme ceſſeroit d'être faite immédiatement après la publication de la paix :

2°. Que nonobſtant la ceſſation de cette levée, les deux ſous pour livre continueroient d'être perçus pendant les dix années.

3°. Que ceux auxquels il avoit été accordé des abonnemens, payeroient les deux ſous pour livre en ſus du montant de ces abonnemens :

4°. Enfin que ceux qui étoient en droit de retenir le dixieme ſur les arrérages des rentes, penſions & intéréts qu'ils pouvoient devoir, retiendroient auſſi à leur profit les deux ſous pour livre pendant leſdites dix années :

5°. Que les rentes créées par cet édit, ſeroient exemptes du dixieme, & que chaque année il ſeroit rembourſé ſur les capitaux une ſomme de 1800 mille livres.

Edit de décembre 1746.

Par un autre édit du même mois de décembre 1746, il fut, toujours pour être à portée de ſubvenir aux dépenſes de la guerre, créé pour 500 mille livres de rentes héréditaires ſur la ferme des poſtes : ces rentes furent pareillement déclarées exemptes du dixieme ; & par un arrêt du Conſeil du premier février 1747, qui fut revêtu de lettres-patentes, on affecta au paiement des arrérages & au rembourſement des capitaux, les fonds provenans des deux ſous pour livre du dixieme, & un million ſur la ferme des poſtes.

Arrêt & Lettres-patentes du 1 février 1747.

Le produit des deux ſous pour livre du dixieme, n'étant point abſorbé par les créations de rentes qui viennent d'être rappellées, il fut, par un édit du mois de janvier 1748, créé de nouvelles rentes, juſqu'à concurrence de 300 mille livres ; le rembourſement de ces rentes devoit, aux termes de l'édit, être effectué en dix années, à raiſon de 450 mille livres par an.

Edit de janvier 1748.

Le Clergé qui en 1742 avoit accordé 12 millions, donna en 1745 un nouveau don gratuit de 15 millions ; & en 1748, un autre don gratuit de 16 millions: les motifs ſur leſquels ces dons gratuits étoient demandés, furent que lors de l'établiſſement du dixieme, on n'avoit pas prévu que la guerre dût être auſſi longue, & qu'il étoit juſte que le Clergé dont on maintenoit les priviléges, contribuât avec les autres ſujets du Roi, aux dépenſes qu'elle entraînoit.

La

La paix fut conclue en 1748 ; mais la maſſe des dettes étoit tellement augmentée, qu'en ſupprimant par un édit du mois de mai 1749,
le dixieme établi en 1741, on ordonna en même temps la levée &
perception du vingtieme, & l'établiſſement d'une caiſſe d'amortiſſement.

Suppreſſion du dixiéme ; établiſ-ſement, à comp-ter du 1 janvier 1750, du vingtié-me & d'une caiſſe d'amortiſſement.
Edit de mai 1749.

Le préambule de l'édit porte que le Roi s'étoit occupé, au moment
de la paix, de procurer quelque ſoulagement à ſes ſujets, en ordonnant
la ſuppreſſion de l'uſtenſile, & celle de quelques autres droits qui avoient
paru leur être le plus à charge ; mais que s'étant fait rendre compte de
la ſituation de ſes revenus & des charges dont ils étoient affectés, Sa
Majeſté auroit reconnu qu'indépendamment de l'obligation dans laquelle
Elle ſe trouvoit de payer les arrérages des dettes que la néceſſité des
circonſtances avoit accumulées pendant les guerres dont le regne du feu
Roi avoit été preſque continuellement agité, ces dettes s'étoient d'autant
plus conſidérablement accrues pendant les deux dernieres guérres,
qu'Elle avoit préféré la voie des emprunts à d'autres qui auroient été
plus onéreux aux peuples ; qu'indépendamment de toutes ces charges
anciennes & nouvelles, il étoit indiſpenſable, pour favoriſer le commerce, de mettre la marine en état, & d'entretenir un nombre de
troupes ſuffiſant pour aſſurer la tranquillité des frontieres & maintenir
la paix ; que ces différens motifs n'avoient cependant point ébranlé la
réſolution dans laquelle Elle avoit toujours été, de faire ceſſer le dixieme ;
mais qu'ayant réſolu en même temps, d'établir une caiſſe d'amortiſſement,
pour opérer ſucceſſivement la libération des dettes de l'Etat, Elle ſe
voyoit forcée, pour être à portée de remplir des vues auſſi utiles, de
recourir, pendant les premieres années, à l'impoſition du vingtieme de
tous les biens & revenus, comme étant, cette impoſition, la plus juſte
& la plus égale.

L'édit ordonna en conſéquence, 1°. la ſuppreſſion du dixieme, à
compter du premier janvier 1750 :

2°. La levée des deux ſous pour livre de ce dixieme pendant le temps
fixé par l'édit du mois de décembre 1746 :

3°. La perception, à compter du premier janvier 1750, & ſans aucune
limitation de temps, du vingtieme ſur tous les revenus & produits des
ſujets & habitans du royaume, ſans aucune exception :

4°. L'établiſſement d'une caiſſe d'amortiſſement, dans laquelle devoient

Tome I. S ſ

être verſés les fonds provenans tant du vingtieme que des deux ſous pour livre du dixieme.

Les autres diſpoſitions de l'édit ſont au ſurplus conformes à ce qui avoit été ordonné pour la levée, perception & comptabilité du dixieme: cet édit fut enregiſtré au Parlement de Paris, du très-exprès commandement du Roi, le 19 mai 1749.

Le motif de l'amortiſſement des dettes de l'Etat, qui avoit déterminé l'établiſſement du vingtieme, engagea à chercher à ſe procurer tout le produit dont cette impoſition pouvoit être ſuſceptible : la régie en fut établie dans toutes les provinces indiſtinctement, & il ne fut queſtion d'aucun abonnement. On ſait les repréſentations qu'occaſionna ce plan d'adminiſtration, & quel en fut l'événement: celui qui concernoit le Clergé en excita encore de plus vives ; l'affaire ne fut terminée qu'en 1755, par un don gratuit de 16 millions qu'accorda le Clergé.

Edit de mai 1749. Par un autre édit du même mois de mai 1749, il fut créé 1800 mille livres de rentes héréditaires, au denier vingt, au principal de 36 millions : le motif de cette création fut d'être à portée de ſubvenir au paiement des dettes exigibles qui reſtoient à acquitter des dépenſes occaſionnées par la guerre : ces rentes furent déclarées exemptes du vingtieme, & par un arrêt du Conſeil du 20 mai, le paiement des arrérages & le rembourſement des capitaux furent aſſignés ſur les fonds de la caiſſe d'amortiſſement.

Les hoſtilités que les Anglois avoient exercées dès 1754, dans l'Amérique ſeptentrionale, & au mois de juin 1755, contre les vaiſſeaux du Roi, & contre la navigation & le commerce des François, forcerent Sa Majeſté de déclarer la guerre à l'Angleterre le 9 juin 1756, & cette guerre exigeant des peuples de nouveaux ſecours, il fut donné, au mois de juillet 1756, deux déclarations, dont la premiere en déterminant l'époque de la ceſſation du premier vingtieme, établi indéfiniment par l'édit du mois de mai 1749, ordonna la levée d'un ſecond vingtieme ; & la ſeconde prorogea pendant dix années la levée des deux ſous pour livre du dixieme, créés par l'édit du mois de décembre 1746.

Deuxiéme Vingtiéme établi, à compter du 1 octobre 1756.
Déclaration du 7 juillet 1756. Le préambule de la premiere déclaration porte, qu'en même temps que le Roi s'étoit porté à faire ceſſer par l'édit du mois de mai 1749, la perception du dixieme, la néceſſité de ſubvenir au paiement des dettes de l'Etat, avoit engagé Sa Majeſté à établir la levée & perception du

vingtieme, qui devoit durer jufqu'à ce qu'une diminution fenfible des dettes eût procuré fur les revenus de Sa Majefté un fonds libre pour fuivre les progrès de la libération ; mais que les circonftances actuelles forçant à des dépenfes dont les revenus ordinaires ne pourroient fupporter le poids, Sa Majefté avoit réfolu, en déterminant l'époque de la ceffation du premier vingtieme, d'ordonner la levée d'un fecond vingtieme, dont la perception ne dureroit qu'autant que la continuation de la guerre pourroit l'exiger.

La déclaration ordonne en conféquence la levée d'un fecond vingtieme, à commencer du premier octobre 1756, pour finir trois mois après la publication de la paix ; elle porte, que les deniers qui proviendroient de ce fecond vingtieme feroient remis au Tréfor royal.

Elle ordonne en fecond lieu, que le premier vingtieme continueroit d'être perçu comme il l'avoit été jufqu'alors, pour le produit en être remis, comme par le paffé, entre les mains du Tréforier de la caiffe des amortiffemens, & être par lui employé, conformément à l'édit du mois de mai 1749, pendant le cours de *dix années feulement*, à compter du jour de la publication de la paix : cette déclaration fut enregiftrée dans un Lit de juftice, qui fut tenu à Verfailles le 21 août 1756.

La feconde déclaration, du même jour 7 juillet 1756, & enregiftrée dans le même Lit de juftice, prorogea pour dix années, à compter du dernier décembre 1756, les deux fous pour livre du dixieme, qui devoient expirer à cette époque.

Prorogation des deux fous pour livre du dixiéme pour dix années, à compter du 1 janvier 1757.
Déclaration du 7 juillet 1756.

La même déclaration portoit création de 1800 mille livres de rentes, dont le paiement des arrérages & le rembourfement des capitaux furent affignés fur le produit de ces deux fous pour livre.

Les pays d'Etats s'abonnerent pour les vingtiemes & les deux fous pour livre ; & d'après cette derniere circonftance, les abonnemens furent portés à un taux plus confidérable que ne l'avoient été ceux du dixieme en 1742.

Le Clergé accorda des dons gratuits, dont le montant fut réglé en proportion de l'augmentation des befoins.

La durée de la guerre exigea de nouveaux fecours, & par un édit du mois de février 1760, par lequel la fubvention générale qui avoit été établie par celui du mois de feptembre 1759, fut fupprimée ; le Roi annonça que dans la néceffité de fe procurer les fecours que les circonftances

Troifiéme vingtiéme & deux fous pour livre d'icelui, établis, à compter du 1 octobre 1759, &

rendoient indifpenfables, il avoit cherché les moyens de pourvoir au foulagement de fes peuples, en fubftituant à des impofitions qui, par leur multiplicité & par la maniere dont le recouvrement devoit en être fait, auroient pu leur devenir plus onéreufes, la demande d'un fecours extraordinaire, dont la forme & la perception mettroient, par la rentrée prefque entiere du produit, en état de fatisfaire aux dépenfes néceffaires.

L'édit ordonna en conféquence, que fur les mêmes rôles, & en la même forme & maniere que fe percevoit le vingtieme établi par l'édit de 1749, il feroit levé, à compter du premier octobre 1759, & pendant les années 1760 & 1761, un troifieme vingtieme avec les deux fous pour livre de ce vingtieme.

L'édit excepta néanmoins de cette levée & perception les parties qui étoient comprifes dans les rôles d'induftrie & les propriétaires des maifons de Paris; ainfi les trois vingtiemes, les deux fous pour livre du dixieme & les deux fous pour livre du troifieme vingtieme, revenoient à 16 livres 10 fous fur 100 livres, ce qui formoit prefque un fixieme.

Les abonnemens des deux premiers vingtiemes fervirent de regle pour ceux du troifieme vingtieme.

La perception du troifieme vingtieme fut pareillement faite dans la même forme que celle des deux premiers vingtiemes; les Intendans furent

nommés par un arrêt du 4 décembre 1760, pour arrêter les rôles; ils furent autorifés à nommer ceux qui devoient faire la perception dans les provinces; le Prévôt des Marchands fut chargé des mêmes fonctions pour Paris.

Le troifieme vingtieme & les deux fous pour livre de ce vingtieme, qui n'avoient été établis que pour les années 1760 & 1761, furent prorogés pour les années 1762 & 1763, par une déclaration du 16 juin 1761, qui fut enregiftrée dans un Lit de juftice.

Quant à la comptabilité, elle fut réglée par un arrêt du Confeil du 6 décembre 1761, qui fut revêtu de lettres-patentes, & il fut enjoint à tous les comptables qui étoient chargés de faire des retenues de dixieme, vingtieme &.capitation, de compter par état au vrai au Confeil, avant de préfenter leurs comptes à la Chambre.

La fituation des finances, dans la circonftance de la paix qui fut conclue en 1762, ne permettant pas de foulager les peuples par la fuppreffion des impofitions que la guerre avoit occafionnées, il fut donné, le 21 novembre 1763, une déclaration dont le préambule porte, que le Roi, après s'être fait rendre un compte exact de tout ce qui avoit rapport, foit à l'état de fes finances, foit à celui des dettes, foit enfin à la meilleure adminiftration qui pourroit être établie dans cette partie fi importante de la fortune publique, avoit reconnu que la premiere reffource qui s'accordoit le plus avec fon affection pour fes fujets, confiftoit dans la diminution & dans l'ordre de chaque partie des dépenfes : qu'il avoit été pris à cet égard toutes les mefures que fa fageffe lui avoit permis, & que fes peuples ne devoient pas douter que Sa Majefté ne continuât à chercher & à employer les précautions qui dépendroient d'Elle pour que les dépenfes dans chaque partie d'adminiftration fuffent fixées auffi invariablement qu'il étoit poffible, & pour que toutes celles qui ne feroient pas néceffaires fuffent foigneufement écartées : Que la forme de la perception des impôts avoit pareillement fixé l'attention de Sa Majefté, & qu'il avoit été reconnu que quand même il y auroit des changemens à faire, il feroit impoffible de s'y livrer fans précaution, dans la crainte qu'ils n'occafionnaffent des retards dans la rentrée des fonds, & d'autres inconvéniens de différentes natures : qu'obligée cependant de prendre des mefures affurées pour pouvoir continuer d'acquitter les dettes de l'Etat & fournir aux dépenfes courantes, Sa Majefté avoit réfolu d'établir un fonds annuel & perpétuel d'amortiffement, qui feroit deftiné en entier au rembourfement des capitaux des dettes de l'Etat, tant anciennes que nouvelles, & qui feroit porté à la caiffe créée & établie par l'édit du mois de mai 1749.

La déclaration ordonne en conféquence,

1º. La confection d'un cadaftre général :

2º. Qu'il feroit fait annuellement dans la Caiffe d'amortiffement, établie par l'édit du mois de mai 1749, un fonds de 20 millions qui feroit affecté à perpétuité à la libération des dettes de l'Etat, & qui feroit pris fur le produit du premier vingtieme, & fubfidiairement feulement fur les autres revenus :

3º. Que le fecond vingtieme, dont la levée avoit été reconnue indifpenfablement néceffaire jufqu'au premier janvier 1770, ne feroit néanmoins prorogé, quant alors, que jufqu'au premier janvier 1768 feulement :

4°. Que les deux fous pour livre du dixieme continueroient d'être perçus jufqu'au premier janvier 1770, pour être les fonds qui en proviendroient, tant du fecond vingtieme que des deux fous pour livre du dixieme, verfés par les Receveurs généraux des finances & les Tréforiers généraux des pays d'Etats, dans la caiffe d'amortiffement, pour être employés, ainfi que l'excédant des 20 millions que le premier vingtieme pourroit produire, à l'acquittement des arrérages des créances dont les capitaux étoient rembourfés par ladite Caiffe.

Enfin la déclaration annonça la ceffation du troifieme vingtieme pour le premier janvier 1764.

Cette déclaration fut enregiftrée au Parlement le premier décembre 1763, fous la condition que de l'établiffement du fonds annuel de 20 millions d'amortiffement, ni d'aucunes autres difpofitions, on ne pourroit induire que le premier vingtieme pût être levé au-delà de dix années après la publication de la paix actuelle, terme fixé par le Roi pour la durée du premier vingtieme ; & à la charge que les premier & deuxieme vingtiemes, tant qu'ils auroient lieu, feroient perçus fur les rôles actuels, dont les cotes ne pourroient être augmentées, à peine, contre les contrevenans, d'être pourfuivis extraordinairement par-devant les Juges qui en devoient connoître.

Tel étoit l'état des chofes lorfqu'a paru l'édit du mois de décembre 1764, concernant la libération des dettes de l'Etat.

Edit du mois de décembre 1764, concernant la libération des dettes de l'Etat : Etabliffement de deux Caiffes, l'une deftinée au paiement des capitaux, & l'autre à celui des arrérages & intérêts.

Le préambule de cet édit, porte, entr'autres objets, que Sa Majefté ayant voulu connoître par Elle-même, & avec l'exactitude la plus fcrupuleufe, le montant de fes revenus & la maffe des dettes de l'Etat, augmentée confidérablement pendant la derniere guerre, Elle auroit fenti que le produit du vingtieme, deftiné au paiement des dettes, ne pouvant y être appliqué en temps de guerre fans furcharger d'ailleurs fes fujets, il en réfulteroit, ou que cette impofition deviendroit perpétuelle contre fon intention, ou que pour la remplacer Elle fe trouveroit dans la néceffité de recourir à des reffources encore plus onéreufes ; qu'Elle auroit également fenti que tant qu'on laifferoit fubfifter des retards dans les paiemens & des anticipations fur les revenus, il feroit difficile, & peut-être impoffible, de rétablir d'une maniere fûre & prompte, l'ordre & l'économie dans toutes les parties des différentes charges de l'Etat ; que pour parvenir à l'entiere extinction des dettes de l'Etat par une voie

affurée, continuelle, exiftante par elle-même, indépendante de tous événemens & de toutes autres dépenfes, telle enfin qu'en procurant de plus
en plus aux capitaux des dettes une entiere ftabilité par l'accroiffement
progreffif des fonds deftinés à les amortir, les créanciers de l'Etat
n'euffent plus qu'à recueillir les fruits d'une opération équitable & folide,
dont ils auroient la fatisfaction de reffentir de jour en jour les avantages,
fans avoir à craindre de nouvelles impofitions, Sa Majefté avoit jugé
devoir confacrer d'abord à cette libération un fonds qui, fe trouvant
pris dans la dette même, mit à portée d'établir plus de proportion
dans la contribution aux dettes dont les créanciers de l'Etat n'étoient pas
moins tenus que les autres fujets; que ce premier fonds feroit donc compofé, foit du produit d'un droit par forme de contribution qui feroit
impofé fur les anciens contrats, & payable en deux ans fur les arrérages même defdits contrats; foit d'une retenue annuelle fur les arrérages
ou intérêts des autres contrats, & des effets payables au porteur, dus
par l'Etat; foit enfin d'un dixieme qui feroit établi, tant fur les rentes
viageres avec accroiffement, que fur les gages, taxations & émolumens
de tous ceux qui étoient employés dans le maniement des finances.

L'Article XIV de l'édit ordonne l'établiffement de deux caiffes; l'une
deftinée à l'amortiffement & rembourfement des capitaux des titres nou-
vels, des nouveaux contrats qui feront paffés en exécution de l'édit, &
des effets payables au porteur, l'autre au payement des arrérages &
intérêts.

L'article XVIII ordonne le verfement dans la caiffe des arrérages, à
compter du premier janvier 1766, du produit des deux vingtiemes,
tant qu'ils auront cours, & les deux fols pour livre du dixieme.

L'article XXXI veut qu'il foit prélevé & retenu, à compter du premier janvier 1765, par tous Tréforiers, Payeurs & autres, pour être
verfé dans la caiffe des amortiffemens, un dixieme des arrérages & intérêts de tous les effets payables au porteur, de toutes les rentes perpétuelles dues par le Roi, des rentes viageres ayant accroiffement & dites
Tontines, de tous arrérages ou intérêts que le Roi paye annuellement
pour échanges, acquifitions, droits ou offices fupprimés & non rembourfés, de toutes les fommes qui font employées annuellement dans
les états, pour gages, augmentations de gages, droit d'exercice, taxations, rentes, intérêts & autres, fous quelque dénomination que ce foit; à

l'exception feulement tant de ceux qui auroient déja été affujétis au dixieme de retenue, que des gages, augmentations de gages & autres attributions de tous Officiers de juftice & police.

L'article XXXIV veut qu'il foit payé, à compter du premier janvier 1765, au profit de la caiffe des amortiffemens, fuivant les états qui auront été arrêtés chaque année, au Confeil, le dixieme des intérêts que Sa Majefté paye à fes Fermiers, foit généraux foit particuliers, aux Tréforiers généraux ou particuliers, aux Receveurs des finances, Adminiftrateurs des poftes, & autres Fermiers & Régiffeurs, pour raifon de prêts ou fonds d'avance par eux faits, ainfi que de tous bénéfices, taxations, attributions & émolumens de tous les Fermiers, Receveurs, Tréforiers & autres, fans exception, chargés, à quelque titre que ce foit, du maniement des finances.

L'article XLVIII détermine l'époque de la ceffation du fecond vingtieme au 31 décembre 1767, & celle de la ceffation du premier vingtieme au premier juillet 1772.

Cet édit a été enregiftré au Parlement le 17 décembre 1764.

Un édit donné au mois de juin 1767, fait connoître qu'au mois de mai précédent, il avoit été envoyé au Parlement de Paris, un édit par lequel le Roi, après avoir annoncé que par l'évenement de la liquidation qui avoit été fucceffivement faite de toutes les dettes de l'Etat, & par le compte que Sa Majefté s'étoit fait rendre de la maffe totale de fes revenus & des charges indifpenfables, il avoit été reconnu que les dépenfes & les dettes occafionnées par les différens évenemens de la derniere guerre, étoient beaucoup plus confidérables que Sa Majefté ne l'avoit prévu, & la réduifoient à l'impoffibilité abfolue de réalifer, quant à préfent, les efpérances que fa tendreffe paternelle lui avoit fait concevoir de procurer à fes peuples la ceffation du fecond vingtieme au premier janvier 1768, Sa Majefté ordonnoit la levée & perception du fecond vingtieme jufqu'au premier juillet 1772, comme étant cette perception le feul moyen de maintenir d'une maniere fixe & durable, l'ordre & l'harmonie néceffaires dans toutes les parties de l'adminiftration du royaume, & d'en affurer la tranquillité contre ceux qui voudroient la troubler au dehors; mais fur les repréfentations qui ont été faites par le Parlement, le Roi par l'édit du mois de juin 1767, s'eft porté à n'ordonner, quant à préfent, la prorogation du fecond vingtieme que pour deux années, à commencer du premier janvier 1768, jufqu'au premier janvier 1770.

Cet

Marginal notes:

Epoques déterminées pour la ceffation du fecond vingtiéme au 1 janvier 1768, & pour celle du premier vingtiéme au 1 juillet 1772.

Prorogation du fecond vingtiéme jufqu'au 1 janvier 1770. *Edit de juin* 1767.

Cet Edit a été enregiftré au Parlement de Paris, le 22 juin, mais fous la condition que le premier & le fecond vingtiemes, tant qu'ils auroient cours, feroient perçus fur les rôles actuels, dont les cotes ne pourroient être augmentées, à peine contre les contrevenans, d'être pourfuivis extraordinairement par-devant les Juges qui en doivent connoître.

Enfin, un édit du mois de décembre 1768, enregiftré dans un lit de Juftice tenu à Verfailles, le 11 janvier 1769, rappelle les motifs qui avoient engagé le Roi à n'ordonner par fon édit du mois de juin 1767, la perception du fecond vingtieme, que jufqu'au premier janvier 1770, Sa Majefté ne voulant pas dès-lors renoncer à l'efpérance que le fuccès des mefures qu'Elle s'étoit propofées, pût dans ce court efpace de temps la mettre en état de fe livrer à toute fon affection pour fes peuples; mais que par les nouveaux comptes qu'Elle s'étoit fait rendre de l'état de fes finances, Elle avoit reconnu qu'elle ne pouvoit, fans cette partie de fes revenus, remplir les engagemens qu'elle avoit contractés, & acquitter les charges indifpenfables de l'Etat.

Edit de decembre 1768.
Prorogation du fecond vingtieme jufqu'au 1 juillet 1772.

L'Edit ordonne en conféquence, que le fecond vingtieme, dont la levée & perception avoient été fixées au 31 décembre 1769, fera levé & perçu à compter du premier janvier 1770 jufqu'au premier juillet 1772.

Tels font les différens détails relatifs à l'impofition des dixiemes & vingtieme, depuis que les befoins de l'Etat, dans les différens conjonctures que l'on a retracées, ont forcé de recourir à cette voie, pour fe procurer les fecours que les circonftances exigeoient.

TABLE alphabétique des matières contenues aux trois Mémoires sur la Taille, la Capitation & les Vingtiemes, ainsi que des noms des personnes, villes & lieux dont il est parlé dans ces Mémoires.

ABONNEMENT. Sorte de privilége jadis multiplié; l'abonnement d'un grand nombre de villes, c'est-à-dire, le privilége de toujours payer la même somme de taille, sans qu'elle puisse être augmentée, a été révoqué en 1640, pag. 22. Il y en a encore, pag. 43, & voyez *Bresse* & autres *pays* ci-après.

ABUS. C'est le nom donné au délit des collecteurs, qui exemptent ou omettent un contribuable, pour en charger un ou plusieurs autres; ce délit, outre le montant de la cotte omise, est puni de l'amende & peut l'être exemplairement, si le cas y échet, pag. 17.

ACCESSOIRES. On distingue la taille principale & ses accessoires. Voyez *Taille.*

AGEN. Election de la Généralité de Bordeaux, où la taille est réelle, pag. 11, 71, 96. Le cadastre de l'Agenois a été commencé en 1601 & fini en 1622, sous l'autorité de la Cour des Aides de Paris, pag. 96, 97, 98. Voyez une autre raison que celle de notre auteur, dans notre mémoire sur les Cours des Aides, au supplément.

AIDE. Dans l'origine étoit assez synonyme à la taille. Il y en avoit deux especes: le légitime & le gracieux. Détail des cas auxquels ils étoient dus, pag. 1 & 2.

AIRE, pag. 299.

AIX. Ville & viguerie, divisée par feux, pag. 150, l'Archevêque d'Aix, Chef des Etats de Provence, pag. 141, 149, Consuls d'Aix, Procureurs nés du pays, pag. 149.

AIX-LA-CHAPELLE, (Paix d') le 6 Mai 1668, pag. 173, 181, 201.

ABLERT, Archiduc, pag. 190, 193, 199.

à deux charrues dans une feule paroiffe, outre leur maifon. En 1673, à une feule charrue dans l'élection de Paris, pag. 26. En 1759, le privilége du labour fut fufpendu, & celui de la maifon & clos y joints, fut confervé, pag. 36. La fufpenfion a été convertie en révocation, en 1766, pag. 41.

BOURGOGNE, (Duché de) uni à la France par capitulation du 24 janvier 1477, pag. 164. (ancien royaume de) pag. 71, 239. Pays d'Etat. Forme d'adminiftration de ces Etats. *ibid.* Les tailles y font mixtes, comme dans les pays d'élection, de taille proportionelle. Les Elus généraux font la répartition générale. Celle fur les communautés eft fouvent faite par des Commiffaires, nommés par eux. Les tribunaux ordinaires jugent des conteftations, fauf l'appel au Parlement, Cour des Aides Les droits & fonctions du Receveur-Général du Roi, & du Tréforier des Etats, ont été réglés en 1752, pag. 165, 157. Capitation en Bourgogne, pag. 273.

A la Bourgogne font annexés l'Auxerrois, le Comté de Bar-fur-Seine, le Maconnois & le pays de Breffe, &c. Voyez *ces mots.*

Il n'y a point d'Election en Bourgogne, mais il y en a dans quelques pays annexés. Voyez *les mots* indiqués.

BOZON. Pag. 239.

BRESSE, BUGEY, VALROMEY & GEX. Pays fyndiqués, plus que pays d'Etat. Annexés à la Bourgogne. Il y a Election à Bourg & à Bellay. Les impofitions s'y répartiffent, felon la qualité des perfonnes & fur les propriétaires, au lieu de la fituation, fans égard à leur domicile, fi ce n'eft pour la partie de la taille perfonnelle. Le département s'y fait par les mêmes perfonnes que dans les pays d'Election. Les rôles y font faits par des peréquateurs, pag. 167, 168.

BRETAGNE, la Ducheffe de Bretagne époufe le Roi Charles VIII, en Décembre 1491, pag. 156. Pays d'Etat, pag. 115, 152.

Les anciennes tailles connues fous le nom de fouage, & l'ufage de confidérer la qualité des terres, font dire que les tailles y font réelles. La répartition générale fe fait par des Commiffaires des Etats, & celle fur les communautés fe fait par des égaleurs & collecteurs, pag. 142, 163.

Flandre Wallonne, pag. 183.

COMMISSAIRES départis, en 1634, pag. 20, font chargés de taxer d'office les privilégiés, dont les priviléges furent fupprimés. p. 22, ils préfident aux Bureaux des Finances & au Département : voyez *ces mots.*

COMMISSAIRES aux Rôles, commencerent en 1707, pag. 30. Voyez *Rôles.*

COMMISSIONS des tailles. On diftingue les commiffions générales & les commiffions particulieres. Les premiers contiennent la feconde des opérations, pour la répartition de la taille. Voyez *Taille.* Elles émanent du Confeil, contiennent l'impofition fur une Elcction, ne s'expédient qu'après avoir confulté l'Intendant & les Tréforiers de France, fur la force des Elections, & font envoyées par eux aux Elections, pag. 21, 23, 45.

Les Commiffions particulieres, font les mandemens arrêtés au Département. Voyez *Mandemens.*

COMPAGNIES d'Ordonnances, établies par Charles VII, pag. 6.

CONDÉ, cédé à la France, pag. 200. Vieux-Condé, 197.

CONDOM. Election de la généralité de Bordeaux, où les tailles font réelles comme dans l'Agenois, pag. 11, 71, & voyez *Agen.* Le cadaftre n'y a été fait que long-temps après celui de l'Agenois; d'ailleurs il a été fait fur les mêmes principes, après arpentement & eftimation de fonds, vers 1671, pag. 96, 100.

CONTRAINTES. Cas auxquels le Receveur des Tailles peut décerner fes contraintes, tant contre les Collecteurs que contre les redevables. Forme de ces contraintes, leurs efpeces, pag. 110, 111. Cas où il peut décerner des contraintes folidaires, pag. 20 : Voyez *le Supplément.*

COQUILLE, pag. 13.

CORNOUAILLES, (Evêché de) pag. 146.

COTTENTIN, (Bailliage de) pag. 4.

COTTE. C'eft le nom qui fe donne à chaque article du Rôle, contenant l'impofition de chaque particulier. Les Collecteurs doivent les faire dans leur ame & confcience, doivent diftinguer la taille principale, les acceffoires & la capitation; doivent y inférer

Tome I.   V v

p. 197. On n'y connoît point d'impofition fous le nom de taille, mais on y perçoit des impofitions & des droits fous le nom de vingtièmes, feux & cheminées. Les perceptions ne fe font point uniformément dans toute la province, y ayant une partie fujette à un droit inconnu dans une autre partie. Voyez ces différences, p. 197, 198, 199.

Les impofitions qui s'y font, font réparties d'après des cadaftres arrêtés en 1604. Elles y font purement réelles, perfonne n'en eft exempt. C'eft l'Intendant qui connoît des furtaux, p. 200. 201.

Les Tailles y font réelles, & s'y impofent à raifon des héritages ruraux & roturiers ; il y a cependant quelques communautés qui répartiffent fur elles une partie des impofitions, à raifon de l'induftrie & des facultés des contribuables ; de forte qu'on y diftingue un cadaftre ou compoix terrier, & un cadaftre mobilier, ou compoix cabalifte. — Les Etats fignent les Mandemens ou commiffions fur chaque diocefe. La répartition fur les communautés fe fait dans l'affemblée des diocefes. L'état de ces répartitions s'appelle *mande*, & s'envoie aux Con-fuls de chaque Paroiffe, qui font les rôles. Les rôles font exa-minés & vérifiés par une commiffion. La collecte eft faite par des Collecteurs forcés, c'eft-à-dire, nommés, & qui ne peu-vent fe difpenfer de l'être, ou par des Collecteurs volontaires, qui fe rendent adjudicataires de la collecte à moindre prix.

L'objet des conteftations eft réglé par une Déclaration du 20 Janvier 1736, pag. 116 - 136.

Tome I.   X x

des objets de la Taille principale & montant d'iceux, pag. 11.
Taille acceſſoire, pag. 70. Capitation, autre acceſſoire, pag.
69.

Aux Tailles principale, acceſſoires & capitation, il faut
joindre, lorſqu'on l'impoſe, les droits de Collecte & ceux des
Quittances des Receveurs, pag. 46.

Sur ce, il s'accorde un moins impoſé. Voyez *Moins im-*
poſé.

Par rapport aux Tailles, il faut diſtinguer l'impoſition, la
répartition & le recouvrement.

Par rapport à l'*Impoſition* il faut diſtinguer les pays d'Elections, conquis & cédés, & les pays d'Etats. Là, elle ſe ſait
au nom du Roi, ici au nom des Etats, pag. 114, 115. Voyez
Pays.

Par rapport à la *répartition*, il faut diſtinguer les pays de
taille perſonnelle & les pays de taille réelle. Voyez *Pays.*

Dans les pays de taille perſonnelle, on diſtingue celle
d'exploitation & celle dite perſonnelle proprement.

La taille perſonnelle eſt celle qui frappe ſur la perſonne, à
cauſe de ſes facultés, revenus & induſtrie.

La taille d'exploitation frappe ſur la perſonne, à cauſe des
biens réels, qu'elle fait valoir.

La taille réelle a plus d'avantage que la taille perſonnelle;
Celle-ci ſur-tout, lorſqu'elle eſt arbitraire, eſt plus dangereuſe
dans les villes que dans les campagnes, pag. 34.

Les Tailles s'adminiſtrent par quatre opérations ſucceſſives.
Le Brevét, les Commiſſions, les Mandemens & les Rôles.
Voyez *ces mots.*

Pluſieurs villes ſont exemptes, d'autres ſont abonnées.

Quelles perſonnes ne ſont pas taillables. Voyez *Exemption.*

Ou la taille doit être impoſée ſur une perſonne taillable.
Voyez *Domicile* & *Droit de ſuite.*

Quant au *recouvrement*, voyez *ce mot.*

Difficultés qui s'y rencontrent, ſont jugées aux Elections, &
par appel aux Cours des Aides. Voyez *Election* & *Procédure.*

Taxes d'Office, jadis, étoient faites par les élus, pag. 17 Elles